외국어로서의
한국어 교육의
이론과 실제 ❷

외국어로서의
한국어 교육의 이론과 실제 ②

토픽코리아 한국어평가연구소 편저

한국어 교사를 위한 **한국어 교육**의 **총람**

목차

3영역 외국어로서의 한국어 교육론

제1장 한국어 교육 개론 ··· 6
제2장 한국어 교육 과정론 ··· 22
제3장 한국어 평가론 ··· 43
제4장 언어 교수법 ··· 69
제5장 한국어 교재론 ··· 91
제6장 말하기 교육론 ··· 115
제7장 쓰기 교육론 ··· 128
제8장 한국어 듣기 교육론 ··· 143
제9장 읽기 교육론 ··· 170
제10장 한국어 발음 교육론 ··· 184
제11장 한국어 문법 교육론 ··· 209
제12장 한국 문화 교육론 ··· 230
제13장 한국어 한자어 교육론 ··· 247
제14장 수업 지도안 작성법 ··· 269
제15장 한국어 어휘 교육론 ··· 284

03 영역

외국어로서의 한국어 교육론

제1장 한국어 교육 개론
제2장 한국어 교육 과정론
제3장 한국어 평가론
제4장 언어 교수법
제5장 한국어 교재론
제6장 말하기 교육론
제7장 쓰기 교육론
제8장 한국어 듣기 교육론
제9장 읽기 교육론
제10장 한국어 발음 교육론
제11장 한국어 문법 교육론
제12장 한국 문화 교육론
제13장 한국어 한자어 교육론
제14장 수업 지도안 작성법
제15장 한국어 어휘 교육론

제1장 한국어 교육 개론

> **학습 목표**
> 1. 한국어 교육의 개념과 대상 및 유형, 역사와 국어 기본법에 대해 이해한다.
> 2. 한국어 교육의 현황, 원리와 방법을 이해한다.

I. 한국어 교육의 개념

1. 한국어와 국어

1) 국어: 한 나라, 혹은 한민족(韓民族)이 사용하는 말
국어 교육은 한국의 중고등학생을 대상으로 문학과 문법을 비롯한 국어 전반을 가르치는 것을 목적으로 한다.

2) 한국어: 세계의 여러 언어 중 하나로서 한민족이 사용하는 말
한국어 교육은 외국인이나 재외한국인, 교포들을 대상으로 한국어와 한국의 문화 전반을 가르치는 것을 목적으로 한다.

2. 한국어 교육의 학문적 개념

1) 한국어 교육학을 보는 관점

(1) 국어학/국어 교육의 하위 분야, 외국어 교육학의 하위 분야
(2) 응용언어학의 하위 분야, 독립적인 학문 분야

2) 한국어 교육학의 학문 영역

(1) 지식 영역과 기능 영역
① 지식 영역: 언어학, 한국어학, 한국 문화 관련 영역
② 기능 영역: 이해 영역(듣기, 읽기), 표현 영역(말하기, 쓰기)

(2) 내용 선정 · 조직 영역과 지도 방법
① 내용 선정 및 조직: 한국어 교육 과정론, 한국어 교재론, 한국어 평가론 등
② 지도 방법: 한국어 교수법, 매체 교육론, 한국어 문법 교육론, 한국 문화 교육론 등

(3) 언어 교육 이론 및 정책
① 외국어 습득론, 제2 언어 습득론, 언어 학습 이론
② 한국어 교육 정책론, 한국어 교육사, 한국어교육학사 등

(4) 연구 방법 및 분석 연구
① 연구 방법: 문헌 연구, 실험 연구, 기술적 방법 등
② 분석 연구: 대조 분석, 오류 분석, 대화 분석 등

3) 한국어 교육학의 교과 영역

한국어학 (6학점)	일반언어학 및 응용언어학 (6학점)	외국어로서의 한국어 교육론 (24학점)	한국 문화 (6학점)	한국어 교육 실습 영역 (3학점)

3. 한국어 교사
1) 한국어를 모국어로 사용하지 않는 외국인과 재외 동포를 대상으로 한국어를 가르치는 사람을 말하며 일반적으로 법에서 정하는 '한국어 교원'의 자격을 갖춘 자를 말한다.

2) 한국어 교원자격증: 국어 기본법에 명시된 자격 요건을 갖춘 후 문화체육관광부에서 발급한다.

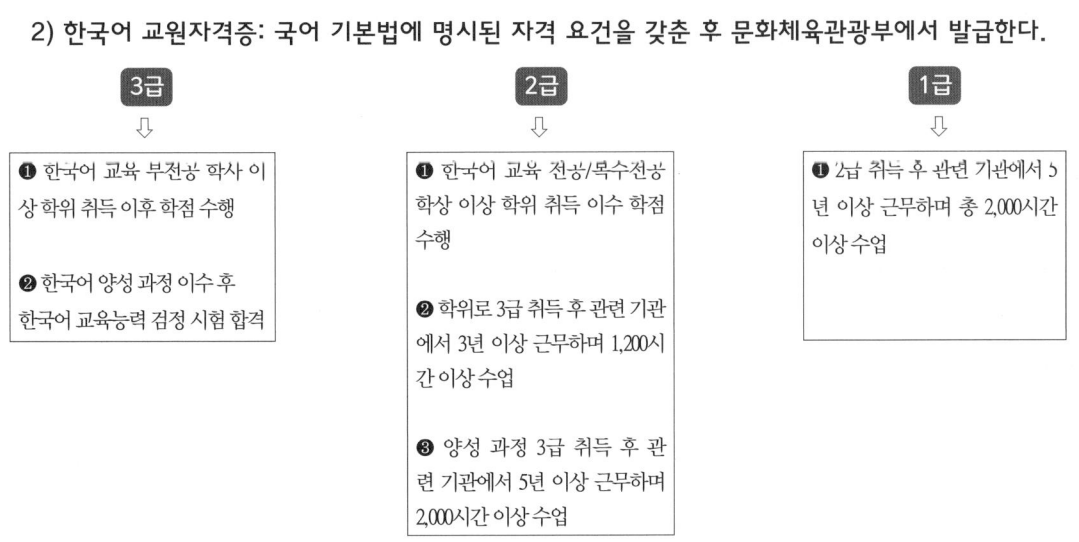

3급
❶ 한국어 교육 부전공 학사 이상 학위 취득 이후 학점 수행
❷ 한국어 양성 과정 이수 후 한국어 교육능력 검정 시험 합격

2급
❶ 한국어 교육 전공/복수전공 학사 이상 학위 취득 이수 학점 수행
❷ 학위로 3급 취득 후 관련 기관에서 3년 이상 근무하며 1,200시간 이상 수업
❸ 양성 과정 3급 취득 후 관련 기관에서 5년 이상 근무하며 2,000시간 이상 수업

1급
❶ 2급 취득 후 관련 기관에서 5년 이상 근무하며 총 2,000시간 이상 수업

① 학위 과정: 한국어 교육 전공(복수 전공 포함)은 2급, 부전공은 3급을 취득할 수 있다.
② 비학위 과정: 120시간 양성 과정 후 한국어 교육능력검정시험에 합격해야 한다.
③ 외국 국적자는 TOPIK 6급 성적 증명서가 필요하다.

3) 한국어 교원 승급 심사
① 승급 심사 시 한국어 교육 강의 기간과 강의 시간을 모두 충족해야 한다.
② 승급 심사 시 '한국어 교육 경력 인정 기관'에서 가르쳤다면 대가를 받았는지 여부와 상관없이 경력을 인정받을 수 있다.
③ 한국어 교육 경력 인정 기관

한국어 교육의 경력이 인정되는 기관은 아래와 같다.
① 외국어로서의 한국어 강의가 개설된 국내 대학 및 대학부설기관, 국내 대학에 준하는 외국의 대학 및 대학부설기관
② 외국어로서의 한국어 수업이 개설된 국내외 초·중·고등학교
③ 외국어로서의 한국어를 가르치는 국가, 지방자치단체 또는 외국 정부기관
④ 「재한외국인 처우 기본법」 제21조에 따라 외국인 정책에 관한 사업을 위탁받은 비영리법인 또는 비영리단체
⑤ 「외교부와 그 소속기관 직제」 제55조에 따른 문화원 및 「재외국민의 교육지원 등에 관한 법률」 제28조에 따른 한국교육원
⑥ 그 밖에 문화체육관광부장관이 제3항에 따른 한국어 교원자격심사위원회의 심의를 거쳐 한국어 교육 경력이 인정되는 기관으로 정하여 고시하는 기관 등

II. 한국어 교육의 대상 및 유형

1. 학습자 유형에 따른 한국어 교육

1) 외국어로서의 한국어 교육(Korean as a Foreign Language)
① 한국어를 모국어로 하지 않는 학습자를 대상으로 한다.
② 외국어의 정의: 모국어를 습득한 후에 배우는 다른 언어이다.
③ 모국어 사용이 우세한 곳(한국, 일본 등)에서 그 언어 이외의 언어를 학습하는 경우가 해당된다.

2) 제2 언어로서의 한국어 교육(Korean as a Second Language)
① 한국어를 제2 언어로 사용하게 된 학습자를 대상으로 한다.
② 제2 언어의 정의: 모국어가 아닌 공용어가 사용되는 환경에서 정상적인 생활을 위해 사용하지 않으면 안 되는 언어이다.
③ 결혼 이민자, 한국학 전공자 등 제2 언어로서의 한국어 요구 상황이 증가한 경우가 해당된다.

2. 학습 목적에 따른 한국어 교육

1) 일반 목적 학습자
① 일상생활에 필요한 한국어 의사소통 능력을 기르고자 한다.
② 한국 사회와 한국 문화를 이해하고 필요한 정보를 교환한다.

2) 결혼 이민자
① 지역 사회와 가정 중심의 생활 밀접한 한국어와 가정 문화 교육이 필요하다.
② 자녀 교육, 가족 간 상호 작용 문제 예방에 활용된다.
③ 생활에 필요한 표준어 교육이 중심이 되고 방언도 자율적으로 교육할 수 있다.

3) 다문화 가정
① 교육과학 기술부에서 2013년 3월 '다문화 학생 교육 선진화 방안'을 제시했다.
② 다문화 학생이 다수인 학교 특별 학습한다. 소수인 학교는 방과후 학교를 운영한다.
③ (중도 입국 자녀 포함) 6개월 정도 사전 적응 교육을 받을 수 있는 예비 학교 운영한다.

4) 특수 목적 학습자

(1) 학문 목적 한국어 교육
① 일반 목적의 말하기, 듣기, 읽기, 쓰기 등의 내용도 포함한다.
② 한국에서 대학 강의를 수학할 정도의 언어 능력으로 중급 이상의 실력이 필요하다.
③ 학문 주제 관련 어휘나 문법 등 필요한 기술과 전략을 추가적으로 학습한다.
④ 학문 활동에 필요한 보고서나 논문 쓰기 등의 활동이 필요하다.
⑤ 2000년 이후 국내 외국인 유학생의 비율이 양적으로 성장했다.

(2) 직업 목적 한국어 교육
① 특정 직업에서 필요한 업무 수행을 위해 한국어와 한국의 직장 문화를 학습한다.
② 취업을 준비하는 학습자들도 해당된다.

(3) 기타 목적 한국어 교육
① 선교, 관광, 외교 등의 목적을 가지고 한국어를 학습한다.
② 재외 동포의 경우 민족의 계승어로서 한국어를 교육하기도 한다.

III. 한국어 교육의 역사와 국어 기본법

1. 한국어 교육의 역사

1) 한국어 교육사에 대한 논의

(1) 백봉자(2001): 4단계 시대 구분(한국의 경제 성장, 기관 설립, 교재 개발 중심)

| 1단계 – 초창기 (1959~1975) | ⇒ | 2단계 – 변화기 (1976~1988) | ⇒ | 3단계 – 발전기 (1989~2000) | ⇒ | 4단계 – 도약기 (2001~) |

(2) 민현식(2005): 3단계 시대 구분(전통적인 역관 교육, 외국인들의 저술 활동 포함)

| 전통 교육기 (고대~1860) | ⇒ | 근대 교육기 (1870~1945) | ⇒ | 현대 교육기 (1945~) |

2) 한국어 교육의 발전

전통 교육기 (고대-1860년대)	① 역학(譯學) 기관을 중심으로 한국어 교육이 이루어짐 ② 중국 명나라의 '회동관(會同館)(1492)' -> 조선어 학습서로서 《조선관역어(朝鮮館譯語)》 펴냄
근대 교육기 (1870년대-1940년대)	① 서구인과 일본인 중심의 한국어 연구와 교육이 이루어짐 ② 영국의 선교사 로스가 1870년대 한글 번역 성경 펴냄. 후배 선교사들을 위해 한국어 교재 《Corean primer》(1877) 펴냄 ③ 일본 관립 동경외국어학교에 조선어학과 설립(1880) ④ 미국 콜럼비아대(1934) 한국어 강의
한국어 교육의 시작 (1950년대-1970년대)	① 1950년대: 외국인 선교단체 명도원에서 선교사 대상 한국어 교육 ② 1960년대: 연세대학교 한국어 학당, 서울대학교 어학연구소 개설 ③ 1970년대: 기존의 소수 기관에서 한국어 교육
한국어 교육의 발전 (1980년대-1990년대)	① 1980년대 ■ 경제 발전과 올림픽-> 한국어, 한국 문화가 주목 받기 시작 ■ 한국어 교육 기관 확장 예 고려대(1986), 이화여대(1988) ② 1990년대 ■ 양적 성장, 대학 기관의 한국어 교육 기관의 급증 ■ 정부 주도의 대규모 한국어 세계화 사업 시작 예 재외 동포재단, 한국국제교류재단 등 ■ 한국어 교원 양성과정 개설, 한국어 관련 학회와 학과 개설 ■ 한국어능력시험 실시(1997년)
한국어 교육의 성장 (2000년대 이후)	① 한국어 교육 환경 및 교육 목적이 다양해짐 ② 학습자 요구에 따른 다양한 교육 과정 개발 ③ 정부 주도의 한국어 보급 사업 증가 예 사회 통합 프로그램, 다문화가족지원센터 등 ④ 교재 종류 다양화, 기존 교재들의 전면적인 수정과 개발 ⑤ 한국어 교육 관련 제도적 정비: 2005년 국어 기본법 등

3) 한국어 교육사 시대 구분의 주요 기준

(1) 대학 부설 한국어 교육 기관의 설립과 확대
① 1959년 연세대 한국어학당 설립
② 1969년 서울대 어학연구소 한국어 교육 과정 개설
③ 1986년 고려대, 1988년 이화여대, 1989년 선문대
④ 1990년 서강대, 1991년 한국외대, 1993년 경희대 등 한국어 교육 과정 개설
→ 대학 부설 기관을 중심으로 한국어 교육 과정 체계화, 교수법 교재 개발

(2) 관련 학회 및 재단의 설립과 연구 확대
① 1981년 이중언어학회 창립
② 1985년 국제한국어 교육학회 창립
→ 학회, 재단을 중심으로 한국어 교육자 네트워크 형성, 대규모 연구 프로젝트의 토대 구축

(3) 국가적 차원의 한국어 교육 정책 증가, 한국어 교원의 확대 및 내실화
① 1997년 한국어능력시험 실시
② 2001년 한국어세계화재단 설립
③ 2002년 한국어 교육능력 인증시험 실시
④ 2005년 국어 기본법 제정 및 시행(2007년 국어 기본법 시행령)
⑤ 2005년 고용허가제 한국어 시험 실시
⑥ 2007년 한국어 교육 브랜드 '세종학당' 개원
⑦ 2009년 법무부 사회 통합 프로그램 이수제 도입
⑧ 2010년 국제 통용 한국어 교육 표준 모형 개발 연구
→ 국가적 차원의 한국어 교육 연구 과제 및 정책 확대, 관련 법령 제정 및 시행

2. 한국어 교육과 국어 기본법

1) 국어 기본법의 이해

(1) 국어의 사용을 촉진하고 국어의 발전과 보전의 기반을 마련하기 위해 2005년 제정하였다.
(2) 국어 기본법 이전: '한글 전용에 관한 법률', '문화예술진흥법' 등에 국어 관련 법률 조항 존재 – 실효성이 그리 크지 않다.
(3) 국어 기본법: 1장, 5장은 각각 총칙과 보칙, 주요 내용은 2장~4장에 담겨 있다.

① 2장: 국어 발전 기본 계획 수립
- 5년마다 '국어 발전 기본 계획'과 그 세부 계획을 수립·시행한다.
- 2년마다 그 시책과 결과에 관한 보고서를 국회에 제출한다.
- 국어 정책 수립에 필요한 자료를 수집하거나 실태를 조사한다.
- 국가 기관과 지방자치단체는 국어의 발전과 보전 업무를 총괄하는 국어 책임관을 지정한다.

② 3장: 국어 사용의 촉진 및 보급
- 공공 기관의 공문서 및 교과용 도서가 어문 규범에 맞추어 작성되도록 한다.
- 한국어의 발전과 보전에 관한 중요 사항을 심의한다.
- 바람직한 국어 문화 확산과 국어 정보화의 촉진을 위한 사업을 수행한다
- 각 분야의 전문 용어를 쉽고 편리하게 사용할 수 있도록 표준화한다.
- 외국인과 재외 동포를 대상으로 국어를 보급하는 데 필요한 각종 사업을 수행한다.
- 세종학당을 지정·운영하며, 매년 10월 9일을 한글날로 정하고 기념 행사를 하며, 국어 관련 민간 단체에 필요한 지원을 한다.

③ 4장: 국어 능력의 향상
- 국민의 국어 능력 향상에 필요한 정책을 수립·수행한다.
- 국민의 국어 능력을 검정한다.
- 지역어의 보존 및 지역민의 국어 능력 향상을 돕기 위해 국어 관련 전문 기관·단체 등을 국어문화원으로 지정하여 운영한다.

2) 한국어교육능력검정시험

(1) 재외 동포나 외국인을 대상으로 외국어로서의 한국어를 교육할 수 있는 능력을 평가하는 국가 공인 자격시험이다.
(2) 대학이나 대학원에서 한국어 교육을 전공하지 않은 사람을 대상으로 2006년부터 시행되었다.

3) 변화 과정

(1) 「국어 기본법」 시행 이전: 한국어교육능력인정 시험(2002~2004 총 4회)
① 문화관광부 산하의 비영리 재단인 한국어세계화재단에서 주관한다.
② 한국어 교사 자질 향상, 교사 양성 체계의 공공성 확보로 한국어 국외 보급 효율성 제고한다.

(2) 「국어 기본법」 시행 이후: 한국어교육능력검정 시험(2006~현재)
① 1회~3회: 한국어세계화재단에서 시행했다.
② 2009년 4회부터: 한국산업인력공단에서 시행한다.

(3) 2008년 이전: 문화관광부 장관 명의의 자격증을 취득했다.

(4) 2008년 국어 기본법 시행령 일부 개정: 문화체육관광부 장관 명의 자격증 취득한다.

IV. 한국어 교육의 현황

1. 국내 한국어 교육의 현황

1) 한국어 교육 담당 기관

(1) 정부 및 관련 기관
① 문화체육관광부
- 국립국어원: 한국어 교원 자격 심사와 자격증 발급, 국외 한국어 교원 초청 연수, 국내외 한국어 교육 자료를 개발하고 보급한다.
- 세종학당재단: 세종학당을 지원한다.
- 국어문화원: 다문화 배경의 한국어 학습자를 지원한다.

② 교육부
- 국립국제교육원: 재외 동포 교육과 국제 교육 교류 및 협력 담당, 한국어능력시험 운영한다.
- 다문화 교육센터: 다문화 배경의 한국어 학습자 지원한다.

③ 여성가족부
- 결혼 이민자, 중도 입국 자녀 대상으로 한국어를 교육한다.
- 1~4단계 각 100시간으로 수준별 한국어 교육을 제공한다.

④ 고용노동부: 외국인근로자지원센터에서 다문화 배경의 한국어 학습자 지원한다.
- 외국인 노동자 대상이며 2004년 외국인 근로자의 인권신장과 복지 증진을 위해 설립되었다.

⑤ 법무부: 사회 통합 프로그램(KIIP)으로 이민자의 한국 사회 적응 및 한국어 습득 지원한다.
- 이민자, 재한외국인 대상이다.
- 재한외국인 지원 정책을 표준화하고 이수한 이민자들이 국적 취득 시 필기시험을 면제한다.
- 사회 통합 프로그램의 혜택: 국적 필기시험 면제 및 국적 면접 심사 면제, 국적 심사 대기 시간 단축, 점수제에 의한 전문 인력 거주 자격 변경 시 가점 부여, 일반 영주 자격 신청 시 한국어 능력 입증 면제, 외국인 근로자 특정 활동 변경 시 한국어 능력 입증 면제, 장기 체류 외국인의 거주 변경 시 한국어 능력 입증 면제

(2) 국내 대학의 한국어 교육 기관: 대학 부설 한국어 교육 기관: 일반 언어 학습 과정 및 특수 목적 과정과 위탁 교육 과정을 운영한다.

(3) 기타 교육 기관: 사설 학원, 교회, 봉사 단체 중심의 다양한 유형이 있다.

2) 한국어 교육 대상 현황
(1) 국내 한국어 교육 수요자 증가 추세
① 전체 유학생의 경우 약간의 등락은 있었지만 계속해서 증가하고 있다.
② 2000년대 이후 국내 외국인 유학생 현황
■ 아시아 지역 출신이 전체의 90%가 될 정도로 지역별 편중이 심하다.
■ 유학생 중 장기 학위 과정이 단기 어학연수보다 3~4배 많다.
■ 이공 계열에 비해 훨씬 많은 인문 사회 계열 학생들이 감소 추세를 보인다.
③ 초등학교의 다문화 학생이 계속해서 증가하고 있다.

2. 국외 한국어 교육의 현황

1) 한국어를 대학 입시 과목으로 채택하는 국가
(1) 1994년 호주, 1997년 미국, 2002년 일본
(2) 2017년 프랑스, 2018년 태국

2) 지역별 현황

지역	한국어 교육
미국	1960년대: 한국인의 이주 급격히 증가하게 됨
	1970년대: 정부에서 한국어 교육을 주도하고 한글학교를 설립함, 일부 지역의 대학에서 한국어 개설 대학이 증가
	1990년대: 1997년 대학수학능력시험(SAT)의 선택 과목으로 한국어 선정
	미 정부 기관의 주관으로 한국어 교육을 실시함(외무연수원, 국가 안전부, 국방 외국어 대학)
호주	1970년대: 한국인들의 이민이 급격히 증가함
	1980년대: 호주국립대학(ANU)에 한국어 과정이 개설됨
	1990년대: 1994년 대학입학시험에 한국어가 선택과목으로 채택됨
중앙아시아	1938년: 러시아어를 공용어로 사용하면서 한국어 교육이 중단됨
	1980년대: 체계적인 한국어 교육이 다시 시작됨, 대학에 한국어 과목 개설됨
동남아시아	1990년대 이전: 한국어 교육을 거의 하지 않음
	1990년대 이후: 한국과의 경제적 교류가 증대됨에 따라 한국어에 대한 관심이 높아지고 한국어를 개설하는 대학이 많아짐
중국	1945년: 북경대학교 조선어학과의 전신인 국립동방어문전문학교 한국어과가 개설됨
	1992년 한중 외교 수립 후, 두 국가 간에 교류가 늘어나고 한국의 경제가 성장하면서 중국에서의 한국어 교육이 급속도로 발전함
일본	일본에서의 한국어 교육은 한국과 일본 간 정치·역사적 관계와 맥을 같이 함
	1880년: 도쿄외국어대학교의 전신인 도쿄외국어학교에 한국학과가 설립
	1990년대 이후: 대학에서 한국어 교육이 폭발적으로 증가함
	2000년 이후: 대학뿐 아니라 고등학교, 민간 강좌 등에서도 한국어 강좌가 비약적으로 확장됨
몽골	1990년대 이전: 한국어 교육이 거의 나타나지 않음
	1990년대 이후: 한국어를 개설하는 대학이 나타나고 꾸준히 증가함

3) 국외 한국어 교육 정책

(1) 재외 교육 기관
① 한국학교
- 교육부
- 학력 인정 정규학교
- 재외국민 초, 중, 고 이수 대상자
- '초·중등교육법'에 따라 교육부장관이 고시한 교육 과정에 준하여 운영한다.

② 한국교육원
- 교육부
- 교육행정기관
- 재외국민, 한국어와 한국 문화에 관심 있는 현지을 대상으로 한다.
- 교육원별 한국어, 한국 문화 등과 관련된 과정 개설, 과정별 2~4시간 운영한다.

③ 한글학교
- 외교부 재외 동포재단
- 비정규학교
- 재외국민에게 한국어와 한국 문화 등 민족 교육을 실시한다.
- 주로 주말학교 형태로 주당 2~6시간 운영한다.

V. 한국어 교육의 원리와 방법

1. 한국어 교육의 목표
① 한국어로 의사소통할 수 있는 능력을 키운다.
② 한국 사회와 문화에 대해 이해한다.
③ 한국어를 통해 새로운 지식과 정보를 습득하고 활용한다.
④ 한국어를 사용하는 여러 사회 구성원과 필요한 정보를 공유하고 친교를 나눌 수 있다.

2. 한국어 교육의 원리

1) 의사소통 능력과 언어 숙달도 향상

(1) 상호 활동을 통한 실제 언어 사용 중심으로 한 의사소통 중심의 교육
- 교육의 목표를 원어민 수준이 아니라 이해 가능 여부에 두고 정확성보다는 유창성에 중심을 둔 교육을 한다.

(2) 실제 의사소통에서 수행할 수 있는 과제 중심의 교육
■ 학습자가 목표어를 사용하는 환경에서 빈번하게 일어날 수 있는 일들을 사용하여 수업의 활동 과제로 사용한다.

(3) 학습자의 기존 지식 구조나 기억 체계와 연결될 수 있는 교육
(4) 학습자의 요인 및 다양한 변인을 고려한 절충주의적 교수법 사용
(5) 학습자 요인을 고려하여 교육 과정·방법·절차를 설계하는 학습자 중심 교육
(6) 듣기, 말하기, 읽기, 쓰기 등이 조화를 이루는 통합적인 교육
(7) 의미 범주와 맥락이 제시되는 담화 차원의 교육
(8) 상호 문화적 관점에서 타 문화에 대한 이해를 증진시키는 교육

2) 국제 통용 한국어 교육 표준 모형

등급 기술 영역	영역별 하위 요소	기술 방법
주제	화제	세부적 기술
언어 기술	말하기, 듣기, 읽기, 쓰기, 과제	추상적 기술
언어 지식	어휘, 문법, 발음, 텍스트	세부적 기술
문화	문화 지식, 문화 실행, 문화 관점	추상적 기술

3. 한국어 교육의 세부 원리

1) 한국어 이해 영역

문법 번역식	- 읽기: 필자가 기호화한 메시지를 독자가 해독하는 수동적 과정 - 듣기: 언어의 구조와 형태 등을 학습하기 위한 과정으로서, 듣기, 말하기를 위한 전 단계로서의 수동적 과정
의사소통식	- 읽기: 읽은 것을 바탕으로 하여 의미를 재해석하고, 유추·비판하는 등 기존 텍스트를 재구성하는 능동적 과정 - 듣기: 담화 당사자로서 의미 협상 진행을 위해 담화를 적극적으로 해석 및 유추, 평가하면서 반응하는 능동적 과정

2) 한국어 이해 교육의 목표

(1) 목적에 맞는 정보를 획득한다.
(2) 배경지식을 활용하여 화자/필자의 의도 파악한다.

(3) 실제 한국어 사용 환경에서 접하는 다양한 듣기/읽기 자료 처리 방법을 훈련한다.

3) 학습 단계별 교육 목표

(1) 초급 단계
① 일상생활과 관련된 주제의 담화를 이해하고 처리한다.
② 자기소개, 인사, 가족, 날씨, 물건 사기, 전화, 약속, 시간, 계산, 은행, 병원 등
■ 듣기: 자음, 모음 등 음운을 식별한다. 예 불, 뿔, 풀
■ 읽기: 한글의 구성을 이해하고 글자를 읽는다.

(2) 중급 단계
① 복잡한 문장, 이야기 단위의 연습이 가능하다.
② 좀 더 복잡한 개인적인 상황과 자주 접하는 공식적인 상황에 대한 이해가 가능하다.
③ 초대, 물건 교환, 성격, 운동, 교육, 문화, 사건/사고 등에 대해 이야기한다.
④ 친숙한 사회적 소재, 긴 설명문이나 생활문, 간단한 강연을 제시한다.

(3) 고급 단계
① 담화와 문맥 단위에서 이야기를 이해하는 연습을 한다.
② 공식적이고 전문적인 주제, 복잡한 의미 협상 과정이 있는 사회적인 주제를 제시한다.
③ 한국의 정치, 경제, 사회, 교육, 문화 등 전 영역에 대해 깊이 다룬 소재를 제시한다.
④ 복잡한 연설문, 강연, 대담 등을 비판적으로 이해한다.

4) 한국어 표현 영역

(1) 언어 표현 활동: 화자 또는 필자가 의사소통 상황과 대상을 고려하여 전달하고자 하는 내용을 자신의 의도에 맞게 표현하는 능동적인 과정이다.

(2) 개인적 행위 vs 사회적 행위
① 말하기: 화자/청자 ≒ 청자/화자
② 쓰기: 글 → 독자, 독자 → 필자, 필자 → 필자

5) 말하기와 쓰기 교육

(1) 외국어 능력이란 듣고 말하고 읽고 쓰는 4가지 기능이 골고루 발달되어야 하지만 의사소통 능력을 중요시하는 상황에서는 네 가지 기능 중 말하기 기능의 중요성이 높아진다.

(2) 쓰기 능력
① 모국어 화자라고 해도 구조화된 쓰기 능력을 갖기 힘들어 한다.
② 교사는 한국어 언어의 특징뿐만 아니라 글쓰기 능력 자체에 대한 학습도 함께 이루어지도록 해야 한다.

6) 한국어 표현 교육의 목표

(1) 형태 학습을 기반으로 정확성을 높인다.
(2) 실제 의사소통 상황에서 발생하는 말하기/쓰기 과제 수행을 연습한다.
(3) 의사소통 상황과 자신의 목적에 맞게 말이나 글로 나타내고자 하는 바를 정확하게 표현한다.

7) 학습 단계별 교육 목표

(1) 초급 단계
① 일상생활 관련 주제 표현
■ 말하기: 높임말과 반말 구별, 공식적 상황과 비공식적 상황을 구별한다.
■ 쓰기: 구어와 문어 구별, 맞춤법과 띄어쓰기 정확성을 확보한다.
② 중급 단계
■ 일상적인 생활 문화, 개인적인 주제를 다룬다.
■ 사회적인 관계를 유지한다.
■ 친숙한 사회적, 추상적인 소재를 다룬다.
■ 관용적 표현과 속담을 사용한다.
③ 고급 단계
■ 정치, 경제, 사회, 과학, 문화 전반의 대화를 할 수 있다.
■ 전문 분야(발표, 협상, 토론 등)에 대한 표현을 할 수 있다.
■ 한자어, 시사용어, 전문 용어, 학술용어를 사용할 수 있다.

8) 표현 교육의 실제

(1) 말하기 활동의 종류
① 모방과 암기, 시각 자료를 이용한다.

② 역할극이나 드라마, 문제 해결 활동, 프로젝트, 인터뷰, 의사결정 활동을 한다.

③ 좌담회, 토론, 설문 조사, 발표를 한다.

(2) 쓰기 활동의 종류

① 베껴 쓰기, 받아쓰기를 한다.

② 통제된 쓰기

- 표, 도표, 그림이나 사진 보고 쓰기, 어순 배열하기, 문장 연결하기를 한다.
- 질문 대답하기, 지시대로 바꿔 쓰기, 빈칸 완성하기를 한다.

③ 유도된 쓰기

- 예시문을 이용한 유도된 쓰기, 빈칸 완성하기, 응답 쓰기를 한다.

④ 자유 쓰기

- 읽기, 듣기 또는 시청각 자료 등에서 제시된 내용에 대한 자신의 견해를 쓴다.
- 제목 주고 글쓰기, 문학 창작 활동을 한다.

형성 평가

1. 한국어 교육의 지식 영역에 해당하는 것은?
① 한국어학
② 문헌 연구
③ 대조 분석
④ 외국어 습득론

정답: ①
해설: 지식 영역으로 언어학, 한국어학, 한국 문화 관련 영역이 포함된다.

2. 제2 언어로서의 한국어 교육 대상자는?
① 결혼 이민자
② 직업 목적 학습자
③ 학문 목적 학습자
④ 일반 목적 학습자

정답: ①
해설: 제2 언어로서의 한국어 교육 대상자로 결혼 이민자, 다문화 가정 자녀 등이 있다.

3. 연세대 한국어학당이 설립된 시기는?
① 1950년대
② 1970년대
③ 1990년대
④ 2000년대

정답: ①
해설: 1959년 연세대 한국어학당이 설립되었다.

4. 국어 기본법에서 국어 발전 기본 계획 수립에 대해 제시된 부분은?
① 1장
② 2장
③ 3장
④ 4장

정답: ②
해설: 국어 기본법 2장에서 국어 발전 기본 계획 수립에 대해 제시되어 있다.

5. 문화체육관광부 산하 기관이 아닌 것은?
① 국립국어원
② 국어문화원
③ 세종학당재단
④ 국립국제교육원

정답: ④
해설: 국립국제교육원은 교육부 산하 기관이다.

6. 외교부 재외 동포재단에서 운영하는 비정규학교로 재외국민에게 한국어와 한국 문화 등 민족 교육을 실시하는 곳은?
① 한국학교
② 한글학교
③ 한국교육원
④ 다문화 교육센터

정답: ②
해설: 재외 동포재단은 한글학교에서 재외 동포를 대상으로 한글, 문화, 역사 교육을 제공하고 있다.

7. 초급 단계 이해 교육 목표에 해당하는 것은?
① 일상생활 관련 주제 담화 및 처리
② 복잡한 문장, 이야기 단위의 연습
③ 담화와 문맥 단위에서 이야기를 이해
④ 복잡한 연설문, 강연, 대담 등을 비판적으로 이해

정답: ①
해설: 일상생활 관련 주제 담화 및 처리, 자기소개, 인사, 가족, 날씨 등

8. 쓰기 활동의 종류 중 통제된 쓰기가 아닌 것은?
① 응답 쓰기
② 어순 배열하기
③ 문장 연결하기
④ 질문 대답하기

정답: ①
해설: 응답 쓰기는 유도된 쓰기에 해당한다.

제2장 한국어 교육 과정론

> **학습 목표**
> 1. 교육 과정의 어원을 통해 교육 과정의 개념, 4가지 관점을 통해 교육 과정의 다양한 의미를 이해할 수 있다.
> 2. 한국어 교육 과정, 역사적으로 어떻게 발전해 왔는지와 유형을 이해할 수 있다.
> 3. 국제 통용 한국어 표준 교육 과정의 개발 원리 및 개발 내용을 설명할 수 있다.

I. 한국어 교육 과정의 개념과 설계 원리

1. 한국어 교육 과정의 개념과 유형

1) 교육 과정의 개념

교육 과정(curriculum)의 어원적 정의를 살펴보면 라틴어 '쿠로(curro)'와 '쿠레레(currere)'에서 유래한 것을 알 수 있다. 라틴어 '쿠로(curro)'로 생각하면 말이 달리는 경주를 의미하는데 이때 경주로의 의미는 학습자가 학습 기관이 정한 교육 목표로 향해 가는 경로이다. 라틴어 '쿠레레(currere)'로 생각하면 경주 행위를 의미하는데 이때 경주 행위의 의미는 교육 과정 중 학생이 경험하거나 학습하게 되는 내용이다. 다시 말하면 교육 과정의 어원적 정의를 통해 '커리큘럼(curriculum)'은 학습자가 학습 기관이 제시하는 교육 목표로 향해 가는 경로 또는 그 과정에서 경험하거나 학습하게 되는 내용을 의미한다. 교육 과정(curriculum)은 교육을 목적으로 하는 각 기관에서 교육 대상자를 위해 프로그램을 기획, 운영, 관리하고 그 효과를 검증하는 주요 원리인 것이다.

2) 교육 과정에 대한 4가지 관점

교육 과정에 대한 4가지 관점이 있다. 첫째, 교육 과정을 교육 내용으로 보는 경우, 즉 교육 과정을 교사가 학생들을 위해 제시한 교과목, 교과의 체계, 교수요목과 같은 교육 내용으로 보는 입장이 있다. 이는 교육 과정을 학생들이 교육 기관에서 반드시 학습해야 하는 내용으로 이해하는 것인데 교육 과정의 사전적 정의와 가장 흡사한 것으로 가장 오래된 견해이기도 하다. 그러나 학교와 교사의 역할이 제한적이고 교과 외적인 내용이 교육 과정에 포함되지 못한다는 단점이 있다.

둘째, 교육 과정을 학습 경험으로 보는 경우로 교육 과정은 학생들이 실제로 경험하거나 학습한 것을 의미한다. 지식은 산출물이 아닌 과정이며 교육 과정은 이러한 습득 과정을 반영하는 것으로 보는 것이다. 그러나 교육 과정을 개인의 내적인 과정인 경험을 교육 과정으로 보는 것은 범위가 모호하며 계획을 세우기 어렵다는 문제가 있다.

셋째, 교육 과정을 의도된 학습 성과로 보는 경우 교육 과정은 학습 경험을 통해 성취해야 하는 결과를 의미한다. 이렇게 보면 교육 내용과 교육 방법이 무엇을 성취하기 위한 것인지 분명히 한다는 장점이 있는 반면 수행해야 하는 목표에 치중하여 과정의 중요성이 약화된다는 단점이 있다.

넷째, 교육 과정을 문서 속 계획으로 보는 경우 교육 과정은 실재하는 구체물로 여기는 것, 즉 교육 과정을 수업 계획안, 교육 과정 지침서, 평가 방안 등의 종합적인 수업 계획이 담긴 문서로 보는 것이다. 그러나 예상치 못한 수업 외적 요인으로 인해 변경된 계획 등은 교육 과정에 포함되지 못할 수도 있다.

3) 한국어 교육 과정의 개념

앞서 살펴본 교육 과정에 대한 여러 견해를 토대로 일반적인 교육 과정의 개념을 정리하면 교육 과정은 '교육을 주도하는 기관이 그 기관의 교육 목표에 따라 학습자의 성장과 발전을 돕기 위하여 체계적으로 개발하여 수립하는 지식과 경험을 포함한 모든 종류의 교육 내용의 사전 계획과 기대하는 결과'(이성호, 2009)로 볼 수 있다.

그렇다면 한국어 교육 과정은 어떻게 정의 내릴 수 있을까? 한국어 교육 과정의 정의는 연구자마다 그 정의를 약간 다르게 내리고 있다. 먼저 '교육 기관에 의하여 의도된 전 교과 활동 또는 그에 관한 계획이나 프로그램을 총칭하는 말'(민현식, 2003)로 보는 것은 교육 과정에 학습자의 요구 분석, 교육 목적과 목표, 교수요목, 교재, 교수 학습법, 시험과 평가 모두 포함하는 것이다. 그다음에 교육 과정을 '교육을 하기 위한 설계도 혹은 계획'으로 보는 것은 교육 과정을 학습자, 학습 목표, 학습 기간, 학습 지역, 목표 언어가 사용되는 사회 문화적 변인에 따라 다르게 보는 것을 의미한다. 또한 교육 과정을 '교수 학습 목표, 교육 내용, 교수 순서와 절차, 교육 방법, 평가' 등을 구조화한 교수 프로그램의 전반적 계획 및 운영'(안경화, 김민애, 2014)으로 보는 것은 학교나 교육 체계 내에서 실현되는 의도된 전 교과 활동이나 프로그램을 총칭하는 것이다. 마지막으로 교육 과정을 '한국어 교육의 목표, 교육 내용, 교수 학습 방법 및 평가 방향을 제시한 전체 계획이자 기대하는 결과'(방성원, 2021)로 보기도 한다. 결국 한국어 교육 과정의 정의는 한국어 프로그램을 학습하는 데 필요한 교육 목표, 교육 내용, 교수 학습 방법, 평가 등에 관한 전체 계획을 의미하는 것으로 정의할 수 있다.

4) 교육 과정과 교수요목

교육 과정과 교수요목은 혼용해서 쓰는 경우도 있지만 엄밀히 말하면 그 개념이 다르다. 교육 과정(curriculum)은 교육 목적, 목표, 내용, 방법, 평가까지 포함된 포괄적 개념인 반면, 교수요목(syllabus)은 교실 현장에서 이루어지는 각 활동의 단위(units)와 이런 단위들이 실제로 수업에 적용되는 순서(sequence)로 더 자세하고 구체적인 것이다.

5) 한국어 교육 과정의 발달 과정

한국어 교육 과정의 발달 과정을 살펴보자. 먼저 1960년대 연세대학교 한국어학당(1959년)이 개설된 이래 서울대학교 어학연구소 한국어과정(1968년)이 개설되면서 한국어 교육 과정이 시작되었다고 할 수 있다. 1980년대 후반에 이르러 국내 대학 기관에서 한국어 교육 프로그램을 시작했는데 고려대학교 한국어문화 교육센터(1986년), 이화여자대학교 언어교육원(1988년), 서강대학교 한국어 교육원(1990년) 등이 있다. 1990년대 후반에 들어 국내 대학 기관에 '외국어로서의 한국어 교육 전공'이 연세대학교(1997년), 이화여자대학교(1997년), 고려대학교(1999년)에 개설된다.

6) 한국어 교육 과정의 유형

한국어 교육 과정이 다양해진 배경은 다양한 원인을 꼽을 수 있지만 그중에서 가장 크게 기여한 것은 한류 확산으로 한국어 학습자가 증가했기 때문이다. 한국어 학습자가 다양해지면서 한국어 학습 목적에 따른 한국어 교육이 가능해진 것이다.

한국어 학습 목적에 따른 한국어 교육 과정의 유형을 확인해 보자. 첫째, 일반 목적 한국어(Korean for general purpose)는 취미, 생활 등 다양한 목적의 한국어 교육에 공통으로 요구되는 내용을 중심으로 조직하는데 국내 대학 부설 언어 교육 기관이 대표적이다. 둘째, 특수 목적 한국어(Korean for specific purpose)는 학습자의 특정한 목적과 요구에 근거하여 개발, 운영되므로 학습 목적에 따라 유형을 세분화할 수 있는데 특정 목적 달성을 위해 필요한 한국어 능력 향상을 목적으로 하고 특정 분야 영역에서 자주 접하게 될 주제와 상황, 기능, 장르가 교육 내용과 방법에 영향을 준다. 셋째, 학문 목적 한국어(Korean for academic purpose)는 한국 대학이나 대학원에 진학하는 외국인들이 많이 증가하면서 이들을 위한 교육 과정으로 강의 듣기, 발표 및 토론, 보고서 작성, 시험 답안 작성 등 학업 수행을 위해 요구되는 한국어 기술 향상하기 위해 교육 과정을 개발한 것이다. 넷째, 직업 목적 한국어(Korean for occupational purpose)는 한국 기업에 취업하고 기업 내에서 직무를 수행하기 위한 비즈니스 목적 한국어 교육 과정으로 다양한 직업군에 따라 목적별 교육 과정의 세분화가 가능하다. 예를 들어, 현지인 관광 가이드 양성을 위한 한국어 교육 과정, 동북아시아 전문가(외교관, 외국군)를 위한 한국어 교육 과정, 선교사를 위한 한국어 교육 과정, 이주 노동자를 위한 한국어 교육 과정 등이 있다. 다섯 번째, 다문화 가정을 위한 한국어 교육 과정은 한국 사회가 다문화 사회로 변화하면서 이민자가 지역 사회에 쉽게 정착할 수 있도록 지원한다. 다문화 배경을 가진 초·중·고등학생 대상의 한국어 교육 과정이나 결혼 이주민을 위한 한국어 교육 과정을 떠올릴 수 있다. 여섯 번째, 재외 동포를 위한 한국어 교육 과정으로 해외에 거주하는 재외 동포를 위해 한글학교, 민족학교 등에서 요구되는 것으로 정체성 교육이나 세계 시민교육, 한국 문화나 한국 역사 교육 과정이 포함된다. 결국 학습자 수가 증가하면서 한국어 교육 기관도 다양해지고 한국어 교재도 다양하게 개발되고 있다. 한국어 교사 양성을 위한 전공과 비전공 교육 과정이 운영되고 있다.

7) 국제 통용 한국어 표준 교육 과정

국제 통용 한국어 표준 교육 과정의 개발 원리를 살펴보자. 먼저, 개인, 공공, 직업 영역에서 의사소통을 목적으로 학습자가 배워야 하는 내용을 포괄적으로 기술하려는 내용의 포괄성을 보여야 한다. 또한 사용의 편리성이 확보되어 사용자가 쉽게 이용하고 사용할 수 있는 형태로 제작해야 한다. 또, 교육 과정에 실제 적용 가능한 유용하고 현실적인 내용이어야 한다는 자료의 유용성을 갖고 있어야 한다. 마지막으로 적용에 있어서도 융통성이 있어 표준성과 범용성을 전제로 하되 다양한 변인에 맞게 개작할 수 있어야 한다.

국제 통용 한국어 표준 교육 과정(김중섭 외, 2017)의 개요를 살펴보자. 국제 통용 한국어 표준 교육 과정은 기존에 연구되었던 한국어 교육 과정을 수정, 보완, 내용 재점검을 통해 내용의 통일성과 계열성을 확보하고 국내외 다양한 교육 현장에서 활용될 수 있도록 유형별 표준 한국어 교육 과정을 개발하고자 한 것이다. 국제 통용 한국어 표준 교육 과정의 의미는 교육 환경이나 교육 대상, 학습자들의 다양한 학습 목적 등에 따라 변형·적용될 수 있는 하나의 참조 기준으로서 교육 과정 수립, 교수·학습 설계, 교수요목 설계 및 교재 개발, 평가 등 교육 전반의 기본 원칙과 객관적인 기준을 의미한다.

국제 통용 한국어 표준 교육 과정의 등급 체계는 한국어 교육 현장 상황과 한국어능력시험의 등급 체계 등을 고려하여

6등급 체계로 구성하고 고급 단계 이상의 도달 목표를 한정하지 않고 개방형으로 두어 '6+등급'을 설정한다.

초급	중급	고급	최상급
1~2급	3~4급	5~6급	6+ 등급

국제 통용 한국어 표준 교육 과정의 교육 시간은 국내외 기관의 최소 시간으로 72시간(12주*6시간)부터 한 급에 200시간(10주*20시간)까지 가능하다. 국내 정규 기관 및 한국어능력시험은 한 급에 200시간을 채택한다. 전체 교육 시간은 다르지만 해당 등급의 언어 지식(어휘, 문법, 발음) 측면에서는 유사하다고 볼 수 있고 언어 기술(듣기, 말하기, 읽기, 쓰기)과 연계된 교육 시간은 교육 기관별 운영 환경에 따라 탄력적으로 운영할 수 있다.

국제 통용 한국어 표준 교육 과정의 내용은 총괄 목표, 주제, 기능 및 과제, 언어 지식(어휘, 문법, 발음), 언어 기능(듣기, 말하기, 읽기, 쓰기), 텍스트, 문화, 평가를 순서대로 등급별로 기술한다. 그리고 유형별 표준 교육 과정의 예로 중고등(청소년) 과정과 대학 과정을 기술하고 부록에는 1등급부터 6등급으로 구분한 등급별 어휘, 문법 평정 목록을 덧붙여서 사용의 편리성을 도모하고자 하였다.

국제 통용 한국어 표준 교육 과정의 등급 범주 설정은 주제는 17개 범주 85개 항목을 제시하고 기능 및 과제는 5개 범주 52개 항목을 제시한다. 언어 지식은 어휘 10,635개(1급 735개, 2급 1,100개, 3급 1,655개, 4급 2,200개, 5급 2,365개, 6급 2,580개)를 제시하고, 문법은 336개(1급 45개, 2급 45개, 3급 67개, 4급 67개, 5급 56개, 6급 56개)를 제시했다. 발음은 5개 범주 72개 항목을 제시하고 언어 기술은 듣기, 말하기, 읽기, 쓰기로 등급별로 항목과 내용을 제시하고 있다. 그 밖에도 텍스트는 4개 범주 144개 항목을 제시하고 문화는 범주, 평가는 등급별로 항목과 내용을 제시한다.

국제 통용 한국어 표준 교육 과정의 17개 주제 범주 85개 항목을 살펴보면 다음과 같다.

범주	항목
개인 신상	이름, 전화번호, 가족, 국적, 고향, 성격, 외모, 연애, 결혼, 직업, 종교 등
주거와 환경	장소, 숙소, 방, 가구, 침구, 주거비, 생활 편의 시설, 지역, 지리, 동식물 등
일상생활	가정생활, 학교생활 등
쇼핑	쇼핑 시설, 식품, 의복, 가정용품, 가격 등
식음료	음식, 음료, 배달, 외식 등
공공 서비스	우편, 전화, 은행, 병원, 약국, 경찰서 등
여가와 오락	휴일, 취미, 관심, 텔레비전, 영화, 공연, 전시회, 독서, 스포츠 등
일과 직업	취업, 직장 생활, 업무 등
대인 관계	친구, 동료, 선후배 관계, 초대, 방문, 편지, 모임 등
건강	신체, 위생, 질병, 치료, 보험 등
기후	날씨, 계절 등
여행	관광지, 일정, 짐, 숙소 등
교통	위치, 거리, 길, 교통수단, 운송, 택배 등
교육	학교 교육, 교과목, 진로 등
사회	정치, 경제, 범죄, 제도, 여론·국제 관계 등
예술	문학, 음악, 미술 등
전문 분야	언어학, 과학, 심리학, 철학 등

하나의 주제 범주는 항목별로 다음과 같이 이 주제를 다루는 급과 중점적으로 다루는 급을 표시하였다.

범주 구분		항목 급					
범주(17개)	항목(85개)	1	2	3	4	5	6
개인 신상	이름	●					
	전화번호	●					
	가족	●					
	국적	●					
	고향	●					
	성격			●			
	외모			●			
	연애				●		
	결혼				●		
	직업				●		
	종교						●

II. 한국어 교육 과정의 개발 절차

1. 한국어 교육 과정의 개발 절차

1) 교육 과정의 구성 요소

Richard(2001)는 언어 교육 과정의 구성 요소로 7가지를 제시한다. 첫째, 요구 분석으로, 학습자의 요구를 조사하는 절차이다. 둘째, 상황 분석으로 교육 과정을 기획하는 단계에서 외부 요인과 내부 요인을 분석하는 것이다. 셋째, 학습 목적과 목표이다. 목적(aims), 목표(objectives), 최종 목적(goals)을 기술하는 것이다. 넷째, 코스 조직으로 언어 프로그램의 목적과 목표에 기반을 둔 코스 개발을 하고 코스의 이론적 근거에 대해 기술하는 것이다. 다섯째, 교육 자료 구성으로 이는 대부분 언어 프로그램의 핵심적인 구성 요소로 교실에서 일어나는 언어 연습과 학습자에게 주어지는 언어 입력의 기초가 된다. 여섯째, 효과적인 교육이다. 학습자에게 시행되는 양질의 교수를 말하며 이는 교육 기관, 교사, 학습자 요인과 관련 있다. 마지막으로 평가는 언어 코스의 교수 및 계획에 대한 실제를 반성적으로 분석하는 것이다.

2) 교육 과정 개발 절차

교육 과정의 구성 요소를 정리해서 교육 과정의 개발 절차를 살펴보면 다음과 같다.

요구 분석	상황 분석과 학습자와 교육 관련자의 요구 분석
↓	
교육 목적 및 목표 설정	교육 목적 및 목표 기술(교육을 통해 달성하고자 하는 행동 변화)
↓	
교육 내용의 선정 및 조직	설정된 목표를 달성할 수 있게 하는 교육 내용의 선택과 조직
↓	
교수 학습 활동	교수자와 학습자 사이에 실제로 전개되는 학습 및 행동 과정
↓	
평가	교육 목표와 달성 여부를 확인하기 위해 학습자 학습 활동의 전 과정과 교사 자신을 평가함

(1) 상황 분석과 요구 분석

이 단계에서는 상황 분석과 요구 분석으로 나뉘는데 먼저 상황 분석을 살펴보기로 한다. 상황 분석은 언어 프로그램이 특정 맥락이나 상황에 의해 설계되고 운영되므로 교육 과정 설계에 영향을 미치는 상황 요인을 분석해 보는 것을 말한다. 상황 분석의 6가지 요인(김지영, 2011)으로 나눠 하나씩 살펴보자. 첫째, 목표어 사회에 대한 분석이다. 외부적으로는 국제 사회에서의 한국어 위상을 살펴보고 내부적으로는 목표어인 한국어의 해외 보급 정책을 살펴볼 수 있다. 둘째, 목표어 학습 환경이다. 예를 들어 현재 한국어를 배우는 언어 환경이 제2 언어로서 한국어를 배우는지 외국어로서 배우는지 확인한다든지 한국어에 쉽게 노출되는지 따져본다든지 한국어의 변이형에 대한 요구가 있는지 확인하는 것이다. 목표어 사회와 목표어 학습 환경은 상황 분석의 거시적 요인에 해당한다. 셋째, 학습자 집단이다. 학습자의 나이, 목적, 동기에 따라, 모국어, 목표어 학습 경험 및 숙달도에 따라 한국어 학습은 달라진다. 넷째, 교사 집단이다. 교사 집단이 한국어 숙달도가 좋은지, 교수 숙련도가 있는지에 따라 한국어 교육 과정이 달라진다. 또 교사 집단이 언어, 언어 습득 방법에 대한 인식이나 상호 작용 처리 능력, 학습자료 개발 능력이 어느 정도인지에 따라 한국어 교육 과정이 달라질 수 있다. 다섯째, 교수 학습 환경이다. 교육 시간, 학급 규모, 교실 배열의 유연성, 학습 보조 시설에 따라 교육 과정은 달라진다. 여섯째, 교육 과정 관리이다. 교육 과정 관리자의 능력이나 실행 횟수에 따라 교육 과정은 달라지고 학습자 진단, 배치 평가를 위한 규정이 있는지, 교수 학습 지원 서비스가 갖춰져 있는지에 따라 교육 과정이 달라진다. 이와 같이 학습자 집단, 교사 집단, 교수 학습 환경, 교육 과정 관리는 상황 분석의 미시적 요인에 해당한다.

실제 교실에서 마주하는 상황 분석을 예로 들어 설명해 보자. 교실 수업에서 교사와 학습자, 교수 학습 상황에 따라 교육 과정은 달라질 수 있다. 예를 들어, 학습자가 한국 대학에서 공부하는 유학생인지 결혼 이민자인지에 따라 교육 과정은 필연적으로 달라진다. 교사가 경험이 많은 교사인지 초보 교사인지에 따라 교육 과정은 세부 사항에서 달라질 수 있다. 교수 학습 상황에서 인터넷 연결이 잘되는 환경인지 인터넷 연결이 어려운 상황인지에 따라 교육 과정은 달라질 수 있다.

요구 분석은 학습자가 왜 한국어를 배우는지, 무엇을 어떻게 배우고 싶어 하는지 확인할 수 있는데 학습자의 학습 동기 및 목적, 필요로 하는 학습 내용 및 방법 등의 정보를 수집하기 위한 것이다. Nunan(1998)은 다음의 표와 같이 요구 분석을 객관적 정보와 주관적 정보로 분류한다.

객관적 정보	주관적 정보
관찰할 수 있는 사실적 정보	학습자의 인식, 목표, 선호도 등 인지적, 정의적 요구에 관한 것
학습자의 연령, 국적, 모국어, 한국 거주 기간 등	학습 동기, 학습 목표, 선호하는 학습 내용, 선호하는 학습 방법 등

요구 분석은 크게 설문 조사와 심층 면접으로 나뉜다. 설문 조사는 대표적인 요구 분석 방법으로 대규모 조사가 가능하고 조사 목적에 맞게 문항을 구성하여 결과 데이터를 수량화할 수 있다. 반면 심층 면접은 설문 조사로 알기 어려운 심층적인 정보를 추가로 수집하기 위해 실시한다.

2. 교육 목표 설정

교육 목표를 설명하기에 앞서 먼저 최종 목적(goals), 목적(aims), 목표(objectives)의 개념을 구분해 보자. 최종 목적은 주관적인 판단에 의해 설정된 언어 교수 프로그램의 본질적인 도달점을 의미한다. 예를 들어, '외국어 혹은 제2 언어로서의 한국어를 배우는 사람들에게 한국어와 한국 문화를 교육하여 유창하고 정확한 한국어를 구사하고 한국의 문화를 이해할 수 있게 한다'로 기술한다면 이는 최종 목적을 기술한 것이다. 한편 목적은 프로그램을 통해 학습자에게 일어나기를 바라는 일반적인 변화에 대한 진술이다. 예를 들어, '처음 만나는 사람에게 자신을 소개할 수 있다'고 기술했다면 이는 목적을 기술한 것이다. 반면 목표(objectives)는 최종 목적(goals)에 도달하기 위해 목적(aims)에 더 세부적인 진술을 더한 것이다. 예를 들어 '학습자는 토론의 주제를 이해하고 여러 토론 표현을 사용하여 자신의 주장을 이야기할 수 있다'고 기술한다면 이는 목표를 기술한 것이다. 최종 목적보다는 목적, 목적보다는 목표가 구체적, 단기적, 결과 지향적 측면이 있다. 반대로 목표보다는 목적, 목적보다는 최종 목적이 포괄적이고 장기적이며 본질적인 측면이 있다.

이를 바탕으로 교육 목적(educational goals)과 교육 목표(educational objectives)를 구별하면 교육 목적은 교육 과정을 통해서 궁극적으로 도달하고자 하는 일반적인 방향, 교육의 최종 도달점을 의미하는 반면 교육 목표는 교육 목적을 달성하기 위해 단계별로 도달해야 할 구체적인 성과를 의미한다. 실제 교육 현장에서 교육 목적을 구현하기 위해서 세부적이고 구체적인 목표를 설정하는 것이 필요하다. 목표를 기술할 때는 학습 결과를 명확한 표현으로 기술해야 하며 학습 결과로써 관찰할 수 있는 수행 목표를 기술하는 것이 필요하다. 또한 실행할 수 있는 수준으로 기술해야 한다.

국제 통용 표준 한국어 교육 과정(2017)의 등급별 총괄 목표를 확인해 보자.

등급		등급별 총괄 목표
초급	1급	- 정형화된 표현을 이용해 일상생활에서 매우 간단한 의사소통(자기소개, 인사, 물건 사기 등) 할 수 있다. - 기초적 어휘와 간단한 문장을 이해하고 사용할 수 있다. - 가장 기본적인 한국의 일상생활 문화를 이해하고 자국의 문화와 비교할 수 있다.
	2급	- 기초 어휘와 단순한 문장을 이용해 일상생활에서 자주 마주치는 간단한 문제를 해결할 수 있다. - 일상생활에서 자주 다루는 개인적·구체적 주제에 대해 간단하게 의사소통할 수 있다. - 기본적인 한국의 일상생활 문화를 이해하고 자국의 문화와 비교할 수 있다.
중급	3급	- 일상생활에서 자주 마주치는 문제를 대부분 해결할 수 있으며 친숙한 사회적 맥락에서 요구되는 과제를 어느 정도 해결할 수 있다. - 친숙한 사회적·추상적 주제와 자신의 관심 분야에 대해 간단하게 의사소통할 수 있다. - 문어와 구어를 어느 정도 구분해 사용할 수 있다. - 대부분의 한국의 일상생활 문화와 대표적인 행동 문화, 성취 문화를 이해하고 자국의 문화와 비교할 수 있다.
	4급	- 친숙한 사회적 맥락에서 요구되는 과제를 대부분 해결할 수 있으며 자신의 직업과 관련된 기본적인 업무를 처리할 수 있다. - 친숙한 사회적·추상적 주제와 자신의 관심 분야에 대해 비교적 유창하게 의사소통할 수 있다. - 문어와 구어를 적절히 구분해 사용할 수 있으며 대상과 상황에 따라 격식과 비격식을 구분하여 사용할 수 있다. - 한국의 대표적인 행동 문화, 성취 문화를 이해하고 자국의 문화와 비교할 수 있다.
고급	5급	- 덜 친숙한 사회적 맥락에서 요구되는 과제를 어느 정도 해결할 수 있으며 자신의 업무나 학업과 관련된 기본적 의사소통 기능을 수행할 수 있다. - 친숙하지 않은 사회적·추상적 주제 및 자신의 직업이나 학문 영역에 대해 간단하게 의사소통할 수 있다. - 공식적인 맥락에서 격식을 갖추어 의사소통할 수 있다. - 한국의 다양한 행동 문화, 성취 문화 및 대표적인 관념 문화를 이해하며 자국의 문화와 비교하여 문화의 다양성과 특수성을 이해할 수 있다.
	6급	- 덜 친숙한 사회적 맥락에서 요구되는 과제를 적절히 해결할 수 있으며, 자신의 업무나 학업과 관련된 의사소통 기능을 어느 정도 수행할 수 있다. - 친숙하지 않은 사회적·추상적 주제 및 자신의 직업이나 학문 영역에 대해 비교적 유창하게 다룰 수 있다. - 한국인이 즐겨 사용하는 담화·텍스트 구조를 적절히 이용할 수 있다. - 한국의 다양한 행동 문화, 성취 문화, 관념 문화를 이해하며 자국의 문화와 비교하여 문화의 다양성과 특수성을 이해할 수 있다.

3. 교육 내용 선정 및 배열

교육 내용의 선정 및 배열은 학습자 요구, 교육 목표에 부합하는 내용 범주를 정하는 것으로, 언어 구조(발음, 어휘, 문법), 언어 기능(말하기, 듣기, 읽기, 쓰기), 과제, 학습 전략 등이 있다. 교육 내용의 범주를 결정하는 것은 범주별로 구체적인 교육 항목을 선정하는 것을 의미한다. 교육 내용 선정 기준은 범주의 특징에 따라 차이가 있는데 문법 항목 선정 시 문법의 빈도수, 난이도 기준에 따르고 주제 및 상황 선정 시 등급별 적절성 외에도 학습자의 학습 목적, 선호도 요구 조사에 따른다.

Richards(2001)는 교육 내용의 배열순서 기준을 다음과 같이 6가지로 제시하였다.
① 난이도에 따라 단순한 것에서 복잡한 것의 순서로 배열한다.
② 현실 세계에서 자주 일어나는 순서에 따라 배열한다.
③ 학습자의 요구를 반영하여 교실 밖에서 필요한 것부터 제시한다.
④ 다음 단계를 위해 기초로써 필요한 것을 먼저 배열한다.
⑤ 전체에서 부분으로 또는 부분에서 전체로 배열한다.
⑥ 학습한 것을 다시 사용할 기회를 가질 수 있도록 나선형으로 배열한다.

4. 교수 학습 활동

교사가 수업을 계획할 때 '왜, 무엇을 가르칠 것인가?' 못지않게 '어떻게 가르칠 것인가?'를 중시한다. 교육 목표를 효과적으로 성취하기 위해 어떤 교수 학습 방법을 사용할 것인가 방향을 제시할 필요가 있다. 어떤 언어 교수법을 선택할지, 수업 구성 및 학습자 활동 방식을 어떻게 할지, 어떻게 교육 자료를 선택하고 매체를 활용할지, 말하기, 듣기, 읽기, 쓰기와 같은 언어 기능을 통합해서 가르칠지, 아니면 분리해서 가르칠지 정해야 한다. 교육 목표와 교육 내용에 적절한 교수 학습 방법을 적용하도록 교육 과정을 통해 안내해야 한다. 이와 같이 교수 학습 방법의 방향을 제시함으로써 교사가 교수 학습 지도안을 작성하여 수업 운영하는 데 지침이 된다.

5. 평가

교육 과정 개발 시 교육 목표와 교육 내용을 고려하여 적절한 평가 계획, 운영하도록 방향을 제시한다. 학습자의 학업 성취도와 숙달도 평가는 다르다. 평가는 평가 결과를 다시 교육 과정에 어떻게 반영할 것인지 지침을 제공할 수 있고 교육 과정의 질을 관리하고 개선하기 위해 교육 과정 자체에 대한 평가도 필요하다. 대표적인 예로, 최근 대학 교육에서 강의가 끝난 이후 학생들의 강의 평가를 필수적으로 하는 것을 들 수 있다.

III. 교수요목의 유형과 특징

1. 교수요목의 유형과 특징

1) 교수요목의 개념

교수요목은 교육 과정 내 주어진 학습 목표를 성취하기 위해 구체적으로 교육 내용을 선정하여 학습 순서를 정해 놓은 목록을 말한다. 교육 내용의 선정과 분류에 관계된 것으로 '방법'과 관련된 개념이다. 교수요목은 무엇을 어떤 순서로 가르칠지 구체적인 계획으로 교육 과정을 교육 현장에서 실행할 수 있게 해 주는 핵심 요소이기도 하다. 교재를 개발할 때도 교수요목은 교재의 기본 내용과 교수 방법을 보여 주는 설계도의 역할을 한다.

2) 교수요목의 유형별 특징

(1) 구조 교수요목(structure syllabus)

구조 교수요목은 문법적 지식과 언어 구조 중심으로 배열하는 것으로 명사문, 자동사문, 타동사문, 과거 시제, 관형절 등 문법의 난이도, 빈도수를 기준으로 하여 순서를 정해 체계적으로 제시한다. 구조 교수요목은 언어 사용의 정확성을 길러 준다는 장점이 있는 반면, 담화 단위보다 문장에 집중하며 의미보다 형태에 집중하고 지나친 정확성 강조하는 바람에 유창성이 저해된다는 단점이 있다. 또한 자연스러운 제2 언어 습득 순서를 반영하지 않는다는 비판을 받기도 한다. 따라서 현대 한국어 교수요목에서 구조 교수요목은 다른 교수요목과 통합하여 사용되는데 문법적 난이도와 빈도수에 의해 설계하되, 정해진 수업 시간에 충분히 연습할 수 있도록 문법(문형)을 선정해야 하며 문법 항목이 기본적인 의사소통 기술을 발달시킬 수 있는지 확인해야 한다. 이때 문법은 주제, 기술, 활동의 형태로 수업 내용과 문법을 함께 기획해야 한다.

(2) 상황 교수요목(situational syllabus)

상황 교수요목은 문법 중심 교수요목에 대한 반발로 등장했는데 언어는 다양한 맥락이나 상황 속에서 실현된다는 생각을 기반으로 공항, 터미널, 은행, 옷 가게 등 학습자가 마주치게 되는 상황을 중심으로 배열한다. 학습 내용을 학습자의 요구를 통해 선정하는데 예를 들어, 여행 책자 또는 특정 상황의 표현을 익히는 교재에서 주로 사용한다. 상황 교수요목은 학습자에게 강한 동기 부여를 제공하고 특정 상황에서 실제적인 의사소통을 가능하게 한다는 점에서 긍정적이지만 실제 상황에서 필요한 언어 구조가 고르게 제시되기 어렵고 문법을 부차적으로 다루므로 학습자의 문법적 지식에 차이가 있다는 점에서 부정적이기도 하다. 현대 한국어 교수요목에서 상황 교수요목은 다른 교수요목과 통합하여 사용되는데 의사소통이 이루어지는 상황이나 배경 등이 교수요목 설계에 있어 중심 역할을 수행하고 항목은 '공항-택시-호텔-식당-관광지-상점' 등과 같이 학습자가 경험하게 될 상황의 순서 등을 생각하여 배열한다.

(3) 개념 · 기능 중심 교수요목(notional or functional syllabus)

개념 · 기능 중심 교수요목은 학습자가 표현하려는 의미(notion)와 기능(function)이 주된 교육 내용이 된다. 예를 들어, 의미 문법적 범주로 순서, 양, 위치, 공간 등을 의사소통 기능으로 요청하기, 제안하기, 불평하기 등을 구분해서 배열할 수 있다. 각각의 언어 의미와 기능에 숙달하면 전체 의사소통 능력에 도달할 수 있다고 간주한다. 개념 · 기능 중심 교수요목은 언어적 능력(linguistic competence)보다 의사소통 능력을 중시하는 것으로 문법보다 의사소통 기술에 초점을 두므로 회화 코스를 조직할 때 적합하다. 다른 유형의 교수요목 내용(주제, 문법, 어휘)과 쉽게 연결될 수 있는 장점이 있는 반면 기능의 등급화와 선정 기준이 명확하지 않고 학습자의 문법적 능력에 많은 차이가 있다는 점에서 단점이 있다. 현대 한국어 교수요목에서 개념·기능 중심 교수요목은 다른 교수요목과 통합하여 사용되는데 요청, 불만, 제안, 동의와 같이 의사소통 기능을 중심으로 구성하되, 위의 언어 기능 등은 자기 소개하기, 인사하기, 정보 구하기, 화제 바꾸기 등으로 구체화될 수 있다.

(4) 기술 중심 교수요목(skill-based syllabus)

기술 중심 교수요목은 언어 기술(skills)에 초점을 두는 것으로 학습자가 청자, 화자, 저자의 입장에서 일을 수행하는 데 필요한 내용을 선정하는 교수요목이나. 읽기, 쓰기, 듣기, 말하기의 네 가시 서시 기술(macro skills) 사용을 기초로 하여 다양한 개별 기술 또는 미시 기술(micro skills)을 익힘으로써 '강의 듣기'와 같은 복잡한 활동을 배우게 된다. 학습자가 구체적이고 확인 가능한 요구를 가진 상황에 적절히 적용할 수 있지만 전체적이고 통합된 의사소통 능력 개발보다 각 수행 양상에 초점을 둔다. 학문 목적 학습자를 대상으로 한 언어 교수에서 주로 활용된다. 시간 순서, 빈도, 기술의 유용성에 따라 교수요목을 배열한다.

(5) 주제·내용 중심 교수요목(topical or content-based syllabus)

주제·내용 중심 교수요목은 언어 발달 과정을 '학습'이 아닌 '습득'으로 보고 '내용(전공 지식, 전문 지식, 주제 관련 지식)'을 배우는 과정에서 언어를 습득한다고 간주한다. 내용은 기술(skill) 영역을 가르치는 데 가장 좋은 기초가 되며 학습자의 요구를 충족시켜 주며 동기를 부여한다. 실제적 자료를 사용하여 학습자의 이해를 촉진한다. 그러나 다양한 주제는 복잡성 수준이 다른 언어를 요구하므로 교수요목의 다른 요소들(문법, 어휘, 기능 등)과 조화를 이루기 어렵고, 언어 구조에 대해 연역적으로 학습하게 되기 때문에 내용에 대한 이해가 충분히 이루어지지 않는 경우 언어 구조에 대한 학습이 어렵다는 단점이 있다. 또한 교사의 역량이 수업의 효과를 크게 좌우하며 평가 기준을 정하기 어렵고 문법, 상황, 기능보다 주제나 내용이 교수요목 설계의 출발점이 된다는 점에서 문제가 제기되기도 하였다. 주제·내용 중심 교수요목은 내용과 문법, 다른 요소 간의 균형을 어떻게 이룰 것인가를 고려해야 한다.

(6) 과제 중심 교수요목(task-based syllabus)

과제 중심 교수요목은 생일 파티 초대 카드 쓰기, 업무 계획 보고하기 등 실생활에서 목표어로 수행할 가능성이 높은 과제가 중심 단위가 된다. 과제 중심 교수요목은 의사소통 중심 언어 교수의 초기 제안인 기능 중심 교수요목에 대한 대안으로 시작했는데 학습할 언어 항목을 사전에 선정하는 것은 불가능하다는 인식 아래 의사소통의 단위, 과제에 초점을 둔 것이다. 언어를 특정 형태나 개념, 기능으로 분절하지 않고 총체적으로 결합한 덩어리로 제시한다. 학습자가 실생활 과제를 통해 유의미한 의사소통 활동에 참여하여 의사소통 욕구에 동기를 부여하고 실제 의사소통 능력을 향상시킬 수 있다. 또한 과제 활동을 수행하면서 학습자 간 상호 작용의 효과를 거둘 수 있다. 그러나 과제의 범위를 설정하고 설계하는 절차가 불투명하고 과제의 유형이나 개수, 난이도를 결정한 후 배열하는 기준을 마련하는 것도 어렵고 유창성은 향상되나 정확성은 떨어뜨린다는 단점이 있다.

(7) 절차 중심 교수요목(procedural syllabus)

절차 중심 교수요목은 학습 내용보다는 학습 과정의 측면에서 목표어를 사용해서 달성해야 할 과제를 상세화하는 데 중점을 두고 내용을 조직한다. 사전에 목표어의 단어나 구조와 같은 형식 요소가 아닌 학습자의 인지적 수준을 기준으로 난이도에 따라 과제를 선정하고 배열하는 것이다. 과제 해결 과정에서 학습자가 목표어를 학습하도록 하므로 과제 중심 교수요목과 같은 것으로 보기도 한다. 과제 해결 과정은 과제 전 활동(pre-task)과 과제 활동으로 나뉜다. 학습자가 언어 사용에서 오류를 범해도 문법적 설명이나 오류 수정을 안 한다. 수업에서 제시하는 과제는 실제 문제 상황과 유사하므로 학습자가 실제적이며 적극적으로 의사소통 상황에 대처하는 능력을 함양할 수 있고, 과제 해결 과정에 학습자가 능동적으로 참여하게 함으로써 학습을 촉진한다. 절차 중심 교수요목은 학습 내용이 되는 과제도 학습자 수준을 고려하여 선정한다. 이는 언어 형식이 아니라 과제를 해결하는 절차에 초점을 맞춰 의미 이해에 중점을 둔 학습을 통해 언어 습득이 가능함을 보여 준다. 그러나 과제의 상세화로부터 출발하므로 선정된 과제와 학습 목표의 관련성을 판단하기 어렵고 과제 목록이 학습자의 요구에 부합하지 못하는 단순한 목록일 수 있다는 문제가 있다.

이와 같이 교수요목을 살펴보았다. 이 중에서 어떤 교수요목이 최고라고 단언할 수 없다. 구조 교수요목의 경우 의미보다 형태에 집중하여 학습자의 의사소통 능력 향상에 한계가 있고 기능 교수요목의 경우 교육 내용을 화자가 의사소통하려는 의도 중심으로 조직했으나 의사소통 능력을 지나치게 단순화했다는 비판을 받는다. 과제 중심 교수요목의 경우 학습자의 숙달도를 고려하여 과제 설정하고 난이도 정하기 어렵다. 따라서 최근 한국어 교육에서는 교수요목을 설계할 때 혼합 교수요목(integrated syllabus)을 많이 채택하는데 교육 내용 범주를 선정할 때 구조, 주제, 상황, 기능, 과제 중 둘 이상으로 포함하여 교수요목을 설계하는 것이다.

3) 결과 지향적 교수요목과 과정 지향적 교수요목

결과 지향적 교수요목은 학습 내용을 중심으로 하는 교수요목으로 학습 내용을 사전에 선정, 배열, 조직한다. 반면, 과정 지향적 교수요목은 학습 방법을 중심으로 하는 교수요목으로 학습 내용을 미리 선정하여 등급화하지 않고 학습자를 실제적인 의사소통 상황으로 끌어들여 자연스럽게 언어를 배우도록 한다. 결과 지향적 교수요목과 과정 지향적 교수요목의 특징, 목표, 장점, 교수 설계, 평가에 대해 다음 표에서 확인해 보자.

	결과 지향적 교수요목	과정 지향적 교수요목
특징	학습자들이 달성해야 하는 최종 결과물이나 목표에 초점을 둔다. 언어 교육에 대한 종합적 접근 방식을 취한다.	최종 결과물에만 초점을 두는 것이 아니라 학습 과정 자체에 초점을 둔다. 분석적인 접근 방식이다.
목표	어휘 습득, 문법 규칙 습득, 특정 언어 수준 달성 등 세부적인 언어 항목을 나눠 학습하고 의사소통을 위해 이 항목을 사용하면 통합될 수 있다고 생각한다.	학습자에게 목표어를 통째로 제시해 주면 학습자가 규칙을 인지하고 언어가 변화하는 방식으로 지식을 획득한다고 생각한다. 학습의 여정, 탐구, 발견 및 의미 있는 맥락에서 언어에 참여하며 학습 경험을 한다.
장점	명확한 방향과 측정 가능한 목표를 제공하여 보다 구조화되고 목표 지향적인 학습 경험을 선호하는 학습자에게 적합하다. 특히 제한된 시간 내에 특정한 언어 수준 요구사항을 달성해야 하는 학습자들에게 효과적이다.	학습자의 자율성, 창의성 및 언어에 대한 깊은 이해를 촉진하며, 학습자들이 언어 지식 이상의 의사소통, 협력 및 비판적 사고와 같은 다양한 기술을 개발할 수 있도록 도와준다. 언어 학습에 더 상호 작용적이고 학습자 중심의 접근 방식을 선호하는 학습자에게 효과적이다.
교수 설계	사전에 정의된 학습 목표와 목표를 중심으로 가르치며 구체적인 측정 가능한 결과물 달성에 초점을 둔다.	학습자의 적극적인 참여, 비판적 사고 및 문제 해결 능력을 촉진하기 위해 설계된다. 의사소통 활동, 그룹 작업, 프로젝트 및 실제 상황에서 언어를 사용하는 과제 중심으로 구성한다.
평가	학습자의 진행과 성과는 테스트, 시험 또는 다른 공식적인 평가를 통해 사전 정의된 결과물 달성 능력을 기반으로 평가된다.	포트폴리오, 자가 평가, 발표 및 공연과 같은 다양한 평가 형태가 있다.

결과 지향적 교수요목과 과정 지향적 교수요목은 연구자에 따라 약간씩 다르게 제시했는데 Wilkins는 결과 지향적 교수요목으로 구조 교수요목을, 과정 지향적 교수요목으로 절차 중심 교수요목과 과제 중심 교수요목을 꼽는다. White는 결과 지향적 교수요목으로 구조 교수요목, 상황 교수요목, 개념 교수요목, 기능 교수요목을, 과정 지향적 교수요목으로 과정 중심 교수요목과 절차 중심 교수요목을 꼽는다. Nunam은 결과 지향적 교수요목으로 구조 교수요목, 기능 교수요목, 개념 교수요목을, 과정 지향적 교수요목으로 과제 중심 교수요목, 내용 중심 교수요목을 꼽는다.

4) 학습 내용을 조직하는 방법에 따른 교수요목

학습 내용을 조직하는 방법에 따라 교수요목도 달라진다. 먼저 선형(linear type) 교수요목은 각 항목의 난이도에 따라 각각의 교수 항목의 위계와 순서를 정하여 제시하는 것인데, 의미보다는 형태 중심의 교수 내용을 제시하고 초급의 문법 교수에 많이 사용한다. 둘째, 나선형(spiral type) 교수요목은 순환형 교수요목으로 하나의 과정에서 학습자가 교수 항목을 2회 이상 학습하도록 전개하는 방식이다. 이때 단순한 반복이 아니라 새로운 학습 목표와 통합하거나 심화하는 방식으로 구성한다. 셋째, 조립형(modular type) 교수요목은 주제나 상황에 관련된 언어 내용을 특정한 언어 기술(skills)과 통합하여 하나의 학습 단위로 조직한다. 학습자가 동일한 언어 내용을 다른 언어 기능과 번갈아서 학습하므로 언어 기능이 균형적으로 발전된다. 주제형, 상황 중심형이라고 불리기도 한다. 넷째, 기본 내용 제시형(matrix type) 교수요목은 학습해야 할 과제를 한 축으로 하고 주제나 상황을 또 다른 축으로 매트릭스를 만들어 제시해서 사용자가 주제를 선택하여 학습할 수 있도록 융통성을 제공하는 방식이다. 보통 하나의 화제에 여러 개의 활동이 하나의 행렬과 함께 제시되어 다양한 활동을 통해 언어 학습한다. 마지막으로, 줄거리 제시형(story-line type) 교수요목은 주제의 지속성을 유지하면서 단원 내용의 순서를 일관성 있게 구성하도록 제안된 내용 배열 방식으로 등장인물이 부딪히는 상황을 중심으로 전개되는 말하기 교재, 이야기를 바탕으로 구성하는 읽기 교재에 주로 사용된다. 하나의 줄거리로 연계성을 이루는 동화나 문학 작품을 활용한 읽기 수업에 적합하다.

IV. 한국어 수업 단계와 수업 지도안 작성

1. 대표적인 한국어 교육 과정 수업 모형

1) PPP 수업 모형

대표적인 한국어 교육 과정의 수업 모형은 PPP 모형이다. PPP 모형은 많은 언어 교실에서 널리 사용되는데 특히 PPP 모형은 한국어와 같이 학습자에게 노출이 거의 안 된 새로운 언어를 초급에서 배울 때 새로운 언어 형식을 가르치는 구조화된 접근 방식이라고 할 수 있다. PPP 모형은 Presentation(제시), Practice(연습), Production(산출, 생산) 단계를 거친다. 각각의 단계를 살펴보자.

(1) Presentation(제시)

제시 단계는 교사가 문법 구조나 어휘와 같은 새로운 언어 형식을 학습자에게 소개하는 단계로 제시하는 언어 형식이 문맥에서 어떻게 사용되는지 명시적으로 가르쳐 주고 설명하고 시연을 보여 준다. 제시 단계의 목표는 학습자에게 새로운 언어 형식에 대한 명확한 이해를 제공하는 데 있다.

(2) Practice(연습)

연습 단계에서 학습자는 통제된 상황에서 새로운 언어 형식을 사용하여 연습할 수 있는 활동에 참여한다. 이때 특정 언어 형식을 사용하는 기계적 연습이나 게임이 포함되는데 이 단계의 목표는 학습자가 새로운 언어 형식에 익숙해지고 어느 정도 정확하게 사용하기 시작하도록 돕는 데 있다.

(3) Production(산출, 생산)

산출 단계에서 학습자는 더 많은 의사소통 맥락에서 새로운 언어 형식을 사용할 수 있는 기회가 주어진다. 학습자가 의미 있는 방식으로 새로운 언어 형식을 사용하도록 요구하는 역할극, 토론 또는 다양한 문제해결 활동, 과제가 포함된다. 산출 단계의 목표는 학습자가 다양한 맥락에서 새로운 언어 형식을 유창하게 사용하도록 돕는 데 있다.

2. 수업 구조의 5단계

PPP 수업 모형을 토대로 수업을 구성할 때 흔히 수업 구조 5단계(도입, 제시, 연습, 사용, 마무리)를 따른다. 각각의 단계의 특징을 살펴보자.

1) 도입(Warm-up) 단계

도입 단계는 수업 소개와 준비 활동으로 학습 목표를 노출시켜 학습자의 학습 동기를 부여하여 학습을 시작할 수 있도록 준비시킨다. 학습자의 학습 동기를 높이기 위해 실생활에서 이런 의사소통 상황을 자주 접한다거나 이런 표현이 빈번히 사용됨을 인식시키는 것이 필요하다. 교사는 학습자와 대화하면서 학습 목표로 유도하는데 전 시간에 배운 내용을 자연스럽게 이용하여 도입을 위한 질문이나 예문을 제시한다. 도입에 제시되는 질문이나 예문은 전형적이며 간단한 문장, 학습자들이 쉽게 이해할 수 있는 문장이어야 한다. 학습자들의 사소한 질문이나 대답에도 관심을 표시하고 학습자로부터 나온 오류도 도입 재료로 활용할 수 있다. 도입 단계에서 중요한 것은 학습자들의 관심과 흥미를 끌 수 있도록 해야 한다는 것이다. 도입 단계는 학습자를 참여시키고 긍정적인 학습 환경을 조성하는 것을 목표로 하는 준비 단계이다. 문법 항목을 교육할 경우 학습 목표 도입은 해당 문법이 사용되는 전형적인 맥락을 제시하여 학습자가 문법의 의미를 유추해 볼 수 있도록 하는 방식을 사용한다.

2) 제시(Presentation) 단계

제시 단계는 교사가 새로운 언어 형식을 학습자에게 소개하는 단계로 도입 단계를 통해 유추한 학습 목표의 의미를 확인시키고 정확한 의미와 형태, 용법을 설명하여 학습 목표에 대한 학습자의 이해를 돕는 단계이다. 제시 단계는 새로운 언어 형식의 의미, 형태, 화용적 특징에 대한 설명을 포함하는데 다양한 예를 제시하여 학습자가 규칙성을 발견하도록 귀납적인 방법을 활용하는 경우가 많다.

3) 연습(Practice) 단계

연습 단계는 제시 단계를 통해 학습자가 이해한 의미나 규칙을 반복 연습을 통해 내재화하는 단계이다. 먼저 형태적인 규칙을 자동으로 적용할 수 있을 때까지 기계적인 반복 연습으로 시작해서 유의미한 연습으로 전개해야 한다. 학습자가 통제된 상황에서 새로운 언어 형식을 사용하여 연습할 수 있는 활동에 참여한다. 연습 단계의 목표는 학습자가 새로운 언어 형식에 익숙해지고 정확하게 사용할 수 있도록 돕는 데 있다. 따라서 연습 단계에서 수업 내용에 적합한 교수 방법을 선택해야 하고 학습자의 수업 참여를 유도하기 위한 다양한 활동을 준비해야 한다. 아울러 시간 배정을 고려한 수업 활동을 설계해야 한다.

4) 사용(Use) 단계

사용 단계는 도입, 제시, 연습 단계를 통해 언어 형식을 활용하여 실제로 의사소통 활동을 하는 과제 수행 단계로 활용 단계로 불리기도 한다. 사용 단계에서는 형태가 아니라 의미에 초점을 두어 상황과 맥락에 맞는 의사소통 활동을 수행하는 것이 강조된다. 연습 단계가 어휘와 문법을 의식적으로 학습하는 단계라면 사용 단계는 의미에 초점을 두고 무의식적으로 어휘와 문법을 사용하는 단계이다. 학습자에게 새로운 언어 형식을 의사소통 맥락에서 사용할 기회가 제공된다. 사용 단계에서는 학습자의 오류 수정을 즉각적으로 하지 않고 사용 단계 후반에 피드백을 주는 형식으로 가능하다.

사용 단계의 과제는 크게 교육적 과제(Pedagogical task)와 실제적 과제(Real-world task)로 나뉜다. 교육적 과제는 현실에서는 존재하지 않을 수 있으나 교육을 목적으로 하는 교실에서 학습자에게 수행하도록 제시한 과제로, 대표적인 예는 역할극을 들 수 있다. 실제적 과제는 현실에서 일어날 수 있는 의사소통으로 실제 대화이다. 사용 단계의 과제는 학습자 수준에 맞춰 교육의 효율성을 고려하여 과제를 선택할 수 있다.

5) 마무리(Follow-up) 단계

마무리 단계는 지금까지 학습한 내용을 정리하고 학습자의 학습 활동에 대해 피드백을 제공하는 단계로, 학습자가 배운 것을 성찰하고 부족한 것을 추가할 수 있도록 기회를 제공한다. 또한 학습자가 수행한 것에 대한 격려가 포함되는데, 이때 무조건적 칭찬보다는 구체적으로 잘한 점과 부족한 점을 제시하는 피드백이 효과적이다. 마무리 단계에서는 그날 배운 내용을 요약하거나 복습할 수 있고 평가나 숙제를 제시할 수도 있다.

3. 수업 계획

수업 계획은 수업하기 전에 수업에서 무엇을, 어떻게, 얼마 동안, 어떤 순서로 가르칠 것인가 등에 대해 미리 구상하는 것이다. 수업 계획을 통해 목표를 분명히 할 수 있고 수업 과정과 결과를 예측할 수 있고 각 수업을 연계할 수 있다. Jensen(1998)은 수업 계획의 원리를 다음과 같이 제시한다.

(1) 학습자를 정서적으로 참여시킬 것
(2) 학습자의 사전 지식을 활성화할 것
(3) 학습 내용과 학습자의 삶을 연결시켜 관련성을 확립할 것
(4) 적절한 과제를 제공할 것
(5) 학습자의 다양한 감각을 동원하는 교수 전략을 사용할 것
(6) 학습자가 연습하고 그 피드백을 받을 수 있도록 기회를 제공할 것
(7) 두뇌 기능과 학습 촉진을 위해 신체적 활동과 수업을 통합할 것

4. 수업 지도안

수업 지도안은 학습 목표, 수업 내용, 방법, 순서, 자료, 시간, 평가 등에 대한 수업 계획서이다. 교사와 학습자 모두에게 명확하고 체계적인 구조를 제공하는 교수 학습 길잡이다. 그러나 잘 짜인 수업 지도안은 길잡이 역할을 해 주지만 고정적인 것은 아니므로 그때 수업 상황에 따라 융통성 있게 적용될 수 있어야 한다. 수업 지도안은 교육철학, 학습자, 교재를 비롯해 학습자에 대한 교육의 목표를 반영하는 복합적인 지침서이고 유용한 수단이다. 또한 수업 지도안은 무엇을 어떤 순서로 얼마 동안 가르칠 것인가를 결정하는 일이다. 즉, 수업 지도안은 교사가 수업 시간에 무엇을 했는가에 관한 기록이라는 것이다. 수업 지도안은 수업의 방향과 매시간의 출발점 및 도달점을 계획하여 각 수업의 연계와 전체 교수 요목 구현의 완성도를 높이는 역할을 한다. 또한 수업 결과를 통해 얻은 모든 형태의 피드백을 지도안에 반영하거나 수정 보완하여 다음 수업의 개선안을 마련한다. 수업 지도안을 작성할 때 무엇을 어떻게 가르칠지 개요를 쓰기도 하지만 학습자와 어떻게 상호 작용을 할지 예상하여 대본 형식으로 교사말을 쓰기도 한다. 여기에는 제시할 예문, 설명, 질문, 지시, 활동 등 교사말에 대한 계획이 포함된다.

수업 지도안을 작성하기 전에 좋은 수업의 조건에 대해 생각해 보자. 좋은 수업이 되려면 먼저 수업 계획의 기본 원리를 잘 수행한다. 수업 계획은 일관성이 있고 다양성이 있으면서 융통성이 있어야 한다. 또한 수업을 계획할 때 난이도 조절이 잘 되어 있어야 한다. 그 밖에도 언어의 유창성을 강조해야 한다. 시청각 자료를 활용하고 학습자에게 흥미와 자신

감을 갖게 하는 것이 중요하다.

　수업 설계의 구성 요소로 수업 기간, 수업 목표, 수업 형태가 나와 있어야 하는데, 교재와 교육 자료, 학습자 정보(동기, 지적·언어적 능력, 심리적 배경, 학습자의 모어 등)뿐만 아니라 교수 목표 설정에 따른 교수요목을 작성하고 교수-학습을 위한 수업 지도안을 작성해야 한다.

　수업 내용은, 선수 학습과의 연계성, 내용의 유의미성, 내용의 유용성, 학습자 수준과의 적합성을 고려해서 수업 내용을 선정해야 한다.

5. 수업 지도안의 요소

　수업 지도안에 있어야 하는 요소로는 학습 목표와 교수 전략, 수업 자료, 수업 절차, 평가 방법, 별도 과제 등을 표기해야 한다. 각 요소를 살펴보자.

1) 학습 목표

　학습 목표는 학습자가 수업이 끝날 때까지 무엇을 성취할 수 있는지 보여 주는 것으로 구체적이고 측정 가능하며 달성 가능하고 적절해야 한다. 또한 수업의 일관성을 유지해 주고 성취해야 할 학습량을 적절하게 조절해야 한다. 학습 목표를 통해 수업 마지막, 수업 후에 학습자의 성취 정도를 평가할 수 있다.

2) 교수 전략

　교수 전략은 교사가 내용을 가르치고 학습자가 학습 목표를 달성하도록 돕기 위해 사용할 방법과 활동을 설명한다. 학습자의 수준과 요구에 적합해야 하며 다양한 학습 스타일을 충족해야 한다.

3) 수업 자료

　수업 자료는 교재, 유인물, 시청각 자료 또는 멀티미디어 자료와 같이 교사가 수업 및 학습을 지원하기 위해 사용하는 자원을 말한다. 수업 자료에는 언어 자료, 과제, 시각 자료, 청각 자료, 시청각 자료 등이 포함된다.

　언어 자료는 예문이나 질문 등 교사가 수업에 사용할 모든 언어를 가리킨다. 교재의 예문으로 충분하지 않은 부분을 보완해야 하는데, 문법 설명을 위한 예문이나 문법 연습을 위한 예문, 듣기/읽기 연습용 대화나 글이나 다양한 질문 등이 있다.

　과제는 구체적이고 실제적인 과제를 구성해야 한다. 과제의 유형은 질문과 대답, 조각 퍼즐 맞추기, 정보 찾기, 문제 해결, 의사 결정, 토론, 프로젝트, 역할극, 게임, 문화 체험 과제 등이 있다.

　시각 자료는 명사 그림, 동사 그림, 형용사 그림, 상황 그림, 지도, 문형 카드가 있다.

　청각 자료는 수업 목적에 따라 녹음 자료의 내용을 결정하는데, 다양한 목소리와 선명한 음질이 필수적이다. 예를 들어, 뉴스, 일기 예보, 축하 사연, 광고, 안내 방송, 전화 메시지, 전화 대화 등이 있고, 배경 효과음, 연설, 강의도 포함된다.

　시청각 자료는 뉴스, 드라마, 영화, 광고 등의 실제 자료와 한국어 교육용으로 제작된 자료로 분류된다. 영화나 드라마를 활용할 수도 있다.

4) 수업 절차

수업 절차는 상황마다 다양한 수업 절차가 가능하지만 다음 요소가 반드시 포함되어야 한다. 수업 소개나 준비 활동, 시간 배정을 고려한 수업 활동과 교수 방법(전체 반 학생 활동, 모둠 활동, 2명 짝 활동, 3명 짝 활동, 교사 발화, 학습자 발화 등), 정리 활동이 표시되어야 한다.

5) 평가 방법

평가 방법은 수업을 설계할 때 평가 단계를 설정하지 않으면 학습 목표 도달 여부를 확인하기 어렵다. 평가 방법은 교사가 내용에 대한 학습자의 이해와 학습 목표 달성을 평가하는 방법을 말하는데 팀 프로젝트와 같은 종합 평가뿐만 아니라 퀴즈나 학급 토론과 같은 형성 평가, 특정 기간(학기) 끝에 학습자의 전체적인 성취도와 학습 성과를 평가하는 성취도 평가(중간, 기말)가 포함된다. 평가가 학습 목표와 일치하는지 확인이 필요하다.

6) 별도 과제

별도 과제는 숙제와 다른 개념이다. 학습 활동의 연장으로 별도 과제를 제시해야 하는지 고민이 필요하다. 예를 들어, 플립 러닝(Flipped Learning)의 교실 밖 사전 수업을 들 수 있는데 별도 과제는 학습자들에게 수업 시간 이외에도 언어 습득의 기회를 얻도록 도움을 준다.

6. 수업 설계 시 유의점

수업을 설계할 때 유의할 점을 알아보자. 먼저 수업 지도안을 검토하는 것이 필요하다. 교재가 있다면 이미 몇 단원을 가르칠지 학습 내용이 선정된 것이다. 수업 시간에 가르칠 내용을 검토, 수업을 설계해야 한다. 수업의 학습 목표가 명확하게 설정되어 있는가, 학습 목표에 따라 연습과 활동이 알맞게 구성되어 있는가 살펴볼 필요가 있다. 초보 교사는 수업 지도안에서 교사말과 예상되는 학습자의 반응을 구체적으로 쓰는 것이 필요하다. 그 밖에도 학습 활동 소개, 과제 성격과 해결 방향, 규칙 설명, 시범, 학습 정리 등이 필요하다.

또한 수업이 다양성, 계열성, 진행 속도, 시간 배분에서 적절한지 검토해야 한다. 다양성(variety)은 '수업에 흥미를 느끼도록 다양한 교수 방법이 사용되고 있는가'에 대한 고민으로, 학습자의 주의 집중과 관심을 유도하는 것이 중요하다. 계열성(sequencing)은 '교수 방법과 학습 활동이 논리적인 계열성을 확보하고 있는가'에 대한 고민으로 수업의 모든 요소가 학습 목표에 도달하도록 조직되어야 한다. 진행 속도(pacing)는 '수업의 진행 속도가 적절한가'에 대한 고민으로 활동 시간이 너무 짧지도 길지도 않게 구성해야 하며, 다양한 교수 방법이 전체적인 수업에서 유기적으로 연결되어야 한다. 하나의 학습 활동을 마치고 다음 활동으로 넘어갈 때 유기적으로 연결해야 한다. 마지막으로 시간 배분(timing)은 '전체 수업 시간을 고려하여 단계별, 활동별 시간이 잘 배분되었는가'에 대한 고민으로, 수업을 일찍 마치는 경우를 대비하여 보충 학습 활동을 준비 필요하거나 수업에서 준비한 것을 다 마치지 못할 경우에도 당황하지 않고 끝맺음이 필요하다.

아울러 난이도를 예측하는 것이 중요하다. 학습 활동의 난이도를 예측할 때 학습자의 눈높이에서 인지적 이입이 필요하다. 교사의 지시를 미리 글로 대본을 써 보는 작업으로 학습자의 수준에 적절한지 판단할 수 있다. Krashen이 말한 입력 정도는 '이해 가능한 입력'(i+1), 즉 학습자의 현재 수준을 약간 상회하는 정도로 언어적 난이도를 적절하게 유지해야 한다.

그뿐만 아니라 학습자의 개인차도 고려해야 한다. 대개 수업 설계할 때 평균적인 범주의 학습자를 상정하는데 실제로 수업할 때 학습자의 언어 능력이 다양함을 고려해야 한다. 수업에서 학습자들의 개인차를 반영하기 위해서는 쉬운 요소와 어려운 요소를 모두 포함하는 학습 활동을 설계해야 하고 평균 수준 이하의 학습자에게는 쉬운 요소를, 평균 이상의 학습자에게는 어려운 요소 제공한다. 모든 학습자가 적극적으로 참여할 수 있는 활동을 설계해야 하며, 모둠이나 짝을 정할 때 신중을 기해야 한다. 잘하는 학습자끼리 짝을 지을지, 잘하는 학습자와 못하는 학습자를 같이 짝을 지을지 결정해야 한다. 모둠 활동이나 짝 활동을 할 때 교사는 교실을 순회하면서 평균 수준 이하의 학습자에게 관심을 기울여야 한다.

그 밖에도 학습자 발화와 교사 발화에 대해 신경 써야 한다. 수업을 설계할 때 교사가 너무 많이 말하지 않도록 유의해야 하며 학습자가 관심이 있는 것으로 학습자가 주도적으로 발화할 수 있도록 수업 활동을 구성해야 한다.

마지막으로 수업을 점검하면서 확인하는 과정을 거친다. 교사는 자신의 수업이 교육 과정의 목표를 달성하는 데 기여하는지 확인하고 학습자 요소(학습자의 연령, 교육 정도, 직업, 학습 목적, 숙달도)가 잘 반영되었는지 확인한다. 수업 자료가 적절한지, 기계 작동이 잘되는지 확인한다.

7. 수업 지도안의 작성

1) 교수-학습지도안에 들어가야 할 내용

수업 지도안을 작성할 때는 교수-학습지도안에 들어가야 할 내용으로, '차시'를 표시하고, '학습 목표'를 기술해야 한다. 또한 '요청하기'와 같이 의사소통의 기능으로 '기능'을 기술해야 한다. 그다음에 학습 내용으로 문법이나 어휘 등 목표로 하는 수업 내용을 표기한다. 교수-학습 활동도 수업의 도입부터 마무리까지 필요하다. 주의 사항이나 유의점도 써야 하는데 각별히 주의를 기울이거나 신경 써야 할 부분을 쓰면 좋다. 학습 자료도 각종 수업 자료를 포함해서 기자재, MP3, 그림 카드 등을 명시한다. 마지막으로 각 활동이나 단계에 소요되는 시간을 적어야 한다.

2) 수업 지도안의 양식

다음은 예시로 제시하는 수업 지도안의 양식이다.

한국어 수업 교안						
대상 학급		지도 강사		차시	/	
교재		단원				
학습목표						
학습자료						

단계	학습 과정	시간 (분)	교수·학습 활동	학습 자료 및 지도 시 유의점
도입	인사 및 출석 확인	분		
	동기 유발			

형성 평가

1. 언어 교육과 관련된 교육 과정(curriculum)에 관한 설명으로 옳지 않은 것은?
① 교육 과정은 향후 이루고자 하는 목표와 내용에 초점을 둔다.
② 교육 과정은 언어를 배우기 위해 필요한 전체적인 체계를 의미한다.
③ 교육 과정은 학습 결과가 목표, 내용, 방법에서 달성하고 있는지 평가하는 것이다.
④ 교육 목적은 교육 목표에 비해 교육 과정이 추구하는 구체적인 변화를 진술한 것이다.

정답: ④
해설: 교육 목표가 교육 목적에 비해 대체로 구체적이며 세부적이고 실제로 교육이 계획되는 교육의 실천적 방향을 제시하는 개념으로 사용된다. 즉 교육 목표는 교육 목적에 도달하기 위한 과정에서 이뤄내야 하는 단편적이고 단기적인 도달점이다.

2. 국제 통용 한국어 표준 교육 과정(2017)에 대한 설명 중 틀린 것을 고르시오.
① 교육 환경이나 교육 대상, 학습자의 다양한 학습 목적에 따라 변형, 적용될 수 있다.
② 표준 한국어 교육 과정으로 6등급 체계로 구성하고 모든 학습자를 이 체계에 속할 수 있게 하였다.
③ 총괄 목표, 주제, 기능 및 과제, 언어 지식, 언어 기능, 텍스트, 문화, 평가를 순서대로 등급별로 기술하고 있다.
④ 기존에 연구되었던 교육 과정을 수정, 보완, 내용 재점검을 통해 다양한 교육 현장에서 활용하기 위해 개발된 것이다.

정답: ②
해설: 국제 통용 한국어 표준 교육 과정은 고급 단계 이상의 도달 목표를 한정하지 않고 개방형으로 두고 있어 6+ 등급을 설정하고 있다.

3. 브라운(Brown)이 말했던 제2 언어 교육 과정 개발 모형의 단계로 옳은 것은?

> ㄱ. 교수 학습 활동
> ㄴ. 학습 목적과 목표 설정
> ㄷ. 요구 분석과 상황 분석
> ㄹ. 교수 학습 내용 선정 및 배열
> ㅁ. 평가

① ㄴ-ㄷ-ㄱ-ㄹ-ㅁ ② ㄴ-ㄷ-ㄹ-ㄱ-ㅁ ③ ㄷ-ㄴ-ㄹ-ㅁ-ㄱ ④ ㄷ-ㄴ-ㄹ-ㄱ-ㅁ

정답: ④
해설: 우선 개발 학습자 또는 학습자 집단이 특정 언어를 배우는 데 필요한 요구를 찾아내어 분석한다. 그다음에는 요구 분석의 결과를 토대로 교수 학습을 통해 학습자가 성취할 것으로 기대되는 전반적인 목적과 구체적인 목표를 설정한다. 교수 학습의 목적 및 목표에 따라 교수 학습 내용을 선정하고 배열한다. 이렇게 선정된 교수 학습 내용을 다양한 교수 방법을 통해 교수 학습 활동을 진행한다. 마지막으로 평가를 통해 교육 과정을 재점검한다.

4. 교육 과정 개발 단계에서 상황 분석에 관한 내용으로 옳은 것을 모두 고른 것은?

ㄱ. 교육 과정의 시행에 영향을 미칠 수 있는 상황 요인을 분석하는 것이다.
ㄴ. 학습자, 교사, 교수 학습 상황이라는 세 가지 주요 요인을 고려한다.
ㄷ. 학습자와 교사뿐만 아니라 관련된 다양한 이해 당사자에게 설문 조사, 면담 등을 통해 실시한다.
ㄹ. 개발된 교육 과정이 최종 목적을 달성했는지, 교육 과정과 관련된 이해 당사자들이 만족하는지 등에 대해 평가한다.

① ㄱ, ㄹ   ② ㄱ, ㄴ, ㄷ   ③ ㄴ, ㄷ, ㄹ   ④ ㄱ, ㄴ, ㄷ, ㄹ

정답: ②
해설: 교육 과정 개발 단계는 '상황 분석 → 요구 분석 → 교육 과정의 목표 기술 → 교수요목 설계 → 수업 절차 제공 → 교육 자료 개발 → 평가'이다. 교육 과정을 설계할 때는 교수 학습 계획에 영향을 미치는 상황 요인들을 분석할 필요가 있는데 이를 상황 분석이라고 한다. 대표적인 상황 요인은 사회 요인(교육 정책 등), 기관 요인(기관에 대한 평판, 기관의 노력, 시설 등), 교사 요인(교사의 경험, 교육관, 교수 방법 등), 학습자 요인(언어학습 경험, 학습 동기, 학습 유형 등)이 있다.

5. 과제 중심 교수요목에 관한 설명으로 옳지 않은 것은?

① 기능을 수행하는 데 필요한 학습 기술을 중심으로 교육 내용을 구성한다.
② 학습자들의 활발한 상호 작용을 이끌어 낼 수 있는 활동을 구성한다.
③ 언어 항목 중심 교수요목의 문제점을 인식하고 의사소통 단위에 초점을 둔다.
④ 학습자의 언어 수행 결과가 아닌 학습을 하는 과정에 초점을 둔다.

정답: ①
해설: 과제 중심 교수요목은 학습자가 실생활에서 목표어를 이용해 수행할 가능성이 높은 과제가 중심 구성 단위가 되는 교수요목이다.

6. 내용 조직에 따른 교수요목에 관한 설명으로 옳지 않은 것은?

① 선형: 각 항목의 난이도에 따라 각각의 교수 항목을 일직선상에 한 번씩 선택하여 배열한다.
② 나선형: 하나의 언어 과정 전체에 걸쳐 교수 항목을 한 번만 제시하는 것이 아니라 반복적으로 제시한다.
③ 줄거리 제시형: 주제의 지속성을 유지하면서 단원 내용의 순서를 일관성 있게 구성하도록 제안된 방식이다.
④ 조립형: 학습해야 할 과제와 여러 상황을 표로 제시하고 사용자가 주제를 선택하여 학습할 수 있도록 융통성을 제공한다.

정답: ④
해설: 조립형 교수요목은 주제나 상황 중심의 언어 내용을 특정 언어 기능과 통합하여 하나의 학습 단위로 조직하는 유형이다. 학습자가 동일한 언어 내용을 다른 언어 기능과 번갈아서 학습하게 되므로 언어 기능이 균형적으로 발전된다. 기본 내용 제시형 교수요목은 학습해야 할 과제와 여러 상황을 표로 제시하고 사용자가 주제를 선택하여 학습할 수 있도록 융통성을 최대한으로 제공하는 유형이다. 보통 하나의 화제에 여러 개의 활동이 하나의 행렬에 함께 제시되어 다양한 활동을 통해 언어 학습이 이루어진다.

7. 다음은 5단계 수업 구조에 따라 수업을 구성할 경우, 각 단계에서 유의해야 할 점에 대해 설명한 것이다. 단계별 유의 사항이 맞게 연결된 것을 고르시오.

① 도입: 오늘 배울 학습 목표를 도입할 때 교사가 먼저 학습 목표를 활용한 발화 시범을 보임으로써 학생들의 주의를 끈다.
② 제시: 학습 목표 문법을 제시할 때는 먼저 목표 문법의 의미를 예문을 활용해 설명한 후에 형태적, 화용적 특성을 설명한다.
③ 사용: 앞에서 연습을 통해 내재화한 규칙을 교실 밖의 실제 의사소통 상황에서 활용해 보도록 하는 과제를 부과한다.
④ 정리: 학습자의 학습 활동에 대해 교사의 피드백이 제공되지만 동료 학습자와의 피드백은 포함되지 않는다.

정답: ②
해설: 도입 단계에서는 교사가 먼저 시범을 보이기보다 학생들과 자연스러운 대화를 통해 해당 목표 문법이 필요한 상황을 제시한다. 역할극은 실제 의사소통 상황으로 사용 단계에서 말하기 과제로 제시하여 학생들에게 수행하도록 한다. 사용 단계는 실생활에서 일어날 수 있는 의사소통 상황을 제시하여 교실에서 의사소통 활동, 즉 과제를 수행하도록 하는 단계이다. 마무리 단계는 교사 피드백, 동료 학습자 피드백을 포함한다.

8. 다음 중 수업 지도안을 작성할 때 반드시 써야 할 요소가 아닌 것을 고르시오.
① 교육 과정
② 학습 목표
③ 활동 방식
④ 소요 시간

정답: ①
해설: 수업 지도안을 작성할 때 해당 시간의 학습 목표와 활동 방식, 수업 자료, 수업 단계별로 배분된 시간은 반드시 써야 한다. 수업 지도안을 쓸 때 매번 교육 과정을 쓸 필요는 없다.

제3장 한국어 평가론

> **학습 목표**
> 1. 언어 평가의 정의, 역사, 변화, 원리와 기능에 대해 이해한다.
> 2. 언어 평가의 요건, 유형, 개발에 대해 이해한다.
> 3. 어휘 평가, 문법 평가, 쓰기 평가, 말하기 평가, 듣기 평가, 읽기 평가에 대해 이해한다.

Ⅰ. 언어 평가의 기초

1. 언어 평가의 정의

1) 언어 능력

(1) Chomsky(1965)

① '언어 능력'과 '언어 수행'
- 언어 능력: 화자와 청자가 가지고 있는 자신들의 언어에 대한 지식임, 언어 능력은 '문법적 능력'과 '화용적 능력'이라는 두 유형으로 구성된다고 보았다.
- 언어 수행: 구체적인 상황에서 언어의 실제적인 사용이다.

② 교육적 관심의 대상
- 일차적인 관심의 대상: 화자(또는 청자)에게 문법, 화용과 관련된 이상적인 언어 지식을 갖추게 하는 것이다.
- 부차적인 관심의 대상: 실제 담화 상황을 고려한 개별 화자들의 언어 수행이다.

2) 의사소통 능력

(1) Hymes(1972)

① 문법적(형식적으로 가능한 것) 지식 + 능력 = 문법성
② 심리학적(인간 정보 처리의 관점에서 실현 가능한 것) 지식 + 능력 = 실현성
③ 사회 문화적(주어진 말의 사회적 의미나 가치) 지식 + 능력 = 맥락 관련 적절성
④ 확률론적(실제로 일어나는 것) 지식 + 능력 = 수행성

(2) Canale & Swain(1980), Canale(1983)

① 문법적 능력(지식 + 기술)
- 개별 음운을 식별할 수 있는 능력
- 한국어의 문장 구조를 이해할 수 있는 능력
- 한국어의 발음 규칙을 이해할 수 있는 능력
- 한국어 단어의 축약형을 파악할 수 있는 능력
- 한국어 어휘의 의미나 쓰임을 이해할 수 있는 능력
- 문맥으로부터 어휘의 의미를 추측해 낼 수 있는 능력
- 한국어의 중요한 문법적 형태와 통사적 장치를 아는 능력

ㄴ 문장 차원에서 문장을 생성하고 이해하는 능력을 말한다.

② 담화적 능력(지식 + 기술)
- 문맥의 의미를 이해할 수 있는 능력
- 한국어 인용문을 이해할 수 있는 능력
- 생략이나 도치된 문장을 이해할 수 있는 능력
- 한국어 접속어의 쓰임을 이해할 수 있는 능력
- 담화 상황, 담화 주제, 담화 기능을 이해할 수 있는 능력
- 중심 생각, 예시, 가정, 일반화 등을 파악할 수 있는 능력
- 의미 단위로 휴지를 두어 끊어 말한 발화를 이해할 수 있는 능력

ㄴ 담화, 즉 문장과 문장 사이에 형식적 응집성과 의미적 일관성을 가지도록 문단이나 대화를 생성하고 그 관계를 이해하는 능력을 말한다.

③ 사회언어학적인 능력(지식 + 기술)
- 한국어 높임법 체계를 이해할 수 있는 능력
- 한국어의 특수한 표현을 이해할 수 있는 능력
- 휴지나 억양 등의 어조를 이해할 수 있는 능력
- 한국어에 포함된 문화적 내용을 이해할 수 있는 능력
- 한국어 구어의 다양한 사용 영역을 구별할 수 있는 능력
- 한국어 문장 종결형의 기능이나 의미를 이해할 수 있는 능력
- 발화 상황, 참여자, 목표에 따른 발화의 의사소통적 기능을 인식할 수 있는 능력

ㄴ 문장과 맥락을 적절하게 연결해 발화를 생성하고 이해하는 능력이다.

④ 전략적 능력(지식 + 기술)
- 실제 세계의 지식과 경험을 활용할 수 있는 능력
- 사건 간의 연관 관계를 해석해 낼 수 있는 추론 능력
- 의미 파악을 위해 부차적인 정보를 활용할 수 있는 능력
└ 의사소통의 장애 상황을 보상하거나 효율을 증대하고자 하는 언어적·비언어적 전략의 사용 및 이해 능력을 말한다.

3) 언어 능력 평가
① 특정 시험에서 보여 주는 수험자의 지식, 능력, 기능으로 실제 언어 사용 상황에서의 능력과 기능을 추정하는 것이다.
② 학습자가 가진 언어 능력을 '평가 수행'으로 완벽하게 측정하는 것은 불가능하므로, 학습자가 잠재적으로 가지고 있는 언어 능력이 어떠한지를 '평가 수행'에 대한 추정을 통해 알아볼 수 있다.

2. 언어 평가의 역사

1) 과학 이전 시기: 1920년~1950년
① 주로 외국어 번역, 언어 구조 분석, 어휘 등에 관한 것이 주를 이루었다.
② 제대로 교육받지 못한 교사의 개인적 인상에 의존한 주관적인 평가가 주를 이루었다.
③ 의사소통을 위한 구어의 중요성은 거의 무시되었고, 시험 문제의 신뢰도나 타당도가 부족한 평가의 초기 단계였다.

2) 심리측정학적 – 구조주의 시기: 1940~1950년
① 어휘, 발음, 문법 등을 세분화한 객관식 선다형 문장이 많이 사용되었다.
② 통계적 평가가 가능해져 평가의 신뢰도를 높일 수 있었다.
③ 지나치게 분석적이고 객관식으로 제작된 문항들이 너무 단순하여 학생들의 종합적이며 고차원적 언어 구사 능력을 체계적으로 측정하지 못하였다.
④ 의사소통을 위한 언어 사용의 실제 상황을 왜곡시킨다는 비판을 받았다.

3) 심리언어학과 사회언어학적 시기/통합적–사회언어학적 시기: 1970년대 이후
① 1970년대에 들어서면서 언어 평가에 대한 통합적 접근이 대두하였다.
② 언어 교육과 평가에서 의사소통의 통합적인 성격을 반영하려는 노력이 있었다.
③ 언어학적으로 변형·생성 언어학파의 집중적인 연구 활동뿐만 아니라 심리언어학 및 사회언어학의 출현은 언어에 대한 단편적 지식이 아닌 전반적인 평가를 주장하였다.
④ 인지심리학에서는 언어에 있어 무의미한 암기 위주가 아닌 언어 습득과 인지의 중요성을 강조하였다.

4) 의사소통적 시기: 1980년대 이후

① 언어 표현의 정확성보다는 평가에 주어진 과제의 실현에 바탕을 둔 의사소통의 효율성이 중심이 되었다.
② 의사소통을 위한 언어 능력은 실제 상황에서 그 구성 요소들이 총체적으로 사용되기 때문에 전체적으로 언어 능력을 평가해야 함을 주장하였다.

3. 언어 평가의 변화

1) 고전적 평가

(1) 고전적 평가의 개념
① '과학 이전 시기의 평가~심리측정학적 평가'
② 대규모의 수험자를 대상으로 한 표준화 시험이 갖추어야 할 평가의 요건을 충족하는 데 주력하였다.
③ 언어 구조의 분석, 번역하기, 작문 등의 방법을 통해 문학 작품을 읽고 번역하는 능력을 평가하는 데 주안점을 둔 1930년대 평가에서 시작되었다.

> 초기: 어휘와 문법, 독해, 청해, 번역 등의 영역 구분과 평가 – 주관적, 비과학적
> 후기: 선다형 시험, 분석적 채점을 중심으로 평가 – 객관적, 과학적

2) 현대적 평가

(1) 현대적 평가의 개념
① 학습자의 실제 언어 능력을 추론하는 데에 주력한다.
② 직접적이고 실제적이며 수행 중심적인 특징을 추구한다.
③ '과제 기반성, 실세계 중심성, 맥락 및 의사소통 추구' 등의 특징이 강하다.
④ 학습자가 언어 사용 상황에서 얼마나 능숙하게 수행 능력을 보이는지를 살핀다.

고전적 평가	현대적 평가
번역, 작문, 언어 구조의 분석을 중시	의사소통, 맥락, 언어 사용을 중시
과학적 측정을 중시	관찰과 판단을 중시
신뢰도를 우선함	타당도를 우선함
대규모 수험자를 다룸	소규모의 맞춤형 수험자를 대상으로 함
선다형 문항	개방형, 과제 기반형 문항
객관성을 절대시함	주관주의적 경향을 띔

4. 언어 평가의 원리와 기능

1) 언어 능력 평가의 원리

① 평가 대상을 결정하고 명료화하는 일이 중요하다.
② 평가 기술은 평가 목적에 비추어 선택되어야 한다.
③ 종합적인 평가는 다양한 평가 기술을 요구한다. 다양한 수업 결과에 대한 종합적인 평가를 위해서는 논문형 검사, 관찰법 및 기타 여러 평가 기술에 의해 획득된 증거가 필요하다.
④ 여러 평가 기술을 적절하게 사용하기 위해서는 평가 기술의 장단점을 잘 알아야 한다.
⑤ 평가는 어떤 목적을 위한 수단이지 그 자체가 목적이 아니라는 것을 기억해야 한다.

2) 언어 능력 평가의 기능

(1) 평가는 학습자의 언어 발달 정도를 측정하고 추론하는 것이다.
① 평가는 입학, 졸업, 비자 부여, 국적 취득 등의 중요한 결정을 내리게 한다.
② 평가는 학습자를 적절한 학급에 배치하는 일을 한다.
③ 평가는 언어 프로그램을 개선하고 발전하게 한다.

[참고: 언어 평가의 사회적 영향]
■ 고전적 평가의 소극적 관점(언어 시험을 단순히 도구이자 방법으로 인식)에서 탈피하여 언어 능력 평가가 교육 과정, 교수법, 교재, 학습자, 교육 기관, 사회 제도에 어떤 영향을 미치는지에 대한 연구가 필요하다.

> 예
> ■ 수험자의 언어 권리, 정체성, 자존감 등에 어떤 영향을 미치는가?
> ■ 언어 시험이 어떤 예상치 못한 사회적 파장을 가져오는가?
> ■ 특정 시험의 평가 기준이 수험자에게 차별적으로 작용하지 않는가?
> ■ 특정 수험자에게 편파적이지 않은가?

II. 언어 평가의 요건과 유형

1. 언어 평가의 요건

1) 신뢰도

(1) 신뢰도의 개념

- 측정이 얼마나 일관성 있으며 오차로부터 얼마나 벗어나 있는지를 나타내는 것이다.
- 평가론의 범주 내에서 믿음성, 안정성, 일관성, 예측성, 정확성 등과 유의적 어휘로 사용한다.

(2) 신뢰도의 유형

① 시험 신뢰도
- 시험 자체의 속성이 믿을 만하고 일관되게 출제가 되었는가를 판단한다.
- 동일 집단에 같은 시험을 여러 번 시행하거나 유사한 시험 문항으로 동일 집단에 평가를 시행했을 때 수험자의 평가 결과가 유사한 정도로 나오면 시험 신뢰도가 높은 것이다.
- 시험 출제자의 개인적인 편향에 의해 특정 과제나 기능, 언어 등 측정 요소에 집중하면 신뢰도가 낮아진다.

* 시험 시행 관련 신뢰도
- 시험이 실시되는 과정이 일관되었는가

> * 시험이 실시되는 과정이 일관되지 않은 경우의 예
> - 듣기 시험에서 바깥의 소음이 시험을 방해할 때
> - 시험 감독관이 기기를 잘못 다루어 시험을 정해진 시간에 동등한 조건에서 시행하지 못할 때
> - 시험 감독의 소홀로 커닝의 환경이 조성될 때
> - 시험지의 인쇄 상태, 수험 장소의 조명과 온도와 습도, 책상과 의자의 불편 정도, 시계 소리 등에 문제가 있을 때

② 채점 신뢰도
- 채점자의 채점 결과가 일관된다고 믿을 수 있느냐의 문제이다.
- '객관도', '채점자 신뢰도'라고 부르기도 한다.
- 채점 신뢰도는 채점자 간 신뢰도와 채점자 내 신뢰도로 나뉜다.

ㄱ. 채점자 간 신뢰도(Inter - rater Reliability):
- 한 채점자가 다른 채점자와 얼마나 유사하게 평가하였느냐의 문제이다.

ㄴ. 채점자 내 신뢰도(Intra - rater Reliability):
- 한 채점자가 많은 측정 대상에 대하여 계속 일관성 있게 측정하였느냐의 문제이다.
- 서로 일치하는 기준으로 채점이 진행되어야 한다.

(3) 신뢰도에 영향을 주는 요인
- 문항의 수: 많을수록 측정의 오차가 줄어들어 신뢰도는 증가한다.
- 문항 난이도: 적절할 때 신뢰도는 증가한다.
- 문항 변별도: 높을 때 신뢰도는 증가한다.

  문항 간 동질성을 유지하기 쉽기 때문임

- 평가 범주: 검사가 측정하는 내용이 좁은 범위일 때 신뢰도는 증가한다.

속도 검사보다는 역량 검사가 신뢰도 면에서 적합함
- 검사 시간: 검사 시간이 충분할 때 신뢰도는 증가한다.

2) 실용도

(1) 실용도의 개념
① 평가를 위한 경비, 시간, 노력의 경제성과 관련된 것이다.
② 최소한의 경비, 노력, 시간을 들여 최대한으로 평가 목표를 달성하는가의 정도이다.

[시험에 필요한 자원]
■ 인적 자원: 시험 출제자, 채점자 또는 평가자, 시험 관리자, 사무 지원자 등
■ 물적 자원: 공간(시험 개발과 시행을 위한), 장비(컴퓨터, 음향기기, 복사기 등), 자료들(종이, 그림, 도서 등)
■ 시간: 개발 시간(시험 개발의 처음부터 시험을 시행하고 점수를 보고할 때까지), 특정 작업을 위한 시간(설계, 출제, 시행, 채점, 분석 등)
→ 아무리 훌륭한 평가 도구라 할지라도 경비, 시간, 노력의 소모가 지나치거나 실시·체험에 있어서 너무 복잡한 경우, 이 평가 도구는 실용도를 갖추지 못했다고 볼 수 있다.
→ 평가의 실용성은 평가의 타당성과 갈등 관계를 맺는다고 말할 수 있다.

3) 타당도

(1) 타당도의 개념
① 검사 도구가 측정하고자 하는 것을 얼마나 충실히 측정하였는가를 의미한다.
② 검사 점수가 검사의 사용 목적에 얼마나 부합하는가와 관련이 있는 문제이다.

(2) 타당도의 유형
① 안면 타당도
■ 검사가 측정하려고 의도한 특성을 측정하고 있는 것처럼 보이는 정도를 의미한다.
■ 과학적이거나 통계적인 근거가 없는 직관적이며 인상적인 개념이지만, 안면 타당도가 낮은 문제는 교육 현장의 지지를 받을 수 없다는 점에서 매우 중요한 역할을 한다.
② 구인 타당도
■ 조작적으로 정의되지 않은 인간의 심리적 특성이나 성질을 심리적 *구인으로 분석하여 조작적 정의를 부여한 후, 검사 점수가 조작적 정의에서 규명한 심리적 구인들을 제대로 측정하였는가를 검정하는 방법이다.

> * 구인(構因, construct): 심리적 특성이나 행동 양상을 설명하기 위하여 존재를 가정하는 심리적 요인
> - 창의력 검사에서의 구인: 민감성, 이해성, 도전성 등
> - Thurstone이 제안한 지능 검사에서의 구인: 일곱 가지 기본 정신 능력(어휘력, 수리력, 추리력, 공간력, 지각력, 기억력, 언어 유창성)

- 평가하고자 하는 언어 능력을 설명하고 해석하기 위해 만들어낸 모형이 타당해야 한다.

③ 내용 타당도
- 검사 내용 전문가에 의하여 검사가 측정하고자 하는 속성을 제대로 측정하였는지의 정도를 주관적으로 판단한 것이다.
- 교수·학습 과정에서 설정하였던 교육 목표의 성취 여부를 묻는 학업 성취도 검사의 타당성 검증을 위하여 내용 타당도가 많이 쓰인다.

④ 예측 타당도
- 제작된 검사에서 얻은 점수와 준거로서 미래의 어떤 행위와의 관계로 추정되는 타당도를 말한다.
- 즉, 검사 점수가 미래의 행위를 얼마나 잘 예측하느냐 하는 문제이다.
- 예측 타당도를 예언 타당도라고도 한다.

> [사례]
> 비행사 적성 검사를 보았을 때 그 적성 시험에서 높은 점수를 받은 비행사가 안전 운행 기록이 높다면
> 그 검사의 예측 타당도가 높다고 할 수 있다.

- 예측 타당도가 높으면 선발, 채용, 배치 등의 목적을 위하여 검사를 사용할 수 있다.
  예 약사 고시, 의사 고시 등의 검사에서는 예측 타당도가 중요시되어야 한다.
- 일정 시간 뒤에 측정한 행위와 검사 점수 간에 상관계수에 의하여 타당도를 검정하기 때문에 검사를 실시하고 난 후 인간의 특성이 변화되지 않았다는 보장을 하기가 힘들다.

⑤ 공인 타당도
- 검사 점수와 준거로 기존에 타당성을 입증 받은 검사로부터 얻은 점수와의 관계에 의하여 검증하는 타당도를 말한다.
- 새로운 검사를 제작하였을 때 새로 제작한 검사의 타당성을 검증하기 위하여 기존에 타당성을 보장받고 있는 검사와의 유사성 혹은 연관성에 의하여 타당성을 검증하는 방법이다.

4) 언어 평가 요건의 관계

① 신뢰도와 타당도의 관계
- 신뢰도는 타당도의 필요조건이지만 충분조건은 아니다.
- 높은 타당도를 확보하려면 반드시 신뢰도가 높아야 한다.
- 신뢰도가 높다고 하더라도 반드시 타당도가 높은 것은 아니다.

> [사례 1]
> 자로 머리둘레를 잴 때 일관성이 아무리 높아도 머리둘레가 지능을 측정하지는 못한다.
> → 신뢰도가 높으나 타당하지 않은 경우임
>
> [사례 2]
> 항상 50킬로그램이 더 높게 표시되는 체중계는 신뢰도가 높지만, 타당하지는 않다.
> → 신뢰도가 높으나 타당하지 않은 경우임

② 타당도, 신뢰도, 실용도의 관계
- 타당도를 높이기 위해 평가에 많은 공을 들여야 하므로 실용도가 낮아지기 쉽다.
- 신뢰도를 높이기 위해 객관적 평가를 시행하면 실용도가 함께 높아질 수 있다.

> - 평가의 목적과 목표를 수행하는 본질은 내용과 구인에 따른 타당도에 있음
> - 타당도가 높은 시험 개발(1순위) → 신뢰도 · 실용도를 높이는 방안(2순위) 모색이 적합함

2. 언어 평가의 유형

1) 객관식 평가와 주관식 평가

분류 기준: 질문에 대한 정답 수, 답변 방식(반응 유형), 채점 방식(채점자의 주관)

(1) 객관식 평가

개념	수험자가 질문에 대해 반응할 수 있는 정답이 오직 하나이며 구성된 것 중에서 정답을 고르게 하는 평가임
유형	진위형 시험, 다지선다형 시험, 짝짓기 연결 시험, 단답 완성형 시험 등이 있음
특징	- 정답이 일정하게 하나뿐이므로 누가 언제 채점해도 점수가 일정함 - 채점의 신뢰도가 높은 반면 이 평가 방법에 의해 측정되는 것만을 가르치게 됨 - 학습자에게 자신의 능력이나 생각을 구성할 기회가 전혀 주어지지 않게 됨

(2) 주관식 평가

개념	하나 이상의 정답을 가진 유형으로 답을 스스로 구성하도록 하는 반응 유형의 평가임
유형	받아쓰기, 번역, 작문, 요약, 면접 등이 있음
특징	- 주로 말하기와 쓰기 시험에서 이용되며 채점자의 통찰력과 전문성을 바탕으로 주관적인 판단에 의해 채점됨 - 학습자 자신의 생각이나 능력을 구성해 표현하는 것을 격려하므로 종합적인 능력 평가에 유용함 - 채점을 주관적으로 하게 되므로 채점의 신뢰도를 높이기 위한 방안이 모색되어야 함

2) 직접 평가와 간접 평가

분류 기준: 측정하고자 하는 표본의 직접 관찰 가능성

(1) 직접 평가

개념	학습자의 언어 수행 능력을 직접적으로 측정하는 것을 의미함
유형	구두시험, 작문 시험, 인터뷰 시험 등이 있음
특징	- 수험자의 언어 평가에 대한 실질적 증거를 제공할 수 있음 - 채점하는 데 시간이 많이 소요되며 신뢰도가 떨어질 수 있다는 단점이 있음 - 평가자가 학습자에게 직접적이고 즉각적으로 피드백을 제공할 수 있으며 평가 결과 자체를 그대로 해석하고 인정하는 것이 가능함

(2) 간접 평가

개념	- 학습자의 언어 수행 능력을 간접적으로 포착하거나, 간접적인 언어 지식을 측정하는 평가임 └ 비용, 채점자, 시간 등 여러 요인에 의해 직접적인 평가를 실현하기 어려운 경우에 사용함
유형	다지선다형 시험이나 빈칸 채우기 등을 들 수 있음
특징	- 채점자의 주관에 따라 점수가 달라지지 않으므로 신뢰도가 높으며 시간을 많이 소모하지 않음 - 타당도가 낮아 평가로서 중요한 역할을 하지 못함 - 수험자의 언어 평가에서 실질적인 증거라고 볼 수 없고 실제로 무엇을 측정하는지 파악하기 어려움 └ 학습자가 맞는 답을 골랐다 하더라도 그것이 실제로 말한 것은 아니므로 이를 말하기 능력으로 볼 수는 없기 때문임 예 구체제 TOPIK 시험의 '어휘', '어법', '쓰기' 문항의 일부 문항

3) 분리 평가와 통합 평가

분류 기준: 평가 요소에 대한 언어 철학(언어를 나눌 수 있다/없다)

(1) 분리 평가

개념	언어를 구성 요소로 낱낱이 나누어 시험 문항을 작성하고 한 번에 하나의 언어 요소만 측정하는 평가임
유형	다지선다형 문법 시험, 괄호 안에 알맞은 전치사 넣기, 문장의 변형 등
특징	- 60년대 구조주의 언어학의 영향으로 동시에 학습자의 취약점을 찾아내어 미리 예방하고 처방할 수 있다는 대조 분석 가설의 영향을 받은 것임 - 채점이 쉽고 객관적이어서 신뢰도가 높음(신뢰도는 높으나 실제 의사소통 상황에서는 언어 기능이나 요소들이 따로따로 사용되는 것이 아니므로 타당도가 낮다는 문제가 있음)

(2) 통합 평가

개념	언어의 다양한 능력과 기술들을 한 번에 측정할 수 있다는 가정을 두고 실시하는 평가임
유형	무작위적인 빈칸 메우기, 듣기와 쓰기의 통합 형태로 받아쓰기, 듣기와 말하기의 통합 형태로 구두시험 등을 들 수 있음
특징	모든 것이 통합된 하나의 언어 수행을 측정하는 데 집중함

4) 기타

(1) 적성 평가

① 언어 적성, 즉 지능, 동기 부여, 흥미 등을 포함하지 않고 언어를 배울 수 있는 본래의 능력이 있는지 측정하는 평가이다.

② 외국어로서의 적성 시험은 학습자가 외국어를 학습해서 그 학습에 성공할 수 있는 역량 또는 일반 역량이 있는지 측정하기 위한 평가이다.

(2) 성취도 평가
① 수험자가 학습한 내용을 얼마나 성취했는지를 알아보기 위해서 실시되는 평가이다.
② 교수 활동이 이루어진 다음에 학습자가 수업 시간에 다룬 내용을 어느 정도 학습하였는지 알아보는 시험이다.
③ 교실 수업이나 전체 교육 과정과 연관되어 있고 시험 범위가 수업 중에 다루어진 내용으로 제한된 시험이다.

(3) 숙달도 평가
① 어떤 수험자가 특정 시점에서 해당 분야의 언어를 얼마나 잘 구사하는지 알아보기 위해 제작되는 평가이다.
② 한국어능력시험(TOPIK), 토플, 토익, 텝스 등이 있다.

(4) 진단 평가
① 일정한 기간의 학습 후에 학습자의 약점과 강점을 파악하기 위한 평가임
② 학습자가 알고 있거나 잘 모르는 내용을 미리 파악하고 더 효율적인 교수 활동을 하기 위한 목적으로 제작되는 시험이다(교육 내용과 방법을 수정·보완하기 위한 목적으로 사용됨).

(5) 배치 평가
① 학생들을 비슷한 실력이 있는 그룹으로 나누어 적절한 수준의 강좌에 배치하여 학생의 수준에 맞는 교육을 제공하기 위해서 실시하는 평가임

3. 언어 평가의 개발

1. 평가 설계	2. 문항 개발 및 제작
■ 평가 목적을 확인함 ■ 평가 전체 틀을 구성함 ■ 목표를 구체화함 ■ 평가 항목(과제 상황 등)을 선정함 ■ 계획서를 작성함	■ 문항을 구성함(문항, 지시문) ■ 문항을 검토함
3. 예비 시험(사전 평가)	4. 평가 실시 및 결과 분석
■ 예비 시험을 실시함 ■ 결과를 분석함 ■ 문항을 수정 및 보완함	■ 평가 실시하고 채점함 ■ 결과를 분석함
5. 평가 도구 평가	
■ 이해 관련자를 대상으로 반응을 조사함 ■ 해당 시험에 대한 의견을 수렴함 ■ 평가 도구의 타당성과 신뢰도를 평가함	

III. 어휘 평가

1. 어휘 평가의 구인

1) 범위
① 어휘를 얼마나 다양하고 풍부하게 사용할 수 있는가?
② 상당수의 어휘에 대한 이해와 암기가 전제되어야 함
③ 고유어 및 한자어, 외래어 등을 고루 사용할 수 있는가?
④ 어휘의 다의적 쓰임을 이해하는가?
⑤ 속담 및 관용 표현뿐만 아니라 고유 영역에서 사용되는 전문어, 방언이나 은어의 사용까지도 가능한가?

2) 정확성
① 어휘의 의미를 정확하게 이해하고 이를 오류 없이 사용할 수 있는가?
② 일차적 의미 외에도 함축적, 비유적 의미를 알아야 한다.

3) 적절성
① 어휘의 정확한 의미를 이해하고 섬세한 의미 차이를 구별하여 상황과 맥락에 맞는 적절한 어휘를 골라 사용할 수 있는가?

2. 등급별 한국어 어휘 능력

1) 1급
① 기본적인 인칭대명사, 지시대명사, 의문대명사, 수사의 의미를 안다.
② 친숙한 간판이나 표지판, 로고 등이 무엇을 뜻하는지 안다.
③ 사물 이름, 위치와 같은 고빈도 명사와 기본적인 형용사, 동사의 의미를 안다.
④ 의식주와 관련된 일상생활에 필요한 기초적인 어휘의 의미를 안다.

2) 2급
① 일상생활에서 자주 사용되는 어휘의 의미를 이해하고 사용할 수 있다.
② '얼음같이 차가운 성격', '바다처럼 넓은 마음'과 같은 친숙한 관용 표현의 뜻을 알고 사용할 수 있다.
③ 공공 시설 이용 시 자주 사용되는 기본적인 어휘를 이해하고 사용할 수 있다.
④ 자주 접하는 고유 명사의 의미를 안다.
⑤ 기본적인 빈도 부사의 의미를 이해하고 사용할 수 있다.

3) 3급
① 일상생활에서 사용하는 대부분의 어휘를 이해할 수 있다.
② 비교적 자주 접하는 추상적인 소재와 관련된 어휘를 안다.
③ 의미 전달의 논리성을 높이기 위해 쓰는 접속어들을 알고 사용할 수 있다.
④ 기본적인 한자어의 의미를 이해하고 사용할 수 있다.
⑤ 고빈도의 연어를 알고 사용하는 것이 가능하다.
⑥ 감정 표현 어휘의 의미를 이해하고 사용할 수 있다.

4) 4급
① 정확한 의미 전달을 위해 어휘를 선택하고 어휘 선택의 효과에 대해서도 인지한다.
② 비교적 자주 접하는 추상적인 소재와 관련된 어휘의 의미를 이해하고 사용할 수 있다.
③ 빈번하게 접하는 공식적 상황에서 필요한 어휘의 쓰임을 알고 적절하게 사용할 수 있다.
④ 빈도가 높은 관용 표현과 속담을 이해하고 사용할 수 있다.
⑤ 신문, 방송, 잡지, 텔레비전 등에 자주 등장하는 어휘의 의미를 안다.

5) 5급
① 빈도가 높은 추상적 어휘의 의미를 이해하고 사용할 수 있다.
② 업무와 관련된 기본적인 어휘의 의미를 이해하고 사용할 수 있다.
③ 전문적이고 특정 분야에서 쓰이는 특수어의 의미를 안다.
④ 자주 쓰이는 시사용어의 의미를 이해하고 사용할 수 있다.
⑤ 일반적으로 사용되는 외래어의 의미를 이해하고 사용할 수 있다.
⑥ 일반적으로 사용되는 관용 표현과 속담의 의미를 이해하고 사용할 수 있다.

6) 6급
① 대부분의 추상적인 어휘의 의미를 이해하고 사용할 수 있다.
② 전문적인 업무 수행에 필요한 대부분의 어휘 의미를 이해하고 사용할 수 있다.
③ 대부분의 시사용어 의미를 이해하고 사용할 수 있다.
④ 다양한 상황에서 사용되는 관용 표현이나 속담의 의미를 이해하고 사용할 수 있다.
⑤ 널리 알려진 방언이나 특정 분야에서 두루 사용되는 외래어의 의미를 이해할 수 있다.

3. 어휘 평가 문항 제작 시 유의 사항
① 어휘의 일차적 의미를 알고 있는지를 파악하는 수준에서 그쳐서는 안 되며, 맥락 안에서 어휘의 다양한 의미를 이해하고 적절하게 사용하고 있는지를 평가해야 한다.

② 어휘 능력의 정확한 측정을 위해 어휘의 다양한 관계 속에서 어휘의 의미를 파악하는 문항을 구성해야 한다.

IV. 문법 평가

1. 문법 평가의 구인

1) 정확성: 문법 구조에 대한 파악이 정확하게 되어 있는가?

2) 유의미성: 문법적 의미에 대한 지식을 명확하게 지니고 있는가?

3) 적절성(관례성, 수용성)
① 문법 항목의 화용적 의미에 대한 지식을 적절하게 지니고 있는가?
② 문법 항목의 맥락에서의 사용에 대한 지식을 적절하게 지니고 있는가?

2. 등급별 한국어 문법 능력

1) 1급
① 기본 인칭 및 지시대명사, 의문대명사를 바르게 사용할 수 있다.
② 시제, 부정문, 자주 쓰이는 불규칙 활용을 바르게 사용할 수 있다.
③ '이/가', '은/는', '을/를' 등 기본적인 조사를 바르게 사용할 수 있다.
④ 기본적인 문장 구조와 문장의 종류를 이해하고 바르게 사용할 수 있다.
⑤ 일상생활을 표현하는 기초적인 용언을 이해하고 바르게 사용할 수 있다.
⑥ '-고', '-아/어서', '-지만' 등 기본적인 연결 어미를 이해하고 바르게 사용할 수 있다.

2) 2급
① 일상생활과 밀접한 용어를 바르게 사용할 수 있다.
② 일상생활에서 자주 사용되는 부사를 바르게 사용할 수 있다.
③ '처럼', '(이)나' 등 자주 쓰이는 조사를 바르게 사용할 수 있다.
④ 관형형, 반말, 존대 표현과 겸양 표현을 바르게 사용할 수 있다.
⑤ '-는데', '-(으)면서' 등 자주 쓰이는 연결 어미를 이해하고, 바르게 사용할 수 있다.

3) 3급
① '만큼', '처럼' 등 비교적 복잡한 의미가 있는 조사를 바르게 사용할 수 있다.

② '-아/어도' '-자마자' 등 비교적 복잡한 연결 어미를 이해하고 바르게 사용할 수 있다.
③ 간접 화법, 사동법과 피동법, '-아/어 놓다', '-아/어 버리다'와 같은 보조 동사를 바르게 사용할 수 있다.

4) 4급
① '치고', '는 커녕' 등 비교적 복잡한 의미가 있는 조사를 이해하고 바르게 사용할 수 있다.
② '-더니', '-다면' 등 복잡한 의미가 있거나 사용상의 제약을 갖는 연결 어미를 이해하고 바르게 사용할 수 있다.
③ '-고 말다(3급)', '-아/어 버리다' 등의 유사한 표현을 구별하여 사용할 수 있다.
④ '-는 한' 등 복잡한 맥락을 서술할 때 필요한 문법 표현을 이해하고 바르게 사용할 수 있다.

5) 5급
① 사회 현상을 표현하는 데 필요한 추상적인 어휘를 바르게 사용할 수 있다.
② 신문 기사, 논설문 등에서 자주 사용되는 문법 표현(-은 나머지, -는 동시에, -는 이상, 에도 불구하고 등)을 이해하고 적절하게 사용할 수 있다.

6) 6급
① 사회 각 영역에서 자주 쓰이는 전문 용어를 바르게 사용할 수 있다.
② 복잡한 의미가 있는 관용어와 속담을 이해하고 바르게 사용할 수 있다.
③ 사회 현상을 표현하는 대부분의 추상적인 어휘를 바르게 사용할 수 있다.
④ 신문 사설, 논설문, 학문적인 저술 등에서 자주 사용되는 문법 표현을 이해하고 적절하게 사용할 수 있다.

3. 구두 수행 평가를 통한 문법 평가 방법

1) 개인 발표형 구술 평가
① 개인 발표형 구술 평가는 피평가자 한 사람이 일정한 내용에 대하여 말로 하도록 하고 그 말하는 내용이나 방법 및 태도 등을 평가하는 방식이다.
② 상황형 구술 평가와 달리 개인 발표형 구술 평가는 학생 자신이 평가받고 있다는 의식하에 있고, 일정한 조건에서 구술하고 평가자가 그것을 평가하는 방식이다.
③ 교사만이 평가할 수도 있고, 동료 학생들이 함께 평가하는 것이 가능하다.

2) 짝 대화형 구술 평가
① 피평가자들을 두세 사람씩 짝을 지어 자기들끼리 대화를 나누게 하고 그것을 평가자가 평가하는 방법이다.
② 두세 사람이 미리 연습해 보게 할 것이냐, 두 사람에 대한 평가 결과를 같게 줄 것이냐 차등을 줄 것이냐 등 다양한 내용에 대한 고려가 필요하다.

3) 면접형 구술 평가

① 피평가자의 문법 능력을 평가하는 데 있어서 평가자와 피평가자가 직접 얼굴을 보고 대화를 통해서 평가하는 방법이다.

② 면접형 구술 평가는 크게 피평가자가 한 명인 경우와 여러 명인 경우가 있다.(면접관(평가자)도 한 명인 경우와 여러 명인 경우가 있으며 상급 학교 입학시험이나 회사 입사 면접시험에서는 면접관이 여러 명인 것이 일반적)

4) 상황형 구술 평가

① 피평가자들이 자신이 평가받는지를 모르는 일반적인 상황에서 문법 능력을 평가하는 방법이다.

② 피평가자가 평가받는다는 사실을 모르는 가운데 이루어지기 때문에 교실 수업에서는 시행되기가 어려우므로 단지 수행 평가 차원에서 교사가 평상시 점수를 주는 것이 적합하다.

V. 쓰기 평가

1. 쓰기 평가의 구인

1) 내용 지식

① 글을 통해 전달하려고 하는 내용에 관한 지식이 있는가?

② 글에서 다루는 내용에 대한 지식이 얼마나 풍부한가?

2) 조직성

① 독자가 흥미를 가지고 글을 읽어 가고 내용을 이해하기 쉽도록 조직하였는가?

② 글의 흐름이 논리적인가?

③ 단락 간의 연결이 매끄러운가?

④ 전개에 도움이 되는 담화 표지를 잘 사용할 수 있는가?

⑤ 다양한 장치를 사용하여 문장과 문장, 단락과 단락을 긴밀하게 연결하고 있는가?

3) 정확성

어휘나 문법 요소의 사용에 얼마나 오류 없이 글이 완성되었는가?

ㄴ. 문어를 통한 상호 작용은 구어처럼 면대면 성이나 즉시성을 가지지 않으므로 그 자리에서 수정 및 보완이 불가능함. 따라서 쓰기 평가에서는 말하기 평가보다 정확성이 더 많이 요구됨.

4) 범위

① 어휘 및 표현 구문, 관용 표현 등을 다양하게 사용할 수 있는가?

② 언어적 요소를 글의 목적과 맥락에 맞게 다양하고 풍부하게 사용할 수 있는가?

5) 적절성
① 독자나 글의 목적에 따라 언어 및 구조, 격식 등을 적절하게 골라 사용할 수 있는가?
② 글의 전개 방식, 문체 등이 글의 목적과 독자를 고려했는가?
③ 장르에 부합하는 형식을 선택하여 글을 썼는가?

6) 맞춤법에 관한 지식
① 구두점 및 규정, 철자법 등 세부 사항을 정확하게 알고 쓰는 맞춤법에 관한 지식이 있는가?

2. 쓰기 평가 문항 유형

① 그림 보고 쓰기	⑥ 문장 연결하기	⑪ 설명, 묘사하기
② 빈칸 채우기	⑦ 문장 완성하기	⑫ 이야기 구성하기
③ 고쳐 쓰기	⑧ 대화 완성하기	⑬ 문단 완성하기
④ 틀린 것 고치기	⑨ 상황에 맞게 문장 구성하기	⑭ 읽고 요약하기
⑤ 어순에 맞게 문장 완성하기	⑩ 정보 채우기	⑮ 자유 작문

3. 쓰기 평가의 방법

1) 총괄적(총체적) 채점

(1) 개념
① 평가 계획 단계에서 설정했던 평가 요소를 종합적으로 판단하여 한 번에 점수를 부여하는 방식이다.
② 전체적인 인상을 서술하여 점수를 매긴다(단일 점수로 평가함).

(2) 장점
① 채점이 쉽고 시간이 적게 든다.
② 점수가 일반인에게도 쉽게 이해가 되는 '표준'을 보여 준다.
③ 모든 특성을 한 번에 고려하기 때문에 효율적이고 요약적인 채점이 가능하다.
④ 학습자의 쓰기 능력의 약점이 아닌 강점에 초점을 맞추므로 학습을 장려하는 면에서 긍정적이다.

(3) 단점
① 학생이 무엇을 잘했고, 어떤 점을 개선해야 하는지에 대해 구체적인 정보를 거의 제공하지 못한다.
② 한두 가지의 특징에 의해 영향을 받을 수 있어 피상적인 판단을 하기 쉽다.
③ 채점자들이 점수 체계를 정확하게 이용하도록 하기 위해 심도 있는 훈련이 필요하다.

2) 분석적 채점

(1) 개념
① 학생의 반응을 평가 요소별로 판단하여 각각에 점수를 부여하고 이를 합산하는 방식이다.

(2) 장점
① 발달 정도가 다른 하위 기술을 적절히 평가할 수 있다.
② 문어 수행 능력을 구성하는 수행의 다양한 측면을 고루 평가할 수 있다.
③ 학생의 강점과 약점에 대한 정보를 쉽게 파악하여 이에 대한 적절한 피드백을 주기에 용이하다.
④ 명확한 기준을 제공하기 때문에 더욱 일관된 채점을 가능하게 한다.
⑤ 채점 기준에 대한 의사소통이 보다 효율적이어서 채점자들 사이의 조정에 효율적이다.

(3) 단점
① 분석적 채점 기준을 만드는 데 시간이 오래 걸린다.
② 글의 전체적인 면에 대한 평가를 놓칠 수 있다.
③ 동일한 글이라도 적용하는 하위 요소에 따라 다른 결과를 얻게 될 수 있다.
④ 평가 요소별로 여러 번 채점하기 때문에 채점 시간이 많이 소요된다(종합적 채점에 비해 4배의 시간이 필요함).
⑤ 하나의 글은 단순히 부분의 합이 아닌 그 이상의 것이어서 전체적인 맥락으로부터 글의 특정 부분만을 분리하여 평가하기 어렵다.

VI. 말하기 평가

1. 말하기 평가의 구인

1) 발음
① 자음과 모음이 결합한 분절음을 얼마나 정확하게 소리 내는가?
② 강세, 억양, 속도 등의 초분절적 요소의 실현이 얼마나 적절한가?
ㄴ, 개별 단어의 발음을 포함하여 전체 발화 내에서 억양이나 강세가 정확해야 의미를 효과적으로 전달할 수 있으므로 발음은 말하기 능력의 일차적 요소임
③ 의미에 맞게 잘 끊어 읽고 적절한 어조로 말할 수 있는가?
ㄴ, 발음이 나쁘면 듣는 사람은 무슨 말을 하는지 알아듣기 어려움
④ 발음이 적절하지 않으면 의미를 잘못 이해하여 오해를 불러일으키게 된다.

2) 어휘력
① 얼마나 많은 어휘(일상, 특정 맥락과 관련하여)를 알고 있는가?
ㄴ. 기본 어휘 외에 관용 표현, 파생어, 존대어, 외래어, 유행어 등 문화 관련 어휘도 폭넓게 사용할 수 있다면 말하기 평가에서 좋은 점수 획득이 가능함

3) 유창성
① 유창성: 막힘없이 술술 자신이 하고 싶은 말을 해 나가는 특성을 말한다.
(정확성과 대조되는 개념으로 정의할 때가 많음)
② 대화 상대자가 한 말에 대해 **빠르게** 반응하고 망설임이 없고 더듬거리지 않는 것이다.

4) 정확성
① 말을 할 때 사용하는 문법 요소가 규범에서 벗어나지 않고 오류를 보이지 않는가?
② 한국어 말하기의 경우 높임법, 시간 표현, 종결 서법, 피동과 사동 표현, 부정 표현 등을 대상으로 평가하는 것이 가능하다.

5) 내용 조직
① 일관되고 짜임새 있게 말하는 내용을 구성해 가는가?
② 의미 관계를 명시적으로 나타내는 언어 표현 방식(적절한 접속어, 지시어, 대용 표현 등)을 통해서 상황에 맞게 내용을 구성하여 말하는 응집성에 관한 능력을 말한다.

6) 상호 작용 태도
① 대화 상대자와 의사소통하는 것에 대해 의욕이 있고 필요하거나 주어진 일을 해결하려는 자세를 가지고 있는가?
② 대화 상대자의 상태나 이해도, 감정에 맞춰 말하고 부드럽게 대화를 이어 나간다면 상호 작용 태도를 갖춘 것이다.

7) 담화 운용
① 어려움 없이 대화를 이어 나갈 수 있고 말을 시작하고 마무리하는 것이 가능한가?
② 구두 의사소통에서 자신의 말 순서를 잘 관리하며 인접쌍에 관한 규칙을 잘 적응시켜 사용하는 것이다.

8) 전략
① 효과적으로 의사소통하기 위해 다양한 방법을 동원하는 능력이 있는가?
② 의사소통의 막힘이나 부족함을 해소하기 위해 언어적/비언어적 수단을 잘 이용하는 것을 말한다.

9) 적절성
① 말할 때의 상황, 목적, 청자와의 관계 등을 고려하여 이에 알맞은 언어 표현을 사용하는가?
② 일상 대화, 스토리텔링, 토론, 논쟁, 발표, 연설 등의 말하기 장르에 어울리는 말투 혹은 격식체를 잘 사용할 수 있다.
③ 대화 상대자에 따라서 적절한 표현과 어투 등을 잘 가려서 쓸 수 있는 것을 말한다.

10) 전반적 인상
① 한국어 말하기의 전반적인 능력이 어떠한가?
② 하고자 하는 말이 무엇인지 파악이 되는 수준, 주어진 말하기 과제에 대처하는 능숙성, 자연스럽게 말하는 정도, 발음, 전략의 사용 유무 등을 포함한다.

2. 말하기 평가 문항 유형
① 개인적인 인터뷰
② 짝짓기 인터뷰
③ 그림이나 자료를 활용한 말하기 평가
④ 역할 놀이
⑤ 토론하기
⑥ 발표하기

VII. 듣기 평가

1. 듣기 평가의 구인

1) 음소 인식 능력
(1) 음소 및 음운을 변별할 수 있는가?
(2) 어조와 억양, 강세 등을 변별하여 의미 차이를 알아차리는가?

2) 언어 의미의 이해 능력

(1) 중심 내용의 이해
① 대화나 독백 담화를 듣고 주제나 제목을 알아맞힐 수 있는가?
② 대화나 독백 담화를 듣고 화자가 말하고자 하는 중심 생각을 파악할 수 있는가?

(2) 세부 내용의 이해

① 대화나 독백 담화를 듣고 세부 내용을 파악할 수 있는가?
② 들은 후에 적절한 반응을 고를 수 있는가?

(3) 추론적 이해 능력
① 명시적으로 진술되지 않은 속뜻을 이해하는가?
② 화자의 발화 의도나 목적을 추론할 수 있는가?
③ 듣고 이어질 행동을 추론할 수 있는가?

2. 듣기 평가 문항 유형

① 음운이나 단어 듣고 맞는 것 고르기, ② 문장 듣고 문장의 일부 채우기 ③ 문장이나 대화 듣고 적절한 반응 찾기 ④ 문장 듣고 유사한 문장 찾기 ⑤ 담화 듣고 담화의 요소 파악하기	⑥ 그림 보고 맞는 설명이나 대화 찾기 ⑦ 담화 듣고 맞는 그림 고르기 ⑧ 담화 듣고 그림 나열하기 ⑨ 담화 듣고 그림, 지도, 도표 등을 완성하기 ⑩ 담화 듣고 담화의 중심 소재 및 내용 고르기	⑪ 담화 듣고 내용과 일치하는 (일치하지 않은) 것 고르기 ⑫ 듣고 받아쓰기 ⑬ 듣고 정보 찾기 ⑭ 세부 내용 파악하기 ⑮ 화자의 태도, 어조 파악하기

VIII. 읽기 평가

1. 읽기 평가의 구인

1) 어휘 및 문법 요소에 대한 이해
① 맥락 안에서 어휘나 문법의 기능적 의미를 파악하고 있는가?

2) 글의 구조에 대한 지식
① 어떤 유형의 글인지 이해할 수 있는가?
② 어떠한 전개 방식을 사용하고 있는지 알 수 있는가?

3) 사실적 이해력
① 글 속에 담긴 정보를 정확하게 이해할 수 있는가?
② 글 전체의 내용을 체계적으로 파악할 수 있는가?
③ 핵심 내용을 빠르게 짚어 내는가?
④ 언어로 표현된 의미와 실제 사실과의 관계를 정확하게 이해하는가?

4) 내용 분석력
① 중요한 것과 아닌 것을 구분하여 자신에게 필요한 정보를 찾아내는가?
② 사실과 의견을 구분할 수 있는가?
③ 상황과 맥락 및 관계 등을 파악할 수 있는가?

5) 비판적 이해력
① 파악된 정보를 바탕으로 종합적으로 사고할 수 있는가?(문자 그대로의 의미 이해를 넘어서)
② 대략적인 내용 파악이 된 정보를 조직하고 재구성하여 가치 판단을 내리는 능력을 말한다.

2. 읽기 평가 문항 유형

① 단어나 문장의 내용에 맞는 그림 찾기	⑦ 문장을 읽고 관계있는 문장 찾기
② 유의어, 반의어 찾기	⑧ 텍스트 읽고 글의 중심 소재 찾기
③ 문장 내의 틀린 부분 찾기	⑨ 문맥에서 어구의 의미 파악하기
④ 문장 내 단어의 의미 찾기	⑩ 접속사 고르기
⑤ 문자 내 적절한 어휘, 문장 고르기	⑪ 중심 내용 파악하기
⑥ 대화 구성하기	⑫ 주제문 찾기
⑬ 제목 고르기	⑲ 세부 내용 파악하기
⑭ 지시어 내용 찾기	⑳ 필자의 태도 파악하기
⑮ 글의 기능이나 목적 파악하기	㉑ 전후 이야기 추측하기
⑯ 단락 순서 제시하기	㉒ 단락과 주제 연결하기
⑰ 문장이나 단락 삽입, 삭제하기	㉓ 글의 제목이나 목차로 글 파악하기
⑱ 정보 파악하기	

IX. 한국어능력시험(TOPIK)

1. 수준 및 등급

구분	TOPIK 1		TOPIK 2			
	1급	2급	3급	4급	5급	6급
등급 결정	80점 이상	140점 이상	120점 이상	150점 이상	190점 이상	230점 이상

2. 문항 유형

* 수준별 구성

시험 수준	교시	영역	유형	문항 수	배점	총점
TOPIK 1	1교시 (100분)	듣기	선택형	30	100	200
		읽기	선택형	40	100	

3. 한국어능력시험(TOPIK)의 등급별 평가 기준

시험 수준	등급	평가 기준
TOPIK1	1급	자기 소개하기, 물건 사기, 음식 주문하기 등 생존에 필요한 기초적인 언어 기능을 수행할 수 있으며 자기 자신, 가족, 취미, 날씨 등 매우 사적이고 친숙한 화제에 관련된 내용을 이해하고 표현할 수 있다. 약 800개의 기초 어휘와 기본 문법에 대한 이해를 바탕으로 간단한 문장을 생성할 수 있다. 또한 간단한 생활문과 실용문을 이해하고, 구성할 수 있다.
	2급	전화하기, 부탁하기 등의 일상생활에 필요한 기능과 우체국, 은행 등의 공공 시설 이용에 필요한 기능을 수행할 수 있다. 약 1,500~2,000개의 어휘를 이용하여 사적이고 친숙한 화제에 관해 문단 단위로 이해하고 사용할 수 있다. 공식적 상황과 비공식적 상황에서의 언어를 구분해 사용할 수 있다.
TOPIK2	3급	일상생활을 영위하는 데 별 어려움을 느끼지 않으며 다양한 공공 시설의 이용과 사회적 관계 유지에 필요한 기초적 언어 기능을 수행할 수 있다. 친숙하고 구체적인 소재는 물론, 자신에게 친숙한 사회적 소재를 문단 단위로 표현하거나 이해할 수 있다. 문어와 구어의 기본적인 특성을 구분해서 이해하고 사용할 수 있다.
	4급	공공 시설 이용과 사회적 관계 유지에 필요한 언어 기능을 수행할 수 있으며, 일반석인 업무 수행에 필요한 기능을 어느 정도 수행할 수 있다. 또한 뉴스, 신문 기사 중 비교적 평이한 내용을 이해할 수 있다. 일반적인 사회적·추상적 소재를 비교적 정확하고 유창하게 이해하고 사용할 수 있다. 자주 사용되는 관용적 표현과 대표적인 한국 문화에 대한 이해를 바탕으로 사회·문화적인 내용을 이해하고 사용할 수 있다.
	5급	전문 분야에서의 연구나 업무 수행에 필요한 언어 기능을 어느 정도 수행할 수 있으며 정치, 경제, 사회, 문화 전반에 걸쳐 친숙하지 않은 소재에 관해서도 이해하고 사용할 수 있다. 공식적·비공식적 맥락과 구어적·문어적 맥락에 따라 언어를 적절히 구분해 사용할 수 있다.
	6급	전문 분야에서의 연구나 업무 수행에 필요한 언어 기능을 비교적 정확하고 유창하게 수행할 수 있으며 정치, 경제, 사회, 문화 전반에 걸쳐 친숙하지 않은 주제에 관해서도 이해하고 사용할 수 있다. 원어민 화자의 수준에는 이르지 못하나 기능 수행이나 의미 표현에는 어려움을 겪지 않는다.

4. 한국어능력시험(TOPIK) 말하기

1) 수준 및 등급

구분	한국어능력시험 말하기 평가 등급(시범 시행용)						
	불합격	1급	2급	3급	4급	5급	6급
척도 점수 범위(점)	0~19	20~49	50~89	90~109	110~129	130~159	160~200

2) 문항 유형

문항	문항 유형	준비 시간	응답 시간
1	질문에 대답하기	20초	30초
2	그림 보고 수행하기	30초	40초
3	그림 보고 이야기하기	40초	60초
4	대화 완성하기	40초	60초
5	자료 해석하기	70초	80초
6	의견 제시하기	7초	80초

3) 한국어능력시험(TOPIK) 말하기 등급 기술

등급	등급 기술
1급	- 친숙한 일상적 화제에 대해 질문을 듣고 간단하게 답할 수 있다. - 언어 사용이 매우 제한적이며 오류가 빈번하다. - 발음과 억양, 속도가 매우 부자연스러워 의미 전달에 문제가 있다.
2급	- 자주 접하는 사회적 상황에서 일상적 화제에 대해 묻거나 답할 수 있다. - 언어 사용이 제한적이며 담화 상황에 맞지 않는 경우가 있고 오류가 잦다. - 발음과 억양, 속도가 부자연스러워 의미 전달에 다소 문제가 있다.
3급	- 친숙한 사회적 화제에 대해 비교적 구체적으로 말할 수 있다. - 오류가 때때로 나타나나 어느 정도 다양한 어휘와 표현을 비교적 담화 상황에 맞게 사용할 수 있다. - 발음과 억양, 속도가 다소 부자연스러우나 의미 전달에 큰 문제가 없다.
4급	- 일부 사회적 화제에 대해 대체로 구체적이고 조리 있게 말할 수 있다. - 오류가 때때로 나타나나 다양한 어휘와 표현을 대체로 담화 상황에 맞게 사용할 수 있다. - 발음과 억양, 속도가 비교적 자연스러워 의미 전달에 문제가 거의 없다.
5급	- 사회적 화제나 일부 추상적 화제에 대해 비교적 논리적이고 일관되게 말할 수 있다. - 오류가 간혹 나타나나 다양한 어휘와 표현을 담화 상황에 맞게 사용할 수 있다. - 발음과 억양, 속도가 대체로 자연스러워 발화 전달력이 양호하다.
6급	- 사회적 화제나 추상적 화제에 대해 논리적이고 설득력 있게 말할 수 있다. - 오류가 거의 없으며 매우 다양한 어휘와 문법을 담화 상황에 맞게 사용할 수 있다. - 발음과 억양, 속도가 자연스러워 발화 전달력이 우수하다.

형성 평가

1. 다음 중 문법적 능력과 관련이 없는 내용은 무엇인가?
① 개별 음운을 식별할 수 있는 능력
② 한국어 단어의 축약형을 파악할 수 있는 능력
③ 문맥으로부터 어휘의 의미를 추측해 낼 수 있는 능력
④ 발화 상황, 참여자, 목표에 따른 발화의 의사소통적 기능을 인식할 수 있는 능력

정답: ④
해설: 사회언어학적인 능력에 관한 것이다.

2. 다음 중 고전적 평가에 관한 내용이 아닌 것은?
① 선다형 문항
② 신뢰도를 우선함
③ 객관성을 절대시함
④ 의사소통, 맥락, 언어 사용을 중시

정답: ④
해설: 현대적 평가에 관한 것이다.

3. 다음 중 검사 도구가 측정하고자 하는 것을 얼마나 충실히 측정하였는가를 의미하는 것은 무엇인가?
① 신뢰도
② 실용도
③ 타당도
④ 변별도

정답: ③
해설: 검사 점수가 검사의 사용 목적에 얼마나 부합하는가와 관련이 있는 문제이다.

4. 다음 중 간접 평가에 대한 설명으로 적절하지 않은 것은 무엇인가?
① 타당도가 낮아 평가로서 중요한 역할을 하지 못함
② 채점하는 데 시간이 많이 소요되며 신뢰도가 떨어질수 있다는 단점이 있음
③ 학습자의 언어 수행능력을 간접적으로 포착하거나, 간접적인 언어 지식을 측정하는 평가임
④ 채점자의 주관에 따라 점수가 달라지지 않으므로 신뢰도가 높으며 시간을 많이 소모하지 않음

정답: ②
해설: 직접 평가에 관한 내용이다.

5. 다음 중 1급 수준의 어휘 능력으로 보기 어려운 것은?
① 친숙한 간판이나 표지판, 로고 등이 무엇을 뜻하는지 앎
② 의식주와 관련된 일상생활에 필요한 기초적인 어휘의 의미를 앎
③ 기본적인 인칭대명사, 지시대명사, 의문대명사, 수사의 의미를 앎
④ 의미 전달의 논리성을 높이기 위해 쓰는 접속어들을 알고 사용할 수 있음

정답: ④
해설: 3급 수준의 어휘 능력에 해당한다.

6. 다음 쓰기 평가의 구인 중 '글의 흐름이 논리적인가?'와 가장 관련성이 있는 것은?
① 조직성
② 정확성
③ 적절성
④ 맞춤법에 관한 지식

정답: ①
해설: '다양한 장치를 사용하여 문장과 문장, 단락과 단락을 긴밀하게 연결하고 있는가?' 등의 질문도 조직성과 관련이 있다.

7. 다음 말하기 평가의 구인 중 〈보기〉의 내용과 관련이 있는 것은 무엇인가?

> 〈보기〉
> 대화 상대자와 의사소통 하는 것에 대해 의욕이 있고 필요하거나 주어진 일을 해결하려는 자세를 가지고 있는가

① 유창성   ② 내용 조직   ③ 담화 운용   ④ 상호 작용 태도

정답: ④
해설: 대화 상대자의 상태나 이해도, 감정에 맞춰 말하고 부드럽게 대화를 이어나간다면 상호 작용 태도를 갖춘 것이다.

8. 다음 중 한국어능력시험(TOPIK) 말하기의 3급 등급 기술로 보기 어려운 것은 무엇인가?
① 친숙한 사회적 화제에 대해 비교적 구체적으로 말할 수 있다.
② 발음과 억양, 속도가 다소 부자연스러우나 의미 전달에 큰 문제가 없다.
③ 사회적 화제나 일부 추상적 화제에 대해 비교적 논리적이고 일관되게 말할 수 있다.
④ 오류가 때때로 나타나나 어느 정도 다양한 어휘와 표현을 비교적 담화 상황에 맞게 사용할 수 있다.

정답: ③
해설: 한국어능력시험(TOPIK) 말하기 5급의 등급 기술 내용에 해당한다.

제4장 언어 교수법

학습 목표
1. 언어 교수법의 필요성과 언어 교수법의 쟁점을 근거로 언어 교수법이 어떤 것이 있는지 유형화할 수 있다.
2. 다양한 교수법의 특징, 수업 구성 및 평가에 대해 기술하고 현재 한국어 교육에 시사하는 바를 말할 수 있다.

I. 언어 교수법의 개관과 20세기 중반까지의 언어 교수법

1. 언어 교수법의 개념

언어 교수법은 특정 언어 이론 및 학습 이론에 바탕을 둔 체계적인 교수 행위를 말한다. 교수자(teacher)가 학습자(learner)에게 외국어를 교수할 때 언어 이론에 대한 교수자의 이해를 바탕으로 언어를 어떻게 간주하는지에 따라 학습자에게 언어를 제시, 교수하는 방법이 달라진다. 또한 학습자가 언어를 어떻게 학습해 나가는지 학습 과정에 대해 교수자가 더 잘 이해할수록 외국어 교수, 학습에서 더 효율적인 방법, 교수 유형을 개발하거나 더 좋은 선택을 할 수 있게 된다. 즉 언어 이론과 언어 학습 과정에 대해 교사가 이해하는 것은 언어 교수법의 토대가 된다고 할 수 있다. 언어 교수법의 역사와 방법론을 살펴보는 것은 더 좋은 수업을 하기 위한 이해의 방편인 것이다.

흔히 교수법이라고 했을 때 두 가지를 지시한다고 생각해 볼 수 있는데 하나는 가르치는 데 사용되는 구체적인 방법 또는 테크닉으로 기법이라 불리기도 한다. 다른 하나는 언어 교수 및 습득/학습 과정에 대한 철학을 바탕으로 어떻게 언어 학습을 구성해 갈 것인지와 관련한 교수, 학습 원리 또는 접근방식이다. 두 가지는 서로 대치되는 개념이 아니라 교수 학습 방법에서의 미시적인 방법과 거시적인 방법으로 상호 보완적인 개념이라고 할 수 있다. 여기에서는 후자의 관점으로 교수법을 살펴보려고 한다.

다음은 각각의 언어 교수법을 다룰 때 쟁점이 될 수 있는 질문이다. 다음의 쟁점들은 각각의 언어 교수법 간의 차이점이 무엇이고 어떤 것을 어떤 근거로 강조하는지 이해하는 데 도움이 될 것이다.

① 언어 교육의 목표가 무엇인가?(언어 자체를 교수하는 것이 목표인가? 말하기/듣기/쓰기/읽기와 같은 언어 기능을 가르치기 위한 것인가?)
② 언어의 본질을 어떻게 파악하고 있는가?(언어에 대한 관점이 교수법에 어떻게 영향을 미치는가?)
③ 언어 교육에서 가르칠 언어 내용을 선택하는 원리는 무엇인가?

④ 수업에서 어떤 구성, 순서, 제시로 하는 것이 학습에 용이한가?
⑤ 모국어의 역할은 어떠해야 하는가?
⑥ 학습자가 언어 학습 과정에서 교수법의 영향을 받는가?
⑦ 어떤 교수 기법과 활동이 가장 잘 적용되는가?

위와 같은 질문을 염두에 두고 언어 교수법을 검토하는 것은 각각의 언어 교수법에서 긍정적인 면을 수용하고 활용할 뿐만 아니라 한국어 교육의 특수한 상황에 맞는 한국어 교육에서의 교수법이란 어때야 하는지, 바람직한 한국어 교수법에 대한 방향을 모색하는 데 도움이 될 것이다.

2. 관점에 따른 언어 교수법의 구분

언어 교수법은 언어 이론과 언어 학습에 대한 관점에 따라 추구하는 교육 철학과 언어 연습 방법이 각기 달라진다. 첫째, 전통적인 관점인데 교수자들이 경험적으로 실천하던 방법으로 문법 번역식 교수법과 직접식 교수법을 예로 들 수 있다. 어떤 언어 이론적 뒷받침 없이 전통적으로 해 왔던 교수법이다.

둘째, 구조주의적 관점인데 언어를 구조적 요소의 조직체로 이해하였기 때문에 언어 학습을 언어 구성 요소를 숙달하는 것으로 간주하였다. 구조화된 언어를 항목화하여 학습의 대상으로 삼은 것이다. 대표적인 예로 청각 구두식 교수법과 전신 반응식 교수법, 침묵식 교수법을 들 수 있다.

셋째, 기능주의적 관점인데 언어를 의사소통 기능과 의미의 표현 수단으로 간주한 것으로 언어 학습의 궁극적인 목표를 언어 이해와 언어 사용 능력의 함양으로 설정한 것이다. 의사소통식 교수법과 자연적 교수법이 이에 해당된다.

넷째, 상호 작용적 관점은 언어를 인간 사이의 사회적 상호 작용 수단으로 이해한 것으로 타인과의 의사소통 과제를 수행함으로써 궁극적으로 언어 능력을 증진시킬 수 있다고 파악하였다. 과제 중심 교수법과 총체적 교수법이 대표적이다.

3. 언어 교수법의 쟁점

언어 교수법에서는 어떤 점이 쟁점이 되었는지 이해하고 그에 따라 어떤 언어 교수법이 고안되었는지 확인할 필요가 있다. 다음은 언어 교수법의 쟁점이다.

① 언어 교육의 목표가 무엇인가? 언어 교육 관점은 회화 숙달, 읽기, 번역, 또는 다른 언어 기능을 가르치기 위한 것인가?
② 언어의 본질을 어떻게 파악하고 있으며, 이것이 교수 방법에 어떤 영향을 미치는가?
③ 언어 교육에서 가르칠 언어 내용을 선택하는 원리는 무엇인가?
④ 수업에서 어떤 구성으로, 어떤 순서로, 어떻게 제시하는 것이 학습에 용이한가?
⑤ 모국어의 역할은 어떠해야 하는가?
⑥ 학습자가 언어 학습 과정에서 교수법의 영향을 받는가?
⑦ 어떤 교수 기법과 활동이 가장 잘 적용되며, 어떤 상황에서 가장 잘 적용되는가?

4. 언어 교수법의 구분

Richard & Rodgers(1986)에서는 언어 교수법은 크게 3가지로 나눈다. 먼저, 20세기 중반까지의 언어 교수법으로 문법 번역식 교수법, 직접 교수법, 상황적 언어 교수법, 청각 구두식 교수법이 있다. 이에 대한 반발로 대안적 교수법은 침묵식 교수법, 전신 반응식 교수법, 총체적 교수법, 암시적 교수법, 공동체 언어 학습법, 능력 중심 언어 교수법이 있다. 마지막으로 최근 언어 교수법은 의사소통적 교수법, 자연적 접근법, 내용 중심 교수법, 과제 중심 교수법이 있다.

1) 문법 번역식 교수법(Grammar-translation method)

문법 번역식 교수법은 19세기 전반까지 외국어를 가르칠 때 널리 사용된 고전적인 교수법이다. 17세기 이전 유럽에서 행해졌던 그리스어나 라틴어 교수를 예로 들 수 있다. 문법 번역식 교수법은 언어 학습의 목적을 정신 수양과 지적 발달을 도모하는 데 두었으므로 고전적인 읽기 자료를 읽는 것을 통해 교양을 함양한다는 수업 목표를 설정하였다. 읽기 텍스트에 나오는 어휘와 문법을 익혀 자신의 모국어로 번역하는 방식으로 수업이 진행되었다. 수업에서는 학습자의 모국어를 매개로 교수하며 문법을 연역적으로 교수하였다. 정확성이 강조되고 문법 설명이 자세히 제시되며 문법이나 문장의 구조 연습과 번역 연습을 하였고 읽기와 번역 문장 쓰기와 같은 문자 언어 학습에 중점을 둔 교수법이었다.

문법 번역식 교수법은 언어 학습의 정확성을 늘리고 읽기와 번역 능력을 향상시킨다는 점이 장점으로 꼽힐 수 있다. 또한 교사에게도 목표어가 아닌 자신의 모국어로 외국어를 교수하여 가르치는 것에 대한 부담이 감소된다는 장점이 있기도 하다. 그러나 언어를 사용하는 것보다는 언어 지식을 익히고 번역하는 데에만 몰두하여 의사소통 능력이 신장되기 어렵다는 점, 문자 중심의 교수이기 때문에 말하기나 듣기 같은 음성 언어에 소홀한 점, 수업의 대부분이 교사 중심의 설명과 번역 중심의 연습이라서 교사와 학습자 간 또는 학습자들 간의 상호 작용이 거의 없다는 점, 암기 위주의 수업이므로 많은 학습자들의 학습 의욕이나 동기를 충족시키기 어렵기 때문에 사춘기 이전의 아동에게는 부적합하다는 점이 단점으로 거론되었다.

문법 번역식 교수법이 한국어 교육에 시사하는 점은 학습자 집단이 단일 언어권이었을 때 그들을 대상으로 한 한국어 교육에서 문법 번역식 교수법이 활용될 수 있으며 통역과 번역과 같은 언어 구조에 대한 정확한 이해와 번역이 요구되는 능력 함양을 위해서도 활용 가능하다는 점이다.

2) 직접 교수법(Direct method)

직접 교수법은 19세기 전후 그간 통용되어 오던 문법 번역식 교수법에 대한 반발에서 시작된 것으로 모국어의 개입 없이 목표 외국어를 해당 목표어로 직접 가르치는 교수법이다. 문법 번역식 교수법에서 고전의 독해와 번역에 집중하여 문어적 이해 능력이 향상되어도 실제 목표어의 구어 사용이 어려웠던 점, 당시 유럽을 기반으로 활발하게 진행되어 온 무역 활동에 의사소통을 해야 할 기회가 증대되면서 구두 숙달도가 상대적으로 더 중시되었던 점, 또한 당대 음성학의 발달로 구어에 대한 관심이 확대되었던 점, 게다가 직접 교수법에 대한 관심이 활발하였던 유럽에서는 목표 언어에 능통한 교사를 구하기 쉬웠다는 점이 직접 교수법의 등장에 영향을 미쳤다고 할 수 있다.

직접 교수법은 의미를 처음부터 번역하지 말고 실물로 제시하거나 행동으로 직접 전달하게 하여 마치 '유아가 말을 배우듯이' 외국어 학습도 모국어 학습처럼 해야 한다고 강조하였다. 따라서 직접 교수법의 수업은 활동적인 교실 수업을 통해 언어를 가장 잘 배울 수 있다고 주장하며 모국어로의 번역은 금지하고 수업은 목표어로 진행하였다. 또한 교사는 문법 규칙을 설명하기보다는 학습자가 직접, 자발적으로 목표어를 사용하도록 격려하는 데 집중하였다. 즉 교사가 문법 예문을 제시한 후 학습자가 문법의 용법을 추론하는 방식의 귀납적인 문법 제시 방식을 이용하게 된다. 구어를 강조했던 직접 교수법에서는 말하기와 듣기를 읽기와 쓰기보다 먼저 가르치고 어휘 역시 실제적인 일상 장면과 상황을 제시하여 일상적 어휘와 문장을 교수하는 것을 중점적으로 하였다. 또한 발음을 중시하였기 때문에 발음 기호도 도입하며 발음 교수도 중요시하였다. 구두 언어의 의사소통 기술은 교사와 학습자 간의 질문-대답을 통해 진행되었으며 구체적인 의미는 시각 자료로 추상적인 의미는 다른 개념과의 관계, 예를 들어 동의어, 반의어 관계와 같은 개념으로 제시하였다.

다음은 직접 교수법의 대표적인 학습 방식인 Berlitze에서 구어를 가르치는 지침인데 직접 교수법의 전형적인 수업 방식을 엿볼 수 있다.

① 번역하지 말고 실물을 보여줘라.
② 번역하지 말고 행동으로 보여줘라.
③ 연설하지 말고 질문해라.
④ 잘못은 모방하지 말고 바로 고쳐줘라.
⑤ 개개의 단어를 사용하지 말고 문장을 이용해라.
⑥ 너무 많이 말하지 말고 학습자가 많이 말하게 해라.
⑦ 교재를 사용하지 말고 교사의 수업 지도안을 이용해라.
⑧ 교사의 수업 계획대로 진행해라.
⑨ 학습자의 수준에 맞춰 진행해라.
⑩ 너무 천천히, 빨리, 크게 말하지 말고 정상적인 속도로 자연스럽게 말해라.

이와 같은 지침에서도 알 수 있듯이 직접 교수법에서는 수업 구성 또한 교사가 세심하게 준비한 수업 계획하에 진행하게 된다. 먼저 텍스트를 읽으면서 교사는 텍스트와 관련한 질문을 하고 학습자가 대답하는데 이와 같은 교사의 질문은 점차 일반적 상황으로 확장되고 학습자는 이에 대답하면서 텍스트를 이해하게 된다. 그리고 텍스트와 관련된 내용으로 제시된 빈칸을 채우며 텍스트 관련 내용으로 한 단락을 받아쓰기를 한다. 이와 같은 수업 구성을 통해 직접 교수법이 문법 교수 모형에서 PPP 모형(Presentation제시-Practice연습-Production생산, 발화)에 기반한다는 것을 알 수 있다.

직접 교수법의 장점은 목표 외국어를 직접 사용하여 구두 의사소통 능력을 배양하도록 도모했다는 점을 꼽을 수 있다. 그러나 모국어 사용을 금지하면서 오는 의미 전달의 비효율성, 교사의 능력에 의존하는 수업이 되는 데 반해 목표어에 능숙한 교사를 확보하는 것의 어려움, 명시적인 문법 설명을 안 함으로써 학습자의 오해가 야기된다는 점, 어휘나 표현, 문법을 체계적으로 제시하지 못한다는 점, 성인 학습자의 언어 학습과 유아의 언어 습득은 동일한 것이 아니라는 점에서 단점으로 지적받고 있다.

직접 교수법이 한국어 교육에 시사하는 점은 동기 부여된 학습자라면 직접 교수법에서와 같이 소규모 학습과 원어민 교사진을 원한다는 점이다. 20세기 초 직접 교수법을 주창하던 사설 외국어 학원의 인기를 떠올려 보면 시대를 불문하고 배우고자 하는 목표어를 직접 구사하는 교사와 직접 접촉하는 소규모 학습은 매력적인 학습 조건이 될 수 있다. 그러나 소규모 학습과 원어민 교사진을 유지하기 위한 비용이 많이 드는 것은 직접 교수법이 해결해야 할 과제다.

3) 상황적 교수법(Situational language teaching)

상황적 교수법은 말의 습득을 위해 상황과 연결하여 언어 구조에 대한 지식을 학습하도록 하는 교수법이다. 1930~1960년대 영국의 응용언어학자들이 개발한 구두 접근법(oral approach)으로 구조주의와 행동주의 심리학에 기반을 둔 교수법이라고 할 수 있다.

상황적 교수법에서는 언어 교수 및 학습을 구어에서 시작해야 한다고 주장하는데 이때 언어 구조에 대한 지식은 언어를 사용할 수 있는 상황에 반드시 연관시키는 것이 중요하다. 따라서 상황적 교수법에서의 수업은 목표어로 수업이 진행되고 문법 제시에서도 문법이 사용되는 상황을 먼저 보여 주는 귀납적 제시를 하였다. 먼저 제시되는 듣기 연습은 학습자의 주의를 끌어 되풀이하는데 이때 한 번은 단어를 분리시켜 들려줌으로써 정확한 발음을 인지할 수 있도록 하였다. 문법 학습은 단순한 형태에서 복잡한 형태로 등급화되어 있으며, 어휘 학습은 필수적이고 일반적인 어휘가 포함되도록 선택해야 한다. 언어적 형식의 새 요소는 상황별로 소개하고 연습하는데, 이때 사물이나 그림, 행동, 몸짓을 사용하는 경우가 많다. 어휘와 문법 학습이 이루어진 후에 읽기와 쓰기가 도입되었다. 수업에서 교사의 오류 교정은 즉각적으로 이루어지지만 학습자의 자가 교정을 최대한 이끌어내는 것이 중요하였다. 기본적으로 상황적 교수법도 PPP 모형(Presentation제시-Practice연습-Production생산, 발화) 절차를 따르고 있다고 할 수 있는데 제시된 어휘나 문법의 언어 형식을 구두 연습을 통해 일정 정도의 훈련을 거쳐 교수 항목이 포함된 읽기를 하거나 쓰기 연습으로 언어를 생산하게 하는 방법이 그것이다.

상황적 교수법은 언어 구조가 반영된 교수 항목으로 제시된 문형이나 구어 담화 연습을 하므로 문법을 강조하는 수업에 적합하다. 그러나 언어적 체계를 강조하는 구조주의 언어관과 습관 형성을 강조하는 행동주의 학습 이론이 비판받으면서 상황적 교수법도 더불어 비판받게 되었다. 또한 학습자의 상호 작용을 강조하는 입장에서 볼 때 통제된 연습을 중시하는 상황적 교수법은 실제 언어 사용을 잘 반영하지 못한다는 점에서 비판받았다. 또한 상황과 구조를 반영한 교수 항목들이 임의적으로 배열되어 각각의 교수항목 간의 연계성이 부족한 점과 학습 난이도도 고르지 못한 점이 지적되었다.

상황적 교수법이 한국어 교육에 시사하는 바는 구어 담화 연습을 할 때 언어 구조가 잘 반영된 구어 담화를 적절한 상황과 함께 제시되는 것이 효과적이라는 점이다.

4) 청각 구두식 교수법(Audio-lingual method: ALM)

청각 구두식 교수법은 '귀에 의한 듣기, 입에 의한 말하기'라는 표현에서 알 수 있듯이, 구두 표현 중심의 문형을 모방, 반복, 암기하는 교수법이다. 청각 구두식 교수법은 행동주의 심리학과 구조주의 언어학을 기반으로 하고 있는데 교사의 자극과 학습자의 반응이 반복되면서 좋은 습관이 강화되어 습관이 형성되면 언어를 자동화, 내재화하여 지체 없이 발화할 수 있다고 주장하였다. 언어는 언어 구성 요소가 조직되어 있는 구조, 체계라는 점을 강조하면서 1950년대 후반에서 1960년대 중반에 걸쳐 인기를 누렸던 교수법이다. 청각 구두식 교수법 역시 구두 언어에 강조를 두고 있는데 언어는 글이 아니라 말이며 원어민이 말하는 그대로, 즉 일련의 습관처럼 말하는 것이 중요하다고 생각했기 때문에 습관 형성이 곧 언어 학습이 된다고 간주하였다. 청각 구두식 교수법이 2차 세계대전 때 전쟁에서 적군의 언어를 이해하고 표현해야 한다는 필요성에 의해 미 육군에서 운영한 외국어 훈련 프로그램에서 유래되었다는 점을 상기해 보면 청각 구두식 교수법에서 강조하는 연습 방법의 핵심을 이해할 수 있다.

청각 구두식 교수법에서는 언어 학습의 목적을 이중 언어 사용자처럼 언어를 구사하는 것으로 상정했기 때문에 언어는 구어 행동이며 말을 자동으로 생성할 수 있도록 반복적인 연습을 강조하는 특징을 보인다. 수업은 대화로 시작되는데 습관 형성을 위해 제시된 대화를 모방하고 암기해야 한다. 문법은 단계적, 체계적인 교수를 지향하며 문법 분석보다는 예문을 먼저 제시하여 유추하게 하는 귀납적 제시를 주로 한다. 구어를 중점으로 두었으므로 목표어의 음운 자질을 정확하게 인식, 발화하는 것을 강조하고 목표어의 주요 문형을 유창하게 사용할 수 있도록 문형을 사용할 때 충분한 어휘적 지식을 사용할 것을 주장하였다. 초기 단계에서부터 발음을 강조하고 어휘를 통제하여 학습자의 오류가 나오지 않게 하였다. 듣기, 말하기, 읽기, 쓰기의 순으로 수업이 진행되며 자동화할 수 있을 때까지 암기와 반복 학습이 중심이 되었다. 청각 구두식 교수법은 기본적으로 교사 주도적인 수업으로 교사가 준비한 대화로 된 교재와 반복 연습에 필요한 교수 자료를 중심으로 수업이 진행되며, 녹음기와 시청각 기자재가 중요하며 어학 실습실에서 반복 연습하여 문형과 대화 암기에 실수할 기회를 최소화하도록 하였다. 학습자의 모국어는 사용이 금지되었는데 모국어가 외국어를 배울 때 방해 요소로 간주했기 때문이었다.

청각 구두식 교수법의 장점은 학습 초기부터 정확한 발음 훈련과 자연스러운 구어를 사용하도록 했기 때문에 듣기/말하기 훈련과 집중적인 문형 연습으로 학습자의 구어 사용 능력이 함양되었고 결과적으로 학습자에게 성취감을 부여한 것이다. 그러나 연습의 대부분이 기계적인 연습이라서 실제 상황에서 응용력이 부족하며, 학습자의 다양한 학습 방법을 고려하지 않고 단조로운 반복연습이 과잉 연습 되었기 때문에 학습자의 창조성을 무시한 결과로 이어졌다. 또한 문자 언어를 선호하는 학습자나 인지적인 학습을 원하는 학습자에게는 부적합한 교수법이라고 할 수 있고 문형 연습 후 문법을 설명하는 것은 비효율적이라고도 할 수 있다.

청각 구두식 교수법이 한국어 교육에 시사하는 바는 초급에서 학습자의 말을 트이게 하기 위해 자동화 연습이 불가피한데, 이때 청각 구두식 교수법을 활용할 수 있다는 점이다. 또한 자동화 연습을 하기 위해 무조건 기계적인 반복 연습을 하기보다는 규칙을 이해한 것을 바탕으로 연습이 진행될 필요가 있다는 점이다. 결국 효과적인 연습을 위해서는 다양한 연습 방법을 시도하고 운영하며 교정해 나가는 것이 중요하다.

5. 대안적 언어 교수법

1) 침묵식 교수법(Silent way)

침묵식 교수법은 교사가 발화를 최소화하고 침묵하여 학습자가 발견학습을 통해 언어를 배우고 말을 많이 하도록 이끄는 표현 중심(Production-based)의 교수법이다. 교사의 '침묵'을 강조하면서 학습자 참여를 극대화한 것인데 기존의 수업에서는 학습자가 의자에 앉아 듣기만 했던 수동적인 역할에서 학습자가 주연 배우가 되어 능동적으로 수업의 중심이 되어야 한다고 강조하였다. 1960년대 Gattegno에 의해 개발되고 1970년대에 널리 퍼지면서 알려지게 되었는데 침묵식 교수법은 이전 시대에 교사 중심의 청각 구두식 교수법에 반발하여 나오게 된 것이다.

침묵식 교수법은 학습자 스스로 깨우쳐서 학습을 유도해야 한다는 교육 철학에 기반했기 때문에 가르치는 것은 학습하는 것에 종속되어야 하며 학습은 일차적으로 모방이나 훈련으로 이루어지는 것이 아니라고 간주한다. 학습 과정에서 학습자 스스로 정신이 작동하여 자신의 가설을 세우고 시행착오를 통해 수정하면서 진정한 학습이 이루어진다고 피력하였는데 학습자의 학습 과정에서 정신이 작동할 때는 학습자의 모국어 학습 경험에 의지하는 것이라고 하였다. 교사는 학습자의 이와 같은 정신 작용에 의한 활동을 할 때 침묵함으로써 방해하지 말아야 한다고 한 것이다.

침묵식 교수법은 기본적으로 초급 학습자에게 말하기와 듣기 능력을 길러 주는 것을 목적으로 하며 학습자의 독립성과 자율성, 책임감을 강조하며 학습자의 문제해결 능력, 창의적 능력, 발견학습을 강조하였다. 침묵식 교수법은 수업 때 교사가 학습 목표를 세심하게 배열하여 준비한 피델 차트(Fidel chart)와 색깔 막대(Cuisenaire rod)를 사용하는데 이것은 침묵하고 있는 교사 대신에 학습자에게 수업을 인도할 수 있는 시각적인 교구이다.

침묵식 교수법은 심리학에 바탕을 둔 학습자 중심의 방법론으로 학습자의 정의적인 영역과 집중적 학습을 강조한다는 점이 특징적인데 학습자가 무언가를 발견할 때까지 학습자에게 발화를 강요하지 않으며 교사의 침묵과 함께 최소한으로 교사의 설명을 줄이고 시범을 보여 주는 것이 특징이다. 학습자의 인지적 깨우침이 중요하기 때문에 암기하지 않으며 반복을 회피하기 위한 침묵은 오히려 주의 집중, 내용의 조직화에 도움을 준다고 설명한다. 결국 침묵식 교수법은 학습자의 자각을 중시하는 것으로 오류 수정 역시 교사가 아니라 자가 교정 및 동료 교정에 진행된다.

침묵식 교수법은 교사가 아닌 학습자 중심의 교수법으로 수업의 패러다임 변화를 강조했다는 점에서 긍정적인 면을 찾을 수 있다. 반복 훈련이 아니라 학습자의 자각을 바탕으로 한 자율성, 문제해결 능력, 발견학습을 중시했던 특징 또한 긍정적이다. 그러나 학습 초기에 교사의 침묵이 강조되다 보니 학습자가 목표어에 노출될 기회가 상대적으로 줄었으며 실제적인 언어 사용 상황이나 실제 자료를 접할 기회 또한 줄어들었던 점에서 비판받았다. 교사가 수업 준비로 피델 차트를 매시간 만들기에는 너무 많은 시간이 소요된다는 점, 최소한의 교사의 설명으로는 추상적인 어휘를 학습자에게 이해시키기 어렵다는 점, 교사와 학습자 간의 상호 작용이 없다는 점, 학습 효과가 나타날 때까지 어느 정도의 시간이 소요된다는 점이 단점으로 지적되었다.

침묵식 교수법이 한국어 교육에 시사하는 바는 학습자 중심의 인지적 학습을 중시할 필요가 있고 반복 학습 및 암기 학습의 문제점을 되짚어 볼 수 있다는 점이다.

2) 전신 반응식 교수법(Total physical response: TPR)

전신 반응식 교수법은 학습자가 주어진 명령에 대하여 몸으로 직접 반응함으로써 외국어를 학습하는 방법이다. 미국의 Asher가 주창한 것으로 말하기나 읽기, 쓰기 등의 다른 언어 기능보다 듣기에 대한 이해를 먼저 길러야 함을 강조한다. 기본적으로 전신 반응식 교수법은 구조주의 언어학과 문법 중심의 언어관을 바탕으로 하고 있으며 언어 학습은 모국어 습득처럼 해야 한다는 발달 심리학에 기반을 두고 있다. 1970년대와 1980년대 성행하였다.

전신 반응식 교수법은 외국어 학습도 어린이의 모국어 습득에 착안하여 초급에서 구두 숙달도를 기르는 것이 중요하다고 보았다. 그러므로 말하기 전에 듣기를 통해 이해하는 것이 중요하였다. 학습자는 교사의 명령에 따라 이해한 대로 몸을 움직여서 신체적 동작으로 이해한 것을 표현하였다. 학습자가 자발적으로 발화할 때까지는 말하도록 강요하지 말 것도 강조하는데 어린이의 모국어 습득에서와 마찬가지로 학습자 역시 침묵기가 있음을 인정한 것이다. 또한 성공적인 언어 학습을 위해 학습자의 긴장감을 풀어줄 필요성을 언급한 것이다.

수업 활동의 주된 흐름은 교사의 명령문에 따라 학습자가 몸을 움직이는 훈련이 주가 되었으며 학습자 오류에 대해서는 처음에는 교사의 과도한 교정을 자제하다가 점차 교정 횟수를 늘려주는 방식으로 교수하였다. 문법은 귀납적으로 지도하였는데 기본적으로 전신 반응식 교수법은 언어 형태보다는 의미를 강조한 교수법이라고 할 수 있다. 기본 교재 없이 실물 자료와 몸짓, 단어 카드가 주로 활용되었다.

전신 반응식 교수법은 기본적으로 교수 내용을 선정, 제시하는 교사의 역할을 강조한 교사 중심의 교수법이다. 단, 교사의 역할은 가르치는 것보다 학습의 기회를 제공하는 것이며 학습자의 오류에서 교사가 개입하는 것으로 한정된다는 점이 특징적이다.

전신 반응식 교수법은 아동을 대상으로 한 초급 수업에서 많이 활용될 수 있는데 잘못된 발음을 강요하지 않고 듣기 이해력을 향상시키며 흥미로운 수업을 할 수 있다는 점에서 긍정적으로 평가된다. 또한 학습자의 수가 많을 때도 수업이 가능하며 게임으로 수업을 진행하기 때문에 학습자의 불안감과 스트레스를 완화할 수 있다. 그러나 명령에 거부감을 느끼는 학습자가 있을 수도 있으며 신체적으로 표현 가능한 범위 내에서 추상적인 어휘를 가르치기 어렵고 학습자의 말하기 능력을 이끌어내는 것 역시 용이하지 않다는 점에서 비판받았다.

전신 반응식 교수법이 한국어 교육에 시사하는 바는 초급 학습자나 아동 학습자에게도 게임을 활용하여 재미있게 수업할 수 있음을 보여 주는 것이며 하나의 교수법만을 사용하는 것 이외에도 다른 교수법과 함께 활용하는 것도 가능하다는 점을 제시해 준 것이다.

3) 총체적 교수법(Whole language approach)

총체적 교수법은 문자의 해독(decoding)에 초점을 두어 문법, 어휘 등의 요소를 개별적으로 가르치지 않고 언어를 총체적, 종합적으로 가르치는 방법을 의미한다. 언어란 의미를 만들고 다양한 목적을 달성하기 위한 수단으로, 문자 언어가 언어의 중심이라는 가설에서 출발하였기 때문에 읽기와 쓰기 중심의 문식성이 중요한 개념으로 언급되었다. 즉, 문자화된 글의 저자와의 교류를 통해 언어는 학습될 수 있다고 간주한 것이다. 인본주의 및 구성주의 학습 이론에 기반한 것으로 자신의 학습 경험을 학습 자원으로 여기기 때문에 학습자가 학습 자료와 활동을 선택하는 학습자 중심의 교수법이다. 또한 유의미한 학습과 자기 주도 학습을 강조함으로써 실제성을 중시하고 사회적인 맥락에서 동료 학습자와의 협력 학습에 주력함으로써 언어를 사회적 관점에서 펼치는 상호 작용을 통해 학습할 수 있다는 생각에 기반한 것이다. 총체적 교수법은 교육계의 주류 학습법에서 언어 교육으로 적용된 것으로 개개의 학습자들은 문화의 한 구성원, 지식의 창조자로 존중된다는 생각에 토대를 두고 있다.

총체적 교수법의 특징을 살펴보면 학습자들의 경험과 관련된 흥미 있는 실제 자료, 예를 들면 문학 작품을 학습 자료로 사용하는데 개별적인 읽기가 가능하도록 활동을 구성한다. 읽기는 이해를 위한 읽기와 실제적 목적을 위한 읽기로 구분되고 쓰기는 실제 독자를 위한 활동으로 구성하였다. 읽기와 쓰기가 중심이 되지만 읽기 후 과제를 수행할 때는 구어 중심의 듣기나 말하기와 같은 다른 기능들과 연계하여 활동하였다. 또한 총체적 교수법은 학습자 중심 학습인 만큼 읽기, 쓰기 활동을 스스로 선택하게 하였다. 그리고 다른 학습자와 협력하여 읽기와 쓰기를 수행하였다. 그뿐만 아니라 총체적 교수법은 학습자에게 모험과 시도를 장려하는데 이는 학습자가 범하는 실수를 결국 언어 사용의 실패가 아닌 학습의 징후로 간주했기 때문이었다. 결국 문학 작품의 사용, 과정적 쓰기, 협력 학습, 학습자의 태도에 대한 관심은 총체적 교수법의 핵심적인 면모라고 할 수 있다.

총체적 교수법은 전통적인 의미에서의 교수법이 아니므로 주된 활동은 개별적인 소집단 읽기나 쓰기로 등급화되지 않은 대화 일지를 사용하고 포트폴리오를 쓰며 학습자들이 만든 책이나 이야기를 쓰게 하는 것이다.

총체적 교수법은 유의미한 학습을 강조하고 학습자의 선택을 장려하는 학습자 중심 교수법으로 학습자의 요구나 경험을 존중하며 실제적인 자료를 사용하는 것을 긍정적으로 평가할 수 있다. 그러나 언어 수업에서는 실제 자료 못지않게 교육 자료 또한 필요하며 총체적 교수법에서는 토대가 되는 기본적인 아이디어를 제외하고는 특별한 교수법을 상정하지 않은 것이 부정적인 면으로 지적된다. 물론 분석적으로 교수하지 않아서 정확성이 떨어진다는 단점도 있다.

총체적 교수법이 한국어 교육에 시사하는 바는 중고급 학습자에게 총체적 교수법을 적용할 수 있다는 점, 그리고 학습 목적 학습자의 문식성 발달을 위해 총체적 교수법을 활용할 수 있다는 점이다.

4) 암시적 교수법(Suggestopedia)

암시적 교수법은 심리적 장벽이 제거된 편안하고 안락한 분위기 속에서 권위 있는 교사에게 의지하고 음악과 리듬을 들으며 효과적인 외국어 학습을 하도록 유도하는 교수법이다. 불가리아 정신과 의사 Lozanov에 의해 개발되었는데 요가의 기법과 구소련 심리학의 영향을 받아 인간의 비이성적, 무의식적 영향에 대해 체계적으로 연구한 것이다. 편안하게 학습을 받을 수 있는 교실 환경을 강조하므로 교실의 장식, 가구 배치, 교실 책상 배열까지도 신경을 썼다. 또한 학습에 음악과 음악의 리듬을 중시하여 수업 시간에 음악을 적극적으로 사용하였다.

암시적 교수법에서 '암시'란 학습자의 무의식을 의미하는데, 최적의 학습 환경은 수면 상태와 같이 편안하지만 깨어 있는 상태이며 외국어 학습에 방해되는 걱정이나 불안, 두려움을 제거하여 학습자가 편안한 심리 상태에서 외부로부터 입력을 받아 마음속으로 암시적으로 넣을 수 있다고 보았다. 암시적 교수법에서 교사는 마치 부모와 어린이 같은 학습자 관계에서 권위 있는 부모와 같은 권위 있는 존재로 학습자는 권위 있는 부모의 보호에 있는 어린이의 역할을 맡아 놀이, 게임, 노래, 운동 등을 하는 것으로 간주된다. 언어 학습은 교사의 지도와 학습 환경이라는 양면성에 의해 영향을 받는다고 보았고, 수업 자료도 억양과 리듬을 다양화하여 지루함을 없애고 언어 자료의 의미를 이해하는 데 중점을 두었다.

극적 효과를 누리기 위해 교사가 대화문을 낭독할 때 고전음악을 사용하기도 하였는데 암시 교수법에서는 연주회 방식의 유사 수동성(concert pseudo-passiveness), 즉 학습자가 제시된 자료를 이해하거나 조작, 학습하려 하지 말고 음악과 함께 교수 자료가 학습자에게 굴러 들어갈 수 있게 하는 상태와 같은 유아화가 필요하다고 하였다. 또한 어휘에 관해서도 고급 수준의 회화 능력을 얻기 위해서는 방대한 양의 어휘 쌍 학습이 필요함을 강조하였다.

수업 구성을 살펴보면 학습 목표를 배운 다음에 연주회 단계로 진입하게 되는데 먼저 학습자들이 음악을 듣고 음악에 맞춘 교사의 낭송을 듣고 언어 자료를 읽는다. 교사는 잠시 음악을 멈추었다가 바로크 음악을 다시 틀어주고 언어 자료를 읽어 준다. 이때 학습자들은 책을 덮고 교사의 낭송을 경청한다. 교사의 낭송이 끝나면 별다른 지시 없이 학습자들은 귀가하고 과제로 자기 전과 일어난 후에 배운 내용을 한 번씩 훑어본다.

암시적 교수법에서는 짧은 기간 안에 높은 수준의 대화 기술을 습득하는 데 목적을 두는데 질의응답, 게임, 역할극을 통해 자연스러운 상호 작용과 의사소통을 추구한다. 대화는 주로 줄거리가 연결된 실생활 위주의 내용을 구성되며 교사는 지식을 갖춘 절대적인 권위자 또는 학습 활동의 촉진자로 간주되는 반면 학습자는 매우 수동적인 역할을 담당한다.

암시적 교수법은 학습 환경을 안락하게 하여 학습자의 긴장과 불안감을 제거하고 긴장이 완화된 상태에서 학습자들이 집중할 수 있기 때문에 많은 학습량을 흡수할 수 있다는 점이 장점으로 꼽히고 있다. 그러나 암시 혹은 무의식의 효과가 과학적으로 증명되지 않았다는 점, 암시적 교수법의 특징을 잘 살려 교수할 수 있는 유능한 교사를 양성하기 어렵다는 점, 암시적 교수법에 적합한 환경을 조성하고 교재를 구성하는 것이 어렵다는 점에서 한계를 지적받는다.

암시적 교수법이 한국어 교육에 시사하는 바는 학습자의 정서적인 측면이 학습에 큰 영향을 미친다는 것을 강조한 점이다. 즉 감정과 학습의 관계에 대해 더 생각해 볼 여지가 있음을 알려준 것은 참고할 만하다. 또한 현재 뇌 심리학의 발달로 대뇌의 좌반구, 우반구 모두 활용하여 기억력을 높이고 장기 기억화 하는 학습법이 주목받고 있는데 한국어 교육에서 이런 부분을 활용할 가능성이 있음을 보여 주고 있다.

5) 공동체 언어 학습법(Community language learning: CLL)

공동체 언어 학습법은 심리 상담 기법을 학습에 적용한 교수법으로 언어 상담자인 교사와 피상담자인 학습자를 상정하여 학습자가 모국어 또는 통역된 목표어를 사용하여 교사와 유의미한 대화를 나누며 외국어를 학습하는 교수법이다. 심리학자 Curran이 도입한 외국어 학습 원리를 바탕으로 하고 있다. 언어 상담자인 교사와 상담 의뢰자인 학습자 간의 전인적인 신뢰 관계, 상호 작용을 강조하는데 이는 공동체 언어 학습법이 인본주의 심리학을 기반으로 하고 있음을 보여 준다.

공동체 언어 학습법에서는 심리 상담 기법과 언어 학습 기법이 유사하다고 주장하였다. 인본주의적 교수 기법을 활용해야 함을 강조하면서 학습자가 느끼고 생각하고 아는 것을 목표어에서 배우는 것과 일치시킬 필요성을 언급하였다. 또한 교사와 학습자 간의 신뢰 관계 속에서 상호 작용을 함으로써 상담 학습이 가능하며 교수 내용을 모국어로 제시하고 그 다음에 목표어로 제시하여 언어 교체 기법을 활용하였다. 그리고 학습자들 간의 엿듣기(overhears)를 중시하는데 언어 학습은 반복 연습도 아니며 혼자 인지하는 것도 아닌 상호 작용을 통해 의사소통하면서 학습되는 것이라는 신념에 바탕을 둔 것이다.

공동체 언어 학습법의 수업 구성은 학습자끼리 모국어로 대화하는 것을 교사가 듣고 그 내용을 해당 학습자의 귀에 목표어로 바꿔 속삭인다. 그러면 그 학습자가 다른 학습자들에게 큰 소리로 들은 것을 반복한다. 마지막으로 학습자의 대화는 칠판에 적고 어휘와 문법을 익히게 된다. 이와 같은 수업 구성에서 알 수 있듯이 공동체 언어 학습법에서는 의존적인 학습자가 독립적으로 대화를 이어가며 학습 과정을 이루어가는 공동체를 강조한다. 그리고 번역, 집단 활동, 녹음, 전사, 분석, 반성과 관찰, 듣기, 자유 대화 등의 전통적인 교수 기법을 활용한다. 학습자가 모국어로 대화하는 것을 듣고 그날의 학습 목표가 결정되기 때문에 이미 정해진 교수요목 및 교수 자료가 없는 것이 특징이다. 또한 학습자들이 얘기하고 싶어 하는 화제나 전달 내용을 학습자가 스스로 정하고 교사는 학습자들의 언어 능력 수준에 맞는 방법으로 전달문의 의미를 전하는 방식은 학습자 중심의 교수법임을 보여 주는 한 예이다.

공동체 언어 학습법은 학습자 중심의 교수법이고 인본주의적 언어 학습을 통해 학습자의 정의적인 측면을 강조했다는 점, 학습자의 요구나 흥미를 유발하는 유의미한 화제로 학습 동기를 향상시킨다는 점에서 긍정적인 평가를 받고 있다. 그러나 모국어와 목표어에 능숙한 교수자를 확보하기 어렵고 교재나 교수요목이 따로 없어서 수업이 체계적이지 못하며 그에 따라 평가 또한 어렵다는 점, 또 정확성보다 유창성이 강조되어 상대적으로 정확성이 떨어진다는 점에서 부정적인 평가를 받기도 하였다.

공동체 언어 학습법이 한국어 교육에 시사하는 점은 교사와 학습자, 또는 학습자들 간의 공감대를 형성하는 것이 중요하다는 점이다. 또한 학습자의 요구가 수업 내용에 활용되어 학습자의 흥미 유발을 시킨다는 점도 수업 내용 선정에 참고할 만하다.

6) 역량 기반 언어 교수법(Competence-based language teaching)

역량 기반 언어 교수법은 능력 중심 교육(competence-based education)의 원리를 언어 교육에 적용한 것으로 언어 교수의 결과로 학습자가 갖추게 되는 역량에 초점을 둔 교수법이다. 1970년대 미국에서 교과목을 가르친 후 최종적으로 학습자가 얻은 지식, 기능, 행동 양식을 측정하는 역량 중심의 교육 원리를 적용하여 1980년대 성인용 영어 교육 과정 개발에 반영한 것이다.

역량 기반 언어 교수법에는 능력 중심 교육의 특징이 그대로 반영되어 있다. 사회적에서 성공할 수 있는 기능과 실생활의 기능에 초점을 두었기 때문에 업무 수행 중심으로 가르친다. 또한 모든 교과는 단위화(modularized)되어 구성되기 때문에 교과 내용을 처음부터 순서대로 학습할 필요 없이 필요한 부분만 부분적으로 뽑아 쓰게 되어 있다. 학습 결과가 명시화되어 있어 학습자가 분명한 목표를 갖고 수업에 참여할 수도 있다. 평가는 계속 진행되는데 수행 목표 달성을 통해 숙달도가 평가되며 학습자 중심의 개별 지도를 중점적으로 한다.

역량 기반 교수법의 수업 구성을 살펴보자. 학습자가 언어 숙달도 평가를 받은 후 반 배치가 되면 초급은 일반적인 언어 발달과 관련된 핵심적 언어 능력을 학습하고 고급은 학습 목적에 따라 반을 구성한다. 예를 들어 직업 훈련 위주의 교육 과정에서는 안전 관련 직업, 직업 선정, 작업 계획서, 출퇴근 기록 용지 사용 등 사업장에서 필요한 언어 능력을 기르는 데 중점을 둔다.

역량 기반 교수법은 역량이 세부적, 실용적이라서 학습자의 요구와 흥미를 끌 수 있다는 점, 특히 각각의 역량이 한 번에 하나씩 완전하게 학습되었는지 분명히 알 수 있다는 점이 큰 장점으로 손꼽힌다. 반면, 언어 수업에서 사고 기능보다 업무 수행에 초점을 두었고 수업이 사회가 학습자에게 요구하는 대로 규범적인 방향으로 흐를 수 있는 단점도 있다.

역량 기반 교수법이 한국어 교육에 시사하는 바는 취업 목적이나 직무 수행 능력 향상을 원하는 학습자에게 적절한 교수법이라는 점이다. 직무 수행에 필요한 맞춤 수업이 가능하며 비즈니스 한국어와 같은 학습자의 세부적인 요구에 충실한 교수요목이 개발될 필요성을 보여 준다.

6. 최근의 주요 언어 교수법

1) 의사소통 접근법(Communicative language teaching: CLT)

의사소통 접근법은 외국어 교육 목표를 외국어 의사소통 능력 계발에 두는 언어 교수 접근법이다. 1960년대 후반부터 등장하여 1970년대 이후 크게 확장되었는데 의사소통 능력을 강조하는 영국의 기능주의 언어학과 미국의 사회언어학의 영향을 받은 것이다. 언어의 구조뿐만 아니라 기능적인 면을 체계화시키는 데 관심을 기울인다. 언어 형식이 나타내는 의사소통 기능에 초점을 두고 의사소통 원리, 과제의 원리, 유의미함의 원리 같은 여러 방법론을 포함하고 있다. 의사소통 접근법을 지지하는 소극적이고 보수적인 입장에서는 구조 학습 후에 의사소통을 통하여 의사소통 능력을 길러야 한다고 보는 반면 적극적이고 급진적인 입장에서는 의사소통 활동을 하다 보면 언어 구조와 의사소통 능력이 향상될 것이라고 보았다.

언어는 실제로 사용되는 맥락 속에서 기능 위주로 접근하는 것이 중요하다고 강조한다. 그러므로 학습 목표는 의사소통 능력을 기르는 것으로 정하고 언어 사용 과정에서 형식보다는 의미를, 문법 설명보다는 상황 제시를 중시하여 실생활과 연관된 언어 사용에 중점을 두고 있다. 목표어로 의사소통하려는 학습자의 시도가 장려되고 유창성이 강조되었다. 자료는 학습자의 요구를 반영한 내용, 기능, 의미에 따라 단계적으로 제시되는데 모국어 사용은 상황에 따라 용인될 수 있기도 하고 번역도 학습에 도움이 된다면 활용될 수 있다. 학습자의 요구와 선호에 따라 학습 활동과 전략이 다양하게 활용되는데 그만큼 의사소통 접근법에서는 학습자의 참여가 중요하다.

의사소통 접근법은 크게 전(前)의사소통 활동과 의사소통 활동으로 나뉘는데 전의사소통 활동은 다시 문법 체계와 언어 항목을 결합한 구조적인 활동과 전형적인 대화 연습인 유사 의사소통 활동으로 나뉘고 의사소통 활동은 다시 정보차 활동이나 문제해결과 같이 상황 구조화된 활동인 기능적 의사소통 활동과 시뮬레이션, 역할극과 같은 사회적 맥락을 중시하는 사회적 상호 작용 활동으로 나뉜다.

의사소통 접근법은 의사소통 능력을 배양하기 위해 특정 방법론을 고집하지 않고 학습자의 요구와 선호에 따라 융통성 있게 수업을 구성하는 학습자 중심의 교수 학습법으로 의사소통 능력을 효율적으로 계발하기 위해 교수법 연구가 현재도 진행되고 있는 점이 큰 장점이다. 반면, 외국어와 제2 언어 학습 간의 차이를 고려해야 한다는 점, 교수 학습 내용이 문법과 어휘의 난이도 중심이 아니기 때문에 교수 자료의 선정과 배열의 기준이 불분명하다는 점, 또한 낯선 언어를 학습할 때는 비효율적일 수 있다는 점, 반복적이고 누적적인 학습이 아니기 때문에 학습자의 오류 수정이 잘되지 않는다는 점, 결국 이는 학습자의 문장 생성 능력을 증가시키기 어려울 수 있음을 야기한다는 점에서 단점으로 지적받고 있다.

의사소통 접근법이 한국어 교육에 시사하는 바는 학습자 중심의 언어 사용 능력을 향상하는 것이 중요하며 학습자의 등급을 설정할 때 학습자의 언어 사용 능력을 중심으로 세부적인 사항까지 고려해야 할 필요가 있다는 점이다.

2) 자연적 접근법(Natural approach)

자연적 교수법은 아이가 모국어를 자연스럽게 배우듯이 목표 외국어를 의사소통 과정에서 자연스럽게 배우도록 하는 교수법이다. 1970년대 후반 제2언어 습득론자들이 내세운 자연주의 원리에 기반하여 1980년대 초반에 Krashen에 의해 교수법이 확립되었다. 반복, 질문과 대답, 문장의 정확한 생성을 중심으로 하는 기존의 언어 교수법은 언어 능력 향상에 도움이 되지 않는다고 보고 노출과 이해 가능한 입력, 학습에 대한 정서적인 준비를 중요시하였다. 자연 교수법은 다음과 같은 제2 언어 습득 가설에 기반을 두고 있다.

Krashen의 제2 언어 습득 가설

(1) 습득/학습 가설(The Acquisition/Learning Hypothesis)
습득은 언어의 체계를 구성하는 자연적, 무의식적 과정으로 모국어 습득과 같은 것이고 학습은 학습자들이 형태에 집중하고 규칙을 찾아내는 의식적인 과정이다.

(2) 자연 순서 가설(The Natural Order Hypothesis)
    외국어의 문법 구조를 습득할 때 일정한 순서를 따르므로 언어 교육에서도 가급적 이런 순서를 따르는 것이 바람직하다. 학습자의 오류는 필연적이고 자연적인 것으로 일정한 때가 되면 이런 오류는 극복될 것이라는 믿음이 전제되어 있다.

(3) 모니터 가설(The Monitor Hypothesis)
    습득을 통해 유창성이 달성되는 반면 학습을 통해 정확성이 달성된다. 즉, 자신의 발화에 수정과 편집을 하기 위해 출력을 감시하는 장치로서의 모니터는 유창성이 달성된 후에 가동되어야 한다.

(4) 입력 가설(The Input Hypothesis)
    입력은 언어 습득에 있어서 가장 중요한 변수이므로 학습자에게 이해 가능한 입력을 충분히 제공하는 것이 성공적인 외국어 습득을 위해 중요하다. 학습자는 자기의 언어 수준보다 약간 높은 수준의 입력, 즉 이해 가능한 입력(i+1)을 이해함으로써 언어를 습득하므로 학습자는 현재의 언어 능력보다 조금 높은 단계의 구조를 포함하는 이해 가능한 입력을 제공받아야 한다.

(5) 정의적 여과 장치 가설(The Affective Filter Hypothesis)
    학습자의 감정적 상태나 태도는 언어 습득에서 필수적인 입력을 자유롭게 통과하거나 차단하는 역할을 담당하는 여과 장치이다. 이런 정의적인 여과 장치는 낮을수록 필요한 입력을 덜 방해하고 덜 차단하므로 바람직하다. 제2 언어 습득과 관련된 세 가지의 정의적 변인은 다음과 같다.

    동기(Motivation): 높은 동기를 가진 학습자는 일반적으로 언어 습득을 더 잘한다.
    자신감(Self-confidence): 자신감과 자신에 대한 좋은 이미지를 갖고 있는 학습자는 언어 습득에서 더 성공적인 경향이 있다.
    불안감(Anxiety): 개인적으로 덜 불안해하고 수업이 학습자를 덜 불안하게 할 때 제2 언어 습득이 더 잘된다.

    자연적 접근법은 위와 같은 제2 언어 습득 가설을 기반으로 하기 때문에 가능한 한 학습자에게 이해 가능한 입력을 많이 제공해야 하며 그 입력은 학습자에게 흥미를 끌 만한 것이어야 하며 목표어를 사용한 반응을 강요하지 않고 침묵기를 인정함으로써 수업 분위기는 우호적이고 긴장되지 않아야 하며 유의미한 의사소통 활동에 중점을 두고 있다.
    자연적 교수법의 교수요목을 살펴보면 기본적이고 사적인 의사소통 능력을 바탕으로 듣기와 말하기, 읽기와 쓰기를 연계하여 가르칠 것을 강조한다. 학습자의 침묵기에는 목표어로 답할 필요 없이 활동에 참여했다가 초기 발화 단계에서는 한두 단어로 간단히 답하고 고정된 대화를 하고 놀이와 정보 전달, 집단 문제해결 과제에 참여하는 과정으로 수업이 진행된다.
    자연적 교수법은 문법적으로 완벽한 발화를 강요하지 않고 준비될 때까지 말하기를 강요하지 않는다는 점, 우호적이고 긴장을 푸는 분위기와 유의미한 의사소통 활동을 강조한다는 점에서 긍정적인 평가를 받는다. 반면 이해 가능한 입력이 구체적으로 무엇을 가르치는지 기준이 모호하다는 점, 침묵기를 인정하면서 학습자의 발화가 지연될 가능성이 있다는 점, 명시적으로 문법을 가르치는 것과 같은 의식적인 학습도 때로는 필요하다는 점, 자연적 접근법에서 주창한 가설이 입증 불가능하다는 점에서 비판을 받기도 하였다.

자연적 교수법이 한국어 교육에 시사하는 바는 이해 가능한 언어 자료는 가능한 한 많이 제시되는 것이 바람직하다는 점이다. 즉 이해를 돕는 것은 어떤 것이든 중요하다고 할 수 있다. 수업 제시 방식은 듣기와 읽기처럼 이해 교육을 먼저 한 후 말하기는 저절로 나타나도록 하게 하여 학습자의 불안과 두려움을 최소화하는 것 또한 중요하다고 할 수 있다.

3) 내용 중심 교수법(Content-based instruction: CBI)

내용 중심 교수법은 외국어와 특정 교과 내용의 학습을 통합하는 교수법으로 학습자의 관심 분야나 전공 영역의 주제 내용을 중심으로 목표 외국어로 교수하는 것을 의미한다. 내용 중심 교수법에서 '내용'의 의미는 언어를 통하여 의사소통이 이루어지는 주제를 의미하는 것으로 정보를 얻는 수단으로 언어를 사용할 때 제2 언어를 더 성공적으로 배운다는 신념을 바탕으로 하고 있다. 따라서 내용 중심 교수법에서는 교과 내용의 학습과 외국어 학습을 동시에 목표로 삼고 교수요목을 설계할 때 내용 자료를 기준으로 언어 제시 순서 및 학습 과정을 구성해야 함을 강조한다. 이렇게 내용을 중심으로 교수가 이루어져서 학습자들이 목표어로 사고하고 의사소통하도록 구성하는 것이 중요한 것이다. 특히 듣기, 말하기, 읽기, 쓰기 등이 자연스럽게 실제적인 맥락에서 사용되도록 유도할 필요가 있는데, 내용 중심 교수법은 학문 목적, 직업 목적 등의 특수 목적을 위한 외국어 교육에서 주로 활용된다. 다음은 내용 중심 교수법의 다양한 교수 모형이다.

(1) 주제 기반 언어 교육(theme-based language instruction)
주제나 화제를 중심으로 교수요목이 구성된 언어 프로그램을 제공하는 것인데 여기에는 기능도 포함된다.

(2) 내용 보호 언어 교육(sheltered content instruction)
내용 영역을 잘 아는 언어 교사가 적절한 수준의 난이도로 목표어를 사용하여 교수해서 학습자가 내용 교과목을 이해할 수 있도록 하는 것이다.

(3) 병존 언어 교육(adjunction instruction)
서로 연계된 내용 과정과 언어 과정을 함께 제공하는 것으로 학문적 내용을 다루는 강좌와 함께 이와 관련된 목표어 학습을 위한 언어 강좌를 동시에 수강하여 언어와 내용의 학업 성취를 도모한다.

(4) 기능 중심 접근 방법(skill-based approach)
필기하기, 강의 듣기 등 특별한 학문적 기능에 초점을 둔 것이다.

내용 중심 교수법은 교수 모형마다 수업 구성은 약간씩 달리하는데 실제성 있는 수업 자료를 활용한다는 점에서 공통적이다. 내용 자료에 나오는 언어를 학습하고 간단한 관련 자료로 내용을 도입한 후 주제 내용에 대해 간단하게 말하며 준비한다. 본 주제 자료를 보거나 듣거나 읽은 다음에 주제에 대해 토론하고 이를 바탕으로 글쓰기를 한다. 글 쓴 것을 발표하거나 이에 대해 토의하면서 마무리한다.

내용 중심 교수법은 언어 자체에 대한 학습이 아니라 정보를 얻는 수단으로 언어를 사용해야 언어를 효과적으로 학습할 수 있다는 원리에 바탕을 둔 것이다. 그러므로 수업에서 교사가 학습자의 요구를 충족할 수 있고 흥미 있고 유의미한 내용을 제공하여 학습자의 내적 동기를 증가시킨다는 점이 장점으로 꼽힌다. 그러나 언어 교사들이 언어를 주제의 내용이 아니라 기능으로 훈련받고 일반 교과목을 가르치는 데 충분한 지식 없기 때문에 가르치기 쉽지 않다는 단점이 있다. 또한 언어 교사와 일반 교과목 교사가 한 팀으로 가르칠 때 교수의 효율성이 감소할 가능성도 있다.

4) 과제 중심 교수법(Task-based instruction: TBI)

과제 중심 교수법은 의사소통을 목적으로 의미에 초점을 두고 언어를 이해, 처리, 생산하는 모든 활동을 뜻하는 과제(task)를 언어 교수의 핵심 단위로 사용하는 교수법을 의미한다. 학습자가 주어진 과제를 해결하기 위한 수단으로 목표 언어를 사용하여 실제적인 의사소통 능력을 기르도록 하는 언어 교수법으로 의사소통식 접근 방법의 원리와 제2 언어 습득 연구에 근거하여 개발된 방법이다.

이때 과제란 결과를 달성하기 위해 의사소통 의도를 갖고 목표어를 사용하는 활동을 의미한다. 학습 목적, 내용, 활동 절차, 결과가 포함된 구조화된 언어 학습을 하기 위한 노력의 일환으로 과제를 계획하고 수행한다. 과제를 수행할 때는 의미에 일차적인 초점을 두며 말하기, 듣기, 읽기, 쓰기와 같은 네 가지 언어 기능을 실질적으로 고루 사용한다. 학습자는 과제를 수행하며 언어 습득을 위한 언어 입력과 출력을 동시에 제공받는데 실제 의사소통 활동을 행하며 외국어를 배우는 것이 효과적이라고 보기 때문이다. 과제는 크게 실제적인 과제와 교육적 과제로 구성되는데 실제적인 과제는 음식을 주문하거나 전화번호를 알아내거나 장소를 찾아가는 것처럼 실생활에서 접할 수 있는 상황이 제시된다. 교육적 과제는 교실에서 전화 걸기, 짝 활동, 배달시키기, 장소 찾기, 역할극처럼 교육적 목적으로 상황을 통제하여 학습에 용이하게 만드는 활동이다. 교육적 과제는 상호 작용 유형에 따라 직소 과제(Jigsaw tasks), 정보 차 과제(information-gap tasks), 문제 해결 과제(problem-solving tasks), 결정 과제(decision-making tasks), 의견 교환 과제(opinion exchange tasks)가 있다. 기타 과제로는 목록 작성하기, 순서 정하기, 분류하기, 비교하기, 문제 해결하기, 개인적인 경험 나누기, 창의적인 과제 수행하기 등이 있다.

과제를 수업에서 활용할 때는 과제 전 활동, 과제 활동, 과제 후 활동으로 단계를 구분해서 진행한다. 과제 전 활동에서는 과제의 목표를 확인하고 과제를 준비하는 단계로 교사는 학습자에게 과제의 주제와 목표를 소개하고 주제와 관련된 어휘를 제시하며 브레인스토밍과 같은 활동을 하여 학습자가 과제를 준비할 수 있도록 돕는다. 과제 활동에서는 과제를 수행하는 단계로 학습자가 짝이나 조별로 목표어로 대화하면서 과제를 수행하는데 과제 내용을 보고하거나 발표할 준비하게 된다. 이때 교사는 발표 내용에 대해 의견을 말할 수 있지만 오류 수정은 안 하는 것이 일반적이다. 과제 후 활동에서는 과제 수행 내용을 발표하고 평가하는 단계로 학습자들의 발표를 녹음, 청취하거나 과제 수행 방법을 비교하고 필요할 경우 교사는 학습자들에게 언어 자료를 연습하게 할 수도 있다.

과제 활동이나 과제 후 활동에서는 형태 초점(focus on form)식의 활동도 가능하다. 의미 중심적 과제 수업에서 문법이나 어휘에 학습자의 관심을 끄는 접근법으로 활용 가능한데, 이런 활동은 유창성과 정확성을 함께 추구한다는 점에서 긍정적이다. 이때 교사의 역할은 언어 형식을 설명하거나 가르치지 않고 과제를 준비하고 제공하는 역할이며 학습자의 역할은 과제 수행을 통해 자신이 말하고 싶은 것을 전달하기 위해 어휘와 문법을 새로 조합해서 사용함으로써 목표어가 어떻게 의미 전달하는지 직접 경험하는 역할이다.

과제 중심 교수법은 제2 언어 습득론에서 광범위한 지지를 받고 있다. 과제를 수행할 때 Krashen의 '이해 가능한 입력'을 가능하게 하고 Long의 '의미 협상'을 하면서 Swain의 '생산적인 출력'을 가능하게 하여 자연적이고 의미 있는 의사소통 활동을 할 수 있게 된다. 그러나 교수를 위한 일차적인 교육적 입력 자료를 과제에 의존하는 경향이 강하며 체계적인 문법이나 어휘 교수요목이 없는 점, 학습자의 수행 능력 편차에 따라 학습 효과를 극대화하기 위해서는 교사의 부담이 증가할 수밖에 없다는 점, 과제 유형 목록, 과제의 순서를 배열하고 과제 수행 평가와 관련하여 명확한 기준이 없다는 점에서 단점을 찾을 수 있다. 성공적으로 과제 중심 교수법을 활용하려면 학습자 흥미와 학습 수준에 맞는 적절한 과제를 선택하는 것이 중요하다. 또한 정확성을 높이기 위해 어떤 언어적 형태에 초점을 둘지 고려해야 한다.

7. 후기 언어 교수법 시기의 언어 교수 경향

1) 언어 교수법의 흐름

문법 번역식 교수법에 대한 반발로 직접 교수법이 나온 이래로 1950~1960년대 청각 구두식 교수법이 유행하다가 1970년대 전신 반응식 교수법, 침묵식 교수법, 암시적 교수법과 같은 대안적 교수법이 시도되었다. 1980년대에 이르러 의사소통적 교수법이 나오고 1990년대 과제 중심 교수법이나 내용 중심 교수법이 나오면서 현재는 다양한 교수법이 교수 학습 목적과 상황에 맞게 전략적으로 선택되어야 함을 강조하게 되었다.

그간의 교수법의 흐름을 살펴보면 몇 가지 특징을 살펴볼 수 있다. 먼저 교수법에 따라 중요하게 생각하는 언어가 다르다. 문법 번역식 교수법과 총체적 교수법에서 문자 언어를 강조한 반면, 직접 교수법, 상황적 교수법, 청각 구두식 교수법, 침묵식 교수법, 전신 반응식 교수법, 암시적 교수법, 공동체 언어 학습법에서는 구두 언어를 강조한다. 최근의 의사소통 교수법이나 내용 중심 교수법에서는 문자 언어와 구두 언어가 모두 중요하며 통합적으로 교수 되어야 한다고 주장한다.

둘째, 교수법에 따라 문법 제시 방법이 다르다. 문법 번역식 교수법에서는 연역적 문법 제시를 선호한 반면, 그 이후 대부분의 교수법에서는 귀납적 문법 제시를 선호한다. 직접 교수법, 상황적 교수법, 청각 구두식 교수법, 전신 반응식 교수법, 침묵식 교수법, 능력 중심 언어 교수법, 의사소통적 교수법, 자연적 교수법, 내용 중심 교수법, 과제 중심 교수법 모두 다양한 예를 통해서 학습자가 문법의 개념을 귀납적으로 이해할 수 있도록 하고 있다.

셋째, 교수법에 따라 수업에서 교수자와 학습자 중에서 어느 것에 중점을 두는지가 다르다. 교수자 중심의 교수법에는 문법 번역식 교수법, 직접 교수법, 상황적 교수법, 청각 구두식 교수법, 전신 반응식 교수법, 암시적 교수법이 있는데 모두 교수자가 수업의 중심 역할을 담당하여 학습자에게 연습을 주도하는 주체로 입력자의 역할을 한다는 공통점이 있다. 반면, 학습자 중심의 교수법에는 침묵식 교수법, 총체적 교수법, 공동체 언어 학습법, 능력 중심 언어 교수법, 의사소통적 교수법, 자연적 교수법, 내용 중심 교수법, 과제 중심 교수법이 있는데 교육 과정 개발 및 수업 구성에서 학습자의 흥미와 학습 동기를 강조하며 언어 연습 또한 학습자의 능동적인 활동 참여에 바탕을 둔다는 공통점이 있다.

2) 언어 교수법을 적용할 때 고려할 점

이처럼 다양한 교수법 가운데 어떤 교수법을 채택하는 것이 나의 수업에 가장 적절한지 고민이 되지 않을 수 없다. 교수법을 채택할 때 영향을 미칠 수 있는 질문을 정리하면 다음과 같다.

① 새로운 접근방법/교수법이 어떤 이점을 제공하는가? 더 효과적인가?
② 새로운 접근방법/교수법이 교사의 믿음과 태도, 교실과 학교 조직과 양립할 수 있는가?
③ 새로운 접근방법/교수법이 이해하고 사용하기에 너무 복잡하고 어려운가?
④ 교사들이 사용하기 전에 어떤 학교나 학습에서 실험을 거친 것인가?
⑤ 새로운 접근방법/교수법의 이점이 교사와 교육 기관에 분명히 알려진 것인가?
⑥ 새로운 접근방법/교수법이 얼마나 분명하고 실용적인가? 교실 수업에서 어떻게 사용할 수 있는지 보여줌으로써 기대를 줄 수 있는가?

하지만 모든 교수법이 바람직한 수업을 위해 긍정적이기만 한 것은 아니다. 교수법에 대한 비판도 적지 않다. 먼저 교수법의 하향식 접근방식에 대한 비판이다. 전통적인 교수법에서 부족한 점은 학습자 중심 주의, 교사의 창의력을 이용하는 것이다. 교수법을 이해하고 그 원리를 정확하게 적용하는 것이 교사의 역할이라고 한다면 하향식 접근방식은 지양되어야 할 것이다. 둘째, 어떤 상황이나 적용 가능한 교수법은 없다. 문화적 상황, 교육 단계의 여건, 교수자와 학습자의 상황을 고려하여 교수법을 적용해야 한다. 셋째, 교육 과정 개발 절차에 교수법이 연계될 필요가 있다. 어떤 교수법이 어떤 교육 과정에도 잘 적용되는 것은 아니다. 교수법은 독립적으로 존재하는 것이 아니라 교육 목표나 교수 자료, 평가와 항상 연계되어 이해되어야 적절하게 적용될 수 있기 때문이다. 넷째, 교수법을 연구하는 기반이 결여되었다는 점이다. 교수법에 대한 이해는 제2 언어 습득에 대한 이해가 바탕이 되어야 제대로 될 수 있다. 교수법에 대한 지속적인 연구는 안정적인 교육 과정 수립과 효율적인 수업 구성 및 운영에 큰 밑바탕이 될 것이다. 다섯째, 교수법이 실제 수업과 유사성을 가질 필요가 있다. 실제 수업에서 어떤 교수법의 기저 원리를 반영하면서 그 교수법을 이용하기는 실제 많은 어려움이 따른다. 특히 중급이나 고급으로 갈수록 교수법의 차이가 별로 드러나지 않게 마련이다. 교수법은 실제 수업과 동떨어진 이상적인 형태가 아니라 현실적인 수업을 반영한 것이어야 한다.

결국 어떤 특정 교수법이 다른 교수법보다 우월하다고 결론지을 수 없다. 교수법은 교수자가 자신의 판단 경험에 입각하여 창의적으로 교수법을 활용하기 위해 필요한 것이다. 다음은 각각의 교수법의 신념과 이론의 핵심적인 원리를 정리하면 다음과 같다.

① 학습자가 수업에 참여하게 해라.
② 교사가 아니라 학습자가 수업에 초점이 되게 해라.
③ 학습자가 참여할 수 있는 기회를 최대한 제공해라.
④ 학습자가 책임질 수 있는 활동을 개발해라.
⑤ 학습자의 오류는 되도록 묵인해라.

⑥ 학습자의 자신감을 개발해라.
⑦ 학습 전략을 가르쳐라.
⑧ 학습자의 어려움에 응답하여 학습자가 어려움을 해결하면서 배우게 해라.
⑨ 학습자끼리의 활동을 최대한 이용해라.
⑩ 학습자들 간의 협력을 증진시켜라.
⑪ 정확성과 유창성을 동시에 훈련시켜라.
⑫ 학습자의 필요와 관심사를 다루어라.

3) 최근의 언어 교수 경향

최근의 언어 교수의 경향을 살펴보면 다음과 같은 점을 확인할 수 있다. 먼저, Canale&Swain의 의사소통 능력 신장을 강조하는 것이다. 의사소통 능력은 다음과 같은 네 가지 능력을 의미하는데 문법적 능력은 문법을 사용하는 것으로 사회언어학적 능력은 사회적 맥락에 맞게 의미 기능을 수행하는 것으로 담화 능력은 담화의 응결성과 응집성을 유지하며 담화를 구성하는 것으로 전략적 능력은 의사소통을 효율적으로 수행하는 것이다. 어느 한 능력을 강조하기보다는 의사소통 능력을 전반적으로 향상시키는 것이 무엇보다 중요하다.

둘째, 학습자를 중심으로 한 교육 방안을 구성하는 것이다. 활동을 구성할 때도, 학습자가 자율적으로 학습해야 함을 강조할 때도 교육 과정을 설계할 때도 학습자 중심의 교육을 강조한다. 이와 같은 학습자 중심의 교육을 구현하기 위해서는 학습자의 요구와 학습 동기가 교육 과정에 반영돼야 하며 실제 수업 역시 학습자 중심으로 운영돼야 한다.

셋째, 결과 못지않게 과정을 중시하여 언어를 교수하는 것이다. 이와 같은 과정 중심 교육은 교수 학습 전반에 걸쳐 이루어지고 있다. 예를 들어, 결과 중심의 쓰기 수업은 모델이 될 만한 텍스트를 제공하고 이와 유사하게 써서 나온 결과물을 중시하는 반면 과정 중심의 쓰기 수업은 쓰기 수업의 단계별로 순환적 쓰기 과정(구상하기 - 초고 쓰기 - 고쳐 쓰기 - 편집하기)을 통해 학습자의 쓰기 능력을 향상시키는 것을 강조한다.

넷째, 언어의 실제적인 사용이 전제된 교육을 하는 것이다. 이러한 교육은 학습자에게 학습 동기를 부여하고 학습 내용을 실제 상황으로 전이하여 의사소통 능력을 향상시키는 데 효율적이다. 언어 교육에서 이해만을 목표로 한 언어 지식을 쌓는 것은 더 이상 중요하지 않은 것이다. 따라서 최근의 언어 교육에서는 언어를 사용할 수 있는 과제나 활동을 중심으로 수업을 구성하고 있다.

다섯째, 언어 자체보다는 정보 획득 수단으로써 언어를 사용할 때 성공적인 언어 학습이 가능하다는 것이다. 전통적으로는 언어 자체를 배우는 것을 목표로 하는 수업이었다면 최근의 언어 교육에서는 언어가 다른 것을 학습하기 위한 수단으로 언어를 사용할 수밖에 없는 환경을 만들어 주는 것을 강조한다. 예를 들어, 학문 목적의 외국어 학습이나 직업 목적의 외국어 학습에서는 언어 자체만을 위한 수업보다는 언어를 사용하여 학문적 텍스트나 직업과 관련된 텍스트를 이해하고 사용하도록 한다. 다문화 아동을 대상으로 한 언어 교육 프로그램 역시 언어를 이용하여 사회, 생활, 문화를 학습하도록 하는 것이다.

최근의 언어 교수 경향은 언어 교육이 다음과 같은 것을 강조하는 지향성을 반영한 것이다. 첫째, 언어 지향 언어 교육이다. 구조와 기능 중심의 언어 교육에서 담화 언어학, 말뭉치(코퍼스) 언어학을 반영한 언어 교육으로 패러다임이 변화하였고 문법 수업에서도 과제를 수행할 때 형태 초점 교수법(Form-focused instruction)을 적극적으로 수업에 활용하는 방법을 모색하고 있다.

둘째, 능력 지향 언어 교육이다. 능력 중심 교육(competency-based education)의 원리를 언어 교육에 적용한 것으로 교과목을 학습한 후 최종적으로 학습자가 얻을 수 있는 지식, 기능, 행동 양식을 측정하여 이것을 교육 과정의 수행 목표로 제시하고 수행 평가에 반영할 수 있다.

셋째, 기술 지향 언어 교육이다. 언어 교육에서 기술(technology)을 이용한 교육이 일반화되면서 교수 자료가 다양화된 것과 같은 맥락이다. 음성 파일, 이미지 파일, 동영상 파일, PPT, 각종 인터넷 자료가 교수 자료로 활용되고 있고 교실 수업에서도 기술을 사용할 수 있는 장치로 컴퓨터나 프로젝터를 적극적으로 활용하기 위해 설치하고 있다. 따라서 한국어 교사 역시 재교육을 통해 시대의 변화에 따르는 기술을 활용할 수 있는 능력을 함양하도록 해야 한다.

넷째, 협력적 교수 지향 언어 교육이다. 언어 학습을 할 때 학습자 개별적인 학습 활동보다는 다른 학습자들과의 활동을 통해 적극적인 상호 작용을 강조하는 협동 언어 학습(cooperative language learning)을 의미한다. 언어 숙달도가 다른 학습자들이 소집단 과제나 활동을 통해 상호 작용을 하면서 언어를 학습하도록 구조화된 교수법을 제공해야 한다. 이와 같은 협동 언어 학습에서는 동시적인 상호 작용, 긍정적 의존 관계, 개인적 책임, 동등한 참여를 강조하여 학습자가 주체적으로 활동에 참여하도록 장려된다.

4) 한국어 교수법으로의 적용

한국어 교육이 본격적으로 시작된 1950년대 후반부터 1980년대에 이르기까지 청각 구두식 교수법이 주류를 이루며 문법 번역식 교수법이 종종 활용되었다. 문형이나 어휘를 제시하는 문형 중심의 구조적인 연습을 중심으로 정확성을 위한 연습이 중점적으로 이루어졌다. 일부에서는 직접 교수법이나 침묵식 교수법, 공동체 언어 학습법이 활용되기도 하였다.

1990년대에 이르러서는 청각 구두식 교수법에서 점차 의사소통 중심 교수법으로 중심이 이동하면서 언어 구조보다는 언어 기능을 강조하고 기계적인 문형 연습의 비중이 약화되며 언어 상황에 따라 유의미하게 언어를 사용하는 활동을 중시하였다.

2000년대에는 특정 교수법이 강조되기보다는 다양한 학습 요건에서의 변인을 고려한 교수법이 강조되었다. 학습자 변인에 따라 여성 결혼 이민자, 이주 노동자, 재외 동포, 다문화 아동에게 교수법이 달리 적용될 수도 있고 학습 목적 변인에 따라 일반 목적의 학습, 학문 목적의 학습, 직업 목적의 학습이 달리 적용될 수 있다. 학습 매체 변인에 따라 동영상, 온라인 학습과 같은 다양한 매체가 활용되고, 학습 환경 변인에 따라 국내에서의 한국어 교육(제2 언어로서의 한국어 KSL), 국외에서의 한국어 교육(외국어로서의 한국어 KFL)에 다른 교수법이 활용될 수 있다. 즉, 다양한 교수법이 각각의 변인에 따라 선택되고 때로는 두 가지 이상의 교수법이 채택되기도 하는 절충식 교수법이 활용되는 시대가 되었다.

형 성 평 가

1. 언어 교수법은 문법을 어떻게 제시하는지에 따라 수업 구성 절차가 달라질 수 있는데, 다음 중 문법 제시 방식이 다른 하나를 고르시오.
① 직접 교수법
② 상황적 교수법
③ 문법 번역식 교수법
④ 청각 구두식 교수법

정답: ③
해설: 문법 번역식 교수법에서는 문법 제시를 먼저 한 후 그에 따라 연습했던 연역적 제시 방식을 따르고 있다. 그 외 다른 교수법은 예를 먼저 제시한 후 문법을 제시하는 귀납적 제시 방식을 따르고 있다.

2. 청각 구두식 교수법에 대한 설명에 해당하는 것을 모두 고른 것은?

> ㄱ. 행동주의 심리학과 구조주의 언어학을 토대로 한 것이다.
> ㄴ. 언어는 일련의 습관이므로 습관 형성이 언어 학습이다.
> ㄷ. 문자 중심의 읽기, 쓰기를 강조하고 음성 언어를 소홀히 한 단점이 있다.
> ㄹ. 학습자의 오류가 나오지 않게 자동화를 위한 암기, 반복 학습을 강조한다.
> ㅁ. 교사는 언어 구조나 목표어에 능숙해야 한다.

① ㄱ, ㄷ   ② ㄱ, ㄴ   ③ ㄱ, ㄴ, ㄹ   ④ ㄱ, ㄴ, ㄹ, ㅁ

정답: ④
해설: 청각 구두식 교수법은 행동주의 심리학과 구조주의 언어학을 토대로 음성 언어를 강조하고 자동화와 습관 형성을 강조하기 때문에 암기, 반복 학습을 강조한다.

3. 언어 교수법과 그에 대한 설명을 연결한 것이다. 다음 중 연결이 잘못된 것은?
① 전신 반응식 교수법은 다른 어떤 기능보다 말하기를 강조한다.
② 공동체 언어 학습은 타인과의 상호 작용을 통해 언어가 학습된다고 본다.
③ 침묵식 교수법은 교수자 중심이 아니라 학습자의 참여를 극대화한 교수법이다.
④ 암시적 교수법은 외국어 학습에 방해되는 걱정, 불안을 제거해야 한다고 강조한다.

정답: ①
해설: 전신 반응식 교수법은 학습자가 주어진 명령에 대하여 몸으로 직접 반응함으로써 외국어를 익히게 하는 교수법이다. 다른 어떤 언어 기능보다 듣기 이해가 먼저 길러져야 한다는 전제가 중요하며 언어적 요소가 포함된 교수자의 지시에 따라 학습자가 이해한 것을 몸을 움직여 표현하는 것으로 수업이 진행된다.

4. 암시적 교수법과 공동체 언어 학습법의 공통점을 기술한 것으로 맞는 것은?

① 학습하기에 최적의 학습 환경을 조성하는 것을 중시한다.
② 수업 자료로 교사가 대화문을 낭독할 때 음악을 사용한다.
③ 해당 교수법에 맞는 교재 구성이 어렵고 평가 또한 어렵다.
④ 교사와 학습자들과의 공감대를 형성하여 상호 작용을 높인다.

정답: ③
해설: 최적의 학습 환경 조성을 중시하며 음악을 사용하는 것은 암시적 교수법에 대한 설명이고 교사와 학습자들과의 공감대 형성으로 상호 작용을 높이는 것은 공동체 언어 학습법에 대한 설명이다. 두 언어 교수법 모두 이에 맞는 교재 구성이 어렵기 때문에 학습한 이후에 배운 것을 평가하기도 어렵다.

5. 다음 중 의사소통 접근법에 해당하는 설명이 아닌 것은?

① 체계적인 문법을 바탕으로 완벽한 발화를 생성하는 것을 중시한다.
② 언어의 구조뿐만 아니라 기능적인 면을 체계화시키는 데 관심을 둔다.
③ 학습자의 요구와 선호에 따라 교수 자료, 활동과 전략이 다양하게 활용된다.
④ 유창성이 강조되므로 목표어로 의사소통하려는 학습자의 시도가 장려된다.

정답: ①
해설: 체계적인 문법을 바탕으로 완벽한 발화를 생성하는 것을 강조하는 것은 청각 구두식 교수법이다.

6. 과제 중심 교수법에 대한 비판으로 적합하지 않은 것은?

① 체계적인 문법이나 어휘를 가르칠 교수요목이 없다.
② 과제의 순서를 어떻게 배열할지 명확한 기준이 없다.
③ 학습자의 수행 능력 편차에 따라 교사의 할 일이 과중하다.
④ 침묵기를 인정하여 학습자의 발화가 지연될 가능성이 있다.

정답: ④
해설: 준비될 때까지 말하기를 강요하지 않는 것은 자연적 접근법인데 이런 침묵기를 인정함으로써 오히려 학습자의 발화가 지연될 수 있다는 비판을 받기도 한다. 과제 중심 교수법은 학습자가 주어진 과제를 해결하기 위한 수단으로 목표어의 사용을 장려한다.

7. 언어 교수법에 대한 설명 중 옳지 않은 것은?

① 문법 번역식 교수법과 총체적 교수법의 공통점은 문자 언어 중심이라는 것이다.
② 직접 교수법과 상황적 교수법의 공통점은 연역적으로 문법을 제시하는 것이다.
③ 청각 구두식 교수법과 전신 반응식 교수법의 공통점은 교수자 중심이라는 것이다.
④ 의사소통 접근법과 과제 중심 교수법의 공통점은 교수 자료의 불분명한 배열 기준이다.

정답: ②
해설: 직접 교수법과 상황적 교수법 모두 귀납적인 문법 제시를 하도록 구성된다. 두 언어 교수법은 구어를 중심으로 목표어 사용을 강조한다는 점에서 유사하지만 상황적 교수법은 상황을 통해 새로운 언어 항목이 도입되고 연습 되며 문법은 난이도를 고려하여 배치되는 등 체계적인 언어적 요소를 강조한다는 점에서 직접 교수법과 구별된다.

8. 최근의 언어 교수 경향인 과제 중심 교수법에 대한 설명으로 잘못된 것은?
① 언어의 실제적인 사용이 장려된다.
② 의사소통 능력을 키우는 것이 목적이다.
③ 학습 결과보다는 학습 과정에 중점을 둔다.
④ 오류 수정을 통한 정확한 발화를 강조한다.

정답: ④
해설: 과제 중심 교수법은 의사소통을 목적으로 의미에 초점을 두고 언어를 이해, 처리, 생산하는 모든 활동을 뜻하는 과제를 언어 학습의 핵심 단위로 사용하는 교수법이다. 과제를 통해 실제적인 언어를 사용함으로써 의사소통 능력을 신장할 수 있다. 그러므로 학습자 발화의 정확성보다는 유창성 확보를 중시한다.

제5장 한국어 교재론

> **학습 목표**
> 1. 교재를 정의 내릴 수 있으며 언어 수업 전반에 걸쳐 어떤 기능을 하는지 설명할 수 있다.
> 2. 한국어 교재 유형 분류, 시기로 한국어 교재의 변천, 학습자에 따른 교수 학습 목표와 교수 학습 내용, 유형별 교수 요목의 특성, 한국어 교재를 개발할 때 절차에 대해 이해한다.
> 3. 교재 분석과 평가의 필요성, 교재의 선정 원칙, 요소별 교재 평가와 분석 기준, 교재의 특성을 파악할 수 있다.
> 4. 부교재의 정의와 종류, 기능, 선택하거나 제작할 때 고려할 요인, 종류와 활용 방법에 대해 이해할 수 있다.

Ⅰ. 교재의 정의와 기능

1. 교재의 정의

교실 환경에서 교수 행위의 핵심은 교수자와 학습자 간의 교수 학습 활동이다. 교수자의 잘 짜인 교수 행위와 학습자의 성실한 학습 행위 모두 중요하다. 그러나 이러한 교수 학습 활동을 안정적으로 지원하는 교재의 역할을 무시할 수 없다. 교재가 없다면 교수 행위는 수업마다 방향을 잃고 수업 설계를 하는 데 많은 시간을 들일 수밖에 없게 될 것이다. 초보 교사에게는 숙련된 교사의 경험을 대체할 완성도 높은 교재의 도움이 필수적이며 숙련된 교사에게는 자칫 빠질 수 있는 매너리즘의 그늘에서 벗어나 자신의 교수 설계 및 활동에 대한 성찰할 수 있게 도움을 준다.

한편 교재는 학습 행위에도 영향을 미치는 데 학습자는 교재를 보면서 자신이 임할 수업에 대한 안내를 받을 수 있으며 교재의 내용을 통해 수업이 자신의 관심과 흥미를 잘 반영할 수 있는지 확인할 수 있는 동시에 앞으로의 수업에 대한 기대를 북돋아 줄 수 있기도 하다.

이와 같이 교수 학습 활동에 광범위하게 영향을 미치는 교재는 어떻게 정의할 수 있는가? 먼저 자료의 범위를 넓게 잡아 교재의 정의를 광의의 개념으로 살펴보면 '언어 학습을 유발하기 위한 모든 의도적인 활동에서 동원되는 모든 입력물(input materials)'로 간주할 수 있다. 이런 입력물에는 교재나 연습지와 같은 부교재, 교사 지침서와 같은 종이로 된 자료뿐만 아니라 교사가 학습자에게 제공하는 교사말, 교사나 학습자가 언어 학습을 위해 활용 가능한 교실 밖에서 접하게 되는 언어, TV나 라디오, 인터넷과 같은 실제 언어 자료까지 포함된다. 교실 내 혹은 교실 밖에서 활용 가능한 언어 학습 자료인 셈이다.

반면 협의의 개념으로 교재를 정의해 보면 '학습자들이 교육 목표에 도달하도록 교육 과정에 따라 교육 내용을 미리 선정하여 가시적으로 제시한 것'이다. 수업에서 주교재로 사용되는 교과서와 부교재로 사용되는 연습지, 워크북, 참고서, 사전, 시청각 자료, 과제, 활동과 같이 교수 학습 활동에 직간접적으로 사용되는 모든 언어 자료로 교재를 정의할 때 교실 상황에서 활용 가능한 언어 학습 자료로 한정할 수 있다. '교실 수업에서 교수 기법을 지원하거나 효과를 높여줄 자료'(Brown 2001)라는 정의는 교실 수업에서의 교수 학습 활동에 중점을 둔 교재의 정의라고 할 수 있다.

결론적으로 교재에는 교육 과정과 교육 목표와 같은 교육 내용, 교수/학습의 매개체, 학습자의 요구, 효율적인 교수법, 수업 진행용 교육 도구를 모두 아우르는 교수 학습 행위의 매개체이다.

2. 교재의 기능

교재의 기능은 교실 수업을 기준으로 수업 전 단계, 수업 중 단계, 수업 후 단계로 나누어 교수자와 학습자에게 어떤 역할을 하는지 살펴보자.

	교수자	학습자
수업 전	1) 교육 목표 제시 2) 교육 과정 구현	3) 학습 동기 유발
수업 중	4) 교수 내용 제공 5) 교수법 제공 6) 교수 자료 제공	7) 학습 내용 제공 8) 학습 방법 제공
수업 후	9) 교사와 학습자 매개 10) 교수 평가의 근거 제공 11) 교육 내용의 일관성 확보	12) 평가 대비 자료 13) 연습을 통한 정착 기능 수행 14) 수업 수준의 일정성 확보

1) 교육 목표 제시

교재에는 무엇을 가르칠지 교수, 학습 목표가 설정, 제시되어 있다. 그러므로 교수자는 교재를 통해 가르칠 내용을 확인, 준비하여 일관성 있게 교수, 평가할 수 있으며 학습자는 배울 내용을 확인하고 평가에 대비하여 준비할 수 있다.

2) 교육 과정 구현

교육 과정은 학습자의 요구 조사에 따라 학습 내용의 범주를 결정하고 선정하며 학습 방법에 대한 고민하에 학습 내용을 배열하고 조직하며 진행한다. 교재에는 이와 같은 교육 과정이 교수요목을 통해 반영되어 있다. 그러므로 교재의 구성만을 보더라도 교육 과정이 문법적 교수요목인지 형태 초점 과제 중심 교수요목인지 확인할 수 있으며, 교사 중심 교수요목인지 학습자 중심 교수요목인지 확인할 수 있다.

3) 학습 동기 유발

교재는 선정된 교수, 학습 내용을 학습 목표와 학습자의 수준에 맞춰 제시하고 있으므로 학습자의 학습 의욕을 높일 수 있다. 교재의 내용에는 학습자의 목표에 대한 기대치가 반영되어 있으므로 학습자의 측면에서는 학습 내용에 관심을 더 갖게 되기 마련이다.

4) 교수 내용 제공

교재는 교수자가 무엇을 가르칠지 가르치려는 내용이 반영된 것이다. 교수자는 교재를 통해 무엇을 가르쳐야 하는지,

어떤 방법을 사용해야 하는지 안내받을 수 있어 안정적으로 수업을 준비하고 운영할 수 있다. 특별한 교재 없이 수업 때마다 학습자가 원하는 내용을 가르치는 집단 언어 학습법(Community Language Learning)을 생각해 보자. 교재가 없다면, 교수자는 그때마다 달라지는 교수 내용 때문에 일관되게 가르치기 어렵고 적절한 평가도 하기 어렵게 될 것이다.

5) 교수법 제공

교재는 교육 목표와 교육 과정에 따라 내용이 선정되고 제시 순서와 방법이 결정된다. 교재 편찬 시 가르칠 내용을 선정할 때 어떤 교수법이 적용될지에 따라 교재의 형식이 달라진다. 예를 들어, 초급인 1급 교재를 개발할 때 청각 구두식 교수법이 적용된 교재와 의사소통 교수법이 적용된 교재는 내용과 형식 면에서 다를 수밖에 없다.

6) 교수 자료 제공

학습에 필요한 교수 자료는 일반적으로 교재에서 제공한다. 모든 부교재가 교재에 달려 있지는 않지만 수업에서 사용되는 제시자료로 그림, 사진, 도표와 같은 시각 자료, 연습지, 워크북과 같은 연습 자료, 활동자료, 읽기 자료 및 오디오나 비디오 같은 듣기 자료는 교재에 포함되어 있다. 초보 교사가 수업 내용의 흐름을 확인할 수 있는 교사용 지침서도 크게 확장된 교재의 의미로 보면 교재에 포함된다고 할 수 있다.

7) 학습 내용 제공

교재는 학습자의 연령, 언어권, 학습 목적 등과 같은 학습자 변인을 고려하여 구성된다. 또한 교재는 말하기, 듣기, 읽기, 쓰기와 같은 언어 기능 영역, 문자, 발음, 문법, 어휘, 문화와 같은 내용 영역으로 분류될 수 있다. 따라서 학습자도 교재를 기본으로 예습, 복습, 자습 등의 학습 활동이 가능하게 된다.

8) 학습 방법 제공

교수자가 교재에서 교수법을 제공받듯이 학습자도 교재에서 학습 방법을 제공받는다. 물론 학습자가 교재를 이용하는 방법은 다양할 수 있지만 교재에 제시된 순서는 학습자가 학습해 나가기에 효율적인 순서를 의미하므로 학습자는 교재 제시 순서를 따르는 경우가 많다. 그러므로 교재는 학습자가 개별 학습할 때 어떻게 학습해야 할지 방향을 제시해 주기도 한다고 말할 수 있다.

9) 교수자와 학습자의 매개

교수자와 학습자는 수업에서 교재를 공유한다. 교재는 교수 행위와 학습 행위가 벌어지는 수업에서 교수자와 학습자의 매개체 역할을 한다. 또한 교재는 교재 편찬자와 학습자가 만나는 기회가 되기도 한다.

10) 평가의 근거 제공

평가란 교수 학습 내용 및 영역에서 학습자가 획득한 지식이나 수행을 측정하여 교육에서 이루어진 활동과 교육 대상에 대해 성과 정도를 가치 판단 내리는 행위이다. 이러한 평가는 가르친 내용이 담겨 있는 교재에 근거해서 기준이 마련되어야 올바른 평가가 가능하다.

11) 교수 내용의 일관성 확보
교수자와 학습자, 교수법, 교수 환경에 따라 수업은 다양해진다. 수업의 다양성은 좋지만 자칫 산만해질 우려도 있다. 예를 들어 다양한 교사가 한 반을 가르칠 때(team teaching), 교재로 교수 내용의 일관성을 확보하여 안정적으로 수업을 운용할 수 있다.

12) 평가자료 대비
평가를 통해 교수자는 교육 목표를 달성했는지 확인하고 학습자 역시 학습 성취도를 확인할 수 있다. 학습자는 교재를 통해 학습 목표와 학습 내용을 확인하며 성취도 평가를 대비할 수 있게 된다.

13) 연습을 통한 정착 기능 수행
교재에는 선행 학습 내용과 후행 학습 내용이 체계적으로 연계되어 있다. 학습자가 개별 학습을 진행할 때도 교재를 이용한다면 체계적인 연습을 안내받을 수 있으며 언어 훈련 도구로써 교재를 이용하여 학습자는 목표 언어의 정확성과 유창성을 증진시키고 궁극적인 언어 능력을 향상시킬 수 있다.

14) 수업 수준의 일정성 확보
실제 수업에서는 교사의 개별적인 성향이나 자질, 능력에 큰 영향을 받게 된다. 숙련된 교사와 초보 교사는 수업 준비와 연습 방법에 있어 수업 운영에 큰 차이를 보일 수밖에 없다. 그러나 교재가 있기 때문에 교재에 입각하여 수업을 진행한다면 교사의 개별적인 성향이나 자질, 능력에 의한 수업의 질적 차이를 최대한 줄일 수 있게 된다.

3. 한국어 교재의 유형
박영순(2003)에 따르면 한국어 교재는 다음과 같은 기준에 의해 유형별로 분류될 수 있다.

① 영역별: 크게 언어 기능 영역과 내용 영역으로 나눠 생각해 볼 수 있는데, 언어 기능 영역별 교재로는 말하기, 듣기, 읽기, 쓰기 교재가 있고 내용 영역별 교재로는 회화, 문화, 어휘, 문법과 같은 교재가 있다.
② 수준별: 학습자의 학습 수준에 따라 초급, 중급, 고급, 최고급(최상급) 등으로 나뉘게 되고 한국학을 전공하는 학습자를 위한 교재도 나뉠 수 있다.
③ 성격별: 교재를 어떻게 이용할지에 따라 교수 학습용 교재, 자습용 교재, 교사용 교재, 인터넷용 교재, 수험 대비용 교재로 나뉠 수 있다.
④ 위상별: 교재가 수업에서 어떻게 활용될 수 있는지에 따라 주교재용, 부교재용, 과제용, 평가용, 워크북으로 나뉠 수 있다.
⑤ 목적별: 학습 목적에 따라 생활하기 위해 또는 취미로 학습하는 일반 목적의 교재, 취업이나 진학을 목적으로 하는 특수 목적의 교재, 관광 한국어, 교양 한국어 등의 교재가 있다.

⑥ 대상별: 학습자 변인을 고려한 것인데, 연령에 따라 성인 학습자, 대학생, 중고생, 어린이를 대상으로 하는 교재가 있고, 또한 결혼 이주자, 근로자, 외교관, 군인과 같이 한국어를 학습하는 이유가 각기 다른 학습자를 대상으로 하는 교재도 있을 수 있다.

⑦ 언어권별: 학습자의 언어권에 따라 모국어에 의한 영향으로 학습에 큰 차이를 보일 수 있으므로, 가능하면 언어권별 교재가 있는 것이 좋다. 2000년대 초반에는 영어권, 중어권, 일어권, 서어권, 독어권, 불어권의 교재가 있었고, 2010년 이후에는 몽골어, 베트남어, 태국어와 같이 다양한 언어권별 교재가 편찬되고 있다.

II. 한국어 교재의 변천 및 교육 과정과 교재의 개발

1. 한국어 교재의 변천사

한국어 교재의 역사를 거슬러 올라가면 근대 계몽기, 일제 강점기(1877~1958)를 생각해 볼 수 있는데 이 시기에는 외국인에 의한, 외국인을 대상으로 한 교재라고 할 수 있다. 근대 계몽기에는 종교, 무역을 위해 한국어를 학습하는 일이 대부분이었고 교재는 선교사, 외교관을 대상으로 한 교재로 영어, 일어, 불어, 독일어, 체코어로 된 한국어 문법서, 회화서가 있었다. 일제 강점기에는 한국에 들어와 있는 일본인을 대상으로 한 교재가 중심이 되었는데 그중에는 재외 동포를 대상으로 한 교재도 있었다. 이 시기 교재는 문법서와 독본 중심이었는데, 한국어의 문법적 특징이나 예문을 기술하는 것 중심의 내용이었다. 그러나 이 시기의 교재는 체계성을 갖고 집필된 것으로 보기 어렵다. 이 시기를 지나 본격적으로 한국어 교육의 교재가 어떻게 변천해 왔는지 크게 네 부분으로 나눠 살펴보자.

1기는 한국어 교육의 초창기(1959-1975)로 국내 한국어 교육 기관이 최초로 설립되었을 때부터 한국의 경제적 안정이 되기 전까지의 시기이다. 이 시기에는 청각 구두 교수법에 의한 교체 연습이 중심이 되었고 교육할 때 모국어를 사용하는 것도 강조되었다. 실제 교재의 내용도 본문이 먼저 제시되고 단어가 설명된 후 문법이 설명되고 이에 해당하는 연습 문제 유형이 뒤따르는 순이었다. 이 시기에는 선교사를 위한 교재가 많았고, 미국의 뉴욕, 시카고, 하와이에 한국어 학교가 설립되기도 했다.

2기는 한국어 교재 변화가 시작된 변화기(1976~1988)로 국내 한국어 교육 기관이 설립된 이후로 종교적 목적으로 학습한 선교자 이외에 다양한 목적을 가진 일본인 학습자가 증가한 시기이다. 일본인 학습자를 위한 교재에서는 읽기가 강조되었고 국내 대학 부설의 언어 교육 기관이 신설되면서 교재의 필요성이 증가하였다. 국외에서 자체적으로 개발한 교재를 사용하기도 하였는데 재외 동포용 교재로는 문교부에서 지원한 초등학교용 국정교과서가 쓰이기도 했다.

3기는 한국어 교육의 발전기(1989 - 2000)로 88 올림픽을 계기로 한국어에 대한 관심이 고조되기 시작한 시기이다. 이 시기에는 국내 한국어 교육 기관용 교재가 필요하다는 요구에 체계적인 교재가 개발되기 시작하였다. 또한 국내 한국어 교육 기관용 교재는 대개 6등급으로 교재가 등급화되는 것이 보편으로 자리 잡았다. 청각 구두식 교수법에서 벗어나 의사소통 교수법이 시도되기도 했는데, 흑백이지만 시각화를 시도한 교재가 등장하기도 한 시기였다.

4기는 한국어 교재의 도약기(2001 - 현재)로 과제 중심, 기능 통합형 교재와 같이 다양한 교재가 개발되었다. 국내 각 대학 기관에서는 기존 교재의 개정판이나 새 교재를 연구 개발하여 출판하였고 의사소통 교수법을 바탕으로 한 다양한 교재가 개발되었다. 특히 시각 자료를 활용하여 교재의 시각화를 모색한 교재가 증가하였다. 학습자의 언어권별, 말하기,

듣기, 읽기, 쓰기와 같은 언어 기능별로 교재가 다양화되고 전문화되었으며 전통적인 교재 이외에도 온라인 교재, 멀티미디어 교재가 개발되었다. 국외 대학에서도 한국어를 전공하는 전공학과를 중심으로 한 교재가 개발되며 한국어 교재의 다양화가 진행되고 있다.

2. 교육 과정과 교재

교육 과정은 학습자 분석을 통해 교육 정책을 반영한 교육 목표, 교육 내용, 교육 방법, 평가를 포함하는 전반적인 교육계획을 세우게 되는데 교재에는 이와 같은 교육 과정이 반영되어 있다고 할 수 있다. 즉, 교재를 보면 어떤 교육 과정에서 어떤 교수 학습 목표와 내용으로 교수할지 예측해 볼 수 있다고 할 수 있다. 교육 과정에 따라 어떤 점이 강조되며 그것이 교재에 어떻게 반영될 수 있는지 살펴보자.

일반 목적의 학습자를 위한 교육 과정에는 학습자의 한국어 의사소통 능력을 배양하는 것을 교수 목표로 삼고 있다. 그러므로 교수 내용에는 일상생활에서 필요한 다양한 상황을 제시하고 생존에 필요한 기초적인 내용에서 정치, 사회, 문화 전반에 이르는 전문적 내용까지 수준에 맞게 구성되어야 한다. 이와 같은 교육 과정에서는 주제, 과제와 기능을 중심으로 한 교수요목을 설정하고 기본 대화 및 어휘, 문법을 학습하는 것을 주교재로 삼는 것이 적합하다. 경우에 따라서는 말하기, 듣기, 읽기, 쓰기와 같이 언어 기능이 통합된 교재가 쓰이기도 하고 언어 기능별로 분리된 교재가 쓰이기도 한다. 또한 발음, 문법, 한자, 작문 학습용 교재도 필요하고 한국 생활을 위해 한국 문화 학습용 교재도 요구된다.

특수 목적의 학습자는 크게 학문 목적의 학습자와 취업 목적의 학습자가 있다. 먼저, 학문 목적의 학습자를 위한 교육 과정을 살펴보면, 전공과목 학습에 필요한 한국어 능력을 배양하는 것이 일차적인 목적이 된다. 그러나 학문 목적의 학습자 역시 초급 과정에서는 일상생활에서 필요한 다양한 상황이 포함된 사회, 문화적 내용이 담겨 있는 교재가 필요하다. 중급 이후부터는 대학 수학에 필요한 교양, 전공 내용이 구성되어야 한다. 초급 과정에서는 일반 목적의 학습자를 위한 교재와 마찬가지로 주제, 과제와 기능을 중심으로 한 기본 대화, 어휘, 문법 학습을 위한 교재가 공통으로 요구된다. 말하기, 듣기, 읽기, 쓰기 등 언어 기능이 통합된 교재가 쓰이며 발음, 문법, 한자, 작문 학습용 교재도 필요하다. 중급 이후부터는 본격적인 학문 목적 학습자를 위한 교육 과정을 위해 한국 문학 강독 등 한국학과 응용 한국어와 관련된 교재가 중심이 된다.

특수 목적의 학습자 중에서 취업 목적의 학습자를 위한 교육 과정에서는 직무 수행에 필요한 한국어 능력을 배양하는 것이 일차적인 목적이 된다. 그러므로 교육 과정에는 직장에서 필요한 다양한 상황, 예를 들어 발표, 회의, 거래처와의 대화, 회사 보고서 작성 등의 다양한 상황이 제시되고 이를 수행하는 것이 중점적으로 교육된다. 취업 목적의 학습자 역시 초급에는 일반 목적의 학습자와 같이 주제, 과제와 기능을 중심으로 하여 기본 대화, 어휘, 문법 학습을 주교재로 사용하고 말하기, 듣기, 읽기, 쓰기의 언어 기능이 통합된 교재가 쓰이다가, 중급 이후부터는 직무 관련 교과목을 위한 교재로 분화되는 것이 일반적이다. 한국 회사에 취업하는 것이므로 한국 문화 학습용 교재 역시 필요하다.

주한 미군 학습자를 위한 교육 과정에는 학습자의 한국어 의사소통 능력을 배양하고 지역전문가를 양성하는 것을 목적으로 하고 있다. 그러므로 초급에는 일상생활에서 필요한 다양한 상황을 제시하고 중급 이후부터는 정치, 경제, 사회, 군사 등에 관련된 전문적인 어휘와 내용이 포함될 필요가 있다. 또한 이와 같은 학습자를 위해서는 특별 과정과 같이 맞춤형 교육 과정을 설계하는 것도 필요하다. 초급 과정은 일반 목적의 학습자를 위한 교재처럼 주제, 과제와 기능을 중심으로 하여 기본 대화, 어휘, 문법 학습용 교재가 주교재로 이용된다. 말하기, 듣기, 읽기, 쓰기 등 언어 기능이 통합된 교재가 쓰인다. 중급 이후부터는 한국의 정치, 경제, 사회, 군사 등 전문 분야의 실제 자료를 중심으로 한 교재가 주로 쓰이며 한국 문화 학습용 교재와 같이 개별화된 교재가 쓰이기도 한다.

재외 동포 자녀를 위한 교육 과정은 한국인의 사회, 문화적 배경 하에 의사소통 능력을 배양하는 것을 최우선으로 한다. 그러므로 높임말과 반말의 쓰임, 한국에서 지켜야 할 예절, 문화에 대한 이해가 학습 내용에 포함되어야 하는데 특히 재외 동포 자녀는 말하기, 듣기와 같은 구어적 의사소통에는 익숙하나 읽기, 쓰기와 같은 문어적 의사소통에 익숙하지 못하므로 이 부분에 대한 집중적인 학습이 필요하다. 재외 동포 자녀를 위한 교재는 초급에서 주제, 과제와 기능을 중심으로 한 기본 대화, 어휘, 문법 학습이 주교재가 되는데 여기에 덧붙여 읽기, 쓰기의 언어 기능을 강화하기 위한 교재, 또한 한국 문화 학습용 교재가 필요하다.

결혼 이주자를 위한 교육 과정은 학습자의 한국어 의사소통 능력을 배양하는 것을 목적으로 하였다. 그러므로 가족 간의 대화나 지역 사회 주민과의 대화와 같이 일상생활에서 필요한 다양한 상황을 제시한다. 또한 제사나 한국 명절 문화, 웃어른과의 관계 등 한국 문화에 대한 비중이 높게 책정해야 하며 구어적 의사소통에 문제없게 하는 것이 중요하다. 결혼 이주자를 위한 교재 역시 주제, 과제와 기능을 중심으로 한 기본 대화, 어휘, 문법 학습용 교재가 주교재로 활용되며 말하기, 듣기, 읽기, 쓰기와 같은 언어 기능이 통합된 교재가 일반적으로 사용된다. 한국 문화 학습용 교재도 중요하며 특히 표준어와 방언을 분리하여 학습할 수 있는 교재도 필요하다.

3. 교수요목과 교재

교수요목은 교육 목표를 달성하기 위하여 선택된 교육 내용과 학습 활동을 체계적으로 편성·조직한 계획이다. 일반적으로 교재의 첫 부분에 나와 있는 내용 구성표와 같이 교육 목표와 교육 내용, 학습 활동을 구체적으로 나열한 것으로 간주한다. 따라서 각각의 교수요목이 어떤 점을 강조하느냐에 따라 교재의 구성이 달라지는데 다음의 표는 Brown(1995)에서 각각의 교수요목이 어떤 개념을 중심으로 구성되었는지 정리한 것과 이에 맞춰 조항록(2003)에서 한국어 교재와의 관련성을 살펴본 것을 대응시킨 것이다.

교수요목	기본 개념	한국어 교재와의 관련성
구조 교수요목	음운, 문법과 같은 언어 구조를 중심으로 작성한 것으로, 난이도 측면에서는 난이도가 낮은 것에서 높은 것으로, 빈도수 측면에서는 빈도수가 높은 것에서 낮은 것으로, 형태적 측면에서는 간단한 것에서 복잡한 것으로 교수요목을 배열한다.	1990년대 중반까지의 교재의 교수요목
상황 교수요목	언어 활동이 이루어지는 장소나 상황을 중심으로 작성한 것으로, 식당, 길, 지하철역, 시장과 같은 발화 장면이 중시된다.	최근 교재에서 채택
주제 교수요목	각 등급에 맞춰 채택된 주제를 일정 기준에 따라 배열한 것으로, 일반적으로는 상황 교수요목과 혼합 형태로 제시된다. 예를 들어 가족, 날씨, 음식, 전화와 같은 주제를 중심으로 교수요목이 설정된 것을 떠올릴 수 있다.	최근 개발되는 교재에서 채택
기능 교수요목	소개하기, 설명하기, 요청하기, 제안하기 등 언어 활동의 기능적 측면을 중심으로 작성한 것으로, 주제 교수요목과 연계되어 주로 사용된다.	최근 개발되는 교재에서 채택
개념 교수요목	물건, 시간, 거리, 관계, 감정, 용모 등과 같이 실생활 관련 주요 개념을 중심으로 작성한 것으로, 개념의 유용성이나 친숙도에 따라 배열하는 것이 일반적이다.	때때로 주제 교수요목의 일부가 포함됨
기능 기반 교수요목	대의 파악, 주제 파악, 화자 의도 파악, 추론하기 등 특정 기능을 중심으로 배열한 교수요목이다.	이해 활동 교재에서 많이 사용
과제 기반 교수요목	편지 쓰기, 면접하기, 신청서 작성하기 등 실생활 과제를 중심으로 배열한 교수요목이다.	주제 교수요목과 함께 채택
혼합 교수요목	둘 이상의 교수요목을 함께 활용하여 작성한 교수요목이다.	최근 개발되는 교재에서 채택

이전에는 언어 구조를 중심으로 한 문법적 교수요목이 주를 이루었는데 그 이후에는 언어를 사용하는 것 중심의 의사소통 목적의 주제 교수요목, 기능 교수요목, 과제 교수요목 중심으로 바뀌게 되었다. 그러나 최근에는 학습자의 정확성과 유창성의 균형 잡힌 향상을 위해 해당 과제를 수행할 때 사용할 형태를 사용하도록 설계된 형태를 고려한 과제 중심 교수요목이 주목받고 있다.

4. 한국어 교재 개발 원리

한국어 교재를 개발할 때 염두에 두어야 할 개발 원리는 다음과 같다. 이와 같은 교재 개발 원리는 교재 개발 전에 기준으로 삼을 지침이 될 수도 있고 교재 개발 이후에는 자신이 개발한 교재를 평가할 수 있는 기준이 되기도 한다.

첫째, 한국어 교수, 학습 목적을 반영하여 교재를 개발해야 한다.
둘째, 학습자나 교육 환경을 비롯한 다양한 변인을 고려하여 교재를 개발해야 한다.
셋째, 정확하고 자연스러운 한국어를 익힐 수 있도록 교재가 구성되어야 한다.
넷째, 한국어와 함께 한국 문화를 교육할 수 있도록 교재를 개발해야 한다.
다섯째, 학습자 요구를 반영해 교육 과정, 교육 방법, 교육 절차를 설계하고 교재를 구성해야 한다.
여섯째, 과정 중심의 교육 효과를 극대화할 수 있도록 교재를 구성해야 한다.
일곱째, 다양한 매체를 이용해 한국어 교재를 개발해야 한다.

5. 한국어 교재 개발 절차

한국어 교재를 개발하는 절차를 살펴보면 다음과 같다. 먼저 학습자 요구 조사를 바탕으로 교육 과정을 수립한다. 이 교육 과정이 일반 목적의 교육 과정인지, 취업 목적의 교육 과정인지, 학문 목적의 교육 과정인지 성격을 분명히 결정한다. 이러한 교육 과정을 수립할 때는 학습자의 요구 조사가 필요한데 학습자는 어떤 것을 배우고 싶어 하는지, 어떤 것이 학습자에게 가장 중요한지 요구 조사를 통해 수집된 정보는 교육 과정에 최대한 반영하게 된다. 또한 교육 과정에는 학습자의 언어는 무엇인지, 이전에 한국어 학습 경험은 어떠한지 학습자 정보가 포함되며 한 학기에 몇 주, 일주일에 몇 시간 학습할 수 있는지, 복습은 얼마나 자주 할 것인지 학습 시간도 결정되어야 하며 한 반에 몇 명 학습할 것인지 학급 규모도 결정되어야 한다.

교육 과정이 결정되면 이에 따라 교육 목적, 교육 목표 및 교수요목이 설정된다. 교수요목이 설정되는 과정을 자세히 살펴보면 먼저 설정된 교육 목표에 따라 교육 내용의 범주가 결정되며 그에 따라 어디까지 가르칠 것인지 교육 내용이 선정된다. 더불어 어떻게 가르칠지 교수 방법이 결정된다. 이와 같은 전반적인 고려를 통해 어떤 교수요목으로 할 것인지 결정해야 한다. 교수요목의 유형이 결정되면 선정된 교육 내용과 교수 방법에 맞춰 교육 내용이 배열되고 조직된다.

교수요목이 설계되면 그다음 과정으로 교재의 단원을 구성하고 집필을 해야 한다. 이때 한 단원은 어떤 순서로 구성할 것인지 결정해야 한다. 예를 들어 한 단원이 어떤 방법으로 구성될 수 있는지 살펴보자. 먼저 주제와 기능을 혼합하여 '제2과 주말 활동'이나 '제3과 부탁하기'와 같은 단원 제목을 정한다. 그 다음에는 학습 목표를 설정하는데 이때에는 수행 목표와 과제를 함께 제시하는 것이 좋다.

그 밖의 영역으로 발음, 어휘, 문법, 문화도 어떻게 제시할지 고려하여 설정한다. 실제 단원의 내용에서는 도입 부분에서 그림이나 질문을 제시하여 학습자의 배경지식을 활성화하고 학습 동기를 부여한다. 그리고 학습 내용이 제시된 예시문을 바탕으로 목표 발화의 모형이 되는 담화를 담화 맥락에 따라 제시한다. 발음은 해당 단원의 학습 내용 중 어려운 발음을 선정하여 음성 자료와 함께 제시하고 어휘는 의미장을 중심으로 묶어 제시하는 것이 일반적이다. '옷을 입다'가 제시된다면 '신발을 신다', '모자를 쓰다'와 같은 착용 동사가 함께 묶여 제시되는 것을 의미한다. 문법은 의미·형태·화용에 대한 설명을 포함하여 문법을 제시하고 연습해야 한다. 과제는 가능하면 실제적 의사소통 상황과 유사한 활동을 중심으로 각 언어 기능이 연계된 과제가 되도록 한다. 문화는 해당 단원의 주제와 관련된 문화 자료를 제시한다. 마지막으로는 학습자가 자기 평가를 통한 학습 성취도를 스스로 진단할 수 있도록 한다.

단원 구성이 끝나면 교재에 나오는 인물을 어떻게 설정할 것인지 정하고 실제 교재 집필이 진행된다. 집필 과정에서는 학습자의 학습 수준에 맞고 흥미를 유발하는 다양한 내용이 있는지 고려해야 한다. 집필이 끝나면 사진이나 삽화와 같은 시각 자료가 결정되고 오디오와 같은 청각 자료가 녹음된다. 그리고 실제 교육 현장에 적용할 수 있는지 교재를 시험적으로 사용하는 과정이 필요하다. 이 과정에서 학습자의 피드백을 반영하여 교재를 수정하게 된다. 마지막으로 교육 과정 및 교재 평가에서 학습자의 요구에 잘 맞는지, 학습 수준에 적당한지, 어떤 점이 보완되어야 하는지 평가를 통해 수정 보완한다.

III. 교재 평가와 선정

1. 교재 분석과 평가의 중요성

교재 연구는 크게 교재 분석과 교재 평가로 구분된다. 교재 분석은 교재를 연구하거나 선정하거나 개발하기 위한 과정적 행위로, 교재를 선정하고 효율적인 학습을 하기 위해 필요한 것이다. 교재 평가는 교재 분석을 통하여 이루어지는 결과 행위로 교재를 개작하거나 교재 개발을 하기 위해 필요한 것이다. 교재는 크게 교사, 교육 과정, 교수 방법과 같은 교수 변인에 의해 교재 사용이 달라질 수 있으며, 학습자, 학습 목표, 학습자 요구와 같은 학습 변인에 의해 영향을 받을 수 있다. 교수(teaching)와 학습(learning)의 매개체로서의 교재에 대한 분석과 평가는 바람직한 언어 수업을 위해 꼭 필요한 과정이다.

2. 교재 평가 영역

교재 평가 영역은 크게 형식 영역과 내용 영역으로 구분된다. 형식 영역은 책의 수, 설계된 수업 기간, 수업 시간, 목차와 같은 교재의 외적 사항을 나타내는 반면, 내용 영역은 학습자의 상황, 학습자의 수준, 학습자 요구, 언어 내용과 언어 기능, 문화와 같은 교재의 내적 사항과 연관된다. 교재를 개작하거나 개발할 때도 교재의 형식과 내용 영역에 대해 미리 설계한 후 개발에 착수할 수 있다.

3. 교재 선정의 원칙

모든 교수자가 자신의 학습자에 맞춰 교재를 개발해서 사용한다면 가장 이상적이겠지만 교수 여건상 이는 불가능하다. 그렇다면 자신의 학습자에게 가장 잘 맞는 교재를 선정하는 것이 중요하다고 할 수 있다. 다음은 교재를 평가하거나 선정할 때 염두에 두어야 할 원칙이다.

① 의사소통성(Communicative): 교재가 의사소통 능력을 향상시킬 수 있도록 고안되었는가?
② 목표성(Aims): 교재가 프로그램의 목표 및 목적에 부합하는가?
③ 교수성(Teachability): 실제 이 교재로 가르칠 때 어려움이 없고 교수 방법론과 밀접하게 연관되는가?
④ 부교재(Available Add-ons): 교재에 뒤따르는 지침서나 테이프, 워크북 등이 존재하는가?
⑤ 등급성(Level): 학습자의 숙달도에 따라 적합하게 구성되었는가?
⑥ 매력성(Your impression): 교재 전체 과제에 대한 인상이 어떠한가?
⑦ 흥미성(Student interest): 학습자가 교재에서 어떤 흥미를 찾아낼 수 있는가?
⑧ 검증(Tried and tested): 실제 교육 현장에서 검증된 적이 있는가? 있다면 어떤 상황에서 누구에 의해 검증되었으며 그 결과는 어떠한가?

4. 교재 평가의 분석 기준(이해영(2001))

교재 평가를 할 때 교재 분석을 하기 위해서는 일정한 기준이 필요하다. 교재 평가의 분석 기준은 크게 교수/학습 상황 분석, 교재의 외적 구성, 교재의 내적 구성으로 나눌 수 있다. 교수/학습 상황 분석에는 기관 정보, 학습자, 교사와 같은 하위 항목으로 나눌 수 있고 교재의 내적 구성에는 교재 구성 목표 분석, 학습 내용 분석, 학습 활동 분석과 같은 하위 항목으로 나눌 수 있다. 분석 기준은 여러 질문으로 구성되어 있는데 교재를 평가할 때 이러한 질문에 답하면서 해당 교재가 자신의 수업에 적합한지 따져볼 필요가 있다. 다음은 분석 기준을 항목별로 제시한 것이다.

1) 교수/학습 상황 분석

(1) 기관 정보
① 기관의 한국어 교수 프로그램의 목표는 무엇인가?
② 자세한 교수요목이 존재하는가? 지향하는 교수법은 무엇인가?
③ 미리 정해져 있거나 권상된 교재가 있는가?
④ 교재 선택 및 개작 측면에서 교사의 자율권을 어느 정도 인정하는가?
⑤ 얼마간의 학습 시간이 주어졌는가? 프로그램은 얼마나 집중적인가?
⑥ 학급의 규모는 어떠한가?
⑦ 교실의 물리적 환경은 어떠한가? 시청각 장비, 복사기, 컴퓨터 등의 기기가 제공되는가?

(2) 학습자
① 한국어를 배우는 목적이 무엇인가? 특수 목적인가? 일반 목적인가?
② 학습자의 나이, 수준, 기대, 태도 및 동기가 무엇인가?
③ 학습자의 언어 학습 경험은 어떠한가?
④ 그들의 선호하는 학습 방식은 무엇인가?
⑤ 그들의 관심사는 무엇인가?

(3) 교사
① 교육 기관에서 기대하고 있는 교사의 역할은 무엇인가?
② 교사는 한국어의 구조에 대해 얼마나 잘 이해하고 있는가?
③ 교사가 선호하는 교수 방법은 무엇인가?
④ 교사는 특정 학생들을 위하여 교재를 응용하거나 보충하는 권리를 가지고 있는가?
⑤ 그렇다면 필요할 경우 그렇게 할 수 있는 노련함과 시간을 가지고 있는가?

2) 교재의 외적 구성
① 책은 튼튼하고 외관이 보기 좋은가?
② 교재의 가격은 적절한가?

③ 교재는 어디서나 쉽게 구입할 수 있는가?
④ 어휘 목록, 색인, 소사전, 콘텐츠 맵을 포함하여 사용이 편리한가?
⑤ 배치가 명료하여 책에서 원하는 것을 쉽게 찾을 수 있는가?
⑥ 테이프, 비디오, 교사용 지침서 등 관련 구성물이 제공되며 구입이 용이한가?
⑦ 교재의 효과적인 사용을 위해 교실 환경 등 특별한 장비가 필요한가?
⑧ 전제되는 한국어 학습 상황은 한국인가? 외국인가?
⑨ 저자 또는 기관 정보가 명시적이어서 교재 선택에 참조로 활용될 개발자의 교수적 특성에 관한 정보가 있는가?

3) 교재의 내적 구성

(1) 교재 구성 목표 분석
① 교재가 그 책의 지침이 되는 원리를 일관되고 명확하게 밝히고 있는가?
② 사용자(기관, 학습자, 교사)가 설정되어 있으며 이들의 요구가 반영되었는가?
③ 아울러 교재는 유연성과 융통성을 보이고 있는가?

(2) 학습 내용 분석(주제)
① 학습자가 고유한 흥미를 유도할 만한가?
② 주제가 다양하여 학습자료와 활동의 개별화에 도움이 되는가?
③ 제공된 주제가 학습자의 경험을 풍부하게 하는 데 도움이 되는가?
④ 주제가 학습 내용과 학습자의 언어 수준, 연령, 지적 능력에 적합한가?
⑤ 제공된 주제가 실제의 사회적, 문화적 맥락과 연결되어 현장 적용성이 있는가?
⑥ 성, 인종, 직업 등에 대한 사회적 편견은 없는가?

(3) 학습 내용 분석(문법)
① 새로운 언어 항목의 제시 및 연습을 위해 어떤 기법이 사용되었으며 그것이 학습자에게 적합한가?
② 문법 항목이나 이를 다루고 있는 방식은 학습자의 요구에 부합되는가?
③ 제시된 문법은 학습자의 숙달도에 비추어 보았을 때 적절한가?
④ 형식뿐만 아니라 실제적인 사용이 다루어졌는가?
⑤ 새로운 문법 항목이 이미 배운 문법 항목과 관련이 있는가?
⑥ 새로 나온 문법 항목은 후에 충분히 반복되는가?
⑦ 문법 항목에 대한 연습은 4가지 언어영역과 연계되어 있으며 실제적인 과제 중심으로 구성되었는가?
⑧ 문법을 위한 참고 부분이 있어 자습, 개별 학습에 적합한가?

(4) 학습 내용 분석(어휘)
① 어휘 교육을 위한 자료가 양과 주제 범주의 측면에서 다양하고 충분한가?
② 어휘 학습은 학습자의 어휘력을 향상시키는 역할을 하고 있는가?
③ 각 단원이나 텍스트에 제시된 어휘가 학습자의 숙달도, 인지 능력에 비추어 보았을 때 적절한가?
④ 새로 나온 어휘는 후에 충분히 반복되는가?
⑤ 어휘 학습이 학습자의 어휘 학습 전략 개발에 도움이 되는가?

(5) 학습 내용 분석(발음과 억양)
① 발음 방법의 소개, 카세트테이프의 제공 등으로 학습자의 자율적 학습을 돕고 있는가?
② 학습자의 발음과 억양 관련 학습 전략 개발에 도움이 되는가?
③ 발음 연습이 듣기, 대화 연습과 함께 이루어지는가? 혹은 개별적으로 이루어지는가?
④ 개별음의 조음, 단어의 강세, 구어적 축약형, 문장의 강세, 억양, 음운 규칙이 체계적으로 다루어져 학습자의 체계적 학습을 돕는가?

(6) 학습 내용 분석(담화와 화용)
① 교재가 문장 이상의 언어 사용의 규칙과 구조를 다루어 활용성이 있는가?
② 문체와 화용적 적절성이 다루어졌는가?
③ 제시된 연습 자료의 담화에 불예측성 요소가 포함되어 있는가?
④ 담화 표지의 사용, 간접 표현 등의 사용과 관련하여 의사소통 전략의 사용 등이 포함되어 있는가?
⑤ 순서 교대, 인접 쌍, 선호 조직 등 상호 작용의 특징을 반영하는 담화 자료를 포함하고 있는가? 제시되는 학습 활동이 학습자의 의사소통 전략 개발에 도움이 되는 활동인가?

(7) 학습 내용 분석(문화)
① 성취 문화 중심인가? 일상 문화 관련 내용을 포함하고 있어 현장 적용성을 높이고 있는가?
② 교재가 문화적 충격이나 목표 문화에 대한 거부감을 최소화하는 데 기여하고 있는가?
③ 문화 내용은 설명과 제시 위주로 소개되는가? 과제 활동에 포함되는가?
④ 제시된 활동은 학습자가 목표 문화에 대한 이해와 평가를 가능하게 하여 자율 언어 학습을 도울 수 있도록 구성되었는가?

(8) 학습 활동 분석
① 학습 목표가 명확하게 제시되어 학습자가 학습에 주도성과 책임감을 갖도록 하는가?
② 학습자의 적극적인 참여를 제안하고 유도하며 이것이 학습자의 기대와 부합하는가?
③ 학습 활동이 개인화될 수 있도록 허용되어 그들 자신의 학습에 주도성과 책임감을 갖도록 하는가?
④ 학습자들을 위한 학습 기술이나 학습 전략 개발에 도움이 되는 학습 활동이 제안되어 있는가?

⑤ 학습자의 개별적 특성에 따라 학습 활동이 선택될 수 있도록 되어 있는가?
⑥ 자가 점검 평가 활동을 통해 자신의 학습을 반추할 기회를 얻는가?

5. 각 교재의 특성

교재를 이해하는 것은 자신이 기획하는 수업 구성을 이해하는 것과 같다. 교재의 특성을 이해하면 해당 교재에서 어떤 점이 중요한지, 어떤 점이 부족한지 파악하여 수업에 활용할 수 있다. 교재의 특성은 다음과 같은 기준에 따라 분류될 수 있다. 먼저 언어 기능별 교재로는 말하기, 듣기, 읽기, 쓰기와 같은 각각의 언어 기능별로 교재가 나뉠 수 있다. 이와 같은 교재는 언어 기능 통합 교재와 상반되는 개념으로 기술 분리형 교재로 불리기도 한다. 이렇게 기능별로 교재를 분리하면 해당 기능의 단계적 학습에 유리하다는 장점이 있다.

첫째, 언어 기능별로 교재의 특성을 살펴보자. 말하기 교재는 구어의 특성이 잘 드러나도록 구성하는 것이 중요하며 말하기에 참여하는 대화 참여자 간의 상호 작용을 익힐 수 있도록 설계해야 한다. 반면, 듣기 교재는 듣기 활동에 필요한 구어의 유형이 반영되도록 설계되었는지 확인해야 한다. 듣기 자료도 실제 자료에 가깝도록 실제성이 잘 반영되도록 구성해야 한다. 한편 읽기 교재는 문어적 특성이 잘 드러나도록 하는 것이 중요하며 읽기 자료를 다양하게 구성해야 한다. 쓰기 교재는 문어적인 글쓰기 활동, 즉 텍스트 유형에 따라 달라지는 문어체가 드러나도록 구성해야 하며 다양한 쓰기 활동이 반영되어야 한다. 언어 기능별 교재를 평가할 때 분석 기준은 다음과 같다.

1) 말하기 교재

① 구어에 얼마나 중점을 두고 있는가?
② 구어 자료가 학습자의 실생활 상호 작용을 익히도록 되어 있는가?
③ 말하기를 위해 어떤 자료와 교실 활동을 포함하는가?
④ 실생활 관련 말하기 과제를 포함하고 있는가?
⑤ 대화나 토론 등의 활동을 위한 특별한 전략들이 있는가?
⑥ 학습자가 구어 상황에서 불예측성을 다루는 데 도움이 될 만한 연습이 있는가?
⑦ 듣기, 읽기, 쓰기 등 다른 영역과의 통합 활동이 제안되고 있는가?
⑧ 통합 시 제공되는 활동은 필수적 선택으로 또는 수의적 선택으로 제안되어 학습자의 개별화를 돕는가?
⑨ 학습 활동이 개인화될 기회를 제공하는가?

2) 듣기 교재

① 듣기 활동에 요구되는 구어의 유형을 잘 반영하고 있는가?
② 어떤 종류의 듣기 자료가 포함되어 있는가?
③ 듣기 자료가 실제에 가깝게 녹음되었는가?
④ 녹음된 테이프 내용의 음질, 말의 속도, 억양, 실제성 등은 양호한가?
⑤ 듣기를 위한 비디오테이프가 있는가? 있다면 표정, 몸짓 등을 보여줄 수 있도록 시각적 매체가 잘 이용되는가?

⑥ 듣기 자료와 듣기 활동은 학습자의 인지적 수준에 적절하게 부합되는가?
⑦ 듣기 자료가 새로운 경험과 정보를 제공하고 있는가?
⑧ 듣기 자료의 전체적인 양과 개개의 길이는 학습자의 숙달도에 잘 맞는가?
⑨ 어떤 종류의 교실 활동이 제시되어 있는가? 실제적인가?
⑩ 듣기의 실생활 과제를 포함하고 있는가?
⑪ 듣기 능력 향상을 위한 학습 기법이나 전략 개발에 초점이 있는가?
⑫ 말하기, 읽기, 쓰기 등 다른 영역과의 통합 활동이 제안되고 있는가?
⑬ 통합 시 제공되는 활동은 필수적 선택으로 제시되는가? 아니면 수의적 선택으로 제안되어 학습의 개별화를 돕는가?

3) 읽기 교재

① 읽기 자료의 유형이 다양하게 제시되는가?
② 읽기 자료의 주제는 다양하고 편견은 없는가?
③ 읽기 자료가 학습자의 인지적 수준과 흥미에 적절하게 부합되는가?
④ 읽기 자료가 다양한 경험과 정보를 제공할 수 있는가?
⑤ 읽기 자료의 전체적인 양과 개개의 길이는 학습자의 숙달도에 잘 맞는가?
⑥ 읽기 자료가 한국어 문어의 특성을 보여 주고 있는가?
⑦ 읽기 자료가 문어 자료로서의 질은 양호한가?
⑧ 읽기 능력 향상을 위한 학습 기법이나 전략 개발에 초점이 있는가?
⑨ 말하기, 듣기, 쓰기 등 다른 영역과의 실제성 있는 통합 활동이 제안되고 있는가?
⑩ 통합 시 제공되는 활동은 필수적 선택으로 제시되는가? 아니면 수의적 선택으로 제안되어 학습자의 개별화를 돕는가?
⑪ 과제 활동이 흥미, 정보 수집 등 일상생활의 개연성 있는 읽기의 목적이 반영된 학습 활동인가?
⑫ 읽기의 실생활 과제를 포함하고 있는가?
⑬ 학습 활동이 개인화될 기회가 제공되는가?

4) 쓰기 교재

① 문어적인 글쓰기 활동이 제안되는가? 즉, 텍스트의 유형에 따른 문어체의 다양한 문체가 강조되는가?
② 쓰기 능력의 향상을 위해 어떤 교실 활동을 포함하고 있는가? 가령 유도된 쓰기, 통제된 쓰기, 문단 쓰기 등의 활동이 유도되는가?
③ 여러 종류의 쓰기 규칙이 교수 되는가?
④ 단락 구성이 적절히 교수 되는가?
⑤ 정확성에 얼마나 중점을 두는가?
⑥ 쓰기 활동은 과정 중심인가? 결과 중심인가?
⑦ 쓰기 활동의 목적과 독자층을 설정하고 활동이 제시되는가?

⑧ 실생활 쓰기 과제를 포함하고 있는가?
⑨ 말하기, 듣기, 읽기 등 다른 영역과의 통합 활동이 제안되고 있는가?
⑩ 통합 시 제공되는 활동은 필수적 선택으로 제시되는가? 아니면 수의적 선택으로 제안되어 학습의 개별화를 돕는가?

둘째, 매체별로 교재의 특성을 분류하면 웹 기반 교재와 영상 기반 교재로 나뉠 수 있다. 웹 기반 교재는 학습자의 적극적이고 능동적인 참여를 이끌어내도록 구성해야 하는데 다차원적인 상호 작용의 기회를 제공할 수 있도록 하고 시공간적 제약이 해결되어 자율적인 학습이 가능하도록 해야 한다. 반면 영상 기반 교재는 학습자에게 언어 사용의 상황과 맥락을 제공할 수 있으며 학습자의 흥미를 유발시킨다는 점에서 긍정적이다. 매체별 교재를 평가할 때 분석 기준은 다음과 같다.

5) 웹 기반 교재

(1) 요구 분석
① 일반 교재와 마찬가지로 학습자의 언어권과 요구, 학습 환경을 충분히 고려했는가?
② 100% 온라인 교육용인가? 혼합형 교육용인가?

(2) 교수설계
① 학습 목표와 학습 맵(map)을 제시하고 있는가?
② 학습 내용의 수준을 단계별로 구분되어 제시되는가?
③ 웹의 화면 구성이 학습자가 쉽게 접근하고 이동할 수 있도록 적절히 배치되어 있는가?

(3) 학습 내용
① 언어 기능별 학습과 발음, 어휘, 문법, 문화가 포함되어 있는가?
② 학습 내용의 난이도와 분량이 적절한가?

(4) 학습 전략
① 자기주도적 학습(학습자의 수준에 맞는 선택적 학습과 개별화된 학습)이 가능한가?
② 학습 동기 유발, 학습 지원 장치가 있는가?

(5) 상호 작용
① 학습 내용이 제공하는 피드백은 유의미한가?

(6) 평가
① 지원 체계 및 평가와 관련된 학습 관리 시스템을 갖췄는가?

② 학습 진도와 과제 관리가 가능한가?
③ 학습 내용에 대한 평가와 결과를 제공하는가?

6) 영상 기반 교재

(1) 실제 듣기 자료를 그대로 교실 수업에서 들여온 실제 자료를 토대로 만든 교재(예 드라마, 영화, TV 프로그램, 뉴스)
① 학습자의 관심, 화제성을 반영하여 수업 구성: 체계적인 교수요목을 위한 설계는 어떠한가?
② 듣기 숙달도를 높일 수 있음: 듣기 숙달도 향상을 위해 어떤 학습 전략이 필요한가?
③ 학습자의 학습 수준에 비해 어려움: 학습자의 수준에 맞춰 개작이 필요한가?
④ 학습자의 자기주도성 학습을 어떻게 장려할 수 있는가?

(2) 교사의 교수요목에 의해 개발된 영상 자료를 토대로 만든 교재(예 학습자의 수준에 따라 단계별로 제작)
① 학습자의 관심, 요구: 학습자의 요구에 맞는 교재를 개발했는가?
② 어색한 상황이 연출될 수 있음: 현실에서 적용 가능하고 실용적인가?
③ 개발된 후 자료 수정 어려움: 시의성이 부족한 것을 어떻게 극복할 수 있는가?

    셋째, 특수 목적별로 교재의 특성을 분류하면 학문 목적 교재, 직업 목적 교재, 결혼 이주민을 위한 교재로 나눌 수 있다. 학문 목적 교재는 한국 내 대학에 진학하여 학문적 활동을 수행할 수 있도록 구성한 것이다. 최고급 단계의 학습자를 위한 내용 중심 언어 교수법이 반영되어 있고 한국의 외국인 유학생을 위한 주제 중심 언어 학습이 주로 이루어진다. 반면 직업 목적 교재는 직무 수행 능력 배양이 목적으로 학습자에 따라 교재의 구성과 성격이 달라진다. 결혼 이주민을 위한 교재는 가족과 지역 사회와의 성공적인 의사소통할 수 있도록 구성된 교재로 지역에 따라 표준어와 방언을 구분하여 반영할 필요가 있다. 특수 목적별 교재를 평가할 때 분석 기준은 다음과 같다.

7) 학문 목적 교재

(1) 요구 분석
① 학습자의 요구 분석, 교육 시간, 학습 규모, 교사의 언어적 능력이 교재에 고려되었는가?
② 학습 목표와 학습 내용, 수행에서 학문 목적 학습자에게 적절한가?

(2) 학습 내용
① 학문 목적 학습자의 학문적 요구에 부합되는 내용인가?
② 학술 텍스트의 주요 문체인 설명적 텍스트와 논증적 텍스트를 다루고 있는가?
③ 학문적 주제 관련 어휘와 핵심 용어, 사고 도구어(예 개념, 특성, 고찰), 담화 표지와 표현, 문법, 문체, 담화 구조가 체

계적으로 다루어졌는가?
④ 학문적 활동과 유사한 학습 활동(사고력 훈련하기, 문제 의식 기르기 등)이 제공되어 있는가?
⑤ 학습 후 학습자가 자가 평가를 도울 수 있는 활동이 구성되어 있는가?

(3) 학습 전략
① 언어의 네 가지 기능이 학습 전략과 연관되어 학습되도록 구성되어 있는가?
② 교사와의 협력 학습 혹은 개별 학습에도 사용될 수 있도록 자기 주도적 학습 전략이 있는가?

8) 직업 목적 교재

(1) 이주 노동자를 위한 교재
① 일상생활, 직장 생활, 현장 업무 상황을 담은 통합 교재인가?
② 이주 노동자가 자신의 권익을 보고하는 기능이 포함되어 있는가?
③ 학습자의 학습 수준에 따라 중점으로 하는 교육이 달라지는가?(초급 수준에서는 말하기, 듣기 등 구어 교육 → 중고급에서는 읽기, 쓰기 등 문어 교육)

(2) 비즈니스 한국어 교재
① 학습자의 언어권, 직위, 연령과 같은 학습자 변인이 실제 과제와 관련되어 고려되어 있는가?
② 다양한 학습 조건과 환경을 고려하고 있는가?(회의, 회식, 프레젠테이션, 경조사 등)
③ 비즈니스 상황에 적절한 담화 구조 학습이 잘 되어 있는가?
④ 특정 전문 어휘와 공적 담화에서 통용되는 어휘 목록이 포함되어 있는가?
⑤ 한국의 기업 문화에 대한 내용이 포함되어 있는가?

9) 결혼 이주민을 위한 교재

(1) 사회적 측면
① 가정과 지역 사회 내에서 핵심적인 구성원의 역할을 할 수 있도록 구성되어 있는가?(지역 사회의 다양한 상황, 경어법, 반말 교육이 초급부터 이루어져야 한다)
② 한국 사회 적응에 필요한 문화 교육이 다루어지고 있는가?

(2) 학습자 측면
① 학습 동기와 학습 목표를 충족시킬 수 있는 학습이 이루어지고 있는가?(한국 생활에의 적응, 가족과의 대화 등)

(3) 학부모 측면
① 자녀와의 의사소통 상황이 구성되어 있는가?
② 자녀의 학교생활을 도울 수 있도록 학습 내용이 구성되어 있는가?(교사와의 자녀 문제 상담, 학부모로서의 의견 참여 등)

(4) 교수, 학습 상황 측면
① 가능한 교수, 학습 상황을 고려했을 때 적합한 교육 과정과 교재인가?
② 방문 교육 또는 집합 교육을 위한 교재인가? 학습자의 자기 주도적 학습이 가능한 교재인가?

IV. 부교재의 제작과 활용

1. 부교재의 정의

교재는 크게 주교재, 교사용 지침서, 부교재로 구성된다. 주교재는 수업의 교수 학습 내용이 반영되어 주되게 사용하는 교재이며 교실 수업 이외에도 학습자가 개별적인 자율학습으로 이용할 수 있게 구성된 것이기도 하다. 교사용 지침서는 교사를 위한 교재로 특히 수업의 흐름을 자세하게 설명해 준다는 점에서 교사를 위한 교재라고 할 수도 있다. 교사가 수업에서 설정한 학습 내용에 대해 더 효율적으로 학습시키기 위한 것으로 수업 방식, 수업 활동, 수업 내용의 유의점과 같은 내용에 관한 자료를 포함하고 있기 때문이다. 또한 수업 활동을 설명할 때 사용할 수 있는 부교재를 제시해 주기도 한다. 그런 의미에서 교사용 지침서는 수업의 길라잡이와 같은 역할을 한다고 할 수 있다. 부교재는 수업에서 사용될 수 있는 주교재 이외의 모든 자료를 의미한다. 여기에는 교사말, 교육적 목적으로 제작된 자료, 실제 자료 등이 포함된다. 예를 들어, 실제 자료, 사진, 그림, 듣기 자료로서 CD, 단어 카드, 문형 카드, 연습지, 워크북 등이 있다.

2. 부교재의 기능

부교재는 학습 효과를 높이기 위해 사용한다. 부교재를 사용함으로써 모국어 환경과 유사한 환경을 제공하고 학습자들이 쉽게 응용할 수 있는 자료를 사용함으로써 시간, 노력이 절감될 수 있기 때문이다. 다음은 부교재를 사용함으로써 얻을 수 있는 부교재의 기능은 무엇인가?

첫째, 부교재는 학습자의 이해를 높인다. 예를 들어 사진, 그림, 지도와 같은 시각 자료는 학습자가 언어로만 제시되었을 경우에 비해 훨씬 쉽게 학습자가 해당 내용을 이해할 수 있게 돕는다. 둘째, 부교재는 자료 활용 가능성을 높인다. 그림 카드나 문형 카드와 같은 부교재는 플래시 카드와 같은 형태로 학습자가 형태 활용을 자동화, 내재화할 수 있을 때까지 훈련시키는 도구로 기능한다. 셋째, 부교재는 평가에 도움을 준다. 특히 말하기나 쓰기의 표현 영역 평가로 많이 활용되는 역할극이나 그림을 보고 이야기를 만드는 활동을 평가로 활용할 때 제시되는 부교재가 평가를 위한 준비 자료가 될 수 있다. 넷째, 부교재는 교사와 학습자 간의 의사소통을 돕는다. 초급에서 교사와 학습자의 의사소통에서의 어려움은 시각 자료로서 어느 정도 해소될 여지가 있기 때문이다. 다섯째, 부교재는 교사의 역할을 부분적으로 대신할 수 있다. 교사와 같은 시공간에 있지 못할 경우 컴퓨터를 이용한 프로그램이나 학습용 오디오 자료와 같은 부교재를 통해 학습자는 개별 학습을 할 수 있다.

3. 부교재 선택 및 제작 시 고려 사항

부교재를 선택하거나 제작할 때는 학습자 요인과 기술, 환경 요인, 경제적 요인을 고려해야 한다. 먼저, 학습자 요인을 살펴보자. 첫째, 학습자의 연령에 따라 부교재를 선택하거나 제작할 때 달라질 수 있다. 학습자의 연령이 낮을수록 문자 위주의 부교재 자료에 쉽게 흥미를 잃을 수 있고 게임이나 노래, 동영상을 이용한 자료에 더 민감하게 반응한다. 반면, 학습자의 연령이 높을수록 실제 속도를 반영한 듣기 자료나 새로운 기기를 이용하는 프로그램에 어려움을 느낄 수 있다.

둘째, 학습자의 성별 및 성향에 따라 부교재 선택 및 제작이 영향을 받는다. 실생활에서 쉽게 확인할 수 있듯이 남성 학습자와 여성 학습자는 관심의 초점이 다르다. 예를 들어 여성 학습자는 트렌디한 드라마를 좋아하는 반면 남성 학습자는 스포츠나 뉴스에 관심이 있다. 또한 게임을 좋아하는 학습자가 있는 한편 문자로 된 자료로 확인받기를 좋아하는 학습자도 있을 수 있다. 결국 이렇게 다양한 성향과 취향을 갖고 있는 학습자를 대상으로 교사가 해야 할 역할은 학습자가 편안함을 느낄 수 있는 정서적 환경을 만들어 주는 것이다.

셋째, 학습자들의 학습 수준 및 선행 학습 정도에 따라서도 영향을 받는다. 같은 부교재 자료라고 하더라도 학습자에 따라 그 사용은 달라지게 마련이다. 학습 수준이 낮은 학습자에게는 제시용 혹은 연습용으로 사용 가능한 단어 카드가 학습 수준이 높은 학습자에게는 이를 활용한 토론이나 응용할 수 있는 교실 활동으로 확장될 수 있다.

넷째, 문화, 사회적 배경도 부교재 선택 및 제작 시 고려해야 한다. 문화적, 사회적 배경이 다른 학습자가 한 교실에서 공부할 때 부교재 사용은 신중히 채택되어야 하기 때문이다. 예를 들어, 중국 국적의 학습자와 대만 국적의 학습자가 같은 교실에서 학습할 경우 국기나 지도를 사용한 활동은 학습자들이 민감하게 반응할 수도 있으므로 신중해야 할 필요가 있다.

마지막으로 학습자의 학습 목적에 따라 부교재는 달라진다. 일반 목적인지 특수 목적인지, 특수 목적 중에서도 진학을 위한 것인지 취업을 위한 것인지 사업을 위한 것인지에 따라 학습 내용과 부교재는 달라질 수밖에 없다. 예를 들어, 진학 목적의 학습자에게는 자료 수집 및 논문 작성법을 지도할 수 있는 부교재가 필요한 반면 사업 목적의 학습자에게는 계약서, 청구서, 이메일 작성이 학습 내용으로 포함되므로 그에 해당하는 부교재도 바뀌게 된다.

학습자 요인과 달리 기술, 환경 요인으로도 부교재의 선택 및 제작에 영향을 끼치게 된다. 부교재를 사용하기 위해 특별한 시설이나 기자재가 필요한 경우 이러한 설치가 가능한지 확인할 필요가 있다. 실제로 국외에서 한국어를 가르칠 경우 교실마다 기자재가 설치되어 있지 않을 때는 부교재가 있어도 활용하기 어렵다. 또한 기자재는 사용하기 전에 매번 작동 여부를 점검해야 한다. 기기 오작동 때문에 수업이 지연되거나 영향을 받으면 안 되기 때문이다.

경제적인 요인도 고려해야 할 점이다. 부교재를 사용하기 위해 새로운 시설을 만들거나 기기를 설치해야 할 경우 비용이 발생하는데 이때 이와 같은 비용 대비 학습 효과를 고려할 필요가 있다. 교사가 부교재 제작에 너무 많은 시간과 노력이 들어가야 할 경우 시간이 갈수록 부교재를 지속적으로 사용하기 어렵다고 느낄 수밖에 없다. 예를 들어, 드라마를 이용한 수업이 학습자에게 흥미와 효과를 끌 수 있다는 장점이 있어도 매번 새로 나오는 드라마를 편집해서 부교재를 만들어 수업하기에는 교사에게 너무 큰 부담이 된다.

4. 부교재 제작 및 활용

부교재는 어떤 종류가 있고 이를 어떻게 활용할 수 있는가? 다음에서 부교재의 종류를 알아보고 이를 활용할 수 있는 방법을 살펴보자. 첫째, 언어 자료로 예문과 연습지로 나뉠 수 있다. 먼저 예문은 문법 도입이나 제시 때 사용하기도 하고 단어를 설명하거나 단어의 사용 맥락 혹은 대화를 제시할 때도 사용하는 가장 기본이 되는 자료로, 예문은 출력한 형태의 연습지나 복사지, 판서로 학습자에게 제공된다. 연습지는 문법 활용형을 연습하는 정확성을 위한 연습지와 의사소통 중심의 과제 활동지와 같은 유창성을 위한 연습지로 양분된다.

언어 자료 이외에도 청각 자료 및 기자재가 있다. 이때에는 무엇보다도 교사의 육성은 학습자와 직접 의사소통이 가능하고 시공간과 관계없이 의사소통이 가능하다는 점에서 활용도가 높은 청각 자료라고 할 수 있다. 또한 카세트테이프, CD, MP3 파일, 녹음기, 휴대 전화의 녹음 기능과 같은 기자재의 도움으로 제작 가능한 청각 자료는 학습자가 원하는 만큼 반복 학습이 가능하므로 개별 학습을 돕는 도구로도 활용 가능하다. 이 역시 시공산에 상관없이 수업을 신행할 수 있다는 점에서 매력적이고 경제적인 듣기 자료이다. 그뿐만 아니라 이와 같은 청각 자료는 학습자에게 입력 자료로만 기능하는 것이 아니라 학습자 발화를 녹음한 후 피드백이나 평가를 위한 도구로 쓰일 수도 있다. 어학 학습실도 소음 없이 집중해서 듣기를 공부할 수 있게 하는 청각 기자재이다. 반복 듣기나 발음 지도를 위해 오디오 녹음 파일을 이용할 수 있고 학습자 간 상호 대화도 할 수 있으므로 짝 활동이나 토론이 가능하기도 하다.

시각 자료 및 기자재는 가장 일반적인 부교재의 종류이다. 만약 교재가 통합 교재라면 교과서 안에 부교재가 포함되어 있게 된다. 교과서에는 학습 내용이 체계적으로 정리되어 제시되기 때문에 학습자가 자신의 능력에 따라 개별 학습으로 학습 속도를 조절하면서 공부할 수 있고 시간과 장소의 제약을 받지 않는다는 장점이 있다. 칠판이나 화이트보드도 교사가 수업에서 많이 쓰는 교구인데 그림을 그리거나 색 분필로 색을 달리해서 써서 시각적 효과를 높일 수 있다. 이때에는 교사가 판서에 신경을 쓴 나머지 학습자에게 교사의 등을 계속 보이지 않도록 주의해야 한다. 또한 판서할 때도 나름의 규칙을 정해 왼쪽에는 학습 목표, 오른쪽에는 새 단어를 정리하는 요령이 필요하다.

대표적인 시각 자료로 카드를 들 수 있는데 한글을 학습할 때 사용하는 자음과 모음 카드는 초급에서 꼭 필요한 부교재이다. 특히 초급 학습자가 인쇄체와 필기체 모두 확인할 수 있도록 기회를 제공하는 것이 좋다. 문자 카드는 문법 카드나 플래시 카드로 학습자에게 제시할 때 사용하거나 단어 카드와 같이 학습자 활동에 사용하기도 한다. 이때 가독성이 좋은 글자체를 선택하는 것이 중요하다. 문자 카드에서 부분적으로 색을 달리하여 학습자의 주목을 끌 수도 있다. 플래시 카드일 경우 동사를 줄 때 기본형으로 줄지 활용형으로 줄지 주의해야 하며 어떤 동사를 어떤 순서로 제시해야 할지도 고민해야 한다. 상황 카드는 유창성을 위한 연습을 위한 활동에서 사용되는 부교재인데 학습자의 학습 수준에 맞게 상황을 기술하는 것이 중요하다. 그림 카드는 그림으로 제시된 다양한 형태의 카드로 초급 학습자에게 의미를 전달하기 위해 쓰이는 경우가 대부분이다. 이때 의미를 명확히 알 수 있게 표현한 카드로 준비하는 것이 중요하다. 중고급에서는 의미 전달용으로 그림 카드를 많이 사용하지는 않는다.

그 밖에도 실물 자료 대신에 실제성을 높이고 쉽게 상황 연출이 가능한 사진이 있는데, 사진은 파일로 제작하면 보관과 이동이 용이하기 때문에 활용도가 높다. 지도도 학습자에게 시각적인 정보를 주는 동시에 흥미를 유발시키는 효과도 있으므로 많이 활용된다. 또한 도표는 복잡한 내용을 간략하게 만들어 학습자의 이해를 도울 수 있다는 장점 때문에 많이 활용되는데 특히 중고급에서 읽기의 제시 자료 혹은 내용 이해 질문용, 토의 자료로 활용 가능하다.

시청각 자료 및 기자재로는 대표적으로 컴퓨터가 있다. 동영상은 중고급 단계에서 학습 내용을 제시하거나 듣기 수업에서 듣기 자료로서 이용한다. 인터넷 TV 뉴스, 한글 자막이 나오는 영화 DVD, 유튜브를 들 수 있다. 또, 학습자끼리의 활동 장면을 휴대 전화로 녹화해서 동영상 파일로 만들면 오류 교정 자료나 수행 평가로도 이용할 수 있다. 동영상을 교신 수업에서 이용하려면 텔레비전 화면이나 프로젝터, 스크린 장치가 필요한데 이 또한 수업 전에 컴퓨터 기기를 점검해서 수업에 지장을 주지 않도록 하는 것이 중요하다. 파워포인트도 교사가 컴퓨터를 이용하여 입력한 자료를 다수의 학습자를 대상으로 제시하고 연습할 때 많이 쓰인다. 플래시 카드 대신에 문형 활용 연습에 쓰이기도 하고 해답을 확인하거나 쓰기 오류를 수정할 때 퀴즈 활동을 할 때에도 사용될 수 있다. 자료가 깔끔하게 정리되어 제시될 수 있고 교사의 자료 이동 부담을 줄일 수 있다는 점에서 긍정적이지만 파워포인트는 어두운 환경에서 제시해야 하므로 교실 수업에서 장시간 이용하기에는 어려움이 따른다.

멀티미디어도 컴퓨터를 이용한 대표적인 부교재이다. 그 중에서 SNS는 학습자가 갖고 있는 휴대 전화를 이용하여 학습자끼리 실시간으로 의사소통이 가능하므로 여러 명이 채팅방에서 의견을 결정할 수도 있어 실생활에서 적용 가능성이 높고 학습자의 흥미를 유발하기 쉽다. 하지만 연령 높은 학습자나 기기 다루는 것이 서툰 학습자에게는 부담이 될 수도 있고 교사가 학습자들을 전체적으로 통제하기 어렵다는 단점이 있다. 영상 통화는 학습자가 갖고 있는 휴대 전화나 개별 컴퓨터를 이용하여 대화식 학습할 수 있는데 학습자끼리 면대면 방식처럼 실시간으로 구어적 의사소통할 수 있고 시간과 장소의 제약을 받지 않으며 학습자의 흥미를 유발하기에도 좋다. 그러나 인간적 접촉 없이 기기만을 이용하면 지루함이 생길 수도 있고 교실 수업에서 개별 컴퓨터를 이용할 수 있게 설치하는 것은 비용상 어려울 수도 있으며 교사가 피드백을 주기 어렵다는 단점도 있다.

실제성 있는 자료로는 실물 자료와 실제 자료가 있다. 실물 자료(realia)는 '책상, 안경' 같은 구체적인 단어를 제시할 때 실물 그대로를 제시하는 것으로 비언어 자료를 교실 내로 가져와 언어 수업 자료로 사용하는 것이다. 모든 학습자에게 광범위하게 사용할 수 있는데 특히 문화적인 어휘를 제시할 때 실물 자료는 유용하다. 예를 들어, 함이나 버선과 같은 어휘는 외국인 학습자에게 없는 개념이므로 언어적 설명보다는 실물로 보여 주는 편이 이해하기 훨씬 쉽다. 초급에서 어휘를 제시할 때도 유용한데 어휘량이 매우 제한적인 초급 학습자인 경우 실물과 어휘의 의미를 일대일로 대응하는 것이 기억하기에도 더 좋을 수 있다. 예를 들어 책이나 안경을 사전적으로 설명하기보다는 보여 주는 게 더 쉽다. 이런 맥락에서 아동 학습자에게도 실물 자료는 유용할 수 있다. 단, 교사가 실물을 통제해서 제시하는 것이 아닐 경우 즉 교실에 있는 물건을 실물 자료로 그대로 제시할 경우 목표 어휘 이외의 어휘가 나오지 않도록 통제할 필요가 있다.

실제 자료(authentic material)는 한국어 모어 화자가 접하는 언어 자료를 교실 내로 가져와 언어 수업의 자료로 이용하는 것이다. 학습자를 교실 밖의 세계와 직접적으로 연결한다는 점에서 학습자에게는 흥미와 필요성을 느낄 수 있게 한다. 하지만 학습자의 학습 수준과 너무 차이가 날 정도로 어려운 실제 자료는 학습자의 자신감을 떨어뜨려 흥미를 잃게 할 수도 있다. 신문 기사, 잡지, 광고 전단지, 안내 방송, 가요와 같은 실제 자료는 읽기 자료와 듣기 자료로 모두 사용 가능하다. 특히 듣기 자료에서 실제 속도나 소음을 반영한 실제 자료를 이용하는 것이 중요하다고 할 수 있다.

형성 평가

1. 학습자가 교육 목표에 도달하도록 교육 과정에 따라 교육 내용을 미리 선정하여 가시적으로 제시한 것으로 협의의 개념으로서 교재를 정의했을 때 다음 중 교재에 해당하는 것이 아닌 것은?
① 과제   ② 교과서   ③ 교사말   ④ 연습지

정답: ③
해설: 교사말은 언어 학습을 위한 의식적인 활동에서 동원되는 모든 입력물이라고 교재를 광의의 개념으로 정의 내릴 때 포함될 수 있다. 협의의 개념으로서 교재의 정의에는 수업을 위해 미리 계획되어 제시된 것으로 한정한다.

2. 다음은 수업 단계에 따른 교재가 갖고 있는 기능을 연결한 것이다. 연결이 잘못된 것은?
① 수업 전 단계: 교재는 교수자에게 교수 목표를 제시하고 교육 과정을 구현하도록 돕는다.
② 수업 중 단계: 학습자는 교재를 통해 예습, 복습, 자습 등의 학습 활동을 할 수 있다.
③ 수업 후 단계: 시각 자료, 연습 자료, 듣기 자료 등의 교수 자료는 교재를 통해 제공받는다.
④ 수업 후 단계: 교재에 근거한 기준에 따라 학습한 것에 대한 지식과 수행을 평가한다.

정답: ③
해설: 수업에 필요한 교수 자료는 수업 중 단계에서 교재를 활용하여 제공받는다.

3. 다음은 교육 과정에 따른 교재의 특성을 기술한 것이다. 다음 중 설명이 잘못된 것은?
① 학문 목적의 학습자를 위한 교재는 일상생활에서 필요한 상황, 문화 내용을 빼고 대학 수학에 집중하는 것이 좋다.
② 직업 목적의 학습자를 위한 교재는 발표, 회의 거래처와의 대화, 회사 보고서 작성 등 직무 수행에 필요한 다양한 상황을 제시한다.
③ 재외 동포 자녀를 위한 교재는 높임말과 반말의 쓰임, 한국의 예절과 문화에 대한 이해가 학습 내용에 포함되어야 한다.
④ 결혼 이주자를 위한 교재는 가족이나 지역 주민과의 대화에서 필요한 구어적 의사소통을 비중 있게 다룬다.

정답: ①
해설: 학문 목적의 학습자를 위한 교재에도 일상생활에서 필요한 다양한 상황이나 문화적 내용이 포함되어야 한다.

4. 다음 중 교수요목에 따른 교재 구성을 바르게 설명한 것은?
① 상황 교수요목: 각 등급에 맞춰 채택된 주제를 일정 기준에 따라 배열한 교수요목으로 '가족, 날씨, 음식, 전화' 등을 중심으로 단원이 구성된다.
② 기능 교수요목: 물건, 시간, 거리, 관계, 감정 등과 같이 실생활 관련 주요 개념을 중심으로 작성한 교수요목으로 유용성이나 친숙도에 따라 배열한다.
③ 주제 교수요목: 언어 활동이 이루어지는 장소나 상황을 중심으로 작성한 교수요목으로 '식당에서, 길에서, 지하철에서, 시장에서'와 같이 발화 장면을 중시한다.
④ 과제 기반 교수요목: 언어 구조가 아니라 실생활 과제 중심으로 배열한 교수요목으로 '편지 쓰기, 면접하기, 신청서 작성하기' 등을 중심으로 단원이 구성된다.

정답: ④
해설: ①의 설명은 주제 교수요목, ②의 설명은 개념 교수요목, ③의 설명은 상황 교수요목이다.

5. 교재의 학습 활동을 중심으로 교재 선택의 기준을 생각할 때 적절하지 않은 것은?
① 학습자의 적극적인 참여를 제안하고 유도하는가?
② 어떤 학습자가 쓰더라도 동일한 방법으로 교재를 사용할 수 있는가?
③ 자가 점검 평가 활동을 통해 학습자가 자신의 학습을 반추할 기회를 얻는가?
④ 학습 목표가 명확하게 제시되어 있어 학습자가 학습에 주도성을 갖도록 하는가?

정답: ②
해설: 학습자의 개별적 특성에 따라 학습 활동이 선택될 수 있게 되는 것이 바람직하다.

6. 언어 기능별 교재에 대한 설명 중 적절하지 않은 것은?
① 읽기 교재: 읽기 자료가 다양한 경험과 정보를 제공할 수 있는가?
② 쓰기 교재: 텍스트 유형에 따른 문어체의 다양한 문체가 강조되는가?
③ 듣기 교재: 학습자가 잘 들을 수 있도록 천천히, 분명하게 녹음되어 있는가?
④ 말하기 교재: 구어자료가 학습자의 실생활 상호 작용을 익히도록 되어 있는가?

정답: ③
해설: 듣기 교재는 학습자의 수준에 맞춰 적절하게 조절되어야 하지만 속도와 억양 등이 가능하면 실제에 가깝게 녹음되는 것이 중요하다.

7. 부교재를 선택하거나 제작할 때 고려해야 사항 중 학습자 요인이 아닌 것은?
① 학습자의 학습 수준 및 선행 학습의 정도에 따라 동일한 자료의 부교재 사용은 달라질 수 있다.
② 일반 목적인지, 취업이나 진학과 같은 특수 목적인지에 따라 부교재의 내용은 달라질 수 있다.
③ 부교재 사용을 위해 특별한 시설이나 기자재가 필요한 경우 설치 가능한지 확인이 필수적이다.
④ 문화적, 사회적 배경이 다른 학습자가 한 교실에서 공부할 때 부교재 사용을 신중히 채택해야 한다.

정답: ③
해설: 부교재 사용을 위해 특별한 시설이나 기자재가 필요한지 설치 여부를 확인하는 것은 기술, 환경 요인이다.

8. 복잡한 내용을 간략하게 만들어 학습자의 이해를 도울 수 있는 부교재로 중고급에서는 토의 자료로도 활용 가능한 것은?
① 도표 ② 그림 ③ 사진 ④ 카드

정답: ①
해설: 도표를 통해 복잡한 텍스트의 구조를 더 간략하고 분명히 보여줄 수 있어 이해하는 데 도움을 받는다.

제6장 말하기 교육론

학습 목표
1. 말하기의 개념, 말하기의 특성, 교수법에 따른 말하기 교육의 변천사를 알 수 있다.
2. 말하기 교육의 목표, 말하기 교육의 내용, 말하기 수업 구성의 원리를 이해하고 말하기 수업에 활용할 수 있다.
3. 교실 내의 상호 대응 유형, 연습 활동 유형, 수준별 말하기 활동 유형, 말하기 교육에서 교사의 역할을 알고 활용할 수 있다.
4. 말하기 수업의 각 단계, 말하기 수업에서의 오류 수정 방법, 말하기 전략을 이해할 수 있다.

I. 말하기란

1. 말하기의 정의
인간의 의사소통은 말하기, 듣기, 읽기, 쓰기의 언어적 요소와 몸짓이나 표정 등의 비언어적 요소로 구분된다.

1) 말하기란?
말하기는 의미 협상의 과정이며 대화 참여자들의 상호 작용을 말하는 것으로, 정보의 공백을 메워가며 필요한 정보를 얻고 부족한 정보를 확인하는 것이다.

2. 구어(음성 언어)의 특성

1) 무리 짓기
말하기를 할 때 인지적으로 적절한 단위 또는 호흡에 적절한 단위로 무리 지어 표현한다.

2) 중복성
반복하는 말, 고쳐 하는 말, 설명하는 말 등 덧붙이는 말 등이 많이 나타나는 특징을 지니고 있다. 화자는 반복과 부연 설명을 통해서 의미를 분명히 할 수 있다.

3) 축약형
음성적, 형태적, 통사적, 화용적 측면에서 축약이 나타나므로 자연스러운 말하기를 위해서 축약을 적절하게 사용하게 해야 한다.

4) 수행 변인(performance variable)
비계획적인 담화에서는 도중에 주저하거나 머뭇거리거나 말을 수정하는 경우가 자주 나타나며 이런 수행 변인에 대해서 외국인 학습자는 학습을 통해 배워야 한다.

5) 구어체
관용적 표현이나 축약형, 공통의 문화적 지식 등이 포함되므로 이런 표현을 지도하고 연습할 기회를 줘야 한다.

6) 발화 속도
유창하게 발화하려면 적절한 속도로 발화를 해야 한다.

7) 억양과 강세
구어는 음성을 통해 전달되므로 어조, 억양, 강세 등의 요소가 의미를 전달하는 데 중요한 요소가 된다.

8) 상호 작용
대화는 상호 작용 규칙의 지배를 받으므로 원활한 대화를 위해서 상호 작용 규칙을 익혀야 한다.

3. 말하기 교육의 연구사

1) 문법 번역식 교수법과 말하기
문법 번역식 교수법은 어휘와 문법 학습 후 번역하기의 순으로 수업을 진행한다. 따라서 실제적인 말하기 능력을 발전시키는 데 부족하다.

2) 직접 교수법과 말하기
목표어로 목표 문형을 도입하여 실제처럼 반복하고 귀납적으로 문법 규칙을 설명한다. 이 교수법은 교사 주도적인 수업으로서 대화자들로서의 역할보다는 교수·학습 과정에서 상대 역할을 하는 데 그친다는 단점이 있다.

3) 청각 구두식 교수법과 말하기
패턴 대화를 따라 하고 곧이어 교사의 질문에 대해 학습자가 응답하는 형식의 수업으로 유창성에는 기여하나 맥락화 능력은 떨어진다.

4) 전신 반응 교수법과 말하기
교사의 발화를 듣고 학습자가 실행하는 방식의 수업으로 교사 발화가 명령에 치우치게 되고 추상적인 대상을 설명하는 데 한계가 있다.

5) 자연 접근법과 말하기
이해 가능한 입력을 제공한 후 한 단계 높은 자료를 제시하여 자연스럽게 언어를 습득하게 하는 교수법으로 듣기 활동 후 초기 발화를 산출하는 발화 출현 단계를 거친다. 그러나 정확성이 떨어지고 발화가 지연될 가능성이 있으며, 이해 가능한 수준이 무엇인지 정의가 불명확하다.

6) 의사소통 교수법과 말하기
의사소통 활동을 통해 실제적인 의사소통을 할 수 있도록 하는 교수법이지만 언어 구조의 학습이 단계적으로 이뤄지기 어렵고 자료의 선택과 선정된 자료의 등급을 정하기 어렵다는 단점이 있다.

7) 과제 중심 교수법과 말하기
과제 전 활동 → 과제 활동 → 과제 후 활동의 순서로 수업을 진행한다. 과제 의존적이므로 체계적인 문법적 교수가 이뤄지지 않으며 학습자의 수행 능력에 따라 교육 효과가 다르므로 교사의 부담이 크다는 단점이 있다.

8) 형태 초점 교수법과 말하기
의미에 중점을 둔 교수법에 대한 대안으로서 등장했으며 유창성과 정확성을 함께 추구한다는 특징이 있다. 학습자가 의사소통에 초점을 둔 수업에서 과제를 수행하는 가운데 의사소통 상의 필요에 의해 자연스럽게 언어의 형태에 집중을 하게 되는 방향으로 진행된다.

II. 말하기 교육의 목표와 내용

1. 말하기 교육의 중요성

1) 한국어 교육의 궁극적 목표
말하기는 주어진 환경 속에서 학습자가 자신의 생각을 성공적으로 전달하는 것을 목표로 한다.

2) 실생활에서 의사소통
실생활 의사소통 상황에서 듣기는 45%의 비중을 차지하며 말하기 30%, 읽기 16%, 쓰기 9%의 비중을 차지하여 말하기는 높은 비중을 차지함을 알 수 있다.

3) 개인의 일상적인 생활 + 사회적인 활동

말하기는 일상적인 생활뿐 아니라 사회적인 활동에서도 중요한 역할을 하는 언어 기능이다.

2. 말하기 교육의 목표

① 목표 언어의 정확한 발화, 유창성 확보, 의사소통 능력의 개발에 목표를 두고 교육한다.
② 사회 문화적 배경지식의 활용을 전제로 하는 담화 능력을 배양할 수 있도록 교육한다.
③ 문제 해결 능력 향상을 위해 과제 중심의 수업 활동을 구성하고 여타 영역과 연계될 수 있도록 교육한다.
④ 교실 내에서 실제적이고 유의미한 활동을 확보하여 실생활로 전이가 가능하도록 교육한다.
⑤ 학습자가 주도적으로 학습에 참여하게 하여 학습자 나름대로 학습 전략을 학습할 수 있도록 교육한다.

3. 등급별 말하기 교육의 목표

1) 초급 단계

① 말하기 교육의 목표: 일상생활을 수행하는 데 필요한 기본적인 의사소통 능력을 기른다.
② 과제와 기능: 간단한 질문과 대답
③ 교육 내용: 일상적 주제, 친숙한 주제, 구체적 주제
   담화 유형: 문장, 문장의 연쇄

2) 중급 단계

① 말하기 교육의 목표: 일상적 · 개인적 주제를 유창하고 정확하게 다루며, 친숙한 추상적 · 사회적 주제를 다루는 능력을 기른다.
② 과제와 기능: 설명하기, 묘사하기, 비교하기
③ 교육 내용: 친숙한 추상적 · 사회적 주제
④ 담화 유형: 문단

3) 고급 단계

① 말하기 교육의 목표: 사회적 · 추상적 주제를 다루고, 자신의 전문 분야에서의 기능 수행 능력을 기른다.
② 과제와 기능: 주장하기, 논증하기, 토론하기
③ 교육 내용: 사회적 주제, 추상적 주제, 전문적 주제
④ 담화 유형: 확장된 담화

4. 말하기 교육의 내용

1) 의사소통 능력을 기르기 위한 말하기 교육 내용

(1) 문법적 능력
① 발음, 어휘, 문장을 바르게 구성하는 능력
② 음운, 어휘, 통사 지식과 사용 연습

(2) 사회언어학적 능력
① 특정 발화가 대화 상황에서 적절한가를 판단할 수 있는 능력
② 한국어 사용 환경, 문화, 관습, 규칙에 관한 이해

(3) 담화적 능력
① 문장을 유의미적으로 연결하기 위해 문법 체계에 관한 지식을 사용하는 것
② 응집성 있는 담화 구성, 대화 원리에 대한 이해

(4) 전략적 능력
① 의사소통 실패 시 반복, 주저함, 비언어적 의사소통 행위 등의 전략을 사용하는 능력
② 언어학적 구조에 대한 지식
③ 언어 기능에 대한 지식
④ 전략적 기술(언어 사용 과정에서 필요)

Ⅲ. 말하기 교육 방안

1. 말하기 수업 구성의 원리

1) 한국어 구어의 특성이 반영되어야 한다.
① 통사적 특성: 문어에 비해 어순과 조사 생략이 자유롭다 등.
② 음운적 특성: 축약과 탈락이 많이 일어난다 등.
③ 담화적 특성: 구어 담화 표지가 사용 '글쎄, 뭐, 그런데 말이야, 자' 등

2) 정확성과 유창성의 균형이 고려되어야 한다.
① 정확성: 언어의 형식에 초점

② 유창성: 언어의 사용에 초점
※ 둘 사이의 조화와 균형을 고려하여야 한다.

초급 ←←←   →→→→ **고급**
'정확성' 강조   '유창성' 강조

3) 학습자의 요구가 반영되어야 한다.
① 학습자에게 필요한 것과 학습자가 요구하는 것에 대해 고려해야 한다.
② 학습자로 하여금 흥미를 가지고 적극적으로 말하기에 참여할 수 있도록 유도해야 한다.

4) 다양한 상황에서의 담화 능력을 키우기 위한 구성이 되어야 한다.
① 학습자가 처한 사적, 공적 상황에 맞게 의사소통할 수 있도록 담화의 형식과 표현을 지도해야 한다.

5) 문화에 대한 이해가 반영되어야 한다.
① 언어와 문화는 불가분의 관계이다.
② 원활하고 정확한 구어 의사소통을 위해서 한국적 문화를 수업 구성에 반영해야 한다.

6) 과제 중심의 수업이 되도록 한다.
① 학습자가 학습의 결과로 특정한 상황에서 적절하게 언어를 수행할 수 있도록 구성해야 한다.

〈과제 중심의 교육〉
■ 과제란?
"의미를 중심으로 하여 의사소통을 위해 행하는 모든 이해, 처리, 생산, 대응 활동"을 말한다.
■ 과제의 유형
1) 실제적 과제: 실제 의사소통을 할 때 수행해야 하는 말하기의 기능들을 교실에서 해보도록 고안된 과제
2) 교육적 과제: 교육적인 목표를 위해서 인위적으로 조직된 과제

실제적 과제 유형	예시
일상적 맥락에서 자주 수행하는 말하기 활동	인사하기, 자기소개하기, 길 묻기, 물건 사기, 음식 주문하기 등
공공장소에서 필요한 기능 수행을 위한 활동	은행, 우체국, 출입국 관리사무소 등의 공공 기관에서의 업무 처리
자신의 업무나 전문 분야에서 요구하는 기능 수행을 위한 활동	안내하기, 발표하기, 협상하기, 토론하기 등

2. 말하기 지도의 원리

※ 한국어 말하기 능력을 향상시키기 위해 교사가 유의해야 할 원리
- 실제적인 언어 사용 능력을 키워줄 수 있도록 해야 한다.
〈실제성이란?〉
언어 사용의 맥락과 기능, 표현이 실제의 의사소통 상황을 반영하는 정도
〈실제적 상황〉
일상적 상황, 공공장소에서의 일, 업무나 전문 분야의 일을 모두 포함
실제적 상황은 학습자에 따라 달라질 수 있음.

1) 실제성의 원리

(1) 실제성을 높이기 위한 방안
① 실제 의사소통 상황을 반영한 과제와 자료를 제공한다.
② 학습자의 요구를 반영한다.
③ 구어적 특성을 반영한다.

(2) 정확성과 유창성 모두를 향상시킬 수 있어야 한다.
① 정확성: 명확하고 또렷하게 발음하며, 문법적, 음운적으로 오류 없는 한국어 구사 능력
② 유창성: 한국어를 막힘없이 자연스럽게 사용하는 능력

(3) 학습자가 자신감을 갖고 적극적으로 수업에 참여할 수 있도록 학습자의 요구를 반영하여 학습자 중심으로 지도한다.

(4) 학습자의 말하기 수행 중심이 되도록 한다.

(5) 말하기, 듣기, 읽기, 쓰기 기능이 통합적으로 이루어져야 한다.

(6) 학습자의 언어 수행에 적절한 피드백을 제공한다.

IV. 말하기 수업 활동

1. 말하기 수업 활동

1) 교실 내의 상호 대응 유형

```
                        통사적 특성
              ┌─────────────────┬─────────────────┐
              │        A        │        B        │
              │   문형 중심의    │    교사 중심     │
              │   통제된 연습    │    토론 수업     │
  정확성 활동  ├─────────────────┼─────────────────┤  유창성 활동
              │        C        │        D        │
              │    학습자 간    │     역할극,     │
              │    문답 연습    │    과제 활동    │
              └─────────────────┴─────────────────┘
                       학습자 간의 활동
                     (짝 활동, 소그룹 활동)
```

2) 교실 내의 연습 활동 유형

(1) 드릴(Drills)

① 기계적인 드릴(교사: 저는 홍길동입니다./저는 선생님입니다.)

② 유의미한 드릴(교사: 마이클 씨는 미국에서 왔어요. 요코 씨는요?/학생: 저는 일본에서 왔어요.)

(2) 인터뷰

① 친구들에게 묻고 답하세요.

이름	히엔	친구2	친구3
국적	베트남		
전공	경영학		
사는 곳			
좋아하는 음식			

```
┌─────────────────────────────┐
│ 가: 안녕하세요?              │
│ 나: 저는 히엔이라고 해요.    │
│ 가: 어느 나라에서 왔어요?    │
│ 나: 베트남 사람이에요.       │
└─────────────────────────────┘
```

(3) 정보 차 활동

① 정보를 물어서 주변 지도 완성하기, 공연 관련 정보를 서로 물어 정보 완성하기 등

> A: (   ) 이/가 어디에 있어요?
> B: (   ) 은/는 (   ) 앞/뒤/옆/위/아래에 있어요.

(4) 역할극(Role Play)
- '길 묻기, 음식 주문하기, 약속하기, 물건 사기' 등

(5) 게임
- 전체 학생을 대상으로 언어 게임, 추측하기 게임, 빙고 게임 등을 할 수 있다.

(6) 발표
- 프레젠테이션, 강의, 보고 등과 같이 주어진 주제에 대한 말하기와 더불어 공적인 상황에서 하는 말하기의 표현도 연습할 수 있다.

(7) 토론
- '사형제의 폐지에 대해', '저 출산으로 인한 인구 절벽에 대해' 등 하나의 주제로 찬반 토론을 할 수 있다.

3) 수준별 말하기 활동 유형

초급 이상	■ 문장 만들어 이야기하기 ■ 문답이나 대화 완성하기 ■ 질문에 답하기 ■ 답을 듣고 질문 만들기
중급 이상	■ 단어 게임하기 ■ 상황에 따른 역할극하기 ■ 비교해서 말하기 ■ 이야기 재구성하기 ■ 설명하기
고급 이상	■ 좌담회하기 ■ 발표하기(프레젠테이션) ■ 촌극이나 연극하기 ■ 인터뷰하기 ■ 특정 주제에 대해 이야기하기

2. 말하기 교육에서 교사의 역할

1) 통제자로서의 역할
학습자가 지나치게 산만하거나 집중을 하지 못할 때 리더로서의 역할을 한다.

2) 촉진자로서의 역할
학습자가 그룹의 중심이 되어서 과제를 스스로 수행할 수 있도록 도와주는 역할을 한다.

3) 상담자로서의 역할
학습자가 느끼는 감정적 두려움을 없애도록 도와주는 역할을 한다.

4) 관찰자로서의 역할
강점을 강화시켜 주고 약점은 보완하도록 도와주는 역할을 한다.

5) 참여자로서의 역할
학습자 스스로 하기 어려운 과제에 교사가 참여하되 교사 혼자 대화를 독점하지 않도록 유의해야 한다.

6) 평가자로서의 역할
학습자의 활동이나 과제 수행에 적절한 피드백 제공하고 언어 사용에 대한 평가와 내용에 대해 평가한다.

V. 말하기 수업 구성

1. 말하기 수업의 단계별 수업 구성

1) 말하기 수업의 단계

| 도입 | ⇒ | 제시/설명 | ⇒ | 연습 | ⇒ | 활용 | ⇒ | 마무리 |

2) 각 단계별 교수·학습 내용

① 도입 단계: 질문, 그림/사진 자료 등을 이용해서 학습 동기를 유발하고 학습 목표를 자연스럽게 이해하도록 돕는 단계이다.

② 제시/설명 단계: 문형 카드 또는 모델 대화문으로서 문법을 제시하고 문법의 의미와 기능에 대한 이해를 돕는 단계이다.

③ 연습 단계: 문법 유형을 단순한 것에서 복잡한 것으로 확대 연습하는 단계로 반복 연습, 교체 연습 등의 통제된 연습이

주가 된다.

④ 활용 단계: 실제 상황의 과제를 수행하는 단계로 실제적 활동을 통해 의사소통 능력을 키우도록 한다.

⑤ 마무리 단계: 교육 내용을 정리하고 교사 피드백을 통해 격려 또는 오류 수정을 하는 단계이다. 이 단계에서 과제도 제시한다.

2. 오류 수정

오류는 의사소통에 방해가 되는 총체적 오류와 의미 이해에 지장을 주지 않는 국소적 오류로 구분할 수 있다. 오류의 원인으로는 필요한 요소를 생략해서 발생하는 생략 오류와 새로운 문법을 모든 곳에 적용하면서 생기는 과대 일반화 오류, 그리고 모국어의 요소가 목표어로 잘못 적용된 전이 오류로 구분할 수 있다. 이러한 오류의 수정 방법은 다음과 같다.

① 반복 요구: 학습자의 오류를 되묻는 방식('네, 뭐라고요?')

② 모방: 학습자의 오류를 따라 하는 방식

③ 지적 또는 질문: 틀렸다고 말하거나 질문을 통해 지적('이상하네요, 뭐가 틀렸을까요?')

④ 표정: 표정이나 몸짓으로 틀렸음을 암시

⑤ 힌트: 힌트가 될 만한 단서를 제공하여 학습자가 스스로 고치도록 하는 방식('높임법에 조심해서 다시 말해 보세요.')

⑥ 직접 고쳐주기: 올바른 문장으로 고쳐서 말해주는 방식

3. 말하기 전략

1) 말하기 전략의 예

① 분명히 말해 달라고 요구하기(뭐라고요? 그게 무슨 뜻이에요?)

② 반복 요청하기(네? 다시 말씀해 주세요.)

③ 시간을 끌기 위한 군말 사용하기(음… 그러니까… 뭐냐하면…)

④ 대화 유지를 위한 표현 사용하기(음, 그래서? 그래…)

⑤ 다른 사람의 주의 끌기(있잖아, 자아… 그런데 말이야…)

⑥ 단어나 표현을 모를 때 다른 말로 쉽게 풀어 말하기

⑦ 듣는 사람에게 도움 요청하기(이런 걸 뭐라고 하지요?)

⑧ 정형화된 표현 사용하기(이거 얼마예요?/여기서 명동까지 얼마나 걸려요?)

⑨ 몸짓이나 표정 등 비언어적 표현 사용하기

형성평가

1. 다음 중 말하기의 특성과 그 예가 잘못 연결된 것은?
① 축약형 - '이것이'를 '이게'로 말하도록 한다.
② 구어체 - 최신 유행어를 써서 대화문을 만든다.
③ 발화 속도 - '잘//못 타요.'로 끊어서 말하도록 가르친다.
④ 억양과 강세 - '벌써 가?'에서 '벌써'를 강하게 발음하게 한다.

정답: ③
해설: 말하기의 특성 중 무리 짓기에 대한 예이다.

2. 의사소통적 교수법에 기반한 말하기 수업의 특징으로 옳지 않은 것은?
① 주제 또는 상황 중심으로 구성한다.
② 교사는 명시적 오류 수정에 집중한다.
③ 수업은 다양한 활동과 과제로 구성한다.
④ 언어 규칙보다 언어 사용에 중점을 둔다.

정답: ②
해설: 의사소통적 교수법에서는 의사소통이 주요한 목적이고 유창성을 중요시하기 때문에 교사는 대화에 큰 문제가 있는 오류가 아닌 이상 수정을 굳이 하지 않는다.

3. 다음 중 고급 단계의 말하기 교육의 목표는 무엇인가?
① 문장 단위로 설명하거나 말할 수 있다.
② 친숙한 사회적 주제에 대해 말할 수 있다.
③ 업무 보고나 토론 등 전문 분야에서 요구되는 기능을 수행할 수 있다.
④ 격식체와 비격식체를 구분하여 사용할 수 있다.

정답: ③
해설: ①, ②, ④는 중급 단계의 말하기 목표이다.

4. 다음 중 말하기 교육의 원리에 대한 설명으로 옳은 것은?
① 말하기는 의사소통 활동이므로 대화 위주로 가르친다.
② 말하기 수업이므로 읽거나 쓰는 활동은 가급적 자제한다.
③ 문법을 설명하고 연습하는 단계도 반드시 포함해야 한다.
④ 구어는 격식에 맞지 않으므로 교실에서는 다루지 않는다.

정답: ③
해설: ① 발표, 토론 등의 다양한 담화 유형을 교육해야 한다. ② 통합적인 기능 교육을 위해서 읽고 말하기, 말하고 쓰기 등의 활동을 하는 것이 좋다. ④ 실제성을 높이기 위해서 구어 표현을 가르치는 것이 좋다.

5. 말하기 활동의 유형에 대한 설명으로 옳은 것은?

① 반복 연습-초급 단계보다는 고급 단계에서 효과적인 활동이다.
② 정보 차 활동-학습자 간의 상호 협력을 통해 정보를 획득하는 활동이다.
③ 인터뷰-고급 단계에서 더 효과적이며 발표나 브리핑으로 확장이 가능한 활동이다.
④ 집중 연습-짝 활동이나 그룹 활동을 통해 특정한 언어 형태들을 연습하는 활동이다.

정답: ②
해설: ① 반복 연습은 고급보다는 정확성을 요구하는 초급 단계에 더 적절한 활동이다. ③ 인터뷰 활동은 전 단계에서 모두 효과적인 활동이다. ④ 집중 연습은 특정한 언어 형태를 연습하는 방법으로 짝 활동이나 그룹 활동으로 활용하기에는 적절하지 않다.

6. 말하기 수업에서의 '모둠 활동' 방법에 대한 설명으로 옳지 않은 것은?

① 학습자들의 언어 능력 차이를 고려해서 활동을 구성해야 한다.
② 사소한 오류라도 지적하는 것이 활동을 원활하게 해 줄 수 있다.
③ 시작하기 전에 활동 방법을 명확하게 설명해 줘야 한다.
④ 학습자들에게 활동에 대해 책임감을 가질 수 있도록 해야 한다.

정답: ②
해설: 사소한 오류를 지적하는 것이 오히려 활동 단계에서는 방해가 될 수도 있으므로 활동에 방해가 되지 않는 사소한 오류는 그냥 넘어갈 수 있다.

7. 말하기 수업에서 오류를 수정하는 방법으로 가장 적절하지 않은 것은?

① 모국어 간섭이 나타나 오류가 생겼을 때 모국어와 목표어와 차이를 설명해 준다.
② 소극적인 학생은 틀린 부분이 있을 때 개별적으로 문제점을 언급해 주는 것이 좋다.
③ 오류가 발생했을 때 좋은 모델을 보여 주면서 오류를 고쳐 준다.
④ 의사소통에 지장이 없더라도 오류발생 시 화석화가 되지 않도록 바로 수정해 주는 것이 좋다.

정답: ④
해설: 말하기 수업에서는 의사소통에 지장이 없는 경우 즉각적인 오류 수정을 하지 않는 것이 좋다.

8. 다음 대화에서 교사가 사용한 오류 수정 방법으로 옳은 것은?

> 교사: 다음 주말에 어디에 갈 거예요?
> 학생: 다음 주말에 영화관에 갔어요.
> 교사: 다음 주말에 영화관에 갔어요?
> 학생: 아, 영화관에 갈 거예요.

① 모방   ② 지적   ③ 반복 요구   ④ 직접 고쳐주기

정답: ①
해설: 학습자의 오류를 따라 함으로써 오류 사실을 지적하고 있으므로 모방의 방법을 사용하고 있다.

제7장 쓰기 교육론

학습 목표

1. 쓰기의 개념과 특성, 쓰기 교육의 중요성, 목표, 내용에 대해 알 수 있다.
2. 언어 교육의 이론과 쓰기 교육에 대해 알 수 있다.
3. 쓰기 교육의 접근 방법과 원리, 활동 유형, 구성, 평가의 유형을 알고 수업에 활용할 수 있다.

I. 쓰기의 개념과 특성

1. 쓰기의 개념
쓰기란 문자 언어를 사용하여 자신의 생각과 느낌, 정보 등을 표현하는 활동이다.

2. 문어의 특성

1) 불변성: 쓰기는 한 번 완성되고 나면 영원히 남는다.
- 글을 완성하기 전에 여러 번 수정하고 다듬을 수 있다.

2) 산출 시간의 소요: 말하기와 달리 생산과 수용에 걸리는 시간에 구애받지 않는다. 따라서 시간을 충분히 가져도 의사소통에 장애가 되지 않는다.
- 주어진 시간을 효과적으로 활용하는 전략 지도가 필요하다.

3) 글쓴이와 독자의 거리: 구어보다 이해가 더 어렵기 때문에 독자의 일반적·문화적·언어적 지식을 고려해서 써야 한다.
- 독자의 관점에서 생각하는 자세가 필요하다.

4) 철자: 쓰기는 말하기와 달리 보조적인 수단 없이 오로지 철자에 의존하여 표현해야 한다.
- 철자를 통해 정확하고 효과적으로 표현하는 연습이 필요하다.

5) 복잡성: 구어에 비해서 문장과 구조가 복잡하기 때문에 구어에 비해 어렵게 느껴진다.

■ 복문과 다양한 문형을 활용하도록 해야 한다.

6) 다양한 어휘: 문어적인 어휘를 선택하고, 다양한 어휘를 활용해야 한다.

7) 형식성: 텍스트의 구조, 수사학적 형식에 대한 이해가 필요하다.

3. 쓰기 교육의 중요성

쓰기는 한국어를 사용하여 일상생활, 사회생활을 영위하기 위한 필수적인 능력이다. 따라서 고급 단계의 숙달도를 갖추기 위해서는 쓰기의 특성을 고려하고 쓰기 능력에 영향을 미치는 요인들을 반영해야 한다. 쓰기는 다른 언어 기능을 학습함으로써 저절로 향상되는 것이 아니기 때문이다.

4. 쓰기 교육의 목표

1) 교육 과정별

(1) 학문 목적의 한국어 교육 과정
   강의 수강 및 연구에 필요한 쓰기 능력 배양(보고서 작성, 강의 듣고 필기 등)

(2) 직업 목적의 한국어 교육 과정
   직장 생활에 필요한 다양한 서류 작성하기, 사회적인 글쓰기 능력 배양(서류 작성, 회의록 작성, 공적인 이메일 등)

2) 숙달도별
① 초급: 일상적이고 친숙한 주제의 생활문(메모, 편지, 안내문 등)
② 중급: 친숙한 추상적·사회적 글 감상문, 설명문, 수필 등 다양한 유형의 글, 논리적인 글
③ 고급: 보고서, 논설문, 평론 등 다양한 텍스트 공적인 문서 등 격식적·전문적 분야의 글

3) 한국어 쓰기의 단계별 목표

초급	중급	고급
■ 맞춤법에 맞게 씀 ■ 기본적인 어형 변화 구사 가능 ■ 서류/서식 기재 가능 ■ 짧은 메시지나 전화 메모 등 실용문 작성 가능 ■ 친숙한 주제로 단순한 문장 생성 가능 ■ 학습 주제와 관련 있는 구어체 문장과 편지, 일기와 같은 문어체 문장 표현 가능	■ 맞춤법과 문법에 맞게 문장 작성 가능 ■ 문법적 오류가 다소 있으나 비교적 정확 ■ 생활과 밀접한 관련이 있는 사회적 소재에 대해서 글을 쓸 수 있음 ■ 주어진 텍스트 요약 가능 ■ 자신의 주장을 논리적으로 전개할 수 있음	■ 철자 등에 약간의 오류는 있으나 문장구조를 이해함. ■ 친숙한 주제에 대해서 긴 글 작성 가능 ■ 묘사, 서술, 요약 및 의견 주장 등의 내용을 적절하게 표현 ■ 정치, 경제, 사회, 문화 전반에 걸쳐 친숙하지 않은 주제도 다룰 수 있음 ■ 연대기적 서술, 논리적 서술, 논술 등의 문장 구성 가능

5. 쓰기 교육의 내용

① 내용적 지식: 주제 관련 지식

② 맥락적 지식: 누가, 어떤 문맥에서 글을 읽을 것인지에 대한 것으로 상황에 맞게 글을 구성하는 능력

③ 언어 체계에 대한 지식: 어휘, 문법, 구문, 철자에 대한 지식

④ 쓰기 과정 지식: 전략적, 절차적 지식

II. 쓰기 교육의 흐름

1. 언어 교육의 이론과 쓰기 교육

1) 문법 번역식 교수법과 쓰기 교육
문법 번역식 교수법에서는 말하기와 듣기에 비해서 읽기와 쓰기를 강조한다. 따라서 말하기와 듣기는 문법 수업의 보조적 역할에 그친다.

2) 직접 교수법과 쓰기 교육
목표어로 진행되는 회화 중심 수업으로 쓰기의 위상이 줄어들고 말하기와 듣기에 역점을 둔다.

3) 청각 구두식 교수법과 쓰기 교육
구조주의에 입각한 교수법으로서 통제된 대화 연습에 주력한다. 따라서 쓰기 능력은 말하기 능력이 신장하면 저절로 신장하는 것이라고 믿으며, 베껴 쓰기, 문법에 맞게 빈칸 채우기 등의 활동을 하고 읽기의 보조 수단에 불과하다.

4) 의사소통식 교수법과 쓰기 교육

쓰기를 의사소통의 수단으로 본다. 언어 사용 위주의 교육으로서 유창성 강조하고 맥락을 중시하기 때문에 담화 능력 배양, 사회언어학적 요소에 대한 교육을 강조한다.

2. 쓰기 교육의 접근 방법

1) 결과 중심 접근법

결과 중심 접근법은 텍스트 자체를 중시하므로 쓰기 교육의 대상도 쓰기 텍스트 자체가 된다. 교수·학습의 초점은 텍스트의 구조, 문체, 수사법, 철자 등 형식적인 면이며, 모범적 텍스트 분석하여 모방하여 쓰는 방식으로 수업을 진행한다. 교사도 글의 정확성을 중시하여 철자나 문법 오류에 대한 수정을 위주로 피드백을 한다.

2) 과정 중심 접근법

과정 중심 접근법은 필자의 글쓰기 과정이 중심이 되는 방법으로 쓰기 교육의 대상은 글쓰기의 전 과정과 쓰기 전략이다. 글쓰기 과정은 '주제에 대한 생각을 끌어내기 → 구상 개요 작성(계획) → 초고 작성 → 다시 쓰기 → 글 완성'으로 진행된다. 초고와 다시 쓰기의 순환적 과정으로 2~3차례 반복되는 특징을 갖는다. 피드백도 동료와 교사 피드백으로서 형식이 아닌 내용이 중심이 되어 피드백을 통해 새로운 아이디어를 얻거나 언어적인 형태를 발견하는 계기로 삼는다. 학습자는 충분한 시간에 글을 완성하지만 결과물을 제출할 필요는 없다.

3) 장르 중심 접근법

장르 중심 접근법은 독자 중심 접근법이라고도 하며, 교수·학습의 초점은 담화공동체에서 통용되는 텍스트의 특성, 구성 방식 등을 이해하고 글을 쓰도록 지도하는 것이다. 수업은 다양한 장르/유형의 모범 글을 제시하고 교수할 장르/유형 텍스트의 형식을 이해하도록 한다. 다음으로 유도 작문 형태의 연습을 하고 자유 작문을 하게 된다.

III. 쓰기 교육 방안

1. 쓰기 교육의 원리

1) 내용, 구조, 문법, 철자의 균형 잡힌 교육을 해야 한다.(정확성과 유창성을 동시에 추구)

① 내용: 생각, 논지의 일관된 구성 및 전개와 예시, 묘사, 설명, 비교 등에 맞는 내용에 대해
② 구성: 텍스트 유형에 맞는 알맞은 구성에 대해(서론, 본론, 결론의 적절성 등)
③ 담화: 문장을 연결하여 단락을 구성하고 단락의 통일성, 응집성에 대해
④ 문법: 문법적으로 적절한 문장을 구성하는 것에 대해
⑤ 어휘: 다양하고 적절한 어휘 사용에 대해

⑥ 기계적인 부분: 철자, 구두점, 들여쓰기에 대해

2) 학습 요구를 반영한 실제적 쓰기와 학문적 쓰기 포함

(1) 과제(task)는 의미를 중심으로 의사소통을 위해 행하는 모든 이해, 처리, 생산, 대응 활동을 말한다.

(2) 과제의 유형
    과제는 교육적 목표를 위해 인위적으로 조직된 교육적 과제와 실제 생활에서 수행해야 할 기능들을 교실 내에서 해보도록 고안된 실제적 과제로 구분된다. 쓰기 교육은 교육적 과제에서 실제적 과제의 순으로 진행해야 한다.

(3) 실제적 과제의 장점
    실제적 과제는 실제 생활에서 자주 접하게 될 쓰기 과제로서 교실 내 과제 수행이 실제 생활로 연계될 가능성이 높다.

(4) 실제적 과제의 예
    친구나 가족에게 편지나 엽서 쓰기, 축하/감사/위로 카드 쓰기, 신상 정보를 묻는 양식 채우기, 전화 메시지 듣고 메모하기, 이력서와 자기소개서 쓰기, 안내문 쓰기, 설문지 작성하기 등이 실제적 과제에 해당한다.

3) 상호 작용의 촉진
① 전통적 수업은 학습자 혼자 쓰고 교사가 평가하는 일방향의 수업이다.
② 최근의 수업은 학습자 간에 생각을 나누며 피드백을 주고받는 상호 작용을 중시한다.
③ 쓰기 전에 서로 생각을 교환하여 쓸 내용을 정리한다.
④ 자신이 쓴 글에 대해 다른 사람에게 의견을 구한다.

4) 글쓰기에 영향을 미치는 언어 문화 특성 고려
Kaplan(1966)의 언어 문화권에 따른 수사 구조

▶ Patterns of Written Discourse (Kaplan, 1966)

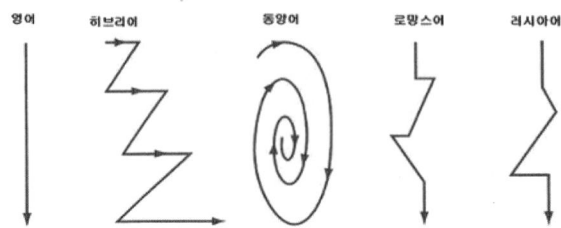

5) 독자의 반응을 예상하며 쓰기

쓰기는 독자에게 어떠한 메시지를 전달하기 위한 행위이다. 따라서 독자에게 전할 메시지는 쓰기의 목적이 되고 독자에 따라 어휘와 표현, 난이도 등에 변화가 생긴다.

(1) 쓰기 교육의 방향
■ 독자의 배경지식, 요구, 태도 등을 염두에 두고 글을 쓰도록 지도 → 전략 필요

(2) 독자를 위한 글쓰기 전략
■ 독자 분석, 독자 반응 예상, 창조적 독자를 위한 글의 조직 등

6) 상호활동적, 협력적 쓰기

협력적 쓰기는 계획하기, 초고 쓰기, 다시 쓰기, 편집하기의 과정에서 다른 학습자들의 도움으로 글을 발전시켜 나가는 것을 말한다. 이때 동료 학습자는 독자의 역할을 하며 독자를 염두에 둔 효과적인 글쓰기 기회를 제공하게 된다. 짝 활동이나 소그룹 활동 중심으로 협력적 쓰기 활동을 할 수 있다.

7) 통합적 쓰기 교육

통합 교육은 개별 기능의 세부적인 면을 지도하기보다 둘 이상의 관련된 기능을 함께 다루는 총체적 언어 접근법의 방법이다. 따라서 실제 의사소통 상황을 반영하여 실제 의사소통 기능 향상에 이바지하게 된다.

통합 교육의 예로 '모범 글 읽기 → 모범 글 분석 → 장르적 특성 발견 → 이를 모델로 한 글쓰기'를 들 수 있다.

2. 쓰기 교육에서의 오류 수정

1) 학습자 간의 오류 교정

다른 학습자의 글을 개별적 또는 그룹으로 읽고 의견을 나누는 방식으로 다음과 같은 평가 질문지를 제공하는 것이 효과적이다.

① 단락의 구성이 알맞게 이루어졌습니까?
② 제목이 글의 내용에 적합합니까?
③ 한 문장으로 줄일 수 있는 중심 내용이 있습니까?
④ 전체 내용에 맞지 않는 부분은 없습니까?

2) 교사의 오류 교정

오류 수정은 정확성을 향상시키기 위한 것으로 학습자의 의도에 맞는 글을 쓰도록 도움을 주는 수단이다. 학습자의 표

현 의도에 맞게 문법적 오류를 중심으로 교정한다.

(1) 오류 수정의 원리
① 형태 중심 연습에서는 형태를 정확하게 수정해 준다.
② 의사소통적 의도를 가진 글에서는 학습자가 주제에 대한 자신의 생각을 표현하고, 독창적이고 창조적인 글을 쓸 수 있도록 오류에 관대해져야 한다.
③ 대표적인 오류 몇 가지를 수업 시간에 다룬다.
④ 글의 잘된 부분에 대한 칭찬과 오류 교정을 함께 제공한다.
⑤ 반복된 오류는 중요하게 다루고 실수는 심각하게 다루지 않는다.
⑥ 아직 학습하지 않은 내용에 대해서는 지적하지 않고 수정해 준다.
⑦ 학습자 전체를 대상으로 오류를 다룰 때는 누구의 오류인지가 드러나지 않게 해야 한다.

(2) 오류 수정 방법

유형	장점
서면	시간을 절약할 수 있음, 반복해서 교정 내용 확인이 가능
면담	학습자 의도 파악 가능

서면 오류 교정은 기호를 사용한 간접 수정과 직접 수정으로 구분된다.

Ⅳ. 쓰기 수업 활동

1. 쓰기 수업 활동

1) 통제된 쓰기

(1) 베껴 쓰기

(2) 받아쓰기
받아쓰기는 교사가 문장과 단락을 부르면 학생들은 들은 것을 그대로 쓰는 방식으로 형태 연습에 초점 맞춘 활동이다. 이때 주의할 점은 한국어의 음운 규칙에 맞게 읽어야 한다는 것이다.

(3) 바꿔 쓰기

(4) 문장 연결하기

(5) 빈칸 채우기

(6) 바꿔 쓰기

> ■ 저는 아침 7시에 일어납니다.
> → 저는 아침 7시에 일어나요.
> ■ 저는 한국어를 공부합니다.
> → 저는 한국어를 _____.

(7) 문장 연결하기

(8) 빈칸 채우기

(9) 문장 연결하기

> ■ 배가 아프다/병원에 가다
> → 배가 아파서 병원에 갑니다.
> ■ 비가 오다/우산을 사다
> → _____.

(10) 빈칸 채우기

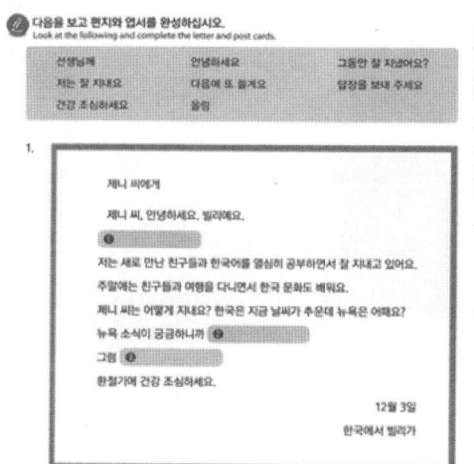

2) 유도된 쓰기

유도된 쓰기는 통제된 쓰기보다 광범위한 쓰기를 허용하는 것으로 작문의 전 단계 연습 활동에 해당한다.

(1) 이야기 재구성하기

교사는 이야기를 들려주면서 핵심 어휘나 표현을 제시하고 학습자는 핵심 어휘, 표현을 사용하여 재구성하는 연습이다.

(2) 그림, 도표, 통계 자료 등을 보고 서술하기

내용을 시각적인 자료로 제시하고 언어 형식을 학습자가 선택하여 글로 쓰는 연습이다.

(3) 담화 완성하기

담화의 일부분을 비워 두고 문맥에 맞게 완성하는 활동으로 '서론, 본론에 맞게 결론 쓰기, 원인을 보고 결과를 예측하기' 등이 이에 해당한다.

(4) 이야기 구성하기

※ 다음의 표현을 이용해서 완성된 글을 써 보십시오.

어젯밤, 비, 경부 고속도로, 천안 부근, 고속버스, 미끄러짐, 승용차, 충돌, 운전자와 승객, 22명 부상, 졸음 운전

(5) 자유 작문

성인 남녀의 평균 수명이 늘어나면서 노후 생활에 대한 관심도 커지고 있다. '노후 생활 준비'라는 주제에 대해 아래의 내용을 중심으로 자신의 생각을 쓰십시오.

- 행복한 노후 생활이란 무엇이라고 생각합니까?
- 노후 생활에 있어서 무엇이 가장 중요합니까?
- 자신의 노후 생활을 위해 무엇을 준비해야 합니까?

(6) 글 읽고 의견 제시

> ※ 다음 글을 읽고 어떻게 생각하는지 자신의 의견을 쓰세요.
>
> 어떤 사람들은 연예인을 열광적으로 좋아하는 청소년들을 부정적으로 본다. 학교생활에는 소홀하면서 무조건 연예인만 쫓아 다닌다고 생각하기 때문이다. 하지만 청소년들이 연예인을 좋아하는 것을 그렇게 부정적으로만 볼 일은 아니다. 취향이 비슷한 친구들을 사귈 수도 있고 공부나 입시로 인한 부담감에서 벗어날 수도 있기 때문이다. 그들을 무조건 부정적으로만 보지 말고 이해하려는 노력이 필요하다.

Ⅴ. 쓰기 수업의 구성과 평가

1. 쓰기 전 단계

> 주제 선정 – 생각 끌어내기 – 구상 개요 작성하기

1) 주제 선정: 좋은 글은 주제에 대한 다양한 정보와 풍부한 생각이 있을 때 가능하다.

2) 생각 끌어내기: 개인 활동, 짝 활동, 소그룹 활동을 통해 주제에 대한 생각을 나누고 준비한다.

3) 계획하기

(1) 구상 개요 작성 단계: 글을 통해 나타내려는 논지가 무엇인지, 논지를 뒷받침해 주는 상세한 부분들은 무엇인지, 어떤 순서로 배열할 것인지에 대한 고려가 필요하다.

(2) 구상 개요 작성 방법
① 목록화하기(Listing)
② 자유롭게 쓰기(Free Writing)
③ 도식화하기(Mapping, Diagramming)
④ 글의 틀 구성하기(Scratch Outline)

2. 쓰기 단계 활동

> 초고 작성 – 피드백 주고받기 – 교정하기 – 글 완성하기

1) 초고 작성 단계

본격적으로 글을 쓰기 시작하는 단계로 이 단계의 글은 완성된 결과물이 아닌 초고로 간주한다. 정확성보다 유창성에 초점을 두고, 전달하고자 하는 의사소통 목적에 맞게 작성한다. 이 단계에서는 빨리 쓰기 전략(speed writing)이나 읽으면서 써 나가기 전략 등을 사용할 수 있다.

2) 피드백 주고받기

(1) 학습자 간 피드백

학습자 간 피드백은 문법적. 통사적인 면보다 내용과 구성에 초점을 둔다. 글의 단락이 잘 나누어져 있는지, 제목이 글의 내용에 적절한지, 중심 내용이 명료하게 나타나 있는지 등을 살펴보고 피드백을 제공한다.

(2) 교사의 피드백

교사의 피드백은 서면이나 개인 면담, 이메일(E-mail) 등을 통해 할 수 있으며, 초고에서는 전체적인 구성과 내용을 중심으로 하고 최종 글에서는 구체적인 오류 수정을 중심으로 피드백을 제공한다.

① 초안에 대한 피드백
- 글의 내용과 구성 등 전체적인 오류를 지적
- 주제를 전개하는 전체적인 구성에 대해서 언급(주제와 관계가 먼 부분을 언급)
- 도입 부분에 대해서 언급
- 부적절하거나 어색한 단어와 표현을 지적

② 최종 글에 대한 피드백
- 문법적인 오류를 수정(철자, 구두점, 문법 구조)
- 어색한 어휘 수정
- 글의 전체 구성과 내용에 대한 교사의 의견 언급

3. 쓰기 후 단계 활동

1) 다른 언어 기능과의 통합 활동
① 쓴 내용 발표하기
② 견해를 글로 쓴 후 토론하기
③ 인터뷰하기

2) 학습자의 피드백 활동

① 여러 번 반복해서 읽거나 써 보고 암기
② 문법서나 참고 자료를 활용하여 확인하고 메모
③ 주위 사람들에게 설명을 들어 보충 지적받은 내용을 스스로 범주화하고 목록을 정리

4. 쓰기 평가의 유형

1) 평가 방법에 따른 유형

(1) 객관식 평가와 주관식 평가

	객관식 평가	주관식 평가
평가 방식	선다형	자유 작문
장점	기계적 채점 가능 평가 결과 일정	쓰기 능력의 평가라는 본질적 목적에 부합
단점	쓰기 능력 평가에 한계	채점에 주관성 개입 채점 결과가 일정하지 않음

주관식 평가는 주관성을 배제하기 위해 꼼꼼한 채점 기준과 채점자 훈련이 필요하다.

(2) 직접 평가와 간접 평가

	직접 평가	간접 평가
평가 방식	작문형, 논술형	선다형/빈칸 채우기
장점	실제 언어 사용 평가	평가의 경제성, 신뢰도 높음
단점	평가의 비경제성, 신뢰도 관리의 어려움	언어 사용과 관련된 지식 평가

직접 평가는 꼼꼼한 채점 기준과 채점자 훈련이 필요하다.

5. 쓰기 평가의 채점 방식

1) 종합적 채점

학습자의 글을 읽고 받은 인상으로 점수를 부여한다.

■ 빠른 채점 ■ 높은 채점자 간 신뢰도 ■ 점수가 일반적인 '표준'을 보여 줌 ■ 점수가 글쓴이의 장점을 강조하는 데 중점을 둔다는 점 ■ 여러 다른 영역들의 쓰기에도 적용이 가능하다는 점	■ 단일 점수는 각 점수 내에서의 하부 기술성 차이점을 보여 주지 않는다. ■ 진단적 정보가 없다. 　(긍정적 역류 효과가 없다.) ■ 모든 장르의 쓰기에 똑같이 적용되지 않는다. ■ 채점자 훈련이 필요하다.

2) 분석적 채점

(1) 쓰기 능력의 구성 요소들 각각을 채점하는 방식으로 진단적 평가가 가능하기 때문에 학습자들에게 긍정적 역류 효과가 발생한다.

(2) 분석 채점의 평가 기준
한국어능력시험(TOPIK)의 작문 문항 평가 범주를 참고하여 내용 및 과제 수행, 글의 전개 구조, 언어 사용, 사회언어학적 격식 등 총 4가지 영역을 분석적으로 평가한다.

(3) 분석 채점의 평가 기준

평가 범주		평가 내용
내용 및 과제 수행		요구된 내용을 적절하게 포괄하며, 과제를 적절히 수행하였는가를 평가
글의 전개 구조		적절한 문단 구조를 이용하고 담화 장치를 적절하게 사용하여 응집성 있게 구성하였는가를 평가
언어 사용	어휘	어휘를 적절하고 정확하며 유창하게 사용하였는가
	문법	문법을 적절하고 정확하며 유창하게 사용하였는가
	맞춤법	맞춤법에 맞게 표기하였는가
사회언어학적 격식		작문의 장르적 특성에 맞추어 언역(register)의 사용이 적절한가

형성평가

1. 다음 중 문어의 특성이 아닌 것은?
① 변화가 많다.
② 형식성이 강하다.
③ 다양한 문형을 활용해야 한다.
④ 산출하는 데 시간이 많이 필요하다.

정답: ①
해설: 문어는 구어에 비해 영속성을 지닌다. 그러므로 불변하다는 특징이 있다.

2. 고급 단계 학습자를 대상으로 한 쓰기 교육의 목표로 옳은 것은?
① 일상생활과 관련이 있는 사회적 소재에 대한 글을 쓸 수 있다.
② 광고문, 안내문, 각종 서식 등과 같은 실용문을 쓸 수 있다.
③ 서평, 논설문 등과 같이 주장을 논리적으로 펴는 글을 쓴다.
④ 설명하기, 묘사하기 등과 같은 기능을 활용하여 글을 쓸 수 있다.

정답: ③
해설: ①과 ④는 3급의 쓰기 교육 목표에 해당되고 ②는 2급의 쓰기 교육 목표에 해당된다.

3. 과정 중심 쓰기 교육에 관한 설명으로 옳은 것은?
① 학습자의 사고력 증진에는 적절하지 않다.
② 교수 학습의 주안점은 쓰기의 주안점과 형식성에 있다.
③ 대규모 수업에서 실시하기에는 많은 노력과 시간이 소요된다.
④ 과정마다 채점 방식을 달리하므로 신뢰도 확보가 용이하다.

정답: ③
해설: 과정 중심 쓰기 교육의 한계로 다수를 대상으로 하기 힘들다는 것을 들 수 있다.

4. 쓰기를 의사소통적 관점에서 설명한 것으로 옳은 것은?
① 쓰기는 특정한 텍스트 유형을 분석하여 모방하는 것이다.
② 쓰기는 특정한 목적을 가지고 독자와 상호 작용하는 것이다.
③ 쓰기는 문장을 연결하여 하나의 완결된 텍스트를 생산하는 것이다.
④ 쓰기는 내용과 언어에 대한 지식을 활용하여 좋은 텍스트를 만드는 것이다.

정답: ②
해설: 쓰기는 학습자로 하여금 자신이 쓴 글을 통해 글을 읽는 이들과 의사소통하게 한다. 그러므로 외국어 교육에서의 쓰기는 의사 소통 도구로서의 쓰기라고 할 수 있다.

5. 쓰기 오류를 수정할 때 고려해야 할 것으로 옳지 않은 것은?
① 글의 오류 수정만 하지 않고 칭찬도 함께 해 주는 것이 좋다.
② 실수는 스스로 수정할 수 있으니 심각하게 보지 않는다.
③ 형식 중심 쓰기에서는 목표 형태를 정확히 수정하는 데 중점을 둔다.
④ 장르 중심 쓰기에서는 상투적인 표현을 새로운 표현으로 고치는 데 중점을 둔다.

정답: ④
해설: 장르 중심의 쓰기 이론가들은 장르의 유형, 사회적 기능, 형식과 내용을 가르치는 것을 쓰기 교육의 목표로 삼는다. 따라서 상투적인 표현을 새로운 표현으로 고치는 데 중점을 두지 않는다.

6. 과정 중심 쓰기 지도를 할 때 교사의 태도로 옳지 않은 것은?
① 피드백을 줄 때 내용에 초점을 둔다.
② 다양한 쓰기 전략을 활용하도록 한다.
③ 오류 수정을 위해 결과물을 제출하도록 한다.
④ 학습자 간 피드백을 통해 글을 발전시키게 한다.

정답: ③
해설: 과정 중심 쓰기는 초고를 작성한 후 다시 쓰기를 거쳐 최종적인 글을 작성하게 되므로 오류 수정을 위해 결과물을 제출할 필요는 없다.

7. 쓰기 피드백에 관한 설명으로 옳은 것은?
① 면담 피드백에서는 글을 쓴 의도를 파악하기가 좋다.
② 간접 피드백에서는 올바른 형태를 글로 써서 알려 준다.
③ 서면 피드백은 대면 피드백이며, 시간에 구애받지 않는다.
④ 직접 피드백에서는 틀린 부분에 밑줄을 그어 학습자가 고치게 한다.

정답: ①
해설: ② 간접 피드백은 틀린 부분에 밑줄을 그어 학습자가 스스로 고치게 한다. ③ 서면 피드백은 글로 하는 피드백이다. ④ 직접 피드백에서는 틀린 부분을 알려 주고 올바른 형태도 알려 준다.

8. 초고에 나타난 쓰기 오류 수정 내용으로 옳지 않은 것은?
① 맞춤법과 구두점 사용 오류를 수정한다.
② 주제와 관계가 먼 부분에 대해 언급한다.
③ 글의 내용과 구성에 대한 오류를 지적한다.
④ 문법적인 오류나 어색한 어휘 사용을 지적한다.

정답: ③
해설: 맞춤법과 구두점 사용 등의 오류는 내용상의 수정이 이루어진 후에 하는 것이 바람직하다. 따라서 초고에 나타난 쓰기에는 적용하지 않는다.

제8장 한국어 듣기 교육론

학습 목표

1. 외국어 학습에서 듣기의 개념, 특성, 학습자 숙달도 수준에 따른 듣기 교육의 목표와 내용, 학습 동기나 학습 목적을 이해할 수 있다.
2. 학습자 관찰로 듣기 과정과 듣기 수업에 대한 이해, 듣기 이해의 처리 과정을 통해 달라지는 듣기 수업의 모형, 언어적 특성을 바탕으로 한 듣기 자료 유형과 듣기 자료의 구성 원리, 듣기 교수 내용에 포함되는 내용, 듣기 내용 구성 원리를 기술할 수 있다.
3. 듣기 지도의 개념이 변화된 흐름, 듣기 지도에서 교사의 역할, 듣기 수업에서 활용할 수 있는 전략, 효과적인 듣기 지도법을 이해하고 수업에 적용할 수 있다.
4. 듣기 활동의 원리를 토대로 듣기 수업을 구성, 과정 중심 듣기 수업의 단계, 듣기 전-듣기-듣기 후 활동의 목적과 기능 및 활동 유형을 설명할 수 있다.

I. 한국어 듣기 교육 목표

1. 듣기의 개념

말하기 교육보다 듣기 교육은 연구 성과가 적고 알려진 교육 자료나 방법도 적다. 또한 듣기에 대한 잘못된 사회적 신념이 있다. 예를 들어 듣기는 자연적인 과정이라는 점, 소리 듣기(Hearing)와 의미 듣기(Listening)가 같다고 생각하는 점, 듣는 사람들이 한자리에 있다면 모두 같이 듣는다고 보는 점이다.

그러나 듣기의 개념을 다시 생각해 볼 필요가 있다. 듣기란 어린 나이에 단번에 모두 숙달되지 않고 오랜 기간에 걸쳐 연습을 통해 지속해서 계발되는 기능이다. 듣기는 소리를 지각하는 것을 넘어 의미를 파악하여 스스로 해석하는 과정을 포함한다. 또한 듣는 사람은 관심과 욕구, 동기가 각각 다르므로 같은 내용도 다르게 듣고 다르게 해석한다.

실제로 언어 교육에서 듣기 교육의 중요성은 매우 크다. 우리는 매일 듣기 활동을 하는데 많은 연구자가 일상생활에서 듣기를 통한 의사소통의 중요성을 강조한다. J. Morley는 평균적으로 사람들은 듣는 활동을 말하기의 2배라고 하면서 듣기는 읽기의 4배, 쓰기의 5배만큼 시간을 할애한다고 주장한다. 또, 듣기 기능이 다른 기능으로의 전이 능력이 가장 크며 Lundeteen(1971), S. Krashen(1985)의 이해 가능한 입력 또한 제2 언어 습득에서 입력(Input)의 중요성을 강조한다. 많은 학자는 입력 정보가 수용(Intake)되는 과정, 입력이 학습자의 언어 능력으로 저장되는 인지 과정의 중요성 강조한다. 능동적으로 발화에 참여하기 위해서는 듣기 능력이 필수이며 듣기는 의사소통 목적에 도달하기 위한 기초이기 때문이다. 모국어 학습에서는 듣기 능력은 자연스럽게 형성되므로 별도의 학습이 필요 없다. 그러나 제2 언어 능력을 신장하기 위해서는 듣기 이해를 목표로 하는 이상적인 듣기 교육 방안이 필수적이다.

결론적으로 듣기의 개념을 정리하면, 실제 생활에서 듣기는 담화 구성자 간의 적극적인 의미 협상을 통한 의사소통 행위이며 목적을 가진 활동이다. 청자는 의사소통 상황에서 자신에게 들리는 모든 정보를 수동적으로 듣는 것이 아니라 자신에게 필요한 내용을 목적에 따라 선택적으로 처리한다. 듣기는 소리로 입력된 자료를 다 들었는지가 아니라 의사소통 상황에서 자신에게 필요한 정보를 얼마나 잘 구별해 들을 수 있는지가 중요하다.

2. 듣기의 특성

듣기는 음성 언어를 대상으로 한 이해 영역의 활동이다. 듣기는 음성 언어를 매개체로 하는 구두 표현의 선행 단계로 말하지 않고 이해하는 법은 학습 가능하지만 이해하지 않고 말하는 법은 학습 불가능하다. 또한 듣기는 말하기의 기초로 듣기 자체가 능동적인 기능을 지닌다. 이때 청자의 역할은 대화에서 상대방의 말에 적절히 반응하고 화자와 함께 대화의 방향이나 흐름을 조직하는 것이다. 따라서 청자는 능동적인 의사소통 기술을 익혀야 한다.

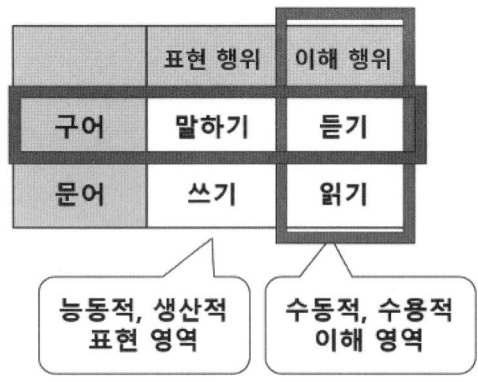

듣기는 문자 언어를 매개로 하는 읽기, 쓰기와 차별된다. 실제 의사소통 상황에서 음성이 매개된다. 이는 나중에 다시 듣거나 어떤 부분을 집중적으로 듣거나 건너뛰거나 반복하거나 순서를 바꾸어 듣기는 불가능하다는 것을 의미한다. 또한 듣기는 음성 언어의 순간성 때문에 표현하는 동시에 이해가 이루어져야 한다. 원활한 듣기를 위해서 청자는 듣기 과정에서 특별한 전략이 필요하다.

듣기는 음성 언어를 매개체로 하는 말하기와 유사한 측면이 있다. 구어의 여러 가지 특징으로부터 영향을 받는다. 또한 듣기는 휴지, 강세, 머뭇거림, 반복 등 형태적으로 비언어적이고 비문법적인 요소를 사용한다. 따라서 듣기는 화자의 어조, 표정, 동작 등 언어 외적인 요소를 고려한 담화 상황을 이해하기 위해 구어 특징에 대처하는 다양한 전략적 기술이 필요하다.

듣기는 구어를 이해하는 기능을 한다는 점에서 말하기와 차별된다. 말하기 활동은 임의로 담화에 개입하거나 진행 속도 조절함으로써 구어를 산출한다. 듣기 활동이 산출된 구어를 이해하는 것이라면 듣기 목표는 적절한 의사소통 수행하기 위해 담화 내 맥락을 간파하는 것이어야 한다. 따라서 학습자는 특별한 듣기 전략과 기술을 습득해야 한다.

그러나 실제로 학습자는 듣기를 가장 어렵게 느낀다고 한다. 설문 조사 결과 학습자들은 다른 기능보다 듣기를 어렵게 느꼈다고 한다.(안경화 외, 2000) 교실 안에서 교사 발화와 교실 밖의 실생활에서의 발화 속도의 차이가 크고 실제 담화 상황에서의 어휘 선택은 화자에게 달려 있기 때문이다.

여기에서 중요한 것은 들리는 모든 소리를 듣지 않아도 된다는 점이다. 듣기에서는 소리 듣기와 의미 듣기를 구별해야 한다. 듣기 과정에서 주목, 인식, 식별, 기억, 해석, 응답의 행위가 들어가야 한다. 이때 청자의 역할은 능동적인 역할이다.

듣기의 특성을 종합해 보면 다음과 같다. 첫째, 듣기는 음성 언어의 시간적 흐름 속에서 진행되므로 청자 임의로 담화에 개입하거나 진행 속도를 조절하기 어렵다. 음성 언어의 순간적 특성으로 이해와 표현이 동시에 이루어지기 때문이다. 둘째, 듣기는 구어의 특징으로부터 영향을 받는다. 구어는 형태적으로 비언어적, 비문법적 요소가 다수 포함되어 있고, 휴지, 머뭇거림, 반복, 수정, 다른 요소의 삽입 등 다양한 전략적 기술들이 사용되기 때문이다. 셋째, 듣기는 언어 외적인 요소가 영향을 미친다. 화자의 어조, 표정, 동작 등을 고려해야 정확한 이해에 도달할 수 있다.

3. 듣기 과정에 대한 이해

듣기 과정에 대해 이해하면 듣기를 더 잘 이해할 수 있다. 듣기 과정은 아래와 같이 주목, 소리 인식, 식별, 해석, 기억, 응답의 과정이 있다.

이를 통해 듣기란 '말소리에 주의를 기울여 그 소리를 인식하고 해석하여 기억하고 응답하는 과정'임을 알 수 있다. 들려오는 말소리를 알아듣는 듣기 활동(Listening Activities)인 것이다. 또한 듣기는 소리의 의미뿐만 아니라 상대방의 의도를 파악하는 인지적 활동이다. 청자로서 능동적으로 참여할 다양한 듣기 활동이 필요함을 알 수 있다. 마지막으로 자신이 들은 내용으로 상대방에게 응답하는 의사소통 활동이다. 상호 작용을 전제로 한 듣기 활동이 준비되어야 한다.

4. 국제 통용 한국어 표준 교육 과정(2017)의 듣기 교육의 목표

국제 통용 한국어 표준 교육 과정(2017)에서는 듣기 교육의 목표를 다음과 같이 제시하였다. 급별 총괄 목표와 듣기 내용을 살펴보자.

듣기 세부 내용		
1급	목표	일상생활에서 오가는 매우 간단한 대화와 빈번하게 사용되는 정형화된 표현을 이해할 수 있다.
	내용	■ 일상생활에서 쉽고 기초적인 대화를 듣고 이해한다. ■ 일상생활에서 빈번하게 사용되는 정형화된 표현(인사, 감사, 사과 등)을 듣고 이해한다. ■ 대화 상대방의 자기소개를 듣고 주요 정보를 파악한다. ■ 한국어 모어 화자가 천천히 정확하게 발음하는 발화를 이해한다.(1, 2급)
2급	목표	일상생활에서 자주 접하는 주제의 대화를 이해할 수 있으며 자주 가는 장소에서 흔히 접하는 담화의 주요 정보를 이해할 수 있다.
	내용	■ 일상생활에 대한 간단한 대화를 듣고 내용을 이해한다. ■ 질문, 제안, 명령 등의 표현을 듣고 적절하게 반응한다. ■ 일상생활에서 자주 가는 장소(식당, 가게, 영화관 등)에서 오가는 대화를 듣고 이해한다. ■ 공공장소(병원, 은행, 기차역 등)에서의 담화를 듣고 주요 내용을 이해한다. ■ 한국어 모어 화자가 천천히 정확하게 발음하는 발화를 이해한다.(1, 2급)
3급	목표	친숙한 사회적·추상적 주제에 대한 간단한 담화를 이해할 수 있으며 일상생활에서 자주 오가는 대부분의 대화를 이해할 수 있다.
	내용	■ 친숙한 사회적·추상적 주제(직업, 사랑, 교육 등)에 대한 담화를 듣고 주요 내용을 이해한다. ■ 동의, 반대, 금지 등의 표현을 듣고 화자의 발화 의도를 파악한다. ■ 격식적 상황과 비격식적 상황에서 이루어지는 담화를 듣고 그 특성을 파악한다. ■ 비교적 복잡한 구조의 일상 대화를 듣고 전반적인 내용을 이해한다. ■ 한국어 모어 화자의 자연스러운 억양과 속도의 발화를 대체로 이해한다.(3, 4급)
4급	목표	친숙한 사회적·추상적 주제에 대한 대부분의 담화를 이해할 수 있으며 자신의 직업과 관련된 기본적인 업무 상황에서의 대화를 이해할 수 있다.
	내용	친숙한 사회적·추상적 주제(직업, 사랑, 교육 등)에 대한 담화를 듣고 세부 내용을 이해한다. ■ 요청, 보고, 지시 표현을 듣고 적절하게 반응한다. ■ 인물과 사건을 설명하는 담화를 듣고 주요 내용을 이해한다. ■ 친숙한 업무 상황(간단한 회의, 브리핑, 업무 지시 등)이나 격식성이 낮은 공식적인 자리(회식, 동호회, 친목모임 등)에서 오가는 대화를 어려움 없이 이해한다. ■ 한국어 모어 화자의 자연스러운 억양과 속도의 발화를 대체로 이해한다.(3, 4급)
5급	목표	친숙하지 않은 사회적·추상적 주제 및 자신의 직업이나 학문 영역에서의 간단한 담화를 어느 정도 이해할 수 있다.
	내용	■ 친숙하지 않은 사회적·추상적 주제(정치, 경제, 과학 등)에 대한 간단한 담화를 듣고 주요 내용을 이해한다. ■ 협상, 보고, 상담 담화를 듣고 화자의 의도를 파악한다. ■ 일반적인 주제의 학문적 대화나 강연, 토론을 듣고 세부 내용을 이해한다. ■ 일반적인 내용의 방송 담화(뉴스, 다큐멘터리, 생활 정보 등)를 듣고 내용을 대체로 이해한다. ■ 발음, 억양, 속도 등에서 개인차가 있는 한국어 모어 화자의 발화를 대부분 이해한다.(5, 6급)
6급	목표	친숙하지 않은 사회적·추상적 주제 및 자신의 직업이나 학문 영역에서의 다양한 담화를 대부분 이해할 수 있다.
	내용	■ 친숙하지 않은 사회적·추상적 주제(정치, 경제, 과학 등)에 대한 다양한 종류의 담화를 듣고 대부분 이해한다. ■ 설득, 권고, 주장 담화를 듣고 논리적인 흐름을 파악한다. ■ 전문적인 주제의 발표, 토론, 강연 등을 듣고 세부 내용을 이해한다. ■ 시사적인 문제를 다룬 방송 담화(보도, 대담, 토론 등)를 듣고 인과관계를 분석하며 내용을 추론한다.

5. 학습 동기나 목적에 따른 듣기 교육 목표

학습 동기나 목적에 따라 아래와 같이 듣기 교육 목표가 달라진다.

	대상	핵심 듣기 내용
일반 목적 한국어 교육	대학 부속 교육 기관 중심	대화형 담화의 성공적 수행
학문 목적 한국어 교육	국내 대학 외국인 유학생 대상	상호 작용은 약하고 전문성이 강한 담화(강의) 듣기 수행
제2 언어로서의 한국어 교육	이주 노동자와 결혼 이민자 대상	생존을 위해 한국 사회에 적응하기 위한 듣기 수행

결국 학습 목표에 따라 교수 방안 연구가 필요함을 알 수 있다. 또한 학습 목표 도달을 위한 세부적인 듣기 기술을 개발해야 하며 제2 언어 학습자의 능동적인 듣기 전략을 개발할 필요가 있다.(강현화 외, 2009)

1) 일반 목적의 듣기 교육

듣기는 음성 언어의 시간적 흐름 속에서 진행되므로 청자 임의로 담화에 개입하거나 진행 속도를 조절하기 어렵다. 음성 언어의 순간적 특성으로 이해와 표현이 동시에 이루어지기 때문이다. 또, 비문법적 문장도 포함되는데 음운론적, 음성학적, 통사론적, 화용론적 축약형과 탈락형이 삽입된다. 게다가 구어 상황에서 사용 빈도가 높은 접속사와 연결 어미가 사용되며 간투사, 머뭇거림, 반복, 수정, 휴지, 횡설수설 등 수행 변인도 담화에 적극 반영되어 있다. 간투사의 종류와 삽입 빈도 늘리고 휴지의 길이를 현실화할 필요가 있다. 그 밖에도 '실례합니다, 저기요, 그런데 있잖아요, 다른 게 아니고' 등 관용 표현이나 학습자 집단에서 빈도가 높은 은어, 신조어 등도 소개할 수도 있다. 개인 감정을 표현하기 위해 강세, 리듬, 억양과 과장, 어림짐작, 허풍 등이 전달된 녹음 자료를 사용할 필요도 있다. 정상 발화 속도로 하되 담화의 성격, 주제, 참여자의 연령, 위치, 상황에 따라 속도 차이를 두어야 한다. 담화는 청자와 화자 간에 적극적인 상호 작용에 의해 지속되므로 동의하거나 듣고 있는 것을 알리거나 대화를 지속시키기 위한 청자의 간투사나 관용어를 다양하게 사용해야 한다. 예를 들어, '아, 음, 정말?, 그래요?, 근데, 맞아요, 그랬어요?, 몰랐어요, 뭐라고 그랬어요? 다시 한 번만요' 등 다양한 표현이 사용될 수 있다. 아울러 2인 이상의 담화 참여자가 대화 도중에 끼어들게 되는 상황도 제시해야 한다.

2) 학문 목적의 듣기 교육

이해영(2004)에서는 다중 교수요목을 제시한 바 있다.

다중 교수요목(Multi-syllabus)	
주제	세부적인 전공 분야의 내용이 아니라 전공 영역과 관련된 대학 교양 수준의 일반적인 학술 내용
언어 구조	주제 관련 어휘 담화표지 및 표현 문체적 특징
학습 기술과 학습 활동	강의 듣기, 세미나, 토론 참여, 실험, 실습, 문헌 연구, 도서관 참고 자료 활용, 보고서, 논문 작성, 평가

여기에서 제시한 일반적인 강의의 특징은 강의 중간에 다른 내용이 자주 삽입되고 강의 흐름과 관련되는 담화 표지 및 표현이 사용된다. 또, '해 보니깐' 등의 구어적 축약형이 많이 사용되며, '안으루', '보시믄', '그리구' 와 같은 구어적 변형이 많다. 시제의 넘나듦도 많은 편이다. 반말체나 후행절이 생략된 채로 몇 개의 절이 연속적으로 연결되기도 한다.

3) 외국인 근로자 대상 특수 목적의 듣기 교육

외국인 근로자 대상 특수 목적의 듣기 교육에서는 근로 업체의 고용자나 고용주의 요구 사항을 반영한다. 특히 작업장 내 의사소통 상황을 우선시한다. 초급 교재라도 문법 난이도순보다는 작업장 특성을 반영하고 표현 중심으로 본문을 구성한다. 다음은 외국인 근로자가 원하는 학습 내용을 정리한 것이다.

외국인 근로자가 원하는 학습 내용(김선정, 2007)	
구민숙 (2011)	근무 조건, 직장 생활, 임금체불로 인한 상담원과의 대화, 산업 재해, 월급 받고 송금하기, 비행기 예약, 욕
변혜경 외 (2003)	환전, 쇼핑, 길 찾기, 우체국, 작업장 용어의 표현
안설희 (2003)	부당 노동 행위 항의, 구인 정보 얻기, 산업 재해 당했을 때, 취직 면접, 직장에서 동료와의 대화, 이주 노동자 정책에 관한 정보, 근로기준법 사업장 신고, 상담소에서 상담, 자국의 문화 설명, 근로 계약서나 전월세 계약서 작성, 출입국관리소, 의료 산재 보험 가입과 혜택 받기, 동료에게 자신의 종교 설명

이와 같이 학습자 요구에 따라 외국인 근로자를 위한 듣기 교육에서는 다음과 같이 형식적, 내용적 구성 방안을 고려해야 한다.

교재 구성 방안	
형식적 구성 방안	- 말하기, 듣기, 읽기, 쓰기의 통합 교재 형식 - 주교재와 부교재의 공동 개발 - 이주 여성들의 출신국어로 번역
내용적 구성 방안	- 문법을 제시할 때 구어 중심으로 하되 언어학적 단계에 따름 - 결혼 이민자들이 자주 부딪히는 상황 제시 - 실생활에 필요한 어휘 우선 학습 - 속담이나 관용어 등 한국 문화 요소 포함된 표현 제시 - 발음 교육을 위한 구체적인 방안 제시 - 다문화적 시각에서 구성 - 실생활 문화 반영 - 전통문화도 현대의 일상생활과 관련하여 제시 - 지역민과의 의사소통을 위한 방언 학습 제시

II. 한국어 듣기 자료와 교수 내용 구성

1. 듣기 과정에 대한 이해

듣기 교육 연구가 힘든 현실적인 이유는 학습자의 머릿속을 확인하기 어렵기 때문이다. 최근 듣기 연구(정성헌 외, 2017)에서 뇌파 비교로 학습자의 집중도를 측정하고 피부 저항으로 듣기 중인 학습자의 불안과 긴장 상태를 확인했는데 한국어 수준이 비슷함에도 불구하고 듣기를 잘하는 학습자와 듣기를 잘하지 못하는 학습자와 차이가 났다.

다음은 듣기를 잘하는 학습자와 듣기를 잘하지 못하는 학습자의 차이를 정리한 것이다. 첫째, 듣기 과정에서 학습자가 얼마나 집중하는지, 듣기 전 과정에서 학습자가 계속 집중하게 하는 것이 중요하다. 집중 여부는 듣기 과정에서 학습자의 적극성을 높이는 데에도 이바지한다. 둘째, 듣기를 비교적 잘하는 학습자는 친숙한 주제, 구어적 표지가 보이는 부분, 듣기 내용 확인을 위한 질문이 있을 때 집중하는 모습을 보인다. 능동적인 듣기를 유도하기 위해 친숙한 주제 활용하거나 구어 표지를 드러내는 듣기 과정에 더 집중할 수 있는 담화를 마련해야 한다. 셋째, 듣기를 잘하는 학습자는 담화표지나 구어 표지에 집중하는 반면 듣기를 잘하지 못하는 학습자는 낯선 어휘에 집중하려는 경향이 있다. 듣기에 서툰 학습자에게 모르는 말보다 중요한 말에 집중하게 하는 연습이 필요함을 알 수 있다. 교사는 듣기 자료를 제작할 때 학습 목표와 관련 없는 낯선 어휘, 표현, 고유명사와 숫자 정보를 나열하지 않아야 한다. 넷째, 주제에 대한 친숙도가 낮을 때 학습자는 듣기를 어려워한다. 주제가 친숙하면 학습자가 배경지식과 맥락을 활용하기 때문에 더 잘 들을 수 있으므로 교사는 친숙한 주제로 듣기 담화를 구성할 필요가 있다.

그렇다면 듣기 과정에서 청자의 역할은 무엇인가 생각해 보자. 청자의 역할을 교사가 어떻게 생각하는지에 따라 듣기 교육에서 학습자의 역할이 달라진다. Anderson & Lynch(1988)는 듣기 교육에서 듣기의 주체인 청자에 관심을 둘 것을 강조한다. 청자는 녹음기가 아니므로 들은 모든 것을 기억할 수 없고 청자는 들은 내용에서 기존 배경지식과 자신의 경험을 활용하여 듣고 새로 들은 정보를 이전 지식과 결합한다. 또한 듣기는 능동적이고 의미 협상이 가능한 활동이다. 잘 듣는다는 것은 말하는 사람이 잘 설명하는 것에 의해 잘 듣는 것이 아니라 듣는 사람의 들으려는 의지에 따라 결정된다는 것이다. 잘 듣는 것은 청자의 능동성에 달려 있다.

1) 듣기 과정

듣기 과정을 다음과 같이 들리기 단계, 듣기 단계, 깨닫기 단계로 구분할 수 있다.

1. 들리기 단계	소리를 듣는 단계로 음향을 귀로 받아들이는 과정
2. 듣기 단계	음성을 음향과 구분하여 언어로 인지함으로써 음성의 의미를 이해하는 과정
3. 깨닫기 단계	언어의 의미를 해석하고 분석하거나 비판 또는 감상하는 반응이 일어나는 과정으로 청각 신호에 반응하는 인지적 활동이 일어나는 상호 작용 과정의 도입 단계

Richard(1983)는 듣기 이해 과정에 대해 다음과 같은 이해가 필요함을 역설한다. 듣기 이해 과정에서 초기 발화에 해당되는 이미지를 단기 기억에 저장한다. 발화의 형태가 대화인지, 연설 또는 방송 등인지 결정 후 받아들인 메시지를 가공

하다. 그다음에 발화의 형태와 맥락 내용을 통해 화자의 목적이 요구인지, 농담, 인정, 부인 또는 정보 전달인지 추론한다. 발화의 주제와 맥락에 관련된 사전 지식(스키마)을 연결한다. 들은 말의 문자 그대로의 의미를 파악한 다음에 들은 말의 문맥에서 의도된 의미를 파악한다. 이후 단기 기억, 장기 기억 중 정보를 어디에 보유할지 결정하는데 청자의 즉각적 반응이 요구되는 정보는 단기 기억에 저장하고 강의 등에서 전달되는 정보는 장기 기억에 저장한다. 마지막으로 가지치기를 통해 중요한 정보 외의 잡다한 언어요소를 제거한다.

2) 스키마 이론

스키마 이론은 인간은 정보를 받아들일 때 자신에게 유의미한 단위로 나누어서 상호 결합하여 파악하는데 이때 정보 사이에 생겨나는 공백(Gap)을 자신이 가지고 있는 언어 지식이나 배경지식, 논리적 사고를 통해 채워 나가게 된다. 이와 같은 사전 지식, 배경지식을 스키마라고 일컫는다.

스키마 이론의 관점에서 본 듣기는 청자에게 내재되어 있는 선험 지식 구조와 상호 작용하는 과정을 통해 정보를 이해하는 것이다. 듣기를 잘 못하는 이유는 언어적 지식이나 배경지식의 부족으로 청자의 스키마(선험 지식 구조)의 활성화에 실패했기 때문이다. 따라서 교수자는 듣기 전에 학습자가 기존에 갖고 있던 사전 지식(배경지식)을 최대한 이끌어내도록 유도해야 한다. 만약 학습자가 들을 내용에 대한 충분한 지식을 갖고 있지 않다면 듣기 전에 들을 내용을 해석하는 데 필요한 최소한의 배경지식을 제공해야 한다.

스키마 이론에서 스키마는 형식 스키마와 내용 스키마로 구분된다.

	형식 스키마 (Form Schema)	내용 스키마 (Content Schema)
개념	언어 구조와 언어에 사용되는 요소에 대한 지식과 이해를 말한다. 예 언어의 소리, 단어 및 문법을 인식하고 해석하는 것	주제에 대한 배경지식 및 이해를 말한다. 예 언어 입력 내용과 관련된 문맥, 문화적 경험, 관련 정보에 친숙함
듣기에서의 역할	학습자가 음성 요소, 단어 패턴, 문법 구조를 잘 인식한다. 구어의 형식적인 측면을 이해하는 데 좋다.	학습자가 단어 뒤에 숨은 의미를 이해하는 데 도움이 된다. 맥락과 문화적 참조를 이해하고 기존 지식과 연결한다.

3) 정보 처리 과정으로서의 듣기 과정

정보 처리 과정으로서의 듣기 과정은 들은 정보를 어떻게 처리하는지에 따라 정보 처리 모형이 달라진다는 것이다. 상향식 정보 처리 모형과 하향식 정보 처리 모형, 상호 작용적 정보 처리 모형으로 나뉜다.

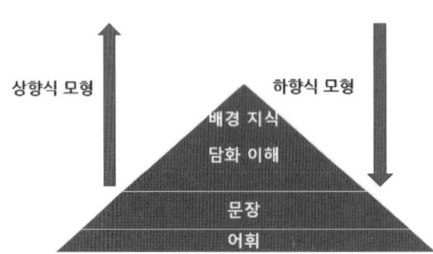

(1) 상향식 정보 처리 모형(Bottom-up Processing Model)

상향식 정보 처리 모형은 언어 정보가 입력될 때 작은 단위를 먼저 인식하고 점차 단위를 확장함으로써 이해에 도달하는 것이다. 소리 인식에서부터 음운 식별, 어휘 이해, 문장 이해, 담화 이해까지 정보 처리가 진행된다.

(2) 하향식 정보 처리 모형(Top-down Processing Model)

하향식 정보 처리 모형은 청자의 사전 지식이 하는 역할을 믿고 청자의 능동적인 활동을 강조한다. 듣는 과정에서 청자가 우선 전체 맥락을 파악하고 이에 따라 중요한 내용을 해석해 간다고 보는 것이다. 이때 중요한 역할은 말하는 사람의 의도, 중심 생각, 말을 주고받는 상황 맥락이다.

	상향식 모형	하향식 모형
의미	억양 식별, 음소 식별, 어휘 의미 파악, 문장 이해의 순서로 한 단위씩 인지해 나감으로써 전체 담화의 내용 이해하는 과정이다.	문맥에 대한 배경지식을 통하여 청취한 내용의 세부 사항을 이해하는 과정이다.
활동	- 일기 예보를 듣고 어휘 목록에서 청취한 어휘를 표시하기 - 간단한 대화를 듣고 필요한 정보 구하기 - 최소 대립쌍 구별하기	- 청취한 내용에 나오는 주요 인물의 감정 상태 알아보기 - 그림을 묘사한 내용을 듣고 해당 그림을 선택하기 - 대화를 듣고 대화가 이루어진 장소나 분위기, 주제 찾기
목표	세부적인 것에 대해 이해하는 것이 목표로 정확성 습득에 좋다.	언어 자료의 전반적인 이해를 목표로 하며 유창성 획득에 좋다.

(3) 상호 작용식 정보 처리 모형(Interactive Model)

이해 과정에서 배경지식을 활용하여 전체 맥락을 파악하게 하는 동시에 언어 구조 지식을 활용하여 세부 정보를 파악한다. 상호 작용식 정보 처리 모형에서는 두 과정이 계속 상호 작용할 수 있는 전략을 개발할 필요가 있다. 예를 들어, 단어 청취 후에 관련 있는 단어를 고르기, 길을 안내하는 말을 듣고 지도에서 찾아보기, 한쪽의 대화만을 듣고 대화의 주제 파악하기, 청취한 내용과 청취 전에 예상했던 내용과 비교하기, 생략됐거나 부정확하게 들은 내용을 추측하기 등이 있다.

듣기 교육에서 어떤 정보 처리 모형을 선택하는 것이 좋은지 판단하는 것은 듣기 교육에서 학습자의 나이와 학력 정도에 따라 달라질 수 있다는 점을 이해하고 정보 처리 모형을 적절히 활용하는 것이 중요하다.

2. 듣기 자료의 특성

듣기 자료의 특성을 확인하기 위해서는 제2 언어 학습자가 듣기에서 말소리 인식 단위를 이해할 필요가 있다. 제2 언어 학습자를 위한 듣기 지도는 소리 덩이인 음절 인식에서 시작된다. 따라서 음소 지도 전략이 필요하다. 음소 지도 전략은 초급 단계에서 최소 대립 음소 변별을 인지하기 어려워하기 때문에 필요하다는 것이다. 그러나 실제로 최소 대립 음소를 변별하지 못해 문맥 의미를 혼동하는 일은 거의 없다. 실제로 구어적 특성이 언어 처리 과정을 방해하는 경우가 빈번하다. 듣기 능력 향상을 위해서는 구어의 특성에 대한 학습이 필수적이다.

그렇다면 듣기의 구어적 특성에 대한 이해를 바탕으로 듣기 자료가 어떤 특성이 있는지 확인해 보자. 첫째, 무리 짓기의 어려움을 들 수 있다. 귀로 듣는 구어 정보를 긴 문장 단위로 기억하는 데 한계가 있으므로 조금씩 모아서 한 덩어리로 무리 지어 기억하는 것이 효율적이다. 그런데 제2 언어 학습자들은 관련된 어휘 요소끼리 무리 짓는 것을 어려워한다. 무리 짓기를 저해하는 요소는 '이제, 되게, 그니까, 저기' 등 빈번하게 군소리가 삽입되는 점이며 잦은 어순 도치나 문법상의 오류 및 생략이 있기 때문이다. 둘째, 중복성이다. 듣기 자료의 특성을 중복의 유형도 다양한데 동일 요소의 반복뿐만 아니라 유의어로 반복하고 쉬운 말로 설명하면서 중복하는 등 다양한 중복이 나타난다. 셋째, 머뭇거림, 말실수, 비문법적 표현 등 횡설수설이 있다. 이는 준비 없는 즉석 발화의 경우 자주 나타나는 수행상의 실수, 즉 수행 변인을 말하는데 중언부언하는 경우의 발화에서 핵심 정보를 찾을 수 있는 훈련이 필요하다. 넷째, 유행어, 속어, 비어적 표현 등 구어체 어휘가 자주 등장한다는 점이다. 다섯째, 발화 속도인데, 청자가 화자의 말을 멈추게 하고 다시 말하게 하거나 다시 듣기는 불가능하다. 다양한 발화 속도로 전달되는 언어 자료를 통해 정보 파악하는 훈련이 필요한 이유이다. 여섯째, 강세, 리듬, 억양 등 비분절 자질에 대한 이해가 필요하다. 억양이나 강세와 같은 운율 자질이 의미에 관여하므로 억양이나 강세의 특징에 대한 훈련이 필요하다. 마지막으로 상호 작용을 들 수 있다. 대부분의 듣기 상황에는 상호 작용 존재하는데 협상하기, 명료화하기, 말할 순서 찾기, 화제 유지하기, 종료하기 등 다양하게 있다. 따라서 상호 작용과 관련된 원리를 이해하는 것이 필요하며 듣기 지도의 수업은 양방향 상호 작용이 일어나도록 설계해야 한다.

3. 듣기 자료의 구성

1) 숙련도에 따른 듣기 자료 구성

음성 언어의 유형(Nunan, 1991)은 크게 독백과 대화로 구분된다. 독백은 계획적 독백과 비계획적 독백으로 나뉜다. 대화는 다시 사교적 대화와 정보 교류적 대화로 구분되는데 이는 각각 낯선 관계와 친밀한 관계의 대화로 구분된다.

듣기 자료를 구성할 때는 숙련도에 따라 담화 주제, 담화 유형을 맞춰 구성할 필요가 있다. 강명순 외(1999)에서 제시한 숙련도에 따른 듣기 자료 구성을 살펴보자.

	담화 주제	담화 유형	예
초급	인사, 소개, 날씨, 물건 사기, 전화 걸기, 여행, 약속, 교통, 회사 일 등	안내와 같은 설명, 독백, 대화, 의례적 인사 등	공공 기관의 안내 방송, 교통수단의 안내 방송, 일기 예보, 전화 메시지, 간단한 대화, 자기소개 등
중급	방문, 병원, 은행 등의 공공 기관에서 용무 보기, 광고, 날씨, 속담, 전통 예절, 전화, 여행 등	대화, 독백, 의례적 인사, 설명(광고나 기계 조작법), 의식사, 짧은 연설, 짧은 토의나 토론 등	공공 기관에서의 안내 방송, 라디오의 교통 정보, 복잡한 일기 예보, 광고, 요리 강습, 주례사, 기계 조작법, 짧은 뉴스, 전화로 듣는 여행 정보, 쉬운 주제에 대한 토의나 토론
고급	한국의 풍습, 사회의 이모저모, 경제, 교육, 토론, 노후 문제, 종교, 환경 문제, 취업, 문화, 역사 등	독백, 대화 좌담, 연설, 토의/토론, 회의, 설명, 보도 등	드라마의 복잡한 독백, 심도 있는 대화, 면접, 광고, 캠페인, 대중 매체의 좌담, 토론, 토의, 인터뷰, 뉴스, 선거 유세

2) 듣기 자료의 구성 원리

듣기 자료의 구성 원리를 살펴보자. 먼저 듣기 자료는 자료의 전이성(Transferability)을 고려해야 한다. 학습자가 듣기 활동에 주의를 집중할 수 있는 동기를 부여할 수 있도록 학습자의 생활 및 관심 영역과 일치하는 내용의 자료여야 한다. 학습자가 주의를 집중할 만한 정보를 가진 언어 자료여야 학습자에게 입력되는 효과가 높게 나타난다는 것을 염두에 두자. 그다음으로 자료의 적용성(Applicability)을 들 수 있다. 교실 수업에서 경험한 자료가 실제 생활에 쉽게 적용될 수 있어야 한다. 실생활에서 사용되는 텍스트를 수업에 도입하기 때문이다. 마지막으로 듣기 자료를 구성할 때는 과제 중심적(Task-orientation) 활동이어야 한다. 학습자의 반응을 확인할 수 있는 기법으로 이루어져야 한다는 듣기 지도의 원리와 관련이 있는 것인데 듣기 내용 정보를 이용하는 과제를 제공한다. 예를 들어 듣고 전화 메시지 받아쓰기, 듣고 정보 요약하기, 듣고 기능 수행하기 등의 과제를 통해 과제의 목적이 학습자에게 언어 구조와 언어 사용의 양상을 분석하고 학습을 용이하게 하는 개인적 전략을 개발하게 하는 데 있음을 이해할 수 있다.

3) 듣기의 유형

듣기 자료 구성을 구성할 때 다음과 같은 듣기 유형도 확인하자.

① 반사적 듣기(reactive listening): 따라 하기
② 반응적 듣기(responsive listening): 교사 질문이나 명령에 즉각적으로 반응하기
③ 선택적 듣기(selective listening): 필요한 정보를 선택적으로 찾기(긴 듣기 자료 듣고 선택적 듣기)
④ 집중적 듣기(intensive listening): 상향식 처리로 내용을 자세하고 정확하게 파악하기
⑤ 확장적 듣기(extensive listening): 하향식 처리로 글의 전체적이고 대략적인 내용 파악하기
⑥ 상호 작용적 듣기(interactive listening): 사람들 간의 대화를 듣는 것뿐만 아니라 화자의 발화를 이해하고 적절하게 반응하기

4. 듣기 교수 내용

듣기 능력을 구성하는 요소(Ur, 1984)는 발음 식별력, 억양, 휴지 및 강세, 구어의 특성(주저함, 반복, 중복어 등) 이해, 어휘, 숙어력, 문법 능력, 세부 내용 파악 능력, 중심 사상 파악 능력, 세상의 지식 등이 있다. 이해영(2002)은 한국어 듣기를 위한 세부 능력에 대해 다음과 같이 제시한 바 있다.

① 정보 전달에 이바지하는 억양 파악하기
② 화자의 태도를 드러내는 비언어적인 단서 이해하기
③ 주제 관련 어휘와 주요 어휘 파악하기
④ 문맥에서 어휘의 의미 추측하기
⑤ 중요한 문법적 형태의 통사적 장치 이해하기
⑥ 중심 생각, 예시, 가정, 일반화 등을 파악하기
⑦ 주제에 대한 화자의 태도 파악하기

⑧ 목적에 따른 듣기 전략 적용하기
⑨ 이해 또는 이해 부족을 언어적 또는 비언어적으로 알리는 능력 보이기
⑩ 학문적인 듣기 활동에서 배경지식 활용하기

이를 통해 듣기 교육에 포함되어야 할 내용을 살펴보면 크게 세 가지가 있다. 첫째, 언어에 대한 지식이다. 이는 소리, 문법, 어휘와 표현의 의미 등이 포함되는데 듣기는 소리를 식별하고 어휘와 문장의 의미로 이해하려는 의사소통이며 외국어 학습자는 화자의 보통 속도의 말도 빠르게 느끼기 때문에 발음이나 억양이 달라도 다른 말로 인식한다. 또, 문장이 길면 어려워하고, 절대적으로 부족한 어휘력을 갖고 있다. 게다가 구어와 문어가 구별되지 않고 대화, 발표, 강연, 토의, 토론, 스토리텔링 등 담화 유형별로 자주 쓰이는 표현과 담화표지를 잘 모른다. 따라서 이와 같은 언어 지식이 있다면 듣기를 더 성공적으로 할 수 있다.

둘째, 한국어의 구어 특징에 대한 지식이다. 특히 구어와 문어의 비교해야 한다. 한국어의 구어에서는 생략이 빈번하고 조사, 어미, 높임말, 어휘(지시어, 독립어, 줄임말, 부사어, 고유어/한자어), 문장(문장 성분, 어순)에서 구어와 문어가 다르게 쓰인다.

셋째, 맥락과 격식의 정도에 따른 적절한 표현을 이해하는 것이다. 말은 상대방과의 관계나 말을 쓰는 상황, 언어를 사용하는 범위에 따라 다르게 써야 한다. 사회문화적 맥락(Socio-cultural Context)에 적절하게 사용하는 능력이 필요하다는 것이다. 예를 들어 격식체에서 "어떻게 오셨습니까?"라고 용건을 묻는 반면 비격식체에서는 "무슨 일이죠?"라고 말할 수 있다.

5. 듣기 내용 구성

듣기 내용 구성은 관점에 따라 차이가 있다. 인지적 관점에서는 듣기 자료를 총체적으로 이해하는 것인데 이해한 내용의 정확한 전달 능력을 평가할 수 있는 교육 내용을 구성한다. 담화적 관점에서는 담화의 특성상 전달하는 담화인지, 설득하는 담화인지, 혹은 친교적인 담화인지 등의 담화의 정서를 파악할 수 있도록 훈련하는 내용이 필요하다는 것으로 담화의 특성에 따라 화자의 의도를 구분할 수 있는 능력 배양을 강조한다. 소통적 관점에서는 말하는 이의 의도가 파악되는 단서가 무엇인지 파악하고 문맥을 꿰뚫어 들을 수 있는 능력을 키울 수 있는 내용이 필요함을 강조한다.

이와 같은 관점을 기반으로 듣기 내용 구성 원리를 살펴보면 크게 세 가지로 말할 수 있다. 첫째, 의사소통 활동을 중심으로 듣기 내용을 구성해야 한다. 듣기 활동의 목적이 의사소통 활동을 통해서 음향으로 청취된 것을 올바르게 이해하는 것임을 상기할 필요가 있다. 이에 따라 듣기 상황은 양방향 소통 상황과 일방향 소통 상황이 있다. 양방향 소통 상황은 청자와 화자가 협력하여 대화를 이끌어 나가는 상황인데, 두 사람의 대화 참가자와 행동으로 표현되는 의사소통 활동이다. 반면 일방향 소통 상황은 청자가 화제에 전혀 끼어들 수 없는 상황으로, 예를 들어, 라디오 텔레비전 방송, 공항, 기차, 버스 정류장의 안내 방송, 연설, 강연, ARS 안내, 공공장소 안내 방송 등이 있다.

둘째, 언어의 다양한 기능을 반영해서 듣기 내용을 구성해야 한다. 특히 상호 작용적 언어 활동과 업무처리적 언어 활동을 구분해서 이해할 필요가 있다. 상호 작용적 언어 활동은 듣기 자료를 총체적으로 이해해서 이해한 내용의 정확한 전달 능력을 평가할 수 있는 교육 내용을 구성하는 반면 업무처리적 언어 활동은 실제 업무처리 상황에서 하는 언어 활동으

로 구체적인 부분을 자세히 듣는 능력이 필요하다.

	상호 작용적 언어 활동	업무처리적 언어 활동
상향식	언제 웃어야 할지 알기 위해 농담 경청하기	첫 운전 수업 시간 동안 지시에 경청하기
하향식	파티에서 대화를 건성으로 듣기	경험 있는 항공 여행자가 여러 번 들은 적 있는 항공 안전 지시를 건성으로 듣기

셋째, 실제성 있는 언어 상황을 반영해서 듣기 내용을 구성해야 한다. 학습자들은 교실에서 익힌 것을 교실 밖에서 사용하기를 기대한다. 따라서 듣기 자료는 가공되거나 조작되지 않은 실제 상황의 언어 자료가 바람직하다. 이때, 교사의 역할은 실제적 언어 상황 자료에서 모국어 화자가 경험하는 듣기 활동을 학습자가 경험할 수 있도록 지도하는 것이 필요하다. 이와 같은 상황은 엿듣기 상황, 안내 방송, 뉴스나 일기 예보 듣기, 연예 오락 방송/동영상 시청하기, 영화(공연) 관람하기, 노래하기, 강의 듣기, 전화 듣기 등이 있다.

III. 한국어 듣기 지도법과 듣기 전략

1. 듣기 지도의 개념 변화

듣기를 수동적으로 인식하던 시기에는 듣기는 교육할 수 있는 능력이 아니며 따라 듣게 할 수도 없고 듣기 과정도 설명할 수 없었다. 단지 학습자의 귀가 열릴 때까지 음성 자료에 최대한 많이 노출되도록 돕는 것이 최선의 길이었다. 반면 의사소통 중심의 언어교수법에서는 듣기 활동이 과제 해결을 위해 상호 작용하는 과정의 일부라고 인식하고 수동적인 행위가 아니라 능동적인 행위로 이해하므로 청자의 내면적 언어 지식과 사고력, 추리력을 동원하여 들은 정보를 처리하고 이에 적절한 대응을 모색하는 적극적 언어활동을 중심으로 듣기 수업을 구성한다.

그러면 제2 언어 환경에서 수행되는 듣기 활동은 어떻게 구성해야 하는지 생각해 보자. 일정한 전략을 사용해야 하며 듣기 활동을 방해하는 요소를 파악해야 한다. 또, 방해 요소를 피할 방법도 지도해야 한다. 의사소통적 과제 해결을 위한 전략을 지도해야 한다.

이에 따라 청각 구두 교수법에서는 듣고 따라 하기, 듣고 질문에 답하기, 배우기 위한 것에 초점을 둔 듣기 활동이 주를 이룬 반면 의사소통 중심 교수법에서는 실생활 언어 자료를 이용하고 의사소통 과제를 수행할 수 있으며 모어 화자와 상호 작용 활동을 할 수 있고 듣기 위해 배우는 것에 초점을 둔 듣기 활동이 주를 이룬다.

이는 듣기에 대한 인식이 변화를 바탕으로 한 것으로 다양한 층위에서 심리적이고 인지적인 과정을 포함한 것이다. 듣기는 청각 신호에 담긴 사회적 문맥적 단서에 집중해야 하는 행위인 것이다. 제2 언어 듣기 지도 연구에서 인지 과정에 대한 연구가 핵심적 요소가 되는 계기가 마련되었다. 아래의 하향식 인지 과정과 상향식 인지 과정에서 듣기가 어떻게 다른지 확인해 보자.

하향식 인지 과정	듣기 자료에 대한 전반적인 이해에 필요한 개념적 틀을 형성하기 위해서 장기 기억에 저장된 선험 지식이나 문맥을 이용하여 세부 사항을 이해
상향식 인지 과정	음소 단위에 대한 인지에서 출발하여 담화 단위의 점점 더 큰 의미 요소로 연결해 전체 의미를 파악하는 과정

인지 과정에 바탕을 둔 듣기 지도는 듣기의 목적에 따라 듣기 과정에 대한 비중이 상이하다는 점을 주지해야 한다. 모어 화자는 개별 어휘에 신경 쓰지 않고 입력 정보를 자동 처리한다는 점에 주목하여 제2 언어 학습자가 언어적 지식의 제한으로 자동 처리를 어려워하는 것을 도울 수 있어야 한다. 세부 사항에도 의식적으로 집중해야 할 것이다. 최근 제2 언어 듣기 지도 교수법에서는 하향식 인지 과정의 접근법이 비중 있게 다루어지고 있다.

2. 듣기 지도에서 교사의 역할

의사소통 중심 교육에서의 듣기 교육 목표는 의사소통에 필요한 것과 필요치 않은 것을 구분하여 이해력을 최대로 높일 수 있는 전략을 사용해야 한다. 이때 교사의 역할은 모국어로 하는 듣기 활동의 방법을 생각해야 한다. 이를 통해 듣기 전략과 듣기 과정에 대한 이해를 고취할 필요가 있음을 상기할 수 있다. 또한 실제 상황의 듣기 과제를 수행해야 하는데, 다양한 방법의 듣기 전략을 연습해야 한다. 그리고 의사소통 과제에서 교사가 아닌 실제 상황에서의 모국어 화자처럼 대응해야 하며 과제 수행 시 듣기의 목적과 자료의 유형에 가장 적절한 전략이 무엇인지 제시해야 한다. 상황에 따라 어떤 전략을 어떻게 왜 사용하는지 설명해야 한다는 것이다. 그 밖에도 교실에서의 듣기 전략을 연습해서 듣기 과제를 통해 교실 밖에서의 전략을 사용하도록 유도해야 한다. 과제를 수행한 직후 자신의 이해 정도와 사용한 전략에 대한 자가 평가 교실 안과 밖에서의 이해 파악력 확인지를 작성하여 전략 사용 양상을 확인할 수 있다. 마지막으로 학습자들이 과제마다 전략을 바꾸기를 기대하기보다는 어느 한 전략이 과제의 유형에 따라 어떻게 달리 사용될 수 있는지 또는 다른 어떤 기술을 보완하는 것이 좋은지에 대해 설명해야 한다.

3. 듣기 전략

듣기 전략이란 입력되는 언어 자료를 이해하고 추측하는 데 직접적인 도움이 되는 기술이나 활동이다. 제2 언어 학습에서 전략 훈련의 목적은 언어 능력이 충분하지 못한 학습자들에게 성공적인 학습자들이 사용하는 전략을 훈련시킴으로써 의사소통 능력을 향상시키는 학습 전략이다.

외국어를 듣기 어려운 원인은 목표 언어에 대한 지식 부족, 음성 언어의 시간 제약성, 기억의 한계, 심리적 압박, 정서적 불안 등이 있다. 이를 극복하기 위해 듣기 전략을 활용할 필요가 있다. 다음에서 듣기 전략의 종류를 살펴보자.

1) 상위인지적 전략(Meta-cognitive Strategy)

학습자가 자신의 학습 과정에 대해 생각하고 통제하기 위해 사용하는 기술과 접근방식을 말한다.

① 예측하기: 듣기 활동에 참여하기 전에 내용이나 결과에 대해 예측하기
② 스스로 질문하기: 듣는 중에 '핵심 내용이 무엇인가'와 같은 질문을 스스로 하기
③ 이해력 점검하기: 자신이 얼마나 이해하고 있는지 지속해서 평가하기
④ 반성하며 사고하기: 학습자가 자신의 학습 과정을 반성하여 어떤 전략이 잘 작동했고 어떤 영역에서 개선이 필요한지 식별하기
⑤ 목표 설정하기: 언어 학습에 대한 구체적인 목표를 설정하고 이를 달성하기 위한 진행 상황을 점검하기

⑥ 시간 관리하기: 학습자가 학습 활동을 계획하고 구성하여 학습 시간을 효과적으로 할당하기, 작업의 우선 순위를 정하고 일정을 만들기
⑦ 피드백 구하기: 학습자가 자신의 강점과 약점에 대한 통찰력을 얻기 위해 교사, 동료 학습자에게 적극적으로 피드백을 구하기

2) 인지 전략(Cognitive Strategy)
학습자가 정보에 대한 이해와 이해력을 향상하기 위해 사용하는 정신적 과정을 말한다.

① 주의 집중하기: 듣기에 주의 집중하고 산만함을 걸러내기 위한 것, 예를 들어 말하는 사람과 계속 눈을 마주치고 고개를 끄덕이거나 언어적, 비언어적 신호를 통해 적극적으로 경청하는 몸짓을 취하는 것
② 정리하기: 학습자가 정보를 정리하고 구조화하여 이해와 기억을 촉진하기
③ 비판적으로 사고하기: 내용을 더 깊이 이해하기 위해 정보를 분석, 평가, 종합하기
④ 추론하기: 상황에 맞는 단서, 사전 지식, 논리적 추론을 사용하여 추측하고 이해 격차를 메우기
⑤ 예측하기: 사용 가능한 정보를 기반으로 청취 자료에서 다음에 올 내용에 대해 추측이나 예측하기

3) 기억 전략(Memory Strategy)
학습자가 기억에서 정보를 효과적으로 저장하고 검색하기를 말한다. 예를 들어, 시각화 기술 같은 기억 장치를 사용하여 듣기 구절에서 중요한 세부 사항이나 핵심 어휘를 기억하는 것을 생각해 볼 수 있다.

4) 보상 전략(Compensation Strategy)
듣기 이해력의 어려움이나 이해 격차를 극복하기 위한 대안을 찾는 것을 말한다. 가령 대화 중에 이해 격차를 채우기 위해 사전 지식에 의존하여 익숙하지 않은 단어나 구의 의미를 추론하는 것을 들 수 있다.

5) 정의적 전략(Affective Strategy)
이해력에 영향을 줄 수 있는 듣기 작업에 대한 감정, 동기, 태도를 관리하는 것을 말한다. 예를 들어, 어려운 듣기 자료나 생소한 억양에 직면했을 때 자신감을 높이고 동기를 유지하기 위해 긍정적인 혼잣말을 사용하는 것을 생각해 볼 수 있다.

6) 사회적 전략(Social Strategy)
협업과 의사소통을 통해 듣기 이해력을 지원하고 향상하기 위해 다른 사람과의 상호 작용하는 것을 말한다. 예컨대 한국어 모어 화자나 동료 학습자와의 대화에 참여하거나 언어 연습 동아리에 참여하여 듣기 능력을 향상하고 실제 구어에 노출하는 것이 있다.

듣기 전략 선택의 중요성에 대해 Richards&Lockhart(1994)는 적절한 전략의 사용 여부에 따라 학습의 성공 여부가 판

가름 난다고 강조하고 Nyikos(1996)는 전략을 사용하는 학습자가 학습 과정 안에서 자신이 사용하고 있는 전략을 인식함으로써 학습 과제에 보다 효율적으로 임하게 되기 때문에 불안감이나 기억력 부족 또는 과제 수행 시간의 부족 현상을 덜 겪게 된다고 보았다. 또한 자신의 전략을 평가함으로써 스스로 전략을 개발하기도 한다.

이와 같은 듣기 전략은 언어 자료에 대한 듣기의 목적에 따라 달라진다. 듣기 목적은 언어 자료의 성격과 담화 환경에 따라 듣기 전, 듣기 중, 듣기 후 등의 단계로 구분하고 듣기 전략도 달라질 수 있다.

듣기 목적	듣기 전략
세부 정보 파악, 어순, 억양의 차이에 따른 의미 차이 연구, 자료 중심적 활동	상향적 처리 과정의 전략
전체적인 주제 파악, 이어질 내용 예측하기, 학습자의 스키마 활용	하향식 처리 과정의 전략
학습자 자신의 부족한 이해를 보완하기 위해 자신의 선험적 지식을 어떻게 사용할 수 있는지 확인	상위 인지 전략

듣기 목적에 따른 전략은 음성 특화 전략, 소통 이해 전략, 맥락 파악 전략, 듣기 단계별 전략, 통합적 상위 인지 전략 등이 있다. 각각의 전략이 무엇을 의미하며, 어떤 듣기 전략이 있는지 확인해 보자.

1) 음성 특화 전략

음성 특화 전략은 구어에서 다양한 소리의 특성에 초점을 맞추는 것으로 다양한 화자가 사용하는 다양한 억양, 음성 패턴, 억양, 속도를 인식하는 것이다. 학습자가 한국어의 독특한 특징에 세심한 주의를 기울이고 실생활 대화에서 접하는 다양한 목소리를 능숙하게 이해하도록 한다. 대표적인 듣기 전략을 살펴보면 다음과 같다.

(1) 전통적인 듣기(최소 대립어 변별, 평음/경음/격음 대립 등)

(2) 음절 단위 인식하기
① 듣기의 상향식 모형으로 어휘 인지가 자동화되도록 해야 함
② 짧은 덩어리나 어휘 단위로 분절시켜 제시함

2) 소통 이해 전략

소통 이해 전략은 개별 단어나 문구에만 초점을 맞추는 것이 아니라 음성 언어로 전달되는 전반적인 의사소통과 의미를 파악하는 데 중점을 두는 것이다. 발화 의도, 메시지의 핵심, 발화 맥락을 이해하는 것을 중시한다. 대표적인 듣기 전략은 다음과 같다.

(1) 스키마 활성화하기

(2) 적합성 판단하기
① 사실과 의견 구분하기, 의도 파악하기

(3) 의미 듣기
① 듣기 목적 파악하기
② 중요한 것에 집중하고 나머지는 흘려 버리기

3) 맥락 파악 전략
맥락 파악 전략은 구어가 발생하는 상황적, 문화적 맥락을 이해하는 것을 강조한다. 대표적인 듣기 전략은 다음과 같다.

(1) 추론하기
■ 몇 가지 소리를 들려주고 무슨 일이 일어났는지 추측하기

(2) 결과 예측하기
■ 전래 동화 중간에서 다음 내용을 예측하기

(3) 총체적 언어 지도
■ 학습자끼리 서로 협동하여 듣기, 읽기, 쓰기, 말하기 병행하는 전략으로 학습자끼리 서로 협동하여 이야기 짓고 녹음하고 평가함

4) 듣기 단계별 전략
듣기 단계별 전략은 학습자가 체계적인 방식으로 듣기 활동할 수 있도록 한다.

(1) 듣기 전 단계
① 사전 질문, 새로운 어휘 연습(의미 연결망 만들기)

(2) 듣기 단계
① 들으면서 간단히 과제 수행할 수 있도록 수업 구성
② 내용 진위 파악, 차트나 목록 완성, 세부 내용 파악

(3) 듣기 후 단계
① 화자의 의도, 태도 파악하기
② 들은 내용에 대한 입장 표현, 역할극

5) 통합적 상위 인지 전략

통합적 상위 인지 전략은 학습자가 듣기 이해도를 점검하고 조절하기 위해 자기 점검과 같은 인지 기술을 의식적으로 적용한다.

(1) 듣기 전 단계: 듣기 과제를 위해 계획하기
① 듣기의 목적을 설정하거나 무엇을 위해 듣는지 미리 결정하기
② 언어적 지식이나 배경적 지식 중 무엇이 더 필요한지 결정하기
③ 상향식과 하향식의 이해 과정 중 어느 것이 더 적절한 언어 자료인지 결정하기

(2) 듣기 단계와 듣기 후 단계: 이해 파악 정도 점검하기
① 예측한 것이 맞았는지 또는 부정확하게 추측한 것 확인하기
② 이해에 중요한 것이 무엇이고 중요하지 않은 것이 무엇인지 결정하기
③ 이해한 것을 확인하기 위해 다시 듣기
④ 도움 구하기

(3) 듣기 후 단계: 듣기 내용 이해에 사용된 전략 평가하기
① 과제의 파악 정도 평가하기
② 듣기 과제의 유형과 듣기의 진행 과정에 대해 평가하기
③ 사용된 전략이 과제의 목적에 적절했는지 결정하기
④ 필요하면 전략 수정하기

4. 효과적인 듣기 지도법

효과적인 듣기를 지도하기 위해서는 학습자의 내재적 동기화를 유도해야 한다. 먼저 의사소통에서 듣기가 얼마나 중요한지 학습자들에게 인지시키고 학습자 중심의 수업을 진행해야 한다. 그래서 학습자의 요구와 흥미를 수업에 반영하고 학습자가 적극적이고 능동적인 자세를 갖도록 할 필요가 있다. 또한 학습자의 동기를 최대화시켜 듣기 능력을 향상시켜 줄 듣기 전략을 학습자 스스로 개발할 수 있도록 유도하고 수업 현장이 아닌 곳에서도 듣기 활동을 성공적으로 수행하도록 도와줘야 한다.

실제적 자료로 듣기 수업을 구성할 때 사진, 그림, 동영상 등의 시청각 자료가 모두 실제적이어야 한다. 실제적 자료는 비언어적 의사소통에 대한 정보를 제공받을 수 있어 유용하기 때문이다. 또한 실제적인 청각 자료에 상황적이고 담화적인 요소들, 주변 소음 등을 숙달도를 고려하여 적절하게 수용할 수 있어야 한다.

교사가 표준 발음을 구사하고 발화 속도를 조절하는 것도 중요하다. 특히 교사말은 한국어 표준 발음을 구사해야 하며 학습자 수준에 따라 발화 속도를 조절해야 한다. 듣기 자료를 통해 다양하고 정확한 표현과 발음을 듣고 연습할 수 있지만 교사의 역할을 대신할 수 없다는 점을 상기할 필요가 있다. 또한 교사는 교실 언어, 일상생활과 관련된 내용들을 학습

자에게 지속적으로 제공한다. 도구를 이용한 듣기 자료보다 훨씬 더 많은 것을 가르쳐 줄 수 있다. 아울러 학습자들은 교사와의 언어 학습에서 가장 중요한 상호 작용이 가능하다. 교사를 통해 실제 상황의 듣기를 경험할 수 있다. 학습자는 교사의 소리뿐만 아니라 표정, 몸짓 등 눈에 보이는 다른 요소들을 통해 이해할 수 있다.

마지막으로 듣기 자료를 선정할 때 학습자의 수준에 맞는 듣기 자료여야 하며 실제 한국어 구어의 특징을 반영한 자료여야 한다. 또한 학습자의 의사소통을 확장시켜 줄 수 있는 자료여야 한다.

IV. 단계별 듣기 수업 구성

1. 듣기 활동의 원리

단계별 듣기 수업을 구성하기에 앞서 듣기 활동의 원리를 살펴보자. 먼저 듣기 능력이 개발되는 기법에 주목할 필요가 있다. 효과적인 듣기 기법은 전략 개발을 위한 활동을 통해서 지도된다. 듣기 개별 기능에 초점을 맞춘 체계적인 지도가 필요하다.

둘째, 동기화 기법을 활용해야 한다. 특히 학습자의 개인적 관심과 학습 목적에 맞는 듣기 활동이 필요하다. 청자의 배경 정보(스키마)가 중요하기 때문이다. 따라서 교사는 학습자의 경험, 학습 목적, 능력을 고려하여 수업을 설계해야 한다. 그래야 학습자의 적극적이고 능동적으로 듣기에 참여하고 교사는 학습자 중심의 수업을 진행할 수 있다.

셋째, 교실 듣기 활동은 학습자가 일상에서 실제로 만날 가능성이 높은 활동으로 구성할 필요가 있다. 수업 활동과 실제 상황에서 부딪칠 의사소통 환경과의 관련성이 높아야 한다는 것이다. 실제적 언어로 실제적인 과제를 수행하는 듣기 활동을 구성해야 학습자는 학습 활동에 적극적으로 참여하게 될 것이다.

넷째, 학습자의 반응을 확인해야 한다. 학습자의 듣기를 확인할 수 있는 반응 활동(Lund, 1990)은 학습자가 지시에 따라 신체적으로 반응하는 행동하기, 학습자가 주어진 그림이나 사물, 텍스트 가운데서 해당되는 것을 고르는 선택하기, 학습자가 들은 내용을 그림으로 나타내는 전이하기, 학습자가 메시지에 관한 질문에 답하는 대답하기, 학습자가 강의를 듣고 요약하거나 글로 적게 하는 요약하기 등이 있다.

다섯째, 듣기 전략을 개발해야 한다. 학습자들은 듣기 활동을 통해 듣기 전략 능력을 개발할 수 있다. 듣기 수업에서 학습자들이 알아야 할 전략을 살펴보면 핵심어 찾기, 의미 해석에 도움을 주는 비언어적 단서 찾기, 담화 맥락을 통해 화자의 의도 예측하기, 입력 정보와 학습자의 배경 정보 연계하기, 의미 추측하기, 설명 요구하기, 전체적인 요지 찾으면서 듣기 등이 있다.

마지막으로 듣기 수업에서 상향식 기법, 하향식 기법을 모두 사용해야 한다. 상향식 기법은 여러 낱말이나 문장을 듣고 빈칸을 채워 넣거나 구체적인 정보를 담고 있는 언어 요소를 찾는 활동에 초점을 두는 반면 하향식 기법은 학습자의 사전 지식 활성화와 의미 추론, 내용의 전체적 이해, 문자적 의미와 의도된 의미를 구별하기, 듣고 주제 파악하기 등의 활동에 초점을 둔다. 듣기 이해의 처리 과정은 역동적인 단계를 거쳐 이루어진다는 점을 고려할 때 듣기 지도는 상향식과 하향식이 상호 작용할 수 있는 기법이 개발되도록 설계되어야 한다.

2. 단계별 듣기 활동

엄격한 의미의 듣기 활동은 듣는 동안의 활동이나 듣고 바로 응답하는 활동이다. 그러나 언어 습득에서의 듣기 활동은 궁극적으로 의사소통에 기여할 수 있어야 한다. 따라서 단계별 듣기 활동은 학습자의 듣기 전략을 적극적으로 개발해 주는 활동으로 구성해야 하며 과정으로서의 듣기를 강조할 필요가 있다.

단계별 듣기 활동은 어떻게 구성할 수 있는지 알아보자. 먼저 듣기 전 활동(Before-listening)은 듣기 중 활동을 진작하기 위해 듣기 전에 이루어지는 일련의 활동으로 배경지식 활성화 활동과 언어적 정보 예습 활동이 있다. 듣기 활동(While-listening)은 들은 내용과 관련해서 이루어지는 일련의 듣기 이해 활동이다. 듣기 후 활동(After-listening)은 들은 내용을 응용하여 새로운 내용을 산출하는 활동으로 듣기에서 입력된 언어 정보를 연습하고 보완하는 활동이다.

3. 듣기 전 활동

듣기 전 활동의 목적은 들을 내용의 배경이나 맥락을 만들어 줌으로써 학습자가 들을 내용을 예측하게 하는 데 있다. 내용 예측은 듣기 이해에 큰 영향을 미친다. 모어 화자는 대화에서 대부분 맥락이나 배경으로 내용을 예측할 수 있기 때문에 의사소통에 어려움이 없는 점을 떠올려 보자. 그러므로 듣기 전 활동에서는 내용 예측을 위한 맥락을 제공할 필요가 있다. 듣기 전 활동을 통해 정보를 가진 학습자가 성공적인 듣기를 수행하게 되면서 듣기에 대한 자신감이 고취될 수 있고 자칫 수동적 수업이 되기 쉬운 듣기 수업을 역동적으로 만들 수 있다. 듣기 전에 말하기 혹은 읽기와 연계된 활동을 할 수도 있다.

듣기 전 활동은 크게 배경지식 활성화 활동과 정보 강화 활동으로 분류할 수 있다.

1) 배경지식 활성화 활동

배경지식 활성화 활동은 학습자가 가지고 있는 정보를 이끌어 내는 활동으로 학습자 개개인이 가지고 있는 주제에 대한 지식과 경험을 끌어내어 이를 다른 학습자들과 공유할 수 있도록 하는 활동이다. 학습자가 자신이 가진 것을 명확히 하고 다른 사람의 것을 수용하여 주제에 대한 지식을 넓게 되면 듣기 내용을 예측할 수 있는 폭이 넓어진다. 그럼 배경지식 활성화 활동에서 자주 사용하는 세 가지 활동을 보자.

(1) 교사 질문에 대답하기

교사 질문에 대답하기는 보조 자료 없이 교사의 질문과 학생의 답변으로만 이루어지는 활동이다. 이때 들을 내용과 너무 관계가 먼 질문은 지양하는 것이 좋다. 예를 들면, 듣기 내용이 가방 사기와 관련된 내용일 때 "어느 시장을 좋아하세요?"와 같은 질문은 피하자. 이 활동은 학생들의 답에서 들을 내용이 꼭 나와야 하는 것은 아니다. 들을 내용의 맥락만 형성해 주는 것으로 충분하다. 따라서 교사는 들을 내용에 따라 학생의 경험, 습관, 생각, 반응 등을 질문한다.

(2) 시각 자료 이용하기

시각 자료 이용하기는 질문할 때 보조 자료로 그림, 사진, 도표, 실물 등 시각 자료를 이용하는 것인데 이렇게 하면 수업에 변화와 리듬을 주고 학습자의 시선을 집중시킬 수 있는 효과가 있다. 또한 시각 자료로 들을 내용에 대한 정확한 방향으로 예측할 수 있고 구체적인 내용의 실마리 제공으로 학습자 두뇌 활동을 적극적으로 활성화시키는 효과도 있다. 단, 시각 자료는 학습 내용과 직접 관련되고 명시적인 것으로 선정할 필요가 있다.

(3) 관련 어휘 예측하기

관련 어휘 예측하기는 들을 내용에 나올 어휘를 예측해 보는 활동이다. 예를 들어, 장소 묘사를 듣는 내용이라면 해당 장소에서 볼 수 있는 도구나 시설물과 관련된 단어를 예측할 수 있고 도구 관련 듣기 내용이라면 도구의 재료나 크기, 용도 등과 관련된 단어를 예측할 수 있다. 이로써 학습자는 선행지식을 갖출 수 있다. 예측을 위한 실마리로 그림 자료나 제목 혹은 교사의 질문을 활용한다.

2) 정보 강화 활동

정보 강화 활동은 교사에 의해 준비된 정보를 이용하는 활동으로 듣기 자료에 나오는 어휘, 문화, 사회적 정보를 미리 학습하는 활동이다. 이 활동을 통해 얻은 정보를 바탕으로 글의 내용을 쉽고 정확하게 이해할 수 있다. 정보 강화 활동은 어휘(표현) 학습하기, 화자 정보 파악하기, 관련 자료 읽기, 빈칸 미리 채워보기, 교사의 이야기 듣기 등이 있다.

(1) 어휘(표현) 학습하기

어휘(표현) 학습하기 활동에서는 생소한 어휘, 표현이 많으면 듣기에 대한 집중력이 저하될 수 있다. 따라서 듣기 전에 어휘, 표현 제시하여 공부하는 것이 효과적이다. 이때 어휘나 표현을 제시하는 형식은 텍스트나 그림, 사진 등이 가능하다.

(2) 화자 정보 파악하기

화자 정보 파악하기는 화자를 알면 듣기 내용 이해에 도움이 되기 때문에 필요하다. 화자의 정보를 주어야만 이해 가능한 상황에서는 교사가 정보를 제시한다. 예를 들어 지하철 안내 방송이나 홈쇼핑 쇼호스트의 발화를 듣는다면 화자를 알아야 듣기 내용에 집중할 수 있다.

(3) 빈칸 미리 채워 보기

빈칸 미리 채워 보기는 들을 정보를 맥락에서 예측할 수 있다. 예를 들어, 고향에 대한 듣기 내용을 듣는다면 이를 고향 소개하기의 읽기 텍스트처럼 바꾸고 예측할 수 있는 어휘나 표현에 빈칸을 제시해서 학습자가 듣기 전에 빈칸을 미리 채워 봄으로써 듣기 내용을 예측할 수 있다. 이런 활동은 듣기 전략 활성화를 위해 의도적으로 들어갈 말을 미리 추측하게 하는데 특히 듣고 쓸 정보가 많을 때 유용하다.

(4) 관련 자료 읽기

관련 자료 읽기는 들을 내용의 맥락을 형성해 주기 위한 것이다. 들을 내용에 대한 사전 정보를 제공하거나 문어와 구어의 문체, 혹은 표현의 차이를 비교할 수 있다. 또한 뉴스 듣기 전 활동으로 유사한 신문 기사를 읽거나 요리 방송의 듣기 전 활동으로 요리법을 읽을 수 있다. 여행지 소개하는 듣기 내용의 듣기 전 활동으로 안내 책자를 읽는 것도 가능하다.

(5) 교사의 이야기 듣기

교사의 이야기 듣기는 들을 내용의 난이도가 학생들 수준에 비해 높거나 실제 자료에 이해가 모호한 부분이 있을 때 또는 듣기 전 정보를 주고 싶은데 마땅한 자료가 없을 때 할 수 있다. 학습자는 교사의 말에 익숙하기 때문에 내용을 쉽게 이해할 수 있다. 이때 교사가 의도적으로 이야기를 더 구체화해서 말하거나 일부만 말할 수 있다.

4. 듣기 중 활동

듣기 중 활동은 실제로 들은 직후 이루어지는 활동으로 듣기를 이해했는지 가시적으로 표현할 수 있는 활동이다. 듣기 중 활동은 학습자가 듣기 활동에 집중하게 하고 유용한 듣기 전략을 사용할 수 있게 한다. 또한 듣기의 목적을 분명하게 부여하고 의사소통적이고 실제적인 듣기로 유도하며 선택적 듣기를 훈련할 기회를 제공한다. 다음은 듣기 중 활동의 기준과 유형을 정리한 것이다.

	기준	유형
표현 내용	들은 직후 무엇을 표현하느냐	들은 내용, 중심 내용, 추리된 내용, 청자의 반응, 문제 해결 방안
표현 방법	들은 내용을 어떻게 표현하느냐	O X 하기, 고르기, 나열하기, 표시하기, 쓰기, 그리기
자료 종류	과제 자료가 무엇이냐	텍스트, 그림, 도표

1) 들은 내용 O X 하기 - 텍스트, 그림, 그래프

내용을 듣고 지시문의 지시에 따라 O X하는 유형은 초급 단계에서 많이 사용되는 단순한 유형이지만 중급 단계에서도 첫 번째 듣기에서 사용할 수 있다. 자료 형식은 세부적인 내용을 들었는지 확인할 때 텍스트를 사용하고 개괄적인 내용을 들었는지 확인할 때 그림을 사용한다.

2) 들은 내용 고르기 - 텍스트, 그림, 도표

가장 일반적인 듣기 유형으로 듣는 속도에 비해 쓰는 속도는 현저히 느리기 때문에 들은 내용을 쓰게 하는 것보다 고르게 하는 것이 학습자에게 다양한 질문을 할 수 있는 방법으로 많이 쓰인다. 초급에서 고급까지 다양하게 활용되는 유형이다. 구체적인 유형으로는 음 식별하기(한글 자모 연습 단계), 일치하는 내용 고르기, 일치하지 않는 내용 고르기, 질문에 대한 대답 고르기 등이 있다.

3) 들은 내용 나열하기 - 텍스트, 그림

내용을 듣고 순서대로 재배치하는 과제로 들은 내용을 직관적으로 인식할 수 있게 그림으로 변환시켜 놓은 것이다. 그림은 순서 교체가 용이하므로 이 유형에서는 그림이 많이 활용된다. 물론 단어나 문장을 순서대로 배치하는 유형도 가능하다. 정보의 논리적 순서는 들은 내용의 순서와 일치하지 않을 수도 있는데 이런 활동은 자세한 내용을 파악하는 능력을 확인할 때 유용하다. 대표적인 유형으로는 일과 말하기, 여행 여정 말하기, 서사적 순서 재배치하기, 요리법, 공공 기관의 일 처리 순서 등이 있다.

4) 들은 내용 표시하기 – 텍스트, 그림, 도표

듣고 이미 제공된 정보 중에서 하나를 골라 표시하는 유형으로 듣고 여러 개의 정보를 선택하도록 유도한다. 특별한 목적을 위해 고안된 형식을 활용할 수 있다. 예를 들어, 호텔 종업원이 손님과 대화하는 듣기에서 들은 내용을 바탕으로 호텔 종업원이 사용하는 예약 확인서 표시할 수 있다. 서비스 센터에서 고장 난 상태를 설명하는 듣기 자료를 듣고 고장 수리 접수증 작성할 수도 있다.

5) 들은 내용 쓰기 – 텍스트, 그림, 도표

들은 내용을 학습자가 직접 쓰는 활동으로 듣기 내용이 길어질 때는 학습자가 들으면서 메모하면 효과적이다. 이때 들은 내용을 쓰는 활동의 목적은 듣기 능력을 신장하는 것뿐만 아니라 효과적인 메모 전략을 키우는 것도 포함된다. 구체적인 활동 유형으로는 받아쓰기(특정 문법 형태를 연습하는 구조로 만들기), 맥락 쓰기(특정 정보를 비워 두고 빈칸 채우기), 도표, 그림에 쓰기(내용 전체를 구조화한 후 그 중 핵심이 되는 정보를 비워 두고 내용 쓰기), 질문에 대답 쓰기(중심 내용, 중요한 정보, 담화가 제시되는 상황 쓰기) 등이 있다.

6) 들은 내용 그리기 – 그림

학습자에게 들을 내용의 일부나 발화 상황이 미리 그림으로 제시되고 학습자는 들은 후 그림을 추가하여 그려 넣는 유형이다. 쓰기 능력이 충분하지 않은 초급 단계 학습자에게 적절한 유형으로 시간을 듣고 시계에 시간 그려 넣거나 대화를 듣고 위치를 확인하여 물건 배치를 그림으로 표현할 수 있다.

7) 중심 내용 파악하기 – 텍스트

화자의 중심 생각을 파악하는 유형으로 하나하나의 정보를 잘 들었는지는 중요하지 않다. 정보를 듣고 전체적인 맥락에서 종합해 내는 사고력이 필요하다. 제목 물어보는 유형도 중심 내용 파악하기에 포함된다.

8) 추리하기 – 텍스트, 그림

들은 내용을 바탕으로 추리를 요구하는 과제 유형으로 듣고 즉각 판단할 수 있는 정도의 내용을 추리한다. 듣기 전에 나온 내용이나 후에 나올 내용을 추리할 수도 있고 대화를 듣고 대화가 이루어지는 장소를 추리할 수도 있다. 추리한 내용은 그림이나 텍스트로 표현할 수도 있다.

9) 반응하기

들은 내용에 대해 학습자가 대화의 파트너가 되어 역할을 수행하는 유형이다. 예를 들어 "맛있게 드세요."라는 말을 듣고 이어질 수 있는 알맞은 반응으로 "잘 먹겠습니다."를 찾을 수 있다.

5. 듣기 후 활동

듣기 후 활동은 실제적인 듣기 활동이 끝나고 행해지는 모든 활동으로 이 활동의 목적은 들은 내용을 정리하고 강화하는 데 있다. 듣기 과제에서 무엇을 해야 되는지를 제대로 이해하여 그 과제를 성공적으로 이행했는지를 점검한다. 교사가 구두로 답을 말해 주거나 동료 학습자와 상호 점검할 수 있다. 결과에 집착하지 말고 학습자가 이해하지 못한 부분에 대해 다시 생각해 볼 기회를 제공하는 것이다. 이때 모든 것을 다 이해해야 된다는 생각에서 탈피해야 한다. 애매하고 불분명한 것에 대처하는 능력을 길러야 한다.

듣기 후 활동의 과제 수행 시 중요한 것에만 주의 집중하는 훈련이 필요하다. 들은 내용 이해 여부 점검의 선택형 문제, 단답형 문제가 대표적인 예이다. 이런 유형에는 읽기, 쓰기, 말하기 능력 필요하기 때문에 내용은 이해했지만 답을 못 하는 경우가 발생할 수도 있다. 따라서 교사는 내용 이해 여부 점검 활동에서 학습자의 이해 과정 및 이해 능력을 제대로 파악할 수 있어야 한다. 들은 내용과 관련한 주제 심화, 상황 전이, 적용 등의 활동을 할 때 시간 확보가 문제이다.

듣기 후 활동 시 고려해야 할 사항에는 활동의 양, 시간, 다른 언어 기능, 활동 조직의 유형, 학습 동기가 있다. 또한 듣기 후 활동의 유형으로는, 순서 및 등급 매기기, 문장과 짝 맞추기, 문제 해결이나 판단 활동을 위한 정보 도출하기, 대화자 사이의 관계 인지하기, 대화자들의 정서적 상황 파악하기, 문장의 인과관계 알기, 요약하기, 역할극 및 모의극 하기 등이 있다.

1) 들은 내용을 학습하는 활동

들은 내용을 학습하는 활동은 크게 단어나 문법 학습하기와 요약하기가 있다. 단어나 문법 학습하기는 듣기 중에 출현한 중요 단어나 문법을 정리하고 내재화하는 활동으로 실제 수업에서는 단어 학습하기가 많이 활용된다. 반면 요약하기는 들은 내용을 다시 간단히 정리해 보는 활동으로 숙달도에 따라서 요약 형식과 내용의 일부를 제시한다.

2) 들은 내용을 비판, 적용하는 활동

들은 내용을 비판, 적용하는 활동은 들은 내용에 대해 학습자가 자신의 생각을 반영하여 반응하는 유형으로 어떤 견해를 가진 담화를 들은 후 그것에 대해 찬성 혹은 반대로 자신의 의견을 피력하는 활동이다. 학습자의 사전 경험이나 지식이 과제 활동에 큰 역할을 하게 된다. 예를 들어, 논평하기는 들은 내용이나 화자에 대해 평가를 내리거나, 드라마나 영화를 보고 등장인물의 성격이나 행동에 대한 평가를 내리는 경우에 해당한다. 토론하기는 어떤 입장을 가진 내용을 들은 후 찬반 토론하거나, 원활한 토론을 위해 찬반의 수를 대등하게 맞추거나 교사가 토론의 촉발제 역할을 하는 조작이 필요하다. 문제 해결하기는 문제 제기의 내용을 듣고 해결 방안을 제시하고 최선의 방법을 찾는 활동으로 예를 들어 대기 오염의 심각성에 대한 논평을 들은 후 자기 도시의 대기 오염을 줄이기 위한 구체적 방법 생각해 낼 수 있다.

3) 들은 내용과 관련된 확장 활동

들은 내용과 관련된 확장 활동은 학습 활동의 촉발제 역할로 자신의 경험으로 확장하는 다양한 형태의 과제이자 또 다른 언어 활동과 이어지는 활동이다. 구체적인 유형으로 개인적인 경험으로 확장시켜 말하기, 역할극 수행하기, 들은 내용과 관련된 읽기 등이 있다.

형성 평가

1. 듣기에 대한 설명으로 틀린 것을 고르시오.
① 듣기는 말하기와 함께 이해 영역에 속한다.
② 듣기는 구어적 특징으로부터 많은 영향을 받는다.
③ 듣기는 화자의 어조나 표정, 동작의 영향을 받는다.
④ 듣기는 소리 인식, 해석, 응답의 행위가 포함된 능동적 활동이다.

정답: ①
해설: 듣기는 읽기와 함께 이해 영역에 속한다.

2. 국제 통용 한국어 표준 교육 과정(2017)의 다음 등급 목표에 해당하는 듣기 내용이 아닌 것은?

> 친숙하지 않은 사회적·추상적 주제 및 자신의 직업이나 학문 영역에서의 간단한 담화를 어느 정도 이해할 수 있다.

① 협상, 보고, 상담 등의 담화를 듣고 화자의 의도를 파악한다.
② 일반적인 내용의 방송 담화를 듣고 내용을 대체로 이해한다.
③ 동의, 반대, 금지 등의 담화를 듣고 화자의 발화 의도를 파악한다.
④ 일반적인 주제의 학문적 대화나 강연, 토론을 듣고 세부 내용을 이해한다.

정답: ③
해설: 제시된 듣기 내용은 5급에 해당된다. ③번은 3급에 해당하는 내용이다.

3. 듣기 이해 과정에 관한 설명으로 옳은 것은?
① 상향식 듣기에서는 청자의 배경지식이 강조된다.
② 억양과 음소 식별하기는 상향식 듣기 활동의 예이다.
③ 하향식 듣기 활동에서는 문장 단위 이해에 초점을 맞춘다.
④ 상향식 듣기와 하향식 듣기 과정을 혼합하여 수업하기 어렵다.

정답: ②
해설: 청자의 배경지식을 강조하는 것은 하향식 듣기이다. 상향식 듣기는 음소, 어휘 문장 단위 이해에 초점을 맞춘다. 상향식 듣기와 하향식 듣기 과정의 혼합된 듣기 과정은 상호 작용적 듣기 과정이다.

4. 다음 표에 들어갈 듣기 담화의 예로 옳지 않은 것은?

의사소통 목적 \ 의사소통 방향	일방향 소통	쌍방향 소통
사교적	ㄱ	ㄴ
정교 교류적	ㄷ	ㄹ

① ㄱ - 경제 전문가와의 인터뷰
② ㄴ - 길에서 만난 친구와 인사
③ ㄷ - 공항의 탑승구 안내 방송
④ ㄹ - 분실물 센터에서 물건 찾기 대화

정답: ①
해설: 경제 전문가와의 인터뷰는 정보 교류적 쌍방향 소통으로 볼 수 있다. 일방향 소통은 듣는 사람이 화제에 전혀 끼어들 수 없는 상황에서 일어나는 언어 활동으로 지하철이나 버스의 안내 방송 듣기, 강연 듣기 등이 대표적이다.

5. 다음 중 보상 전략에 따른 예시로 알맞은 것은?
① 학습자가 정보를 정리하고 구조화하여 이해와 기억을 촉진한다.
② 학습자가 교사나 동료 학습자에게 적극적으로 피드백을 구한다.
③ 시각화 기술 같은 기억 장치를 사용하여 중요한 핵심 어휘를 기억한다.
④ 대화 중에 이해 격차를 채우기 위해 사전 지식에 의존하여 익숙하지 않은 단어를 추론한다.

정답: ④
해설: 보상 전략은 듣기 이해력의 어려움이나 이해 격차를 극복하기 위한 대안을 찾는 전략이다.

6. 듣기 수업 단계별 통합적 상위 인지 전략을 적절하게 활용한 것을 모두 고른 것은?

> ㄱ. 듣기 전 단계: 언어적 지식이나 배경지식 중 무엇이 더 필요한지 결정하기
> ㄴ. 듣기 단계: 예측한 것이 맞았는지 확인하기
> ㄷ. 듣기 단계: 듣기 과제의 유형과 듣기의 진행 과정에 대해 평가하기
> ㄹ. 듣기 후 단계: 사용된 전략이 과제의 목적에 적절했는지 결정하기

① ㄱ, ㄴ
② ㄷ, ㄹ
③ ㄱ, ㄴ, ㄷ
④ ㄱ, ㄴ, ㄹ

정답: ④
해설: ㄷ은 듣기 단계가 아니라 듣기 후 단계에서 활용하는 전략으로 듣기 활동 전반에 대한 평가에 해당한다.

7. '일기 예보 듣기'를 지도할 때 활동 단계가 같은 것을 모두 고른 것은?

> ㄱ. 우산이 필요한 지역을 지도에서 찾아낸다.
> ㄴ. 각 지역과 그에 맞는 날씨 그림을 연결한다.
> ㄷ. 각자가 알고 있는 날씨 관련 어휘를 말해 본다.
> ㄹ. 확장 어휘를 학습하고 주간 일기 예보를 찾아서 이야기한다.

① ㄱ, ㄴ
② ㄷ, ㄹ
③ ㄱ, ㄴ, ㄷ
④ ㄱ, ㄴ, ㄷ, ㄹ

정답: ①
해설: ㄱ, ㄴ은 듣기 활동, ㄷ은 듣기 전 활동, ㄹ은 듣기 후 활동이다.

8. 다음 듣기 수업의 순서를 바르게 나열한 것은?

> - 숙달도: 초급
> - 단원 주제: 쇼핑
> - 담화 유형: 옷 가게에서 점원과 손님의 대화
>
> ㄱ. 들은 대화를 활용해 옷 가게 점원과 손님의 역할극을 하게 한다.
> ㄴ. 대화를 듣고 손님이 산 옷은 무엇인지 알맞은 그림을 고르게 한다.
> ㄷ. 옷 가게에서의 쇼핑 경험을 물어 대화 맥락을 도입한다.
> ㄹ. 듣게 될 의복 어휘, 색깔 어휘 등을 제시하고 학습시킨다.

① ㄴ-ㄷ-ㄱ-ㄹ
② ㄴ-ㄷ-ㄹ-ㄱ
③ ㄷ-ㄴ-ㄱ-ㄹ
④ ㄷ-ㄹ-ㄴ-ㄱ

정답: ④
해설: ㄱ은 역할극으로 듣기 후 활동, ㄴ은 듣기 과제 수행으로 듣기 중 활동, ㄷ과 ㄹ은 듣기 전 활동에 해당한다. 듣기 전 활동으로는 먼저 맥락을 형성한 다음에 들을 내용의 어휘 등을 제시, 학습할 수 있다.

제9장 읽기 교육론

학습 목표

1. 읽기의 정의와 읽기 교육의 변천사를 알고 스키마 이론을 이해할 수 있다.
2. 정보 처리 과정에 대해 알고 처리 모형에 대해 설명할 수 있다.
3. 읽기의 유형과 교육 방법 및 구성 원리를 알고 읽기 교수에 활용할 수 있다.

I. 읽기와 읽기 교육

1. 읽기의 정의

읽기를 한 마디로 간결하게 정의하기는 어렵다. 읽기는 단순하게 '인쇄된 언어를 해독하는 과정'(Urquhart & Weir, 1998: 22)으로 정의되기도 하고, 보다 복잡하게 '텍스트에 나타난 다양한 정보를 추출하여 자신의 배경지식과 통합시키고 이해하는 과정'(koda, 2005: 4)으로 정의되기도 한다.(Grabe, 2009: 14)

읽기란 단순히 문자를 조합하여 의미를 이해하는 것이 아니라 독자 스스로 자신의 배경지식을 활용하여 담화 의미를 파악해 가는 과정이다. 이러한 읽기의 특성은 독자와 글 사이의 상호 작용 또는 의사소통 과정이고 글을 이해하는 과정이며 독자의 배경지식이 관여하는 과정이라고 할 수 있다. 즉, 읽기는 독자가 글과 상호 작용하면서 자신의 언어적 지식 및 선험적 지식을 포함한 모든 지식을 활용하여 자신의 목적에 따라서 글쓴이의 메시지와 의도를 파악해 가는 과정이다.

언어 교육의 기본적인 목표는 의사소통 능력을 기르는 것이다. 의사소통 능력의 신장을 위해 말하고, 듣고, 읽고, 쓰는 네 가지 언어 기술의 통합적인 교육의 중요함이 강조되어 왔다. 전통적으로 말하기와 쓰기는 능동적, 생산적인 표현 영역으로 여겨왔던 반면에 읽기와 쓰기는 수동적이고 수용적인 이해 영역으로 인식되어 다른 영역에 비해 그 중요성이 간과되어 왔다고도 볼 수 있다. 그러나 학습자는 자신의 의사소통 능력의 신장을 위해 자신에게 필요한 다양한 정보를 얻어야 하는데, 이 과정은 대부분 시각적인 자료를 통해 이루어진다. 시각적인 자료를 통해 정보를 얻으려면 읽기 기능을 이용해야 한다. 학습자들은 일상에서 접하는 메시지나 광고에서부터 인터넷을 이용한 신문이나 자료, 그리고 문학작품에 이르기까지 수 많은 읽을거리를 접하게 된다. 학습자들은 이렇게 다양한 읽을거리들을 이해하고자 하는 기본적인 욕구를 가지고 있으므로 학습자들에게 읽기 능력은 필요한 기능일 뿐만 아니라 아주 중요한 기능이라고 할 수 있다. 그러므로 읽기 교육은 한국어 교육을 위해서 필수적이다. 이러한 읽기 교육은 읽을 자료가 갖는 문어적인 특성을 고려하면서 이해를 위한 기재를 효과적으로 활용하는 방법을 고려해야 한다. 아울러 교실에서 학습된 지식을 응용하여 스스로 전략을 개발하여 문제를 해결할 수 있는 능력을 갖추도록 유도해야 한다.

※ 한국어 읽기 교육의 방향을 설정하고 교수법을 개발하기 위해서 고려해야 할 점
- 학습자들의 읽기 능력에 영향을 미치는 요소는 무엇인가?
- 어떤 자료를 선택할 것이며, 어떤 전략으로 읽게 할 것인가?
- 읽기 수업은 어떤 순서로 구성할 것인가?
- 읽기 수업 내에서 교사는 어떤 역할을 해야 하는가?
- 읽기 활동은 다른 언어 기능과 어떤 관계를 맺고 상호적으로 구성되어야 하는가?
- 읽기 수업 내에서 어휘 교육은 어떻게 이루어져야 하는가?

2. 읽기 교육의 이론

1) 외국어 교수법과 읽기 교육

외국어 교육에서 읽기 교육에 대한 연구가 이루어진 것은 그리 오래되지 않았다. 문법 번역식 교수법(Grammar Translation Method)에서의 읽기 교육은 단어나 문장의 의미를 모국어로 전환하는 텍스트 위주의 읽기 활동이었고 글을 이해하는 것은 중요한 부분이 아니었다. 1960년대까지 읽기는 듣기와 마찬가지로 수동적인 기술로만 인식되어 왔다. 청각 구두식 교수법(Audio lingual Method)에서의 읽기 교육은 말하기 연습에서 필요한 문법적인 구조나 어휘 학습을 위한 수단으로만 사용이 되었다. 1970년대에는 읽기의 중요성이 부각되면서 언어 숙달도가 언어를 잘 알고 사용하는 데 필요한 다양한 요소로 이루어져 있다고 이해되면서, 담화 능력이 언어 숙달도에서 중요한 위치를 차지하게 되었다. 학습자는 이미 읽은 것을 바탕으로 하여 예측, 확인, 수정 과정을 통해 읽기 자료의 내용을 재구성한다고 인식되었다. Coady(1979)에서는 배경지식의 역할을 강조하고, 읽기는 학습자의 배경지식, 개념적인 능력, 이해를 산출하는 과정 전략이 상호 작용하여 이루어진다는 것이다. 1980년대부터는 문법적 지식, 어휘와 함께 읽기 전략을 교육하는 것에 주력하였다. 이때부터 제2 언어 및 외국어 읽기에 대한 활발한 연구로 다양한 이론(스키마 이론 등)이 확대되었다.

2) 스키마 이론

인지 심리학의 영향으로 등장한 '스키마(schema)'는 독자의 기억 속에 이미 저장된 지식 구조로, 사전 지식(prior knowledge) 또는 배경지식(background knowledge)이라고 부르기도 한다. 지식은 특정한 경험과 관련된 일화적 지식(episodic knowledge)과 개념적 지식은 물론이고 지식을 사용하는 방법에 관한 지식을 모두 포괄한다.

스키마에는 종류에 따라 두 유형이 있는데 내용 스키마(content schema)와 형식 스키마라고도 하는 교재적 스키마(text schema)이다.

내용 스키마는 일반적인 세계 지식의 영역으로, 대상과 사건들의 지식과 학습자들이 읽음으로써 얻어지는 사회 문화적인 지식과 이해를 포함한 것이다. 독자가 내용 스키마와 친숙한 텍스트를 접하게 되면 더 깊은 이해를 할 수 있게 되나, 독자의 직접, 간접적인 경험과 먼 텍스트를 접하게 되면 배경지식의 활성화를 유도해야 한다.

교재적 스키마는 '문화 속에서 읽기 텍스트의 내용이 어떻게 설명되는가, 작가들이 어떤 전형적인 글의 형식을 통해 이해에 도움을 주는가, 텍스트의 형식이 어떻게 의미의 단서를 제공하는가' 등과 같은 담화 구조와 관습의 지식에 대한 것

이다. 교재적 스키마에 익숙하고 관련된 경험이 있는 독자는 수월하게 텍스트를 이해할 수 있다.

스키마를 활용한 텍스트 이해는 텍스트에 나와 있는 정보를 수동적으로 처리하는 것이 아니라, 스키마를 이용한 적극적인 이해 활동이다. 따라서 스키마를 활용한 읽기 교육은 읽기 텍스트를 성공적으로 이해하는 데 중요한 역할을 한다.

※ 읽기 과정에서 스키마의 기능
첫째, 스키마는 읽기 자료에 담긴 정보를 받아들이기 위한 이상적 지식 구조를 형성한다.
둘째, 많은 정보 중에서 중요한 정보와 그렇지 않은 정보를 선택적으로 받아들이게 한다.
셋째, 추론의 과정을 통해 글에 명시적으로 드러나지 않은 정보를 찾게 한다.
넷째, 정보의 탐색 순서와 절차를 제공한다.
다섯째, 독자가 읽은 내용을 재편집하고 요약한다.
여섯째, 새로운 정보들을 기존의 정보와 연결해 일관성 있는 형태로 재구성한다.

II. 읽기 과정의 이해

1. 정보 처리 과정

학습자가 글의 정보를 어떻게 처리하는가는 이해 과정의 중요한 부분이다. 정보 처리 모형들은 언어 층위의 변인(어휘, 통사, 수사 구조 등)과 학습자 층위의 변인(인지 발달, 세상과 글에 대한 배경지식 등)을 각기 다르게 강조하여 이해 모형을 설정한다. 다음은 1970년대 이후에 활발히 연구되고 있는 상향식, 하향식, 상호 작용식 모형에 대한 설명이다.

2. 상향식 과정(bottom-up processing)

언어의 상향적인 이해는 주어진 언어 정보 자체로부터 작은 단위에서 큰 단위로 선형적인 단계를 거쳐 정보가 이해되는 것이다. 즉, 소리나 문자로부터 단어, 문장, 단락, 전체 담화로 이해하게 되는 것이다. 이 모형은 텍스트 중심의 이해이며 학습자는 주어진 언어 정보를 조합하여 이해하는 수동적인 역할을 하게 된다. 다시 말하면, 학습자는 글에서 가장 작은 단위인 각 단어 의미의 분석을 시작으로 점점 큰 단위의 문장까지 분석하여 글 전체의 의미를 파악한다는 것이다. 상향식 모형의 읽기 방법은 다음과 같은 것들이 있다.

① 번역하며 읽기: 읽기 과정에서 일반적으로 사용하는 방법으로 간단한 유형의 지식에 대해 쉽게 이해할 수 있는 경우에 많이 사용된다.

② 다시 읽기: 글을 읽고 다시 읽기를 통해서 이해를 강화하는 방법이다. 길고 복잡한 구조의 문장을 처리할 수 없는 경우에 반복적으로 읽게 된다.

③ 소리 내어 읽기: 다시 읽기와 유사하지만 학습자가 자신의 발화 기관을 움직여 목표어를 발음해 가면서 읽는 것이다.

형태와 음성을 합해서 의미를 생산하는 과정으로 학습자들이 많이 사용할 수 있는 읽기 방법이다.

④ 환언하기: 글을 읽는 도중에 자신이 모르는 부분을 만났을 때 글의 일부를 자기가 잘 알고 있는 말로 바꾸어 이해하는 과정으로 목표어의 지식이 활용된다.

⑤ 끊어 읽기: 목표어로 된 문법 규칙이나 접속 관계에 따라 유의미한 단위인 구나 절로 끊어 읽는 과정이다. 이것은 주로 읽기 능력이 높은 학습자가 활용하는 방법이다.

⑥ 분석하기: 문장의 성분에 대한 지식을 토대로 읽기를 진행하는 방법으로 어휘의 경우에도 자신이 알고 있는 것과 모르는 것으로 나누어 의미를 추측하는 과정이다.

3. 하향식 과정(top-down processing)

상향식 모형과 대조되는 이 모형에서는 읽기 과정이 언어 형태를 해독(decoding)하는 과정보다는 의미를 재구성하는 과정임을 강조한다. 읽기는 예측의 과정으로서 주어진 글을 읽기 전에 자신의 배경지식이나 경험에 근거하여 그 글의 내용을 예측하고, 글을 읽어 나가면서 예측한 것을 확인하고 수정해 나가면서 의미를 획득하는 것이라고 보는 것이다. 즉, 학습이 전체에서 부분으로 이루어진다고 보는 관점이다. 이 과정은 과거의 경험, 언어 직관 혹은 기대 수준을 이용하여 언어 정보를 이해해 가는 과정으로 심리 언어학적인 이해 과정과 일치한다. 따라서 인쇄된 내용에 대한 특정 부분을 선정해서 그다음으로 의미를 파악하며, 필요한 경우에는 개별음에 대한 발음법을 파악한다. 이 과정에서는 학습자와 교재의 상호 작용이 핵심을 이루며 이 과정에서 학습자는 읽기 내용에 대한 자신의 지식, 언어의 작용 방식에 대한 지식, 교재의 내용에 대한 동기, 태도, 흥미를 이용할 수 있다.

하향식 모형의 읽기 방법은 다음과 같은 것들이 있다.

① 추론하기: 목표어를 학습할 때 학습자가 소재나 제목을 통해서 글의 내용과 이야기를 마음 속으로 상상하여 글의 내용을 파악하는 과정이다. 학습자 스스로가 글을 쉽게 받아들일 수 있도록 자신의 스키마를 정리하는 것으로 학습자 스키마는 대조 분석을 통해서 유의미한 의미를 생산할 수 있다.

② 배경지식 활용하기: 학습자가 모국어를 통해서나 자신의 개인 경험이나 세상 지식에 비추어 글을 이해하는 과정이다.

4. 상호 작용식 과정(interactive processing)

이 모형은 텍스트 이해라는 관점에서 상향식 모형과 하향식 모형의 상호보완적인 전략적 사용이 필요하다고 보는 것이다. 하향식 모형과 마찬가지로 학습자 위주로 정보를 처리하는 것으로 읽기 과정에서 상향식이나 하향식만으로는 설명될 수 없는 문제점을 고려하여 글의 영향과 학습자의 영향 모두를 설명하려는 모형이다. 즉, 읽기는 필자에 의해 시각적 자극으로 부호화된 의미가 학습자의 마음속에서 의미로 변화하는 상호 작용을 일컫는다는 것이다. 이때의 상호 작용 속에는 읽을 자료, 학습자의 선행지식, 학습자의 생리적 지적 작용 등 세 가지가 포함된다. 개인에 따라 이해의 과정이 다르게 보이는 것은 이 세 요인이 개인에 따라 다르게 상호 작용하기 때문으로 본다. 따라서 이해의 과정을 선형적인 것이 아니라 순환적인 것으로 보아서 텍스트에 대한 추측을 언어 정보에 근거하여 확인하고 다시 추측하고 다시 언어 정보를 확인하는 과정을 반복한다.

III. 읽기의 유형

읽기 전략은 독자가 글을 이해하기 위해서 의식적으로 목적을 갖고 수행하는 특정의 읽기 과정이라고 할 수 있다. 읽기를 할 때에는 읽는 목적과 읽기 텍스트의 종류에 따라 읽기의 방법이 다를 것이다. 읽기의 주요 방법은 다음과 같다.

1. 훑어 읽기(skimming)

훑어 읽기는 대충 읽어도 되는 경우, 빠르게 전체를 살피며 읽는 것으로 텍스트를 눈으로 재빨리 훑어보고 요점만을 파악한다. 예를 들어 엘리베이터 안에서 안내문을 읽을 경우나 신문을 자세히 읽기 전에 이러한 과정을 거치는데 짧은 시간 안에 전체적인 내용이 무엇인지 파악해야 하므로 이러한 읽기를 하게 된다.

2. 뽑아 읽기(scanning)

찾아 읽기는 텍스트를 쭉 읽으며 정보가 있는 특정 부분을 찾는 것이다. 예를 들어 서점에 가서 책을 고르려고 할 때 목차만을 뽑아 읽는다든지, 신문 기사를 읽을 때 필요한 도표나 통계, 숫자 등 일부 필요한 것만을 뽑아서 읽는다든지 하는 것이다.

3. 확장형 읽기(extensive reading)

확장형 읽기는 보통 즐거움을 위해 다소 긴 텍스트를 읽는 것으로 이는 술술 읽는 활동이며 주로 전체적인 이해를 수반한다.

4. 집중형 읽기(intensive reading)

집중형 읽기는 특정 정보를 얻기 위해 다소 짧은 텍스트를 읽는 것으로 이는 좀 더 정확함을 필요로 하는 활동이며 세부적인 이해를 수반한다.

IV. 읽기 교육의 방법

읽기는 독자와 텍스트가 함께 작용하여 이루어내는 의미의 재구성 과정이다. 그러므로 읽기 지도도 텍스트나 독자 어느 한쪽 요인만을 중시하는 데서 벗어나 텍스트의 구조, 독자의 스키마, 그리고 이들 사이의 상호 작용에 초점이 맞추어져 다음과 같은 방법으로 실시되어야 한다.

① 학습자의 배경지식과 경험, 인지 능력을 최대한 활용하여 텍스트의 이해로 이끄는 학습자의 스키마 형성과 작동을 돕는 단계가 읽기 과정에 마련되어야 한다.

② 읽기 교육은 의미를 중심으로 한 과제 수행 중심으로 실시되어야 한다. 읽기나 쓰기가 말하기나 듣기 기능에 비해 실생활적인 측면이 약하긴 하나 실제 의사소통 상황과 유리시켜 생각할 수 없다. 물론 초기에는 교육적인 과제가 이용될 수 있지만, 언어 숙달도가 높아짐에 따라 점차 실생활과 관련된 과제 수행으로 바뀌어야 할 것이다.

③ 읽기 교육은 문장 차원의 이해를 넘어서 전체 담화의 이해를 목적으로 실시되어야 한다. 이는 각각의 문장을 구성하고 있는 언어 기호의 해독에 초점을 맞출 것이 아니라 전체 담화가 전달하고자 하는 내용 중심으로 교육이 실시되어야 함을 말한다.

④ 설명문, 논설문, 신문 기사, 문학 작품, 광고 등의 다양한 담화 유형을 이용한 교육이 실시되어야 한다. 대체로 글의 장르는 예측 가능한 구조와 예측 가능한 내용을 가진 잘 짜인 형태를 말한다. 학습자는 일단 하나의 장르에 익숙해지면 그와 같은 장르에 속하는 글을 처음 접하게 되는 경우에도 글의 의미상, 형식상의 구성 원리에 대한 예측이 가능하므로 글에 대한 이해도가 훨씬 높아질 수 있다.

⑤ 독자가 읽는 도중 낯선 단어를 접하는 경우에도 텍스트의 맥락이나 주변의 문법적 사실로부터 모르는 단어나 구문에 대한 예측하고 의미를 추출하여 전체 텍스트의 이해에 지장을 받지 않도록 텍스트의 맥락이나 문법적 요소를 이용한 독자의 예측 전략 개발 교육이 실시되어야 한다.

⑥ 담화 차원에서의 이해 능력을 높이기 위해서는 독자의 스키마를 형성하고 텍스트를 이해하는 데 중요한 역할을 하는 지식과 문화 내용에 대한 교육이 언어 기호에 대한 교육과 함께 실시되어야 한다.

⑦ 하나의 지식 스키마를 활용한 읽기 활동은 전체 교육 과정 안에서 말하기, 듣기, 쓰기의 다른 언어 기술과 통합되어 교육되어야 한다. 이때 읽기 활동은 다른 언어 기술의 학습을 위한 보조 활동이 될 수도 있고 다른 언어 기술이 읽기 활동을 위한 보조 활동이 될 수도 있다. 다른 언어 기술과의 연계가 없는 교육은 효과가 없을 뿐만 아니라 학습을 더디게 만든다.

V. 읽기 자료와 읽기 전략

1. 읽기 자료의 선정 시 고려할 점

읽기 교육을 위해서는 읽기 자료를 선별하고 이를 어떻게 구성할 것인지가 중요하다. 따라서 효과적인 읽기 자료 개발을 위해서는 다음 몇 가지를 고려해야 한다.

1) 읽기 자료는 학습자의 수준에 적절해야 한다.

텍스트나 자료 구성의 난이도와 관련이 있다. 먼저 언어 수준의 난이도로서 어휘, 문법 사항, 문장의 길이 등의 난이도가 고려되어야 한다. 어린 모국어 학습자든 외국어 학습자든 읽기 텍스트에 일정 숫자 이상의 모르는 어휘가 있을 때 그 글이 어렵다고 느낀다.

2) 학습자에게 익숙한 내용 혹은 익숙한 장르의 읽기 텍스트를 선정해야 한다.

학습자가 텍스트 내용에 대한 배경지식이 없는 경우 읽기를 어려워하기 때문에 학습자에게 익숙한 자료는 학습자들의 어려움을 경감시켜 줄 것이다.

3) 학습자의 흥미에 대한 고려가 있어야 한다.

먼저 읽기 자료의 내용 측면에서의 흥미를 고려해야 한다. 이는 학습자가 모어로서 흥미로웠던 것이 제2 언어 텍스트에서도 흥미를 줄 것이라고 가정할 수 있다. 또한, 학습자의 읽기 학습 목적에 부합하는 텍스트 혹은 읽기 방식이 학습자의 흥미를 유발할 수 있다.

4) 읽기 자료를 선정할 때 읽기의 다양한 전략을 개발시킬 수 있는 자료를 선택해야 한다.

모어 화자들은 장르를 알면 어떠한 담화가 일어날지 예측이 가능하다. 즉, 담화의 특징을 알고 있으면 장르를 알 수 있다. 따라서 제2 언어 학습자에게도 장르에 관한 인식이 필요하며 텍스트를 교사가 직접 제작한다 할지라도 장르의 특성을 실제로 유지해야 한다는 것이다.

5) 읽기 자료는 실제적이어야 한다.

텍스트를 교사가 직접 제작하거나 수정할 때는 학습자들에게 입력 자료로 가능한 텍스트의 실제성, 그러한 텍스트에 대한 학습자의 해석의 실제성, 언어 학습을 유도하는 과제의 실제성, 언어 학습 교실에서의 실제 사회적 상황의 실제성이 유지되어야 한다.

2. 읽기 자료(유형)

등급	담화 유형
초급	문장, 대화문, 실용문, 생활문, 설명문, 메모, 초대장, 안내장, 표지, 광고, 일기 예보, 편지
중급	문단, 대화문, 실용문, 생활문, 설명문, 메모, 광고, 안내문, 신문 기사, 방송 자료, 수필, 옛날이야기, 동화, 우화, 편지, 서식, 설문지
고급	대화문, 실용문, 설명문, 논설문, 안내문, 신문 기사, 방송 자료, 수필, 옛날이야기, 동화, 시, 소설, 비평, 담화문

3. 읽기 전략

읽기를 할 때 글을 어떻게 읽을 것인가 하는 것은 이해 전략에 해당한다. 예를 들어 학습자들이 신문의 구직난을 읽는다면 전체 텍스트를 재빨리 훑어보고 내가 원하는 특정 정보가 있는 부분을 찾으려 할 것이다. 그리고 특정 정보를 찾으면 좀 더 정확한 정보를 위해 자세히 읽게 될 것이다. 또 즐거움을 위해 소설책을 읽는 것은 학술서를 읽을 때와는 달리 전체적 이해만을 목적으로 술술 읽어 내려갈 것이다.

실제 읽기 교육 현장에서는 이러한 학습자들의 다양한 전략을 교사의 과제 지시를 통해 효과적으로 유도할 수 있다. 글을 읽은 후에 학습자들은 설명하기, 행동하기, 문제 풀이를 통해 답하기, 토론하기, 요약하기, 정리하여 쓰기 등 다양한 활동을 하게 된다. 이러한 과제 활동은 글을 읽는 방향을 제시하는 역할을 한다. 다시 말해 학습자들이 무엇을 해야 하는가는 글을 읽는 방법과 전략을 제시하는 것이다.

VI. 읽기 수업 구성

1. 읽기 수업 구성의 원리

교실 밖에서의 읽기 활동에는 학습자 스스로 글을 읽고 과제를 수행하는 과정만이 존재한다. 그러나 교실 내에서의 읽기 연습은 실제 상황에서의 읽기를 효율적으로 높이기 위한 능력 개발 과정이므로 읽기 전과 읽은 후에 교사의 역할이 매우 중요하다. 읽기 수업에서 교사는 학습자들이 읽는 목적과 전략을 세우도록 도우며, 다양하고 효과적인 접근 방법을 제공해야 한다. 수업 구성의 원칙은 다음과 같은 것들이 있다.

① 목적성 있는 읽기: 학습자로 하여금 글을 읽는 목적을 알게 하여 필요한 정보를 적극적으로 찾고 조합할 수 있도록 한다.
② 스키마를 활용한 읽기 활동: 교사는 학습자가 배경지식과 경험, 인지 능력을 최대한 활용하여 스키마를 형성하고, 글을 이해하는 데 활용할 수 있도록 한다.
③ 담화 이해를 위한 읽기: 읽기 활동의 최종 목표는 문장의 이해를 넘어 전체 담화의 이해가 가능하게 한다.
④ 언어 기능 간의 통합: 읽기 수업은 전체 교육 과정 안에서 말하기, 듣기, 쓰기의 다른 언어 기술과 통합하여 구성하고 실시한다.
⑤ 낭독 방법을 활용한 초급 단계 활동: 초급 단계의 학습자에게는 문자에 대한 이해를 도와서 상향적인 읽기가 가능하도록 낭독의 방법을 적절하게 이용한다. 낭독 시에는 발음, 끊어 읽기, 자연스러운 어조, 속도 등을 고려한다.
⑥ 정독 기술을 활용한 중급, 고급 단계의 활동: 정독을 통해 읽기 속도를 빨리하고 필요한 정보를 찾을 수 있도록 하는 연습을 한다.
⑦ 빨리 훑어 읽기와 자세히 읽기의 활용: 글을 훑어 읽고 요점을 파악하는 스키밍(Skimming) 연습, 글을 빨리 꼼꼼하게 읽고 필요한 정보(이름, 날짜, 목록 등)를 찾는 스캐닝(Scanning) 연습을 하게 한다.
⑧ 표면적인 의미와 함축된 의미의 이해: 글의 표면적인 의미뿐만이 아니라 함축된 의미도 화용론적인 정보를 통하여 끌어내도록 한다.

2. 읽기 수업 구성의 단계

1) 읽기 능력 단계에 따른 구성

읽기 능력은 문자에 소리를 붙여 발하하는 가장 기초적인 능력에서부터 저자와의 상호 작용을 통하여 새로운 생각을 창출하는 상위 인지 능력에 이르기까지 복합적인 층위로 구성되어 있다. 그러므로 읽기 지도는 각 층위의 읽기 능력이 발휘되는 단계에 따라 상이한 방식으로 이루어져야 한다.

> 소리 내어 읽기 단계 – 축어적 읽기 단계 – 추론적 읽기 단계 – 종합적 읽기 단계

(1) 소리 내어 읽기 단계

문자와 소리의 관계를 이해하고 글자를 소리 내어 읽는 단계이다. 학습자가 시각적으로 입력된 문자를 자동으로 음성화할 수 있도록 반복적으로 연습한다.

(2) 축어적 읽기 단계

학습자가 텍스트에 담겨 있는 의미를 글자 그대로 이해하도록 지도한다. 학습자들은 이 단계에서 단어의 사전적 의미를 이해하고 문장을 통사적으로 정확하게 이해하게 된다.

(3) 추론적 읽기 단계

학습자가 텍스트의 표면에 나타난 사실 이해를 토대로 그 이면의 내용을 추측하게 한다. 교사는 학습자가 추론하지 않고서는 대답할 수 없는 질문을 준비하여 텍스트에 대한 추론적 이해 능력을 향상시켜 주도록 한다.

(4) 종합적 읽기 단계

텍스트의 내용을 바탕으로 한 이해 심화 단계로서 텍스트의 내용을 분석하고 비판하는 분석적 읽기와 비판적 읽기, 자신의 생각으로 재구성하는 창의적 읽기를 포함한다.

2) 교수 학습 단계에 따른 구성

읽기 수업은 보통 읽기 전 단계, 읽기 단계, 읽은 후 단계로 구성될 수 있는데 이를 정리하면 다음과 같다.

(1) 읽기 전 단계(pre-reading)

읽기 전 단계는 학습자에게 읽는 이유가 무엇이며 어떻게 읽어야 하는지 전략을 알려 줌으로써 읽기 활동을 원활하게 하고 읽는 목적을 갖도록 유도하는 단계이다. 학습자가 읽을 자료에 대해 예상하고 예측할 수 있도록 도와주고 글을 이해하는 데 필수적인 어휘나 표현을 상기시키거나 제시하여 읽을 준비를 시킨다.

읽기 전 단계는 글을 읽는 데 필요한 언어 지식의 제공뿐 아니라 내용 이해를 위해 스키마를 활성화시켜 글의 주제에 대하여 이미 갖고 있는 지식, 생각 또는 의견을 끌어내는 것이다. 학습자들의 읽기에 도움을 줄 수 있는 읽기 전 활동으로는 다음과 같은 것들이 있다.

① 사전 정보 제시하기

주제, 글의 종류, 작가 등에 대한 소개를 해 줌으로써 읽기 텍스트의 이해에 도움을 줄 수 있다.

② 시각 자료 이용하기

텍스트에 삽입된 삽화나 도표, 그리고 주제와 관련된 사진이나 실물을 이용하여 학습자들이 읽을 텍스트에 대한 이해를 돕게 하는 것이다.

③ 예비 질문하기

학습자들이 읽을 내용과 관련된 질문을 통해 독자의 경험담을 끌어냄으로써 스키마를 활성화시켜 읽을 텍스트에 대한 이해를 도울 수 있다.

④ 훑어 읽기

글을 읽는 학습자들에게 필요한 정보를 탐색하기 위해 텍스트를 훑어 읽고 필요한 정보가 있는 부분을 찾아보게 해서 세부 읽기를 할 때 학습자들의 이해를 돕게 하는 것이다.

(2) 읽기 단계(while reading)

　　읽기 단계는 읽기 전 단계에서 형성한 스키마로부터 세운 가설을 텍스트 정보를 이용하여 확인하고 검증함으로써 본격적으로 텍스트 읽기가 진행되는 단계이다. 개인 활동, 짝 활동, 소그룹 활동으로 문제를 해결하도록 한다.

　　학습자의 배경지식과 언어 능력 등을 활용하여 구체적인 목적을 가지고, 다양한 읽기 전략을 동원하여 텍스트를 읽고 이해하도록 만드는 단계이다. 이때는 읽기 전략 연습과 담화의 이해가 활동의 중심이 되며, 학습자가 스키마로부터 새로운 가설을 확인하고 검증하게 된다. 학습자는 글의 전반적인 이해에서 시작하여 단락, 문장, 또는 단어와 같이 점차 작은 단위로 이동하도록 한다. 교사는 과제를 미리 제시하여 학습자 스스로 훑어 읽고 자세히 읽는 단계를 선택적으로 거치도록 할 수 있다.

① 훑어 읽기 단계: 스키밍(skimming)이나 스캐닝(scanning) 등의 읽기 전략을 사용하여 필요한 정보를 알아내거나 전체적인 글의 요지를 파악하게 한다.

② 자세히 읽기 단계: 텍스트의 구조 이해하기, 논리 이해하기, 주제 이해하기, 내용 파악 등을 하게 한다.

(3) 읽기 후 단계(post-reading)

　　읽은 후 단계는 학습자들의 읽기에 대한 이해를 확인하고 통합적 기능으로 연계시켜, 읽은 내용을 강화시키거나 정리하고 그 내용을 학습자의 지식, 흥미 또는 견해와 관련시키는 단계이다. 이 단계에서는 과제 해결에는 직접적으로 관련이 없으나 학습이 필요한 어휘나 표현을 위해 교사와 학습자가 함께 글을 읽어 나갈 수 있다. 다시 말해 이 단계에서는 글을 새로운 방법으로 다시 읽거나 관련된 자료를 통하여 어휘나 표현, 중심 내용을 확장하는 활동을 한다. 읽은 내용을 말하기, 듣기, 쓰기 활동과 연계시킴으로써 다른 언어 기술로 전이하거나 통합 연습을 통하여 교육 효과를 증대시킬 수 있다.

① 내용 확인하기

학습자들로 하여금 텍스트에 뒤따르는 질문에 대해 답하게 함으로써 내용 이해를 확인한다.

② 어휘, 표현 학습하기

새로 나온 문법 구조나 단어 표현, 발음 억양에 대해 간단히 점검한다.

③ 글의 내용 토론하기

읽은 내용에 대한 확인 외에도 읽은 내용을 토대로 추측이나 추론, 또는 비평이나 토론할 수 있다.

④ 다른 언어 기능과 통합하기

읽기 활동 후 토론을 거쳐서 발표하기는 말하기 기능과의 연계 활동이고 읽은 내용을 요약하기, 같은 주제의 다른 글쓰기, 같은 유형으로 다른 주제의 글쓰기 등은 쓰기 기능과의 통합 활동이며 읽은 내용과 같은 영화 또는 영상물 보기, 강의 듣기, 읽은 내용과 관계가 있는 듣기 자료를 듣는 것은 듣기 기능과의 통합 활동이라고 할 수 있다.

VII. 읽기 수업의 실제

1. 읽기의 실제 수업의 예

〈초급에서의 읽기 수업의 예〉

> 단계: 초급
> 주제: 한국 생활
> 읽기 기능: 한국 생활에 관한 생활문 읽기

〈읽기 전 단계〉

여러분은 한국에 언제 왔습니까? 한국 생활이 어떻습니까? 이야기해 보세요.

어떤 일이 있었습니까? 그때 어떻게 했습니까?

*필수 표현 → A/V-(으)ㄹ때, N 때

〈읽기 단계〉

> 제가 한국에 온 지 벌써 6개월이 되었습니다. 6개월 동안 기쁜 일들도 있었지만 힘들고 어려운 일들이 훨씬 더 많았습니다. 처음 한국말을 모를 때는 지하철도 탈 수 없었습니다. 매일 집에만 있으니까 심심하고 재미가 없었습니다. 그리고 한국 음식은 매워서 잘 못 먹었습니다. 한국 친구들을 만날 때 한국말을 잘 못해서 이야기를 많이 할 수 없었습니다. 몸이 아플 때는 고향에 계신 부모님이 보고 싶어서 많이 울었습니다. 그리고 겨울 날씨가 고향보다 훨씬 추워서 감기에도 자주 걸렸습니다. 방학 때는 아르바이트를 해서 많이 피곤했습니다.

〈읽기 후 단계〉

-내용 확인-

'이 사람'의 한국 생활은 어땠습니까?

방학 때	
몸이 아플 때	
날씨가 추울 때	
한국말을 모를 때	
한국 친구들을 만날 때	

여러분은 한국에서 어떻게 생활하고 있습니까? 특별한 때 무엇을 하는지 'A/V-(으)ㄹ때, N 때'를 사용하여 친구들과 이야기하고 발표해 보세요.

질문	대답
아플 때 누가 제일 보고 싶어요?	
외로울 때 무엇을 해요?	
비가 올 때 무엇을 하고 싶어요?	

형성평가

1. 읽기 교육의 변천사에 대한 설명으로 알맞은 것은?
① 1940년대 - 텍스트 위주의 읽기 활동
② 1960년대 - 읽기는 수동적인 기술
③ 1970년대 - 읽기를 어휘 학습을 위한 수단으로만 사용
④ 1980년대 - 읽기 전략을 교육하는 데 주력하기 시작

정답: ③
해설: 1970년대에는 읽기 교육의 중요성이 부각되고 다양한 이론이 변천된 시기였다.

2. 한국어 읽기 학습의 목표로 알맞지 않은 것은?
① 텍스트에 들어 있는 정보를 모두 파악하게 한다.
② 텍스트를 읽고 자신이 원하는 정보를 산출해 내게 한다.
③ 텍스트의 형식 스키마로 내용 파악에 도움이 되게 한다.
④ 텍스트에 있는 어휘와 표현을 통해 의사소통 능력을 향상할 수 있는 기초를 다지게 한다.

정답: ①
해설: 읽기의 목표는 읽기 자료에 들어 있는 모든 정보를 파악하는 것이 아니라 주어진 읽기 자료를 읽고 필요한 정보를 효과적으로 찾아내는 것이다.

3. 하향식 읽기 모형에 관한 설명으로 옳은 것은?
① 필자의 스키마 분석을 통해 의미를 구성하는 읽기 모형이다.
② 문장의 미시적 분석을 통해 텍스트의 의미를 파악해 가는 과정이다.
③ 독자의 배경지식을 이용하여 텍스트의 의미를 예측하고 이해하는 모형이다.
④ 내용에 대한 추론과 단어나 구에 대한 분석을 하여 의미를 구성하는 과정이다.

정답: ③
해설: ① 하향식 모델은 필자의 스키마가 아니라, 독자의 스키마를 강조한다. ② 텍스트에 포함된 작은 단위의 언어 형식에서 점차 큰 단위의 언어 형식으로 범위를 확장하는 읽기의 모델이 상향식 모형이다. ④ 상향식 모형에 대한 설명이다.

4. 소재나 제목을 통해서 글의 내용과 이야기를 상상하여 글의 내용을 파악하는 과정은 하향식 모형 중에 무엇인가?
① 끊어 읽기
② 추론하기
③ 분석하기
④ 환언하기

정답: ②
해설: '끊어 읽기, 분석하기, 환언하기'는 상향식 모형에 해당된다.

5. 텍스트를 재빨리 살피며 요점만을 파악하는 읽기 유형은 무엇인가?
① 요약하기
② 훑어 읽기
③ 뽑아 읽기
④ 확장 읽기

정답: ②
해설: '뽑아 읽기'는 정보가 있는 특정 부분을 찾는 것, '확장 읽기'는 다소 긴 텍스트를 술술 읽는 것이다.

6. 초급 단계의 읽기 자료로 적절한 것은?
① 신문 기사
② 수필
③ 초대장
④ 설문지

정답: ③
해설: 신문 기사, 수필, 설문지 등은 중, 고급 단계의 읽기 자료라고 할 수 있다.

7. 학습자들의 배경지식과 경험을 최대한 활용할 수 있도록 하는 것은 읽기 수업 구성의 원리 중에 무엇에 해당하는가?
① 목적성 있는 읽기
② 언어 기능 간의 통합
③ 스키마를 활용한 읽기
④ 담화 이해를 위한 읽기

정답: ③
해설: 배경지식을 활용할 수 있도록 하는 것은 스키마를 활용한 읽기에 해당 된다.

8. 읽기 전 단계의 수업 구성으로 알맞은 것은?
① 읽기 전략 제시
② 사전 정보 제시하기
③ 구체적인 정보 찾기
④ 글의 전반적인 이해

정답: ②
해설: ①, ③, ④는 읽기 단계의 수업 구성에 해당한다.

제10장 한국어 발음 교육론

> **학습 목표**
> 1. 한국어 발음 교육의 목표와 유형을 설명할 수 있다.
> 2. 한국어 모음과 자음의 구성, 특징을 알고 등급별 교육 방안을 설계할 수 있다.
> 3. 한국어 음절 구성, 받침 발음, 음운 현상을 알고 세부 항목을 어느 등급에서 가르칠지 이해할 수 있다.

I. 한국어 발음 교육 내용과 발음 수업 설계

1. 발음 교육의 목표

발음 교육의 목표는 학습자의 학습 목적에 따라 다르다. 외교관으로서 한국어를 배울 때와 여성 결혼 이민자가 한국어를 배울 때 발음 교육의 목표는 다르기 마련이다. 일반적으로 한국어 발음 교육의 목표는 한국어로 의사소통하는 데 있어서 본인이 말하고자 하는 바를 한국어 모어 화자들이 어려움 없이 이해할 수 있는 수준으로 발음하는 것이다. 또한 한국어 모어 화자들이 하는 말을 듣고 그들이 전달하고자 하는 내용을 이해할 수 있는 수준의 발음 이해 능력을 갖추는 것이다. 따라서 의사소통이 서로 단절되지 않고 자연스럽게 이야기를 이어갈 수 있다면 어느 정도 학습 목표를 달성했다고 할 수 있다.

언어 학습의 궁극적인 목표가 의사소통이라고 전제하면 발음은 외국어 학습에 있어 모국어로부터 가장 영향을 많이 받는 분야라고 할 수 있다. 학습자의 모국어 간섭 현상은 학습자의 모국어에서 영향을 받아 나타나는 현상이다. 또한 발음은 언어 습득 과정에서 가장 일찍 굳어져 화석화가 일어나기도 한다. 그 밖에도 발음은 학습 대상 언어의 겉모습이라고 할 수 있다. 우리는 학습자의 유창성에 관해 말할 때 발음이 유창성에 관한 첫인상을 좌우하는 경우를 자주 본다.

따라서 발음 교육은 한국어 음운에 대한 지식을 바탕으로 학습자가 정확하게 발음을 구현하도록 교육해야 한다. 또한 학습자가 지식을 이해하는 데 그치는 것이 아니라 학습자가 실제로 발음할 때 의사소통하는 데 문제없이 수행하도록 해야 한다.

그렇다면 발음 교육에서 교사의 역할은 무엇일까? 무엇보다도 외국인 학습자가 자신의 모어와 유사하게 생각하거나 전혀 새로운 발음이라고 느껴서 어려움을 겪는 발음, 자주 오류를 일으키는 발음이 무엇인지 확인하는 것이라고 할 수 있다. 또, 외국인 학습자가 어려워하는 발음을 잘 구별할 수 있는 방법을 제시할 뿐만 아니라 학습자가 연습을 통해 최종적으로 그 발음을 문제없이 할 수 있도록 도와주는 것이다.

실제로 발음 오류는 크게 이해 명료성(intelligibility)이 떨어지는 오류와 외국인 말투(Foreign Accent)로 구분할 수 있다. 이해 명료성이 떨어지는 오류는 '유급'과 '육급'과 같이 유사한 발음을 잘못 발음해서 의미 이해를 어렵게 하는 오류로 반

다시 오류 수정해야 한다. 반면, 외국인 말투는 의사소통에 장애를 주지 않는 발음으로 오류 수정하지 않아도 된다.

2. 발음 교육 내용

한국어 발음 교육 내용은 크게 모음, 자음, 억양, 휴지, 음운 변동 등이 있다.

음운(音韻, phoneme)은 사람의 음성 기관에서 만들어진, 구어의 실현 수단으로 사용되는 청각적 신호인 음성(音聲, speech sound)과 다르게 의미를 지닌 언어 요소들을 구별하는 기능이 있는 음성 단위이다. 음성 기관에서 나는 소리는 완전히 똑같지 않지만 음성학적 관점에서 음운은 공통적 성질을 가진 음성들의 집합이다. 예를 들어, '고기'에서 한국어의 음운 'ㄱ'은 어두에 위치하느냐, 모음 사이에 위치하느냐에 따라 소리가 다르다. 마찬가지로, '곡'에서도 초성에 위치한 'ㄱ'과 종성에 위치한 'ㄱ'은 소리가 다르다. 그러나 한국어에서는 실제로 똑같지 않은 소리이지만, 'ㄱ'의 음운의 범위로 인식하므로 음운은 심리적으로 실재하는 단위라고 할 수 있다.

운율(韻律, prosody)은 소리의 높낮이(pitch), 크기(stress, accent), 길이, 휴지(pause) 등을 포괄하는 화자의 심리적 요인이다. 분절음과 함께 음절을 구성하는 중요한 요소 중의 하나인 초분절음이다. 한국어에서는 소리의 길이에 따라 의미 차이가 있다. 예를 들면, '눈(眼)'은 단음, '눈(雪)'은 장음으로 발음해야 한다. 분절음의 연쇄에서 어디에 휴지(pause)를 넣느냐에 따라 의미 차이가 있다. 가령 "아버지가방에들어가신다"에서 휴지를 어디에 넣느냐에 따라 의미가 달라짐을 알 수 있다. 억양은 단어 이상의 차원에서 화자의 발화 의도나 감정, 명제에 대한 태도 등을 표현하기 위해 사용되는 음의 높낮이이다.

실제로 학습자가 발음할 때 발음에 영향을 미치는 요소를 살펴보자. 첫째 개별 음소의 상이한 발음을 들 수 있다. '불/뿔/풀'과 '사람/사랑'과 같이 최소 대립쌍을 통해 음운을 명확하게 발음해야 함을 익힐 수 있다. 둘째, 상이한 음절 구조이다. 일본인 학습자는 모국어에 받침 발음이 없으므로 받침 뒤에 모음을 첨가하여 발음하는 경우가 많다. 중국인 학습자는 'ㄱ' 받침을 어려워하고 영어권 학습자는 유음화 현상 발음을 어려워한다. 셋째, 상이한 음운 현상이다. 한국어에서 자주 나타나는 음운 변동인 자음 동화 현상('국물'과 '압력' 등)은 발음을 어렵게 느끼게 한다. 마지막으로 상이한 초분절적 요소를 들 수 있다. 억양이나 강세, 장단에 따라 의미가 달라지는 경우 이를 구분해서 발음해야 하기 때문이다.

3. 한국어 발음 수업 설계

발음 진단(Pronunciation Diagnostic Test)은 한국어 발음 교육을 위해서 제일 먼저 학습자의 현재 한국어 발음이 어떤지 확인하는 것이다. 발음 진단 방법은 다양하게 진행할 수 있는데, 크게 산출(Production)에 초점을 둔 발음 진단과 지각(Perception)에 초점을 둔 발음 진단이 있다. 산출에 초점을 둔 발음 진단은 학습자가 한국어를 어떻게 발음하는가를 진단하는 것이고, 지각에 초점을 둔 발음 진단은 학습자가 한국어 발음을 어떻게 지각하는가를 진단하는 것이다. 다음의 발음 진단지를 예로 확인해 보자.

1) 산출(Production)에 초점을 둔 발음 진단

모음	자음
다음 문장을 듣고 같은 것을 고르십시오. 1) 촛불을 (보세요, 부세요). 2) (커피를, 코피를) 흘렸어요. 3) (이가, 위가) 아파요. 4) (고기가, 거기가) 어땠어요? 5) (우리만, 오리만) 남았어요. 6) (흠이, 힘이) 있어요. 7) (승인만, 성인만) 남았어요. 8) (굴을, 귤을) 먹어요. 9) (벌을, 별을) 봤어요. 10) (향이, 형이) 좋아요.	다음 문장을 듣고 같은 것을 고르십시오. 1) 선물을 (사요, 싸요). 2) (방, 빵)이 커서 좋네요. 3) (팔, 발)을 다쳤어요. 4) 마음이 (변했어요, 편했어요). 5) (딸, 달)이 참 예쁘네요. 6) 거기 (서요, 써요). 7) (콩, 공)을 던졌어요. 8) (그림, 크림)을 샀어요. 9) 전 (개, 깨)를 좋아하지 않아요. 10) 이 책을 (읽고, 잃고) 싶지 않아요. 11) (자, 차) 있으면 좀 빌려주세요. 12) 이 빵은 (싸요, 짜요). 13) (의사, 의자)가 어디에 있어요? 14) (사람, 사랑)보다 중요한 건 없어요. 15) 이건 (잊지, 입지) 마세요. 16) 창문을 (닦지, 닫지) 마세요.

2) 지각(Perception)에 초점을 둔 발음 진단

			5= 한국인과 유사하다 4= 웬만큼 정확하다 3= 조금 다르다 2= 다르지만 알아들을 수 있다 1= 아주 다르다
자음(초성)	ㄱ	가위	5 4 3 2 1
	ㄴ	누나	5 4 3 2 1
	ㄷ	다기	5 4 3 2 1
	ㄹ	가루	5 4 3 2 1
	ㅁ	무마	5 4 3 2 1
	ㅂ	바지	5 4 3 2 1
	ㅅ	사자	5 4 3 2 1
	ㅈ	자주	5 4 3 2 1
	ㅊ	차표	5 4 3 2 1
	ㅋ	커피	5 4 3 2 1
	ㅌ	타조	5 4 3 2 1
	ㅍ	파도	5 4 3 2 1
	ㅎ	하늘	5 4 3 2 1
	ㄱ, ㅋ, ㄲ	고기, 크다, 까다	5 4 3 2 1
	ㄷ, ㅌ, ㄸ	도서, 토끼, 또	5 4 3 2 1
	ㅂ, ㅍ, ㅃ	바다, 파다, 빠르다	5 4 3 2 1
	ㅅ, ㅆ	사다, 싸다	5 4 3 2 1
	ㅈ, ㅊ, ㅉ	자다, 차다, 짜다	5 4 3 2 1

발음을 진단할 때 주의할 점을 살펴보자. 먼저, 발음을 진단할 때 학습자의 지각 능력과 산출 능력을 균형 있게 살펴봐야 한다. 또한 오류와 실수를 구별해야 한다. 이를 위해 교사는 언어권별 전형적인 발음 오류에 대해 알고 있어야 한다. 그리고 오류가 일어나는 환경을 따져봐야 한다. 예를 들어 'ㄹ'은 어두와 비어두에 따라 발음 오류가 나타나는 양상이 다르다.

한국어 발음 수업 단계를 설계할 때는 발음 진단을 통해 학습자가 연습해야 할 부분을 목표로 설계한다. 발음 수업에도 수업 구성 5단계(도입, 제시, 연습/활용, 마무리)를 밟아 진행한다.

4. 한국어 발음 활동 유형
한국어 발음 활동을 살펴보자.

1) 듣고 구별하기
듣고 구별하기는 학습자가 목표음을 인지하게 하기 위한 활동으로, 교사-학습자 활동, 학습자-학습자 활동이 가능하다. 예를 들어, 한 사람이 '선고'와 '선거' 중에서 하나를 골라 발음하면 다른 사람이 들은 발음을 선택하는 카드 게임을 할 수 있다.

2) 듣고 따라 하기
듣고 따라 하기는 교사나 음원의 발음을 듣고 따라 함으로써 목표음을 익히는 활동이다. 이때 학습자가 목표음의 발음을 잘못 인식하여 틀린 발음을 따라 하지 않도록 주의해야 한다.

3) 음성 훈련
음성 훈련은 각각의 분절음을 조음 위치나 조음 방법 등과 함께 설명해 주고 음성적 환경을 달리하여 사용하게 해보며 스스로 그 원리를 발견하도록 하는 것이다. 예를 들어, '달, 꿀, 술'을 제시해서 받침 'ㄹ'의 소리를 발견할 수 있도록 한다.

4) 최소 대립쌍 연습
최소 대립쌍 연습은 구별하기 어려운 발음을 익히는 데 도움이 된다. 학습자의 수준에 따라 연습 방법을 다르게 할 수 있다. 예를 들어, 초급에서는 '달/탈/딸', '소리/서리', '올/얼'과 같이 최소 대립쌍을 어휘로 한정해서 제시해 줄 수 있다. 그러나 중급 이상에서는 '우리 딸은 달을 좋아한다.'나 '굴 맛이 꿀맛 같다'와 같이 한 문장 안에서 최소 대립쌍을 제시할 수 있다. 또는 두 문장의 동일한 위치에 최소 대립쌍을 제시할 수도 있는데, '공원에 풀이 났다.'와 '공원에 불이 났다.'를 비교해서 발음할 수 있다.

5) 혀가 잘 돌아가지 않는 단어 연습
혀가 잘 돌아가지 않는 단어 연습은 빠르고 정확하게 발음하기 어려운 어구나 문장으로, 학습자들의 발음과 유창성 향상을 위해 도전하는 데 활용할 수 있다. '간장공장 공장장은 강 공장장이고…'와 같은 어구가 대표적인 예이다.

6) 소리 내어 읽기 및 역할극

소리 내어 읽기 및 역할극은 학습자에게 대본을 나눠 주고 암기하여 몸동작과 같은 비언어적 특징도 함께 지도한다. 적절한 억양과 스트레스 패턴을 강화하는 데 도움이 된다.

7) 학습자의 발화 녹음하기

학습자의 발화 녹음하기는 학습자의 핸드폰으로 발음 연습이나 대화 연습, 발표 등을 녹음하게 하는 것인데 교사 피드백과 동료 학습자 평가 모두 활용할 수 있다는 장점이 있다.

8) 시청각 자료 따라 연습하기

시청각 자료 따라 연습하기는 비디오나 오디오 녹음으로 학습자가 듣고 따라 명확하고 자연스러운 발음 연습하는 것이다.

9) 드라마 더빙하기

고급 학습자의 경우 드라마를 선정하고 대본의 역할 연습 후 가능하다.

10) 노래 가사 익히고 노래를 따라 부르기

노래 가사를 익히고 노래를 따라 부르기는 학습자들은 한국 노래를 따라 부르면서 그들의 발음을 연습할 수 있고, 이것은 또한 그들의 어휘와 문법을 향상시키는 데 도움이 된다.

11) 받아쓰기

받아쓰기는 말하기 지문을 듣고 들은 내용을 적는 것으로 학습자가 듣기와 발음 정확도에 집중할 수 있도록 도와준다.

5. 한국어 발음 교육 시 주의할 점

한국어 발음 교육에서 교사가 주의할 점을 살펴보자. 한국어 발음을 연습시킬 때 교사의 의욕이 앞서서 학습자에게 압박감을 주지 않도록 해야 한다. 또한 음성학과 음운론과 같은 전공 수업과 비슷한 정도로 발음 교육 내용 설명만 해서도 안 된다. 그렇다고 교사가 한국어의 음성학이나 음운론에 관한 지식이 없어서도 안 된다.

발음 수업에서 교사가 주의할 점은 한국어 화자들도 무시하는 음의 구별을 요구해서는 안 된다는 점이다. 예를 들어 한국어 모어 화자도 실생활에서 모음 'ㅐ:ㅔ'의 구별을 하지 않고 발음하는 경우가 많은데, 이런 발음 구별을 외국인 학습자에게 요구해서는 안 된다.

다음으로 철자법대로 지도하지 말아야 한다. 단어를 또박또박 발음하다 보면 음운 변동 등 발음법에 바탕을 두고 연습해야 한다.

게다가 학습자에게 전달된 음은 지속적으로 일관성 있게 유지되어야 한다. 교사가 수업 시간과 수업 외 시간에서 다르게 발음하면 안 된다.

아울러 학습자들이 정확한 발음을 내려고 노력하는지 관심을 가져야 한다. 의사소통 접근법에서 유창성에 신경을 쓰다가 정확성을 놓치지 않도록 해야 한다.

마지막으로 발음을 연습할 때도 학습자가 문장의 의미를 이해하도록 해야 한다. 특히 낱말 차원보다는 문장이나 담화 차원의 상황 맥락 속에서 발음 연습해야 한다.

II. 한국어 모음의 발음 교육 방안

1. 한국어 모음 체계

한국어 음운은 크게 모음과 자음으로 나뉜다. 모음은 아무런 장애 없이 공기가 그대로 방출되는 음이고, 자음은 폐에서 나오는 공기의 흐름에 어떤 형태로든지 장애를 받는 음이다.

이 중에서 모음을 먼저 살펴보자. 한국어의 모음은 단모음과 이중 모음을 합쳐서 총 21개이다. 단모음은 입술 모양이나 혀의 위치가 변하지 않는 반면 이중 모음은 입술 모양이나 혀의 위치가 변한다. 따라서 모음을 가르칠 때 단모음부터 가르치고 단모음의 발음을 바탕으로 이중 모음을 배우게 된다.

한국어의 단모음은 혀의 위치에 따라 전설 모음과 후설 모음으로 입술 모양을 동그랗게 하는지 여부에 따라 평순 모음과 원순 모음으로 구분한다. 또한 혀의 높낮이(입의 개폐도)에 따라 고모음, 중모음, 저모음으로 구분한다. 이와 같은 구분을 기준으로 한국어 단모음은 다음과 같이 정리할 수 있다.

		혀의 위치			
	혀의 최고점의 위치	전설 모음		후설 모음	
	입술 모양	평순 모음	원순 모음	평순 모음	원순 모음
혀의 높이	고모음	ㅣ	ㅟ	ㅡ	ㅜ
	중모음	ㅔ	ㅚ	ㅓ	ㅗ
	저모음	ㅐ		ㅏ	

그런데 국어학의 순수 이론과 학교 문법에서 단모음은 'ㅏ, ㅓ, ㅗ, ㅜ, ㅡ, ㅣ, ㅔ, ㅐ, ㅟ, ㅚ'로 10개로 한정하는 반면, 실생활에서 모음 'ㅟ, ㅚ'는 이중 모음으로 발음하는 경우가 적지 않다. 따라서 한국어 발음 교육에서는 모음 'ㅏ, ㅓ, ㅗ, ㅜ, ㅡ, ㅣ, ㅔ, ㅐ'를 먼저 가르치고, 모음 'ㅟ, ㅚ'는 실제 발음하는 대로 이중 모음과 함께 가르치기도 한다.

외국인 학습자에게 어려운 단모음은 학습자의 모국어에 모음 발음이 없는 경우이다. 예를 들면, 모음 'ㅓ'를 어려워하는데, 'ㅓ'와 'ㅗ'를 구별하거나 'ㅓ'와 'ㅜ'를 구별할 때는 평순 모음과 원순 모음의 차이를 통해 가르치고 연습한다. 모음 'ㅡ'의 경우에도 'ㅜ'와 구별해서 평순 모음과 원순 모음의 차이로 제시한다. 'ㅔ'와 'ㅐ'는 한국어 모어 화자도 실제 생활에서 엄격하게 구별하지 않으므로 외국인 학습자에게도 엄격하게 구별해서 발음하도록 하지 않는다.

단모음을 지도할 때는 모음을 개별적으로 지도하기보다는 그룹으로 묶어서 지도하는 것이 좋다. 예를 들어, 전설 모음(ㅣ:ㅔ:ㅐ)과 후설 모음(ㅡ, ㅓ, ㅏ), 평순 모음(ㅣ:ㅔ:ㅐ: ㅡ:ㅓ:ㅏ)과 원순 모음(ㅟ, ㅚ, ㅜ: ㅗ), 고모음(ㅣ, ㅡ, ㅜ)과 저모음(ㅐ, ㅏ) 등을 구별할 수 있도록 해야 한다. 또한 학습자로 하여금 혀의 위치가 어떻게 다른지, 입술 모양이 어떻게 달라지는지 스스로 느낄 수 있게 해야 한다.

한국어 이중 모음은 두 개 이상의 단모음이 합쳐진 소리로, 발음하는 동안 입 모양(입술 모양이나 혀의 위치)이 변한다. 이중 모음은 단모음 학습이 끝난 이후에 지도하는 것이 학습자의 혼란을 줄일 수 있다. 이중 모음은 크게 세 가지로 구분된다.

1) 'ㅣ' 계 이중 모음(ㅑ, ㅕ, ㅛ, ㅠ, ㅖ, ㅒ)

'ㅣ'계 이중 모음에서는 단모음 'ㅓ'와 'ㅗ'를 어려워하듯이 이중 모음 'ㅕ, ㅛ'를 어려워하고, 단모음 'ㅔ'와 'ㅐ'를 어려워하듯이 이중 모음 'ㅖ'와 'ㅒ'도 어려워한다.

2) 'ㅜ' 계 이중 모음(ㅘ, ㅝ, ㅟ, ㅙ, ㅞ, ㅚ)

'ㅜ'계 이중 모음은 원순 모음인 'ㅗ'나 'ㅜ'로 시작되는 이중 모음이다. 'ㅜ'계 이중 모음은 써진 대로 읽으면 발음할 수 있는데, 모음 'ㅚ'는 써진 대로 발음했을 때와 실제 발음이 다른 모음이다. 또한 실제로 모음 'ㅙ, ㅞ, ㅚ'의 소리는 다르지만 구별해서 가르치지 않으므로 비슷하다고 가르치기도 한다.

3) 이중 모음 'ㅢ'

이중 모음 'ㅢ'는 발음 환경에 따라 'ㅢ'의 발음이 달라진다. 첫째, 어두에 자음 없이 나올 때(예 의지, 의미, 의자)는 [ㅢ]로 발음된다. 둘째, 모음 'ㅢ'가 자음과 같이 나올 때(예 희망, 무늬)는 [ㅣ]로 발음된다. 셋째, 모음 'ㅢ'가 둘째 음절 이하에 나올 때(예 주의, 의의)는 [ㅢ] 또는 [ㅣ]로 발음된다. 넷째, 모음 'ㅢ'가 소유격 조사로 쓰일 때(예 커피의 향기)는 [ㅢ] 또는 [ㅔ]로 발음된다.

2. 한국어 모음 발음 영역의 세부 항목 및 등급

국제 통용 한국어 표준 교육 과정(2017)에서는 한국어 모음 발음 영역의 세부 항목 및 등급을 다음과 같이 제시했다. 단모음과 이중 모음은 1급에서 구별하고 발음하는 것까지 끝내는 반면, 모음 'ㅢ'가 발음 환경에 따라 발음이 달라질 수 있음은 2급에서 교육한다.

음소(분절음): 모음

예시	내용	1	2	3	4	5	6
단모음: ㅏ, ㅐ, ㅓ, ㅔ, ㅗ, ㅚ, ㅜ, ㅟ, ㅡ, ㅣ	단모음을 듣고 구별한다.	●					
	단모음을 어느 정도 정확하게 발음한다.	●					
이중 모음: ㅑ, ㅒ, ㅕ, ㅖ, ㅘ, ㅙ, ㅛ, ㅝ, ㅞ, ㅠ, ㅢ	이중 모음을 듣고 구별한다.	●					
	이중 모음을 어느 정도 정확하게 발음한다.	●					
자음 다음의 'ㅢ'는 'ㅣ'로 발음하며 그 외에는 'ㅣ'와 'ㅔ'로 발음할 수 있음 예 무늬[무니], 회의[회의/회이], 우리의[우리의/우리에]	'ㅢ'가 달리 발음되는 환경을 알고 구별하여 발음한다.		●				

3. 한국어 모음 발음 수업

한국어 모음 중 구별이 어려운 모음 'ㅗ'와 'ㅓ'를 가르치기 위해 20분 발음 수업을 설계해 보자. 발음 수업 단계는 도입, 제시, 연습/활용, 마무리 단계로 진행된다.

대부분의 발음 수업의 도입은 지각 활동으로 이루어진다. 목표가 되는 발음을 들려주고 그것을 구별하여 들을 수 있는지 없는지 확인하면서 수업 목표가 되는 발음 내용을 소개한다.

듣고 받아쓰기를 이용한 도입 단계

1. 교사: "여러분, 듣고 받아쓰세요. '코피', '거기'(2번씩 반복) 다 썼어요? 친구와 비교해 보세요. 같아요, 달라요?"
2. 학습자가 받아쓴 단어가 무엇인지 질문하고, 학습자의 대답을 들으며 판서한다.
3. 예상되는 오류인 '커피', '고기'도 함께 비교해서 판서한다.
*** 참고: 도입 후 완성된 판서 ① 코피 고기 'ㅗ' ② 커피 거기 'ㅓ'
4. 교사: "여러분, 커피를 마셔요, 코피를 마셔요?
네. 커피를 마시지요? 코피를 마시면 안 돼요.
어제 고기를 먹었어요. 거기를 먹었어요?
네. 맛있는 고기를 먹었어요.
'ㅗ'와 'ㅓ' 소리가 달라요.
잘 들어야 해요. 그리고 발음도 잘해야 해요.
오늘 이 발음을 연습할 거예요."

제시 단계에서는 모음 'ㅓ'와 'ㅗ'의 발음을 제시한다. 한국어 음운론에서는 '어'와 '오'의 차이를 입술 모양의 차이, 평순음과 원순음의 차이로 설명되는 반면 한국어 교육에서는 시각적으로 입술 모양을 확인하도록 손가락으로 표시해 주며 발음을 제시한다. 따라서 각 학습자가 거울을 이용하여 교사의 입술 모양과 자신의 입술 모양을 비교하면서 연습할 수도 있다.

발음 방법 설명하기

1. 교사:(교사의 입 모양 보고 따라 하기) "따라 하세요. '오', '어'"
입술 그림을 이용해 발음 방법 설명한다.
"여러분 보세요. '오', 입술이 이렇게 동그랗게 돼요.
그리고 앞으로 쭈욱 나와요. 따라 하세요.
'어', 입을 조금 열어요. 입술이 동그랗게 되지 않아요.
'오'는 입술에 힘이 있어요. 그리고 혀가 조금 올라와요.
'어'는 입술에 힘이 없어요. 그리고 혀도 힘이 없어요.
편하게 조금 열어요. 손바닥을 입 앞에 대세요.
'오', 손바닥과 붙어요. '어', 손바닥과 안 붙어요."

입술 모양과 발음 방법에 대해 시각적으로 제시했다면, 학습자가 거울을 이용해서 자신의 입술 모양과 발음 방법을 확인함으로써 제대로 발음하는지 비교해 볼 수 있도록 한다.

연습/활용 단계에서는 학습자가 '어'와 '오'의 발음이 어떻게 다른지 이해한 것을 바탕으로 구별해서 발음하도록 충분한 연습이 필요하다. 듣기 연습(지각)과 발음 연습(산출) 모두 해야 하는데, 발음 연습은 '단모음 연습〉단모음이 포함된 단어 연습〉문장 연습〉대화 연습' 순으로 통제된 연습에서 유의미한 맥락에서의 연습으로 반복, 확장되는 것이 좋다. 이때 단어나 문장은 학습자의 숙달도에 맞춰 선택하여 학습자가 의미가 아니라 발음에 집중할 수 있도록 한다.

듣기 연습
듣고 소리 구별하기 1 교사: "여러분 제 발음을 듣고 '오'가 있으면 손가락으로 1, '어'가 있으면 2 하세요." '코피, 커피, 거기, 고기, 목, 먹, 설, 술'
발음 연습
'단모음 〉 단어 〉 문장' 순으로 따라 읽기 1. 교사: "따라 하세요." '오이오이, 어오어오' 'ㅗ' 코피, 신촌, 고기, 볼 'ㅓ' 커피, 신천, 거기, 벌 2. 교사: "따라 하세요." 'ㅗ' 코피를 흘렸어요. 'ㅓ' 커피를 흘렸어요. 'ㅗ' 신촌에 가요. 'ㅓ' 신천에 가요. 3. 교사: "따라 하세요." 거기에서 맛있는 고기를 살 수 있어요. 아이의 볼이 벌에 쏘였어요.
유의적 맥락에서 연습하기
1. 교사: "제가 '가', 여러분이 '나' 읽어 봅시다. 짝하고 같이 읽어 보세요." 가: 이건 뭐예요? 나: 커피예요 버섯이에요 … 커피, 버섯, 고기, 포도, 오징어, 토마토, 껌, 생선, 설탕, 소금

마무리 단계에서는 학습자들이 개인적으로 연습할 수 있는 과제를 부여한다. 이때 발음 수업으로 발음 구별을 할 수 있어도 이것을 유지해서 발음하기 위해서는 학습자 개인의 노력이 중요함을 강조한다.

III. 한국어 자음의 발음 교육 방안

1. 한국어 자음 체계

한국어 자음은 모음과 달리, 폐에서부터 나오는 공기가 주요 조음 기관인 입술이나 혀 등에 의해 장애를 받아 만들어지는 소리이다. 자음 분류 기준은 크게 조음 위치(장애가 일어나는 위치)와 조음 방법(장애가 일어나는 방법)에 따라 나뉘는데, 같은 조음 위치와 조음 방법이라도 같더라도 기(Aspiration)의 세기에 따라 평음(예사소리), 격음(거센소리), 경음(된소리)이 다르다.

				조음 위치				
			기의 세기	양순음 (입술소리)	치조음 (혀끝소리)	경구개음 (센 입천장소리)	연구개음 (여린 입천장소리)	후음 (목청소리)
조음 방법	장애음	파열음	평음	ㅂ	ㄷ		ㄱ	
			격음	ㅍ	ㅌ		ㅋ	
			경음	ㅃ	ㄸ		ㄲ	
		마찰음	평음		ㅅ			
			격음					ㅎ
			경음		ㅆ			
		파찰음	평음			ㅈ		
			격음			ㅊ		
			경음			ㅉ		
	공명음	비음		ㅁ	ㄴ		ㅇ	
		유음			ㄹ			

우선 조음 위치에 따른 특징을 살펴보자. 조음 위치적 관점에서 한국어의 자음은 영어나 중국어보다 단순한 편이다. 영어의 순치음(예 feet, victory)과 치음(예 think, father)이 한국어에 없다. 순치음은 중국어, 러시아어에도 있는 보편적인 음임을 고려해 볼 때 조음 위치적 관점에서 영어, 중국어, 러시아어를 하는 학습자는 한국어 자음이 어렵지 않을 것으로 예상된다.

한편 조음 방법에 따른 특징을 살펴보자. 조음 방법에 따라 발음할 때 목청이 떨려 울림이 없는 소리인 장애음과 발음할 때 목청이 떨려 울림이 있는 소리인 공명음으로 구분된다. 장애음은 파열음(닫았던 입술을 크게 벌려 풍선이 터지듯이 한꺼번에 공기를 내보내는 방법), 마찰음(입술을 조금 벌려 작은 실구멍이 난 풍선에서 바람이 빠지듯이 지속저으로 공기를 내보내는 방법), 파찰음(파열음+마찰음: 두 조음 기관이 닫혔다가 개방될 때 완전히 열리지 않아서 마찰이 수반되는 방법)으로 나뉜다. 공명음은 비음(구강 안이 막힌 상태에서 연구개를 내려서 공기가 비강을 통해 방출되면서 발음되는 소리)와 유음(기류가 혀의 양옆을 통해 방출되면서 발음되는 방법과 혀끝이 윗잇몸을 한 번 가볍게 튀기면서 발음하는 방법)이 있다.

조음 방법적 관점에서 외국인 학습자가 어려워하는 자음은 우선, 파열음과 파찰음에서 기의 세기에 따라 평음, 격음, 경음으로 구별되는 것이다. 특히 영어권 학습자는 평음, 격음, 경음의 대립을 잘 구분하지 못한다. 기의 세기에 따른 음운 구별이 필요하므로 손바닥이나 휴지를 이용한 발음 연습이 필요하다.

그리고 유음 'ㄹ'이 발음 환경에 따라 [r]과 [l]로 발음되는 점도 어려워한다. 한국어에서 유음은 음절 초나 음절말에서 설측음 [l]로 발음되고 모음 사이에서는 탄설음 [r]로 발음된다. 그러나 중국어의 설측음은 음절 초에서만 나타나기 때문에 한국어의 음절말에 오는 설측음을 중국어 발음에 올 수 있는 유음인 권설음 [r]에 가깝게 발음하는 오류를 보인다. 따라서 'ㄹ'의 발음 환경을 제시할 필요가 있다. 모음 사이(**예** 이리, 우려)에서 [r]로 발음하는 반면, 받침 환경(**예** 물, 술)에서 [l]로 발음한다.

또한 마찰음 'ㅎ'이 발음 환경에 따라 다르게 발음되는데, 어두(**예** 한국, 허리)에서 'ㅎ'은 제 음가대로 발음하는 반면, 모음 사이에서, 앞 음절의 종성이 'ㄴ, ㄹ, ㅁ, ㅇ' 일 때(**예** 만화, 울화, 남하, 영화) 'ㅎ'이 약화된다. 어간이 'ㅎ'으로 끝나는 동사나 형용사에 모음으로 시작되는 어미가 결합될 때(**예** 넣어요, 좋아요)는 'ㅎ'이 탈락되어 [너어요], [조아요]로 발음된다.

게다가 마찰음 'ㅅ'도 발음 환경에 따라 다르게 발음되는데, 'ㅣ'가 결합된 모음(ㅣ, ㅑ, ㅕ, ㅛ, ㅠ) 앞에서는 'ㅅ'을 [sh]로 다르게 발음한다. 따라서 영어권 학습자에게 'ㅅ'의 구별이 어려울 수 있다. 'ㅅ'과 'ㅆ'을 별개의 음소임을 보여 주는 최소 대립쌍 연습이 필요하다.(**예** 숙, 쑥)

그 밖에도 한국어 비음은 'ㅁ, ㄴ, ㅇ'이 있는데, 어두에 위치하는 'ㅁ, ㄴ'은 영어와 달리, 한국어 비음은 비음성(Nasality)이 매우 낮기 때문에 영어권 학습자는 '누구'가 [두구]로, '나비'가 [다비]로, '노래'가 [도래]로, '모두'가 [보두]로, '모기'가 [보기]로 들릴 수 있다.

2. 한국어 자음 발음 영역의 세부 항목 및 등급

국제 통용 한국어 표준 교육 과정(2017)에서는 한국어 자음 발음 영역의 세부 항목 및 등급을 다음과 같이 제시했다. 자음과 관련된 발음 영역은 자음 구별 및 정확한 발음과 음운 규칙 적용까지 모두 1급에서 가르친다.

음소(분절음): 자음

예시	내용	등급					
		1	2	3	4	5	6
자음: ㄱ, ㄲ, ㄴ, ㄷ, ㄸ, ㄹ, ㅁ, ㅂ, ㅃ, ㅅ, ㅆ, ㅇ, ㅈ, ㅉ, ㅊ, ㅋ, ㅌ, ㅍ, ㅎ	자음을 듣고 구별한다.	●					
	자음을 어느 정도 정확하게 발음한다.	●					
평음: ㄱ, ㄷ, ㅂ 격음: ㅋ, ㅌ, ㅍ 경음: ㄲ, ㄸ, ㅃ, ㅆ, ㅉ	평음, 격음, 경음의 차이를 알고 어느 정도 정확하게 발음한다.	●					
'ㄹ'은 초성과 모음 사이에서는 탄설음 'r'로, 종성과 휴지 앞에서는 설측음 'l'처럼 발음됨 예 불[bul], 부리[buri]	'ㄹ'이 탄설음과 설측음으로 발음되는 규칙을 알고 이를 적용하여 발음한다.	●					
'ㄱ, ㄷ, ㅂ, ㅈ'은 모음과 모음 사이, 받침 'ㄴ, ㄹ, ㅁ, ㅇ'과 모음 사이에서 유성음 'g, d, b, ʤ'로 발음됨 예 부부[pubu]	무성음 'ㄱ, ㄷ, ㅂ, ㅈ'이 유성음 사이에서 유성음으로 발음되는 규칙을 알고 이를 적용하여 발음한다.	●					

3. 한국어 자음 발음 수업

한국어 자음 중 구별이 어려운 자음 평음, 경음, 격음의 구별을 어려워하는 초급 학습자를 위한 20분 발음 수업을 설계해 보자. 발음 수업 단계는 도입, 제시, 연습/활용, 마무리 단계로 진행된다.

평음, 경음, 격음의 지각 활동으로 도입하는데 최소 대립쌍을 이용하지 않고 두 소리가 같은 소리인지 다른 소리인지 확인하는 방식으로 수업이 이루어진다. 모음에 비해 자음은 초급의 어휘와 문법 수준으로만 발음 수업 자료를 만들기 어렵다는 점을 기억하자. 중급 학습자라면 받아쓰기를 통해 확인할 수 있다.

두 소리를 듣고 같은 소리인지, 다른 소리인지 맞히기

1. 교사: 두 소리를 듣고 같으면 O, 다르면 X 하세요.
'가, 카', '코, 꼬', '기, 기', '꺼, 거', '쿠, 쿠'
2. 교사: 세 가지 소리가 있어요.
'가, 카, 까', '다, 타, 따', '바, 파, 빠' 읽어 보세요.
세 가지 소리가 어떻게 달라요? 어떻게 말해요?
오늘 공부할 거예요.

제시 단계에서는 평음, 경음, 격음의 차이는 기식과 긴장의 차이로 설명한다. 기식의 차이는 휴지를 이용해서 바람의 세기를 시각적으로 확인할 수 있다. 바람의 세기는 격음>평음>경음 순으로 기류의 양이 많다. 뚜렷한 음성적 특징을 가지고 있는 격음이나 경음에 비해 평음의 발음 방법이 더 어려울 수 있다. 평음은 발음 환경에 따라 소릿값의 범위가 크기 때문이다. 반면, 경음은 '폐쇄 지속 시간'을 이해하기 쉽게 제시해야 하는데, 숨을 참았다가 갑자기 터뜨리면서 발음한다는 점을 강조한다.

발음 방법 설명하기
1. 교사는 티슈를 사용해서 기식의 차이를 보여 준다. 교사:(입 앞에 티슈 한 장을 들고 자음을 발음할 때 티슈의 움직임으로 바람의 세기를 시각적으로 보여줌) 2. 기식과 긴장의 차이를 알려준다. 교사: '가, 다, 바'는 가장 편안한 소리예요. '가, 가, 가', '다, 다, 다', '바, 바, 바' '카, 타, 파'는 짧고 강하게 '하-!' 해 보세요. 소리로 손바닥을 이렇게 때리는 거예요. (손바닥을 때리는 시늉) '카, 카, 카', '타, 타, 타', '파, 파, 파' '까, 따, 빠'는 가장 힘이 많이 필요한 소리예요. '빠'는 입술이 이렇게 (입술을 꾹 닫은 모습을 보여 주며) 돼요. 그리고 조금 기다리고 '빠!' 그런데 이 티슈가 흔들리면 안 돼요. 가만히 있어야 돼요.

연습/활용 단계에서는 듣고 소리를 구별하기에서 시작해서 같은 소리를 찾기, 듣고 따라 하기의 순으로 연습한다.

듣기 연습 1: 음절	발음 연습 2: 단어
듣고 따라 하기 1. 교사: 여러분 제 발음을 듣고 따라 하세요. 가가가다다다바바바 카카카타타타파파파 까까까따따따빠빠빠 ** 경음을 잘 못할 경우 윽까윽까 까까까 은따은따 따따따 읍빠읍빠 빠빠빠	듣고 따라 하기 1. 교사: 여러분 제 발음을 듣고 따라 하세요. 개-깨 방-빵 담-땀 잠-참 굴-꿀 발-팔 턱-떡 정-청 그림-크림 바지-파지 도지-토지 절-철 고리-꼬리 부리-뿌리 당-땅 지게-찌개 듣고 순서대로 번호 매기기 2. 교사: 제 말을 듣고 번호를 쓰세요. 1. 청 2. 발 3. 땀 4. 깨 5. 토지 6. 뿌리 7. 짐 8. 포기 □ 짐 □ 깨 □ 발 □ 청 □ 포기 □ 뿌리 □ 토지 □ 땀

마무리 단계에서는 학습자들이 개인적으로 연습할 수 있는 과제를 부여한다. 이때 발음 수업으로 발음을 구별할 수 있어도 이것을 유지해서 발음하기 위해서는 학습자 개인의 노력이 중요함을 강조한다.

4. 한국어 초분절음

한국어의 초분절 음소는 소리의 장단, 강세, 억양 등의 운율적 자질이 있다. 그중에서 대표적으로 소리의 장단과 억양을 살펴보자.

소리의 장단은 장단에 따른 단어의 의미 변별을 가리킨다. 예를 들어 장음의 [눈:]은 '눈(雪)'의 의미이고, 단음의 [눈]은 '눈(眼)'의 의미이다. 그러나 장음인 '눈(雪)'도 첫음절에서는 장음으로(예 눈보라[눈:보라]), 둘째 음절에서는 단음으로(예 첫눈 [천눈]) 발음된다. 용언의 단음절 어간에 '-아/어-'가 결합되어 한 음절로 축약되는 경우에는 장음으로 발음하는데 예를 들어 '보아'를 '봐'로 축약할 때 [봐:] 와 같이 장음으로 발음한다. 또한 합성어에서 장음이었던 용언 어간의 단음으로 변화하는데, 예를 들어, '작다[작:따], 작은[자:근]과 같이 장음이었던 용언이 '작은아버지[자근아버지]'로 바뀌는 것을 확인할 수 있다. 그 밖에도 표현적 장음으로 화자의 태도나 감정을 나타내는 경우도 있다.

억양은 현대 표준 한국어에서 단어의 높낮이는 존재하지 않는다. 즉, 한국어의 억양은 단어의 의미를 구분하는 데 사용되지 않는다는 것이다. 단, 한국어에서는 문장의 억양에서 높낮이가 나타난다. 한국어의 억양은 단어보다 더 큰 단위인 문장의 종류를 결정하는 문법적 기능을 수행한다. 예컨대, 판정의문문의 경우 문장 끝의 억양이 올라가는 반면 설명의문문의 경우 문장 끝의 억양이 내려간다.

5. 한국어 초분절음 영역의 세부 항목 및 등급

국제 통용 한국어 표준 교육 과정(2017)에서는 한국어 초분절음 영역의 세부 항목 및 등급을 다음과 같이 제시했다. 끊어 말하기, 억양, 휴지에 따른 분류를 확인하자.

1) 음소(초분절음): 끊어 말하기

예시	내용	등급					
		1	2	3	4	5	6
예 아까 만난/친구의 동생은	발화를 듣고 끊어 말하는 단위를 파악한다.		●				
귀엽다. 아까 만난 친구의 동생은/귀엽다.	발화를 이해 가능한 단위로 끊어 말한다.		●				
예 큰일 났어[크닐:낟써/크닐 랄써], 김밥 먹을 사람[김빱:머글싸람/김빰머글싸람]	끊어 말하기 단위에서 일어나는 음운 현상을 알고 어느 정도 정확하게 발음한다.				●		

2) 음소(초분절음): 억양

예시	내용	등급 1	2	3	4	5	6
문장의 끝부분에서 평서문은 하강조, 의문문은 상승조 억양이 나타남	평서문과 의문문의 문말 억양을 구별한다.	●					
	평서문과 의문문의 문말 억양을 어느 정도 정확하게 실현한다.	●					
설명 의문문은 하강조, 판정 의문문은 상승조 억양이 나타남	설명 의문문과 판정 의문문의 문말 억양을 구별한다.		●				
	설명의문문과 판정의문문의 문말 억양을 어느 정도 정확하게 실현한다.			●			
구나 절 단위에서 나타나는 자연스러운 억양을 의미하며 몇 가지 패턴으로 실현됨 예 우리 언니는(키가 크고 성격이 활발해요.)	문장 내에서 나타나는 억양 패턴을 이해하고 이를 어느 정도 정확하게 실현한다.				●		
예 '-거든요'의 경우 이유를 말할 때는 하강조, 자신이 하고 싶은 말의 배경을 말할 때는 상승조로 실현됨	억양에 따라 달라지는 화용적 의미를 파악하고 이를 어느 정도 정확하게 실현한다.					●	

3) 음소(초분절음): 휴지

예시	내용	등급 1	2	3	4	5	6
예 같이 갈 사람 [갈#사람/갈싸람]	휴지에 따른 발음의 변화를 이해한다.				●		
	휴지에 따라 발음이 달라짐을 알고 이를 실현한다.					●	
예 누가 왔어? 온 사람이 누구인가, 혹은 누군가 왔는가?	휴지에 따른 문장의 의미 차이를 이해한다.					●	
	휴지에 따라 문장의 의미 차이가 있음을 알고 이를 실현한다.					●	

IV. 한국어 음절과 음운 현상의 발음 교육

1. 한국어 음절

한국어 음절(Syllables)은 자음과 모음은 결합하여 더 큰 단위를 이루는데 자음과 모음이 결합하여 한 번에 낼 수 있는 소리의 마디로, '국, 상, 물, 김'과 같이 자음으로 끝나는 닫힌 음절인 폐음절과 '무, 비, 소, 바다'와 같이 모음으로 끝나는 열린 음절인 개음절이 있다.

한국어 음절의 특징을 살펴보자. 첫째, 한국어의 음절은 초성, 중성, 종성으로 이루어져 있다. 초성과 종성의 자리에는 자음이 오고 중성의 자리에는 모음만이 올 수 있다. 둘째, 한국어 음절은 자음 없이 음절을 이룰 수 있지만 모음 없이 음절을 이룰 수 없다. 따라서 한국어 음절은 다음과 같이 네 가지 유형으로 쓸 수 있다.

① 모음(V): 아, 오, 이, 우

② 자음 + 모음(CV): 가, 나, 무, 소
③ 모음 + 자음(VC): 입, 온, 울
④ 자음 + 모음 + 자음(CVC): 감, 공, 문

셋째, 한국어 음절은 음절말에 겹 자음이 나타나는 경우가 있으나 철자 상 그러하고 발음을 할 경우는 반드시 하나가 탈락되어야 한다. 예를 들어, '닭'과 같이 표기로 겹 자음이 나타날 수 있으나 발음은 [닥]으로 음절말에 하나의 음으로 발음해야 한다.

한국어 음절을 이해하는 것이 중요한 이유는 한국어에서 쓰기 체계에 음절 개념을 도입하여 음절 단위로 쓰기 때문이다. 예를 들어, '살'은 'ㅅ + ㅏ + ㄹ'과 같이 자음과 모음의 결합으로 이루어져 있지만, 쓸 때 음절 단위로 써야 한다. 또한 한국어에서는 영어와 달리 두문자어를 음절 단위로 취한다. 영어에서는 'European Union'를 'EU'로 시작하는 음운을 따서 두문자어를 구성하시만 한국어에서는 '자동판매기'를 '자판기'로 음절 단위로 취한다.

2. 음절의 끝소리 발음

한국어에서는 홑받침을 발음할 때 규칙에 따른다. 한국어 장애음(파열음, 마찰음, 파찰음)의 경우 어두에서나 모음과 모음 사이에서는 제 음가대로 소리 나지만 어말이나 다른 자음 앞에서는 제 소리대로 발음되지 못한다. 이것을 음절의 끝소리 규칙 또는 중화 규칙이라고 한다. 예를 들어, 어두에 쓰인 '크기'의 'ㅋ'은 제 음가대로 발음할 수 있지만, 음절말에 쓰인 '부엌'의 'ㅋ'은 [부억]으로 발음해야 한다. 음절의 끝소리 규칙은 발음을 쉽게 하기 위한 것이 아니라 발음이 가능하도록 일어나는 것이다. 음절의 끝소리 규칙은 발음할 때만 적용되며 표기에는 반영되지 않는다.

음절말에 평음, 경음, 격음이 와도 발음할 때는 평음, 경음, 격음의 구별이 사라지고 모음 파열되지 않는 평음으로 발음된다. 예를 들어, '빈, 빗, 빚, 빛'은 표기상 다른 음절 말 음운으로 표기되지만 발음에서는 [빈]으로 동일하게 발음된다. 한국어의 음절말에 발음될 수 있는 소리는 다음과 같이 7개만 있다.

표기상의 자음	발음	예
ㅁ	ㅁ[m]	밤, 솜
ㄴ	ㄴ[n]	산, 문
ㅇ	ㅇ[ng]	공, 방
ㄹ	ㄹ[l]	물, 길
ㅂ, ㅍ	ㅂ[p]	입, 잡다, 앞, 덮다
ㄱ, ㅋ, ㄲ	ㄱ[k]	국, 밖, 닦다, 키읔
ㄷ, ㅌ, ㅅ, ㅆ, ㅈ, ㅊ, ㅎ	ㄷ[t]	닫다, 밭, 옷, 웃다, 있다, 낮, 꽃

음절말에 표기될 수 있는 자음은 크게 홑받침일 때와 겹받침일 때로 나눌 수 있다. 먼저 홑받침의 발음은 받침에서 소리 나는 음이 파열된 평음이 아니라는 점에 유의해야 한다. 홑받침의 발음은 음을 파열하지 않고 입을 다문 채로 발음한다. 가령, '밥'은 [pap]으로, '국'은 [kuk]으로 발음해야 한다. 홑자음의 발음 교육에서 특별히 주의해서 지도해야 할 학습자는 태국어, 인도네시아어, 베트남어 모어 학습자이다. 이런 학습자는 모어에 유음이 종성에 사용되지 않기 때문에 'ㄹ' 받침을 어려워하게 마련이다. 일본인 학습자는 음절말에 비음(ㅁ, ㄴ, ㅇ) 발음을 어려워한다. 따라서 일본인 학습자는

'감, 간, 강'의 발음 구분을 어려워할 수 있다.

겹받침의 발음을 살펴보자. 한국어에는 'ㄳ, ㄵ, ㄼ, ㄽ, ㄾ, ㄺ, ㄻ, ㄿ, ㄶ, ㅀ'과 같이 철자 상 11개의 겹 자음이 받침에 올 수 있다. 그런데 표기는 겹자음이지만 발음은 하나만 선택되어 발음된다는 점에 유의해야 한다. 겹받침 중 'ㄳ, ㄵ, ㄼ, ㄽ, ㄾ, ㄶ, ㅀ'의 경우는 앞 자음이 발음된다. 반면, 'ㄺ, ㄻ, ㄿ'의 경우는 뒤 자음이 발음된다. 그러나 예외도 있다. 겹받침 'ㄼ'은 원래 앞 자음이 발음되지만, '밟다'와 '넓적하다'의 경우 뒤 자음이 발음된다. 겹받침 'ㄺ'은 원래 뒤 자음이 발음되지만, 용언 '맑다'와 '읽다'의 경우 'ㄱ'으로 시작되는 어미 앞에서 앞 자음인 'ㄹ'로 발음된다. 다음 표로 확인해 보자.

겹받침	발음	예외
ㄼ	[ㄹ]: 여덟[여덜]	밟다[밥따], 밟고[밥꼬], 넓적하다[넙쩌카다], 넓죽하다[넙쭈카다]
ㄺ	[ㄱ]: 닭[닥]	용언일 때 'ㄱ' 앞에서 'ㄹ'이 발음 : 맑고[말꼬], 읽거나[일꺼나]

음절말에 표기된 자음은 뒤 음절에 모음으로 시작될 때 연음 법칙이 적용된다. 형태소의 끝 자음은 모음으로 시작되는 어미, 조사, 접미사가 연결되는 경우 중화 현상의 적용을 받지 않은 채 다음 음절의 초성으로 자리를 옮겨 발음된다. 따라서 '꽃'은 홀로 발음될 때 [꼳]으로 발음되지만 '꽃이'는 [꼬치]로 발음된다.

겹받침의 뒤 음절에 모음으로 시작될 때 겹받침의 두 자음이 모두 발음되는데, 첫 번째 받침은 제자리에 그냥 남아 있고, 두 번째 받침은 다음 음절의 초성에서 발음된다. 따라서 '흙에'는 [흘게]로 발음된다.

그러나 연음 법칙은 뒤 음절에 모음으로 시작되는 실질 형태소가 붙는 경우에는 중화 규칙을 적용한 후 연음하게 된다. 따라서 '옷' 뒤에 형식 형태소인 조사 '에'가 결합되는 경우 '옷에'는 [오세]로 발음되지만, '옷' 뒤에 실질 형태소인 '안(內)'이 결합되는 경우 '옷 안'은 '옷'이 중화 규칙이 적용되어 [옫]으로 바뀐 다음에 '안'과 결합되어 [오단]으로 발음된다. 이로 인해 '맛있어요'가 [마시써요] 또는 [마디써요]로 발음되지만 '맛없어요'는 [마덥써요]로 발음된다.

3. 한국어 음절 발음 영역의 세부 항목 및 등급

국제 통용 한국어 표준 교육 과정(2017)에서는 한국어 음절 발음 영역의 세부 항목 및 등급을 다음과 같이 제시했다. 음절의 구조, 연음, 평파열음, 자음군 단순화, 발화 속도로 나눠 살펴보자.

1) 음절의 구조

예시	내용	등급					
		1	2	3	4	5	6
중성: 아 초성+중성: 가 중성+종성: 안 초성+중성+종성: 강	음절이 중성, 초성+중성, 중성+종성, 초성+중성+종성으로 이루어져 있음을 안다.	●					
	중성, 초성+중성, 중성+종성, 초성+중성+종성으로 이루어져 있는 음절을 정확하게 발음한다.	●					

2) 연음

예시	내용	등급 1	2	3	4	5	6
예 밥을[바블], 깎아[까까]	홑받침이나 쌍받침으로 끝나는 음절이 모음으로 시작하는 음절과 이어질 때 앞 음절의 끝 자음인 종성이 다음 음절의 초성으로 발음된다는 것을 안다.	●					
	홑받침과 쌍받침에 대한 연음 규칙을 적용하여 정확하게 발음한다.		●				
예 밝은[발근]	겹받침이 모음으로 시작하는 음절과 이어질 때 뒤의 것만 다음 음절의 초성으로 발음된다는 것을 안다.	●					
	겹받침에 대한 연음 규칙을 알고 정확하게 발음한다.		●				
예 겉옷[거돋]	종성이 평파열음화 규칙에 따라 평파열음으로 바뀐 후 연음된 발화를 듣고 이해한다.		●				
	종성을 평파열음화 규칙에 따라 평파열음으로 바꾼 후 연음하여 발음해야 하는 단어를 정확하게 발음한다.			●			

3) 평파열음

예시	내용	등급 1	2	3	4	5	6
예 앞[압], 꽃[꼳], 부엌[부억]	평파열음이 아닌 소리가 음절의 종성에 오게 되면 평파열음으로 바뀌는 것을 안다.	●					
	평파열음이 아닌 소리가 음절의 종성에 오게 되면 평파열음으로 바뀌는 것을 알고 이를 적용하여 음절의 종성을 정확하게 발음한다.		●				

4) 자음군 단순화

예시	내용	등급 1	2	3	4	5	6
두 개의 자음으로 이루어진 겹받침 11개 종류는 둘 중 한 가지로만 발음된다. 겹받침은 앞 자음이 발음되는 경우도 있고 뒤 자음이 발음되는 경우도 있다. 예 값[갑], 읽다[익따]	음절 끝에 자음군이 올 경우 한 자음은 탈락하고 나머지 자음만 발음된다는 것을 안다.	●					
	자음군 단순화 규칙을 적용하여 비교적 정확하게 발음한다.		●				

5) 발화 속도

예시	내용	등급 1	2	3	4	5	6
발화 중 강조하고 싶은 부분은 다른 부분에 비해 속도를 느리게 하여 발화한다.	자연스러운 의사소통과 발화 효과를 위해 발화 속도를 적절히 조절해 발화한다.					●	

4. 한국어 음운 현상

음운 현상은 원래 음소가 어떠한 음운론적 이유에 의해 제 음가를 잃어버리고 다른 음으로 소리 나는 변동 현상을 의미한다. 한국어의 음운 현상은 복잡한 데다가 대부분의 경우 음운 현상의 영향을 입기 전의 형태를 그대로 고정하여 적기 때문에 철자와 발음이 다른 경우가 많다. 여기에서는 자음동화 현상(비음화, 유음화), 경음화 현상, 구개음화 현상, 음운 축약, 음운 탈락의 순으로 한국어의 음운 현상을 살펴보고자 한다.

1) 자음동화(Consonant Assimilation)

자음동화는 인접한 음끼리 닮거나 비슷해지는 음운의 변동 현상이다. 자음끼리의 동화 현상은 한국어에서는 필수적으로 일어나는 대표적인 음운 현상이지만 여러 언어에서 널리 발견되는 현상이 아니므로 외국인 학습자들에게는 매우 낯선 현상이다. 예를 들어, '감사합니다'는 자음동화가 적용되어 [감사함니다]로 발음되는데 외국인 학습자는 이를 발음뿐만 아니라 표기로 쓰는 경우도 있다. 자음동화를 크게 비음화와 유음화로 나눠 살펴보자.

(1) 비음화

비음화는 두 자음이 인접하여 있을 때 장애음이나 유음을 비음으로 발음하는 경우를 일컫는다. 비음화는 발음 환경에 따라 다음과 같이 두 가지 경우로 나눠 볼 수 있다.

① 장애음을 비음으로 발음하는 경우

먼저, 장애음 'ㄱ, ㄷ, ㅂ'이 비음 앞에 올 때 장애음 'ㄱ, ㄷ, ㅂ'은 각각 비음 'ㅇ, ㄴ, ㅁ'으로 발음한다. 예를 들어, 음절말에 장애음 'ㄱ, ㄷ, ㅂ'이 있는 경우, 뒤 음절이 비음 'ㅇ, ㄴ, ㅁ'으로 시작할 때 자음동화가 적용되어, '국물[궁물], 밭농사[반농사], 밥맛[밤맏]'로 발음된다. 그러나 비음이 장애음보다 앞에 오는 경우는 '임금[임금], 안개[안개], 공간[공간]'과 같이 음운 변동이 일어나지 않는다. 장애음 'ㄱ, ㅂ'이 유음 앞에 올 때도 비음화가 적용된다. 음절말에 장애음 'ㄱ, ㅂ' 뒤에 오는 유음 'ㄹ'이 먼저 [ㄴ]으로 발음되고 이 [ㄴ]의 영향으로 음절말의 장애음 'ㄱ, ㅂ'이 각각 [ㅇ, ㅁ]으로 발음된다. 따라서 '독립'은 [독닙]으로 바뀌고 다시 [동닙]으로 바뀐다. '십리'는 [십니]로 바뀐 다음에 [심니]가 된다.

② 유음을 비음으로 발음하는 경우

유음을 비음으로 발음하는 경우는, 'ㄴ'과 'ㄹ' 이외의 공명음, 즉 'ㅁ'이나 'ㅇ'이 인접할 경우인데, 이때 유음인 'ㄹ'을 비음 'ㄴ'으로 발음한다. 예컨대, '음력'은 [음녁]으로, '종로'는 [종노]로 발음된다.

(2) 유음화

유음화는 'ㄴ'의 앞이나 뒤에 'ㄹ'이 오는 경우 두 자음 모두를 [ㄹㄹ]로 발음하는 것을 일컫는다. 예를 들어 '진리'의 'ㄴ'이 'ㄹ'의 영향으로 [질리]로 발음되는 것을 뜻한다. 유음화는 영어에서 일어나지 않는 현상이다.

2) 경음화 현상

경음화는 두 개의 평음이 만나면 뒤의 평음 [ㄱ, ㄷ, ㅂ, ㅅ, ㅈ]가 경음 [ㄲ, ㄸ, ㅃ, ㅆ, ㅉ]로 바뀌는 발음 현상을 뜻한다.

(1) 파열음 뒤의 경음화

파열음 뒤의 경음화는 받침 '/ㄱ(ㄲ, ㅋ, ㄳ, ㄺ)/, /ㄷ(ㅅ, ㅆ, ㅈ, ㅊ, ㅌ)/, /ㅂ(ㅍ, ㄼ, ㄿ, ㅄ)/' 뒤에 연결되는 'ㄱ, ㄷ, ㅂ, ㅅ, ㅈ' 등의 평음을 경음인 [ㄲ, ㄸ, ㅃ, ㅆ, ㅉ]으로 발음하는 현상을 뜻한다. 예를 들어, 경음화 현상이 적용되면 '책방'은 [책빵]으로, '짚신'은 [집씬]으로 발음한다.

(2) 용언 어간 받침 /ㄴ(ㄵ), ㅁ(ㄻ), ㄼ, ㄾ/ 뒤의 경음화

용언의 어간 받침이 [ㄴ]이나 [ㅁ]으로 발음될 때 뒤 음절의 평음이 경음으로 발음된다. 따라서 '신고'는 [신꼬]로, '다듬다'는 [다듬따]로, '넓게'는 [널께]로 발음된다. 그러나 이런 현상은 용언에 한정된 것으로 받침 [ㄴ]이나 [ㅁ]으로 발음되는 체언의 뒤 음절에 나오는 'ㄱ, ㄷ'은 경음화가 일어나지 않는다. 따라서 '꽃신과'는 [꼳씬과]로, '여덟도'는 [여덜도]로 발음한다.

(3) 한자어 받침 'ㄹ' 뒤의 후행 자음 'ㄷ, ㅅ, ㅈ'의 경음화

한자어 받침 'ㄹ' 뒤의 후행 자음 'ㄷ, ㅅ, ㅈ'은 [ㄸ, ㅆ, ㅉ]으로 발음된다. 그 결과 '갈등'은 [갈뜽]으로, '절도'는 [절또]로, '말살'은 [말쌀]로, [갈증]은 [갈쯩]으로 발음된다. 그러나 한자어 받침 'ㄹ' 뒤에 오는 'ㄱ, ㅂ'은 평음이나 경음이 모두 나타난다. 그 예를 살펴보면, '발견(發見)'은 [발견]으로, '실감(實感)'은 [실감]으로 평음이 나타나지만, '결격(缺格)'은 [결격]으로, '물가'는 [물까]로 경음이 나타난다. 한편, '칠백(七百)'은 [칠백]으로, '불법(佛法)'은 [불법]으로 평음이 나타난다.

(4) 관형사형 어미 'ㄹ' 뒤의 경음화

관형사형 어미 'ㄹ' 뒤의 첫 어절의 어두 자음은 경음화가 나타난다. '할 수 있어요'는 [할쑤잇써요]로, '할 거예요'는 [할꺼에요]로, '좋을 대로'는 [조을때로]로, '할 바'는 [할빠]로, '만날 적'은 [만날쩍]으로 발음된다.

(5) '-(으)ㄹ'로 시작되는 어미의 경음화

'-(으)ㄹ'로 시작되는 어미는 경음화로 발음된다. '할게요'는 [할께요]로, '갈수록'은 [갈쑤록]으로, '할지'는 [할찌]로 발음된다.

(6) 합성어 사이의 경음화

합성어 중 뒤에 나오는 어두의 첫 자음은 경음화가 나타난다. '문고리'는 [문꼬리]로, '길가'는 [길까]로, '강가'는 [강까]로 발음된다. '눈동자'는 [눈똥자]로, '그믐달'은 [그믐딸]로, '초승달'은 [초승딸]로 발음된다. '신바람'은 [신빠람]으로, '발바닥'은 [발빠닥]으로, '비빔밥'은 [비빔빱]으로 발음된다. '산새'는 [산쌔]로, '굴속'은 [굴쏙]으로, '창살'은 [창쌀]로 발음된다. '손재주'는 [손째주]로, '술잔'은 [술짠]으로, '잠자리'는 [잠짜리]로 발음된다. 그러나 예외로 '고래기름'은 [고래기름]으로, '은돈'은 [은돈]으로, '손발'은 [손발]로, '밤송이'는 [밤송이]로, 곤충 '잠자리'는 [잠자리]로 경음화가 나타나지 않는다.

3) 구개음화 현상

구개음화 현상은 받침 'ㄷ, ㅌ, ㄾ'의 뒤에 모음 'ㅣ'나 반모음 'ㅣ'로 시작되는 형식 형태소(조사나 접미사)와 만나서 'ㄷ, ㅌ'이 구개음 [ㅈ, ㅊ]으로 바뀌는 현상이다.

(1) 'ㅣ'나 반모음 'ㅣ' 앞

받침 'ㄷ' 뒤에 모음 'ㅣ'로 시작되는 어미나 접미사가 나올 때, 받침 'ㄷ'은 [ㅈ]으로 발음된다. 따라서 '곧이듣다'는 [고지듣따]로, '굳이'는 [구지]로, '해돋이'는 [해도지]로, '미닫이'는 [미다지]로 발음된다. 한편, 받침 'ㅌ' 뒤에 모음 'ㅣ'로 시작되는 어미나 접미사가 나올 때, 받침 'ㅌ'은 [ㅊ]으로 발음된다. 따라서, '같이'는 [가치]로, '붙이다'는 [부치다]로, '밭이'는 [바치]로, '낱낱이'는 [난:나치]로 발음된다.

(2) 접미사 '-히-' 결합

'ㄷ'과 'ㅎ'이 합하여 'ㅌ'이 된 후 구개음화 영향을 받아 [ㅌ] 모음 'ㅣ' 앞에서 [ㅈ]으로 발음된다. 따라서 '굳히다'는 먼저 'ㄷ'과 'ㅎ'이 합하여 [구티다]로 발음된 다음에, 구개음화가 적용되어 [구치다]로 발음된다. '닫히다'는 'ㄷ'과 'ㅎ'이 합하여 [다티다]로 발음된 다음에, 구개음화로 [다치다]로 발음된다.

하지만, 단어 내부에 쓰인 모음 'ㅣ' 앞의 'ㄷ'은 구개음화가 적용되지 않는다. '마디, 어디, 잔디, 느티나무'는 구개음화가 적용되지 않는다. 또한 합성 명사인 경우에도 'ㅣ' 모음 앞의 'ㄷ'이나 'ㅌ'은 구개음화가 적용되지 않는다. '홑'과 '이불'이 결합된 '홑이불'은 구개음화가 적용되지 않아 [혼니불]로 발음된다.

4) 음운 축약

한국어의 음운 현상 중 음운 축약은 두 음운이 합쳐져서 하나의 음운으로 줄어 소리 나는 변동 현상(제3의 음운이 되는 현상)이다. 음운 축약은 크게 두 가지 경우를 생각해 볼 수 있다. 하나는 'ㅎ'이 결합되어 축약되는 경우, '입학[이팍], 좋던[조턴], 놓고[노코], 놓소[노쏘]'로 음운이 축약되어 발음된다. 다른 하나는 모음 축약으로 '보아-봐', '주어-줘', '아이-애', '뜨이다-띄다', '그리어-그려', '이 애-얘'로 축약된다.

5) 음운 탈락

음운 탈락은 두 음운이 인접하여 있을 때 이 중 하나의 음이 없어져 소리 나지 않는 음운의 변동 현상을 말한다. 음운 탈락은 크게 세 가지가 있다. 먼저, 'ㄹ' 탈락은 표기와 발음에 모두 적용된다. '솔나무-소나무', '딸님-따님', '말소-마소', '바늘질-바느질', '놀으니-노니'로 표기와 발음이 바뀐다. 또한 'ㅎ' 탈락은 발음에만 적용되는데, '좋은[조은], 낳았다[나앋따], 싫음[시름], 않음[아늠]'으로 발음된다. 마지막으로, 'ㅡ' 탈락은 표기와 발음이 모두 적용되는데, '바쁘아서-바빠서', '쓰어도-써도', '바쁘았다-바빴다'가 된다.

5. 한국어 음운 현상 발음 영역의 세부 항목 및 등급

국제 통용 한국어 표준 교육 과정(2017)에서는 한국어 음운 현상 발음 영역의 세부 항목 및 등급을 다음과 같이 제시했다. 경음화, 비음화, 유음화, 구개음화, 'ㄴ' 첨가, 격음화가 어떤 내용으로 어떤 등급인지 확인해 보자.

1) 경음화

예시	내용	등급					
		1	2	3	4	5	6
받침 'ㄱ, ㄷ, ㅂ' 뒤에 오는 'ㄱ, ㄷ, ㅂ, ㅅ, ㅈ'은 된소리로 발음한다. 예 책상[책쌍]	평파열음 뒤 경음화 현상이 일어난 발화를 듣고 이해한다.		●				
	평파열음 뒤 경음화 현상이 일어나는 환경을 알고 정확하게 발음한다.			●			
어간의 받침 'ㄴ, ㄹ, ㅁ' 뒤에 이어지는 어미의 첫소리 'ㄱ, ㄷ, ㅅ, ㅈ'은 경음으로 발음한다. 예 앉지[안찌], 할게[할께]	비음과 유음 다음에 경음화 현상이 일어난 발음을 듣고 이해한다.			●			
	비음과 유음 다음에 경음화 현상이 일어나는 환경을 알고 정확하게 발음한다.				●		
한자어에서 'ㄹ' 받침 뒤에 이어지는 'ㄷ, ㅅ, ㅈ'은 경음으로 발음된다. 예 갈등[갈뜽], 일시[일씨], 발전[발쩐]	특정 한자어 단어에서 경음화 현상이 일어난 발음을 듣고 이해한다.					●	
	특정 한자어 단어에서 경음화 현상이 일어나는 환경을 알고 정확하게 발음한다.					●	
예 갈것을[갈꺼슬], 할 걸[할껄]	관형형 어미 '-(으)ㄹ' 다음에 경음화 현상이 일어난 발음을 듣고 이해한다.		●				
	관형형 어미 '-(으)ㄹ' 다음에 경음화 현상이 일어나는 환경을 알고 정확하게 발음한다.		●				
예 눈동자[눈똥자], 발바닥[발빠닥], 아침밥[아침빱]	경음화 환경이 아닌 합성어에서 경음화 현상이 일어난 발음을 듣고 이해한다.						●
	경음화 환경이 아닌 합성어에서 경음화 현상이 일어나는 환경을 알고 정확하게 발음한다.						●

2) 비음화

예시	내용	등급					
		1	2	3	4	5	6
받침 'ㄱ, ㄷ, ㅂ'은 비음 'ㄴ, ㅁ' 앞에서 비음으로 발음된다. 예 국물[궁물], 잡는[잠는]	장애음의 비음화가 일어난 발화를 듣고 이해한다.	●					
	장애음의 비음화가 일어나는 환경을 알고 정확하게 발음한다.	●					
받침 'ㄴ, ㅁ, ㅇ' 뒤에 이어지는 'ㄹ'은 비음으로 발음된다. 예 강릉[강능]	유음의 비음화가 일어난 발화를 듣고 이해한다.			●			
	유음의 비음화가 일어나는 환경을 알고 정확하게 발음한다.				●		

3) 유음화

예시	내용	등급					
		1	2	3	4	5	6
'ㄴ'은 'ㄹ' 앞이나 뒤에서 'ㄹ'로 바뀐다.	'ㄴ'이 'ㄹ'로 바뀐 발화를 듣고 이해한다.		●				
예 난로[날로], 물난리[물랄리]	'ㄴ'이 'ㄹ'로 바뀌는 환경을 알고 정확하게 발음한다.			●			

4) 구개음화

예시	내용	등급					
		1	2	3	4	5	6
예 굳이[구지], 같이[가치]	구개음화가 일어난 발화를 듣고 이해한다.		●				
	구개음화가 일어나는 환경을 알고 정확하게 발음한다.			●			

5) 'ㄴ' 첨가

예시	내용	등급					
		1	2	3	4	5	6
예 솜이불[솜니불]	'ㄴ'이 첨가된 발화를 듣고 이해한다.				●		
	'ㄴ'이 첨가되는 환경을 알고 정확하게 발음한다.					●	
예 꽃잎[꼰닙] 솔잎[솔립]	'ㄴ'이 첨가된 다음 비음화와 유음화가 일어나는 발화를 듣고 이해한다.					●	
	'ㄴ'이 첨가된 다음 비음화와 유음화가 일어나는 환경을 알고 정확하게 발음한다.						●

6) 격음화

예시	내용	등급					
		1	2	3	4	5	6
'ㅎ' 뒤에 오는 자음 'ㄱ, ㄷ, ㅈ'은 각각 'ㅋ, ㅌ, ㅊ'으로 발음한다. 받침 'ㄱ, ㄷ, ㅂ, ㅈ' 뒤에 'ㅎ'이 오면 각각 'ㅋ, ㅌ, ㅍ, ㅊ'으로 발음한다. 예 놓고[노코], 먹히다[머키다]	격음화 현상이 일어난 발화를 듣고 이해한다.		●				
	격음화가 일어나는 환경을 알고 정확하게 발음한다.				●		
예 꽃하고[꼬타고], 깨끗하다[깨끄타다]	평파열음화 뒤 격음화가 일어난 발화를 듣고 이해한다.			●			
	평파열음화 뒤 격음화 현상이 일어나는 환경을 알고 정확하게 발음한다.				●		

형성 평가

1. 한국어 발음 교육 목표에 관한 설명으로 옳지 않은 것은?
① 청자가 알아들을 수 있는 수준으로 학습자가 한국어를 명료하게 발음하도록 한다.
② 학습자가 자신보다 낮은 수준의 다른 한국어 학습자에게 발음 지도를 할 수 있도록 한다.
③ 학습자가 명료한 발음으로 의사소통함으로써 자신감을 가지고 한국어를 사용할 수 있도록 한다.
④ 학습자가 자신의 발음을 돌아보고 스스로 오류를 수정할 수 있는 능력과 전략을 개발하도록 한다.

정답: ②
해설: 발음 교육의 목표는 학습자의 학습 목적에 따라 다르겠지만 일반적으로는 의사소통 가능성에 중점을 두고 전달하고자 하는 내용을 명확하게 표현할 수 있으며 자신감을 가지고 스스로 확인하고 교정할 수 있도록 하는 것을 지향한다.

2. 발음 교육 시 주의할 점에 관한 설명으로 옳지 않은 것은?
① 학습자가 표기대로 발음하도록 교육해야 한다.
② 발음 연습 시에는 학습자가 문장의 의미를 이해하도록 해야 한다.
③ 교사는 학습자들에게 정확한 음을 지속적이고 일관성 있게 교육해야 한다.
④ 한국어 모어 화자들도 무시하는 음의 구별을 학습자에게 요구해서는 안 된다.

정답: ①
해설: 표기대로 발음하지 않도록 해야 한다. 음운 체계나 음운 현상 등 발음법에 바탕을 두어 발음해야 한다.

3. 한국어 모음 발음의 지도 내용으로 옳은 것은?
① /ㅡ/와/ㅓ/는 개구도의 차이가 크다는 점을 이해시켜 발음하도록 지도한다.
② /ㅔ/와/ㅐ/의 발음 차이는/ㅔ/의 전설음과/ㅐ/의 후설음을 근거로 하여 지도한다.
③ /ㅓ/와/ㅗ/는 각각 고모음과 저모음의 특징으로 구분되는 발음이라는 점을 이해시킨다.
④ /ㅡ/와/ㅜ/는 모두 원순 모음이면서 전설음과 후설음의 차이로 구분된다는 점을 이해시킨다.

정답: ①
해설: ②에서/ㅔ/는 전설 중모음이고/ㅐ/는 전설-저모음이다. ③에서/ㅓ/와/ㅗ/는 원순성에서 차이가 있는 발음이다. ④에서/ㅡ/와/ㅜ/는 모두 고모음이지만 원순성에서 차이가 있다.

4. 모음 'ㅢ'의 발음 지도에 관한 내용으로 옳지 않은 것은?
① '무늬'는 [무니]로 발음하도록 지도한다.
② '동생의' 는 [동생에]로 발음하도록 지도한다.
③ '회의' 는 [회의]나 [회이]로 발음하도록 지도한다.
④ '의의' 의 첫음절 '의'는 [의]나 [이]로 발음하도록 지도한다.

정답: ④
해설: 첫음절 '의'는 [의]로 발음한다.

5. 언어권별 한국어 학습자의 발음 양상에 관한 설명으로 옳은 것은?

① 중국어권 학습자들은 한국어의 종성 'ㄹ'을 설측음 또는 권설음으로 발음하는 경향이 있다.
② 영어권 학습자들은 '방'과 '빵'의 발음은 잘 구분하지 못하지만 '달'과 '탈'은 잘 구분하여 발음한다.
③ 일본인 학습자가 한국어 종성 /ㅁ, ㄴ, ㅇ/을 잘 구분하여 발음하지 못하는 것은 일본어에서 이 소리가 발음되지 않기 때문이다.
④ 어두에 위치하는 비음 'ㅁ, ㄴ'은 영어와 달리 비음성이 높기 때문에 영어권 학습자는 어두의 비음 'ㅁ, ㄴ'을 잘 구별할 수 있다.

정답: ①
해설: ①에서 한국어의 유음은 음절 초나 음절말에서 설측음 [l]로 발음되고 모음 사이에서는 탄설음 [r]로 발음된다. 그러나 중국어의 설측음은 음절 초에서만 나타나기 때문에 한국어의 음절말에 오는 설측음을 중국어 발음에 올 수 있는 유음인 권설음 [r]에 가깝게 발음하는 오류를 보인다.

6. 한국어 파열음 교육에 관한 내용으로 옳지 않은 것은?

① 연구개음인 /ㄱ/부터 지도하여 조음 방법을 숙지시키는 것이 좋다.
② 평음, 경음, 격음을 지도할 때에는 손바닥을 이용해 기식의 세기 정도를 직접 느껴 보게 한다.
③ 양순 파열음은 두 입술을 닫고 비강 통로를 막은 후 폐로부터 나오는 기류를 입안에 가두었다가 터트리도록 지도한다.
④ 개별음 학습이 끝나면 여러 개의 최소 대립쌍을 제시해 듣고 고르기, 받아 적기, 발음하기 등의 연습 활동을 진행한다.

정답: ①
해설: 파열음은 양순음 /ㅂ, ㅃ, ㅍ/, 치조음 /ㄷ, ㄸ, ㅌ/, 연구개음 /ㄱ, ㄲ, ㅋ/이 있다. 파열음을 지도할 때는 공기의 세기를 가장 확실하게 느낄 수 있는 양순음부터 시작하는 게 좋다. 그런 다음 다른 위치에서 소리 나는 자음으로 넘어간다.

7. 국제 통용 한국어 표준 교육 과정(2017)의 발음 교육 항목 중 중점 등급이 가장 높은 것은?

① 겹받침에 대한 연음 규칙을 적용하여 정확하게 발음한다.
② 평파열음 뒤 경음화 현상이 일어난 발화를 듣고 이해한다.
③ 'ㄴ'의 발음이 [ㄹ]로 바뀌는 환경을 알고 정확하게 발음한다.
④ 비음과 유음 다음에 경음화 현상이 일어난 환경을 알고 정확하게 발음한다.

정답: ④
해설: ①번과 ②번은 2등급에서, ③번은 3등급에서 교육한다. ④번은 4등급에서 교육한다.

8. 다음 문장을 활용한 발음 지도로 옳지 않은 것은?

> 살 게 있어서 마트에 가는데 같이 갈래?

① 'ㅣ' 모음 앞의 'ㅌ'을 [ㅊ]으로 바꾸어 발음하도록 지도한다.
② 판정 의문문이므로 문미를 상승조 억양으로 발화하도록 지도한다.
③ 장애음 받침 뒤에 연결되는 평음 'ㄱ, ㄷ, ㅂ, ㅅ, ㅈ'은 경음으로 발음하도록 지도한다.
④ 용언 어간의 받침이 모음으로 시작되는 어미와 결합되는 경우 제 음가대로 뒤 음절 첫소리로 옮겨 발음하도록 지도한다.

정답: ③
해설: ③은 경음화에 대한 설명인데, 제시된 문장에서 경음화의 예시는 없다. '살 게'가 [살께]로 발음되는 것은 관형사형 어미 '-(으)ㄹ' 뒤에 연결되는 'ㄱ, ㄷ, ㅂ, ㅅ, ㅈ'은 된소리로 발음하도록 지도한다.

제11장 한국어 문법 교육론

> **학습 목표**
>
> 1. 문법과 문법 교육의 개념, 유용론과 무용론의 입장 차이, 한국어 문법 교수에서 고려해야 할 사항을 이해할 수 있다.
> 2. 최신 문법 교육이 강조하는 경향과 교수법, 주요 특징, 형태 초점 교수의 등장 배경과 강조점, 담화 기반 교수에서 강조하는 특징이 무엇인지 기술할 수 있다.
> 3. 한국어 문법 항목을 선정할 때 문법 교수 내용, 문법 항목의 등급화를 위해 고려해야 할 점, 문법과 기능이 맺고 있는 관계, 수업 설계 단계를 기술할 수 있다.
> 4. 효과적인 문법 교육을 위해 염두할 점, 문법 오류 수정의 개념과 오류 수정 방법, 문법 교수의 효과적인 방법, 문법 수업의 구성을 단계별로 구술할 수 있다.

I. 한국어 문법 교육의 개념과 필요성

1. 문법과 문법 교육

문법이란 간단히 말해서 언어의 규칙 체계이다. 그러나 이런 광범위한 정의로는 문법이 어떤 범위를 다루고 있는지 이해하기에 애매하다. 좀 더 자세한 정의를 살펴보면 문법이란 음운론적 측면에서 단어나 문장의 발음을 지배하는 규칙, 어휘론, 의미론적 측면에서 단어들의 배열을 지배하는 규칙, 통사론적 측면에서 문장 간의 관계를 지배하는 규칙, 마지막으로 화용론적 측면에서 담화 규칙을 총망라하는 언어의 규칙 체계이다. '문장에 있는 단어들의 규약적인 배열과 관계를 지배하는 규칙 체계'라는 Brown(2001)의 문법에 대한 정의는 문법을 단순히 문장을 만드는 규칙과 같은 통사론적 측면에 머무르는 시각이 좀 더 확대될 필요가 있음을 보여 준다.

그렇다면 문법 교육은 무엇을 뜻하는가? 문법 교육은 말 그대로 문법을 가르치는 것이지만 동시에 위에서 말한 언어학적 규칙 체계로서의 문법적 지식을 이해하는 것에 그치는 것은 아니다. 제2 언어(또는 외국어)로서의 문법 교육이란 언어학적 규칙 체계로서의 문법을 적절한 문맥에 맞춰 조율된 문법적 의미를 이해한 바탕에서 적절하게 사용할 수 있게 하는 것이다. 제2 언어(외국어) 문법 교육은 고립된 문장을 생성하는 것이 아니라 다양한 문맥에 기반한 의미를 소통하는 것이기 때문이다. 이때 문맥이 가리키는 의미의 범위는 다음과 같은 질문을 통해 구체화시킬 수 있다.

- 말하는 사람과 글을 쓰는 사람이 누구인가?

- 듣는 사람과 글을 읽는 사람이 누구인가?
- 어디에서 의사소통이 이루어지는가?
- 질문하는 문장 앞뒤에서 어떤 의사소통 행위가 발생하는가?
- 함축적인 의미인가? 글자 그대로의 의미인가?
- 문체와 언어 사용역이 어떠한가?
- 언어를 생산하는 사람이 할 수 있는 선택 중 대체 형식이 있는가?

2. 문법 교육의 필요성

언어 교육에서 항상 중요한 부분으로 생각되는 문법 교육은 언어 교육학계에서는 그 효용성과 필요성에 대해 의견이 분분하다. 이것은 언어로 소통하는 데 문법이 필요 없다는 것이 아니라 문법을 교육하는 것이 언어 교육에서 꼭 필요한 것인지에 대한 논의이다. 다음은 문법 교육이 필요하다는 문법 교육 유용론과 문법 교육이 필요한 것이 아니라는 문법 교육 무용론의 입장을 차례대로 살펴보기로 한다. 먼저 문법 교육 유용론의 입장이다.(Thornbury, 1999)

1) 문법은 정치한 규범 언어를 만드는 기준이 된다.

언어가 아무렇게나 암호화하는 것이 아니라 특정한 규칙 아래 규범에 맞춰 사용된다. 이때 문법은 규범 언어를 만드는 기준으로 어떤 것이 규범 언어적 언어이고 어떤 것이 비규범적 언어인지 진단하고 구별하며 교정하는 잣대이다.

2) 문법이란 문장 제조기(sentence-making machine) 역할을 한다.

문장 제조기로서의 문법 기능은 특히 외국어 학습에서 올바른 문장을 생성해 내기 위한 역할을 한다.

3) 문법이 없다면 오류 교정을 못 받아 오용 언어습관이 화석화된다.

규범 언어로서의 문법에 의해 오류를 교정받을 수 있게 되는데 문법이 없다면 오류 교정을 못 받아서 잘못 쓴 언어습관이 화석화되어 고착화된다.

4) 문법 학습에서 강조된 것은 주의, 환기하여 자기 언어 사용 능력을 강화한다.

문법 학습을 통해 기억된 것, 지적받은 것은 학습자가 언어를 사용할 때 형식적 측면에 대한 주의를 일깨워 주므로 학습이 강화되는 효과가 있다.

5) 언어 학습과 이해를 위해 개별 문법 항목을 교수 학습하는 것이 효율적이다.

학습하고자 하는 언어에 무작정 노출되는 것보다는 개별 문법 항목을 차근차근 학습하는 것이 교육에서 더 전형적이며 효율적이다.

6) 다양한 계층과 성격의 청소년, 성인 집단에 언어를 교육할 때 효율적이다.

다양한 계층과 성격의 집단에게 언어를 가르칠 때는 문법으로 접근하는 가장 체계적인 방법이다.

7) 문법 학습에 기대치가 높은 학습자의 요구에 부응한다.
학습자의 측면에서 보아도 전통적인 문법 학습이 여타의 다른 교육에 비해 언어 학습에서 더 체계적이고 집중적일 것이라고 기대하게 된다.

8) 외국어 학습 시에 모어 문법 지식이 유용하다.
외국어 학습할 때 자신의 모어 문법 지식과 외국어 문법 지식을 비교, 대조하면서 언어 학습에 대한 이해를 높일 수 있다.

9) 모어 문법에 대한 이해 학습 자체가 개인의 인지 능력 발달에 기여한다.
모어 문법에 대한 이해를 바탕으로 한 학습은 언어 사용에서 개개인의 인지 능력을 더 발달시킬 수 있다.

문법 교육 유용론의 입장은 문법 교육이 언어 학습에서 체계적으로 학습할 수 있는 방법이 될 수 있다는 것을 강조한 것이다. 반면 문법 교육 무용론의 입장도 살펴보자.

1) 언어 학습은 기능(skill) 학습이므로 문법의 노하우 지식은 무용하다.
문법 지식을 알고 있는 것과 사용하는 것은 별개의 것이다. 언어는 실천을 통해 사용하는 것이다.

2) 문법적 능력은 의사소통 능력(communicative competence)의 한 구성 요소일 뿐이다.
문법적 능력이 높다고 해서 언어 능력이 함양된 것은 아니다. 언어 능력은 의사소통 능력이 전반적으로 함양되어야 하는 것이며 이런 의사소통 능력을 높이는 것이 언어 교육의 목적이 된다.

3) 제2 언어 성공은 학습이 아니라 습득이다.
자연주의 교수법에서 크라센(Krashen)이 말했듯이 언어는 모국어 습득과 같이 자연스럽게 해야 하는 것이며 학습으로는 한계가 있다. 또한 학습할 때에도 자연 순서(natural order)에 맞춰 학습하는 것이 중요하며 이런 자연 순서가 문법 학습 순서와는 다르다.

4) 문법보다 어휘 뭉치(lexical chunks) 학습이 더 중요하다.
언어 학습에서 문법보다는 연어, 표현, 관용 표현과 같은 어휘 뭉치 학습이 더 효과적이다.

이와 같은 문법 교육의 필요성에 대한 논란은 문법 자체에 대한 효용성에 대한 것이 아니라 문법을 어떻게 간주하며 교육에서 문법을 어떻게 이용할 것인가에 대한 관점의 차이에서 비롯된 것이다. 문법 교육은 문법을 적용하여 고립된 문장을 생성하는 것이 아니라 자유로운 의사소통을 위해 문법을 사용하는 것으로 보는 것이 일반적이다.

따라서 문법 학습을 통해 의미 표현을 향상시키고 정확한 의사소통을 수행할 수 있다는 점에서 문법 교육이 필요하다. 이때 문법은 '기능적 동기를 지닌 의사소통의 도구'로 인간 생활에서 내재적인 기본 의미들의 표현을 촉진하는 것이며 화자를 도와서 자신을 주변 세계와의 관계 속에서 자리 잡게 하는 것이다. 더욱이 문법은 교수요목 설계에 많은 영향을 미치는 영역이기도 하다. 학습자가 의사소통 능력을 얻게 된다면 언어의 구조나 형식을 저절로 알 수 있다고 간주하는 의사소통식 접근법에서는 문법 교육을 도외시했으나 최근에는 문법 학습의 목표를 자연스러운 의사소통에 두어 '자유로운 의사소통을 위한 문법의 사용이라는 전제를 바탕'으로 한다. 이런 측면에서 한국어 교육에서 문법 연구는 언어 연구 자체가 아니라 언어 수행상에 드러나는 다양하고 구체적인 실제 자료를 다룬다.

3. 문법 교수의 원칙

문법 교육은 학습자의 숙달도 단계에 적당한 문법 항목을 선정하고 배열해서 교육해야 한다. 또한 문법 교육은 학습 목표와 학습 주제, 기능과 관련이 있어야 한다.

Thornbury(1999)는 문법을 가르칠 때 염두에 두어야 할 경험적 원칙을 다음과 같이 제시한다.

1) 문맥의 원칙(The rule of context)

문법은 문맥 속에서 가르쳐야 한다. 문법 형태들을 단독으로 또는 비교하여 가르칠 때도 의미와 관련짓고 다른 형태와의 의미 차이를 구별해 주면서 설명해야 한다.

2) 사용의 원칙(The rule of use)

문법 교육은 문법 그 자체의 교육이 아니라 학습자의 언어 이해를 돕고 실제 언어를 발화할 수 있도록 촉진하는 교육이 되어야 한다. 학습이 문법 지식을 즉각 의사소통 활용에 적용하도록 기회를 제공해야 한다.

3) 경제의 원칙(The rule of economy)

연습 시간을 최대화하려면 문법 설명 시간을 간결하고 최소화해야 한다.

4) 관련성의 원칙(The rule of relevance)

문법 지식을 다 가르칠 필요가 없으며 학습자들이 어려워하는 것만 기존 지식과 관련지어 가르쳐야 한다. 학습자들이 이미 알고 있는 것에 근거해 관련지어 가르치고 학습 언어의 문법이 모어 문법과 전적으로 다른 문법이라는 의식을 갖지 않게 하면서 두 언어의 공통 기반을 탐구하게 해야 한다.

5) 양육의 원칙(The rule of nurture)

문법적 기능을 담당하는 형태소를 말한다. 이는 매우 작은 단위로서 다분히 문법적이며 객관적이다.

6) 적절성의 원칙(The rule of appropriacy)

모든 문법 규칙을 학습자의 수준, 요구, 흥미, 기대, 학습자들의 학습 방식 등에 따라 재해석하여 적절하게 만들어야 한다. 이는 문법에 대해 중요점만 강조하여 교육하고 문법 전부를 직접적으로 가르치는 것은 지양해야 함을 뜻한다.

4. 한국어 문법 교육의 원리

한국어 문법 개념도 같은 맥락에서 살펴보자. 먼저 한국어 문법은 규범 문법과 교육 문법으로 구분된다. 규범 문법은 철저히 이론 중심적, 언어 현상을 기술하고 이를 바탕으로 이론을 체계화하는 것이다. 반면 교육 문법은 문법을 가르치기 위한 문법으로 모국어 화자를 위한 교육 문법, 즉 학교 문법과 외국인 학습자를 위한 교육 문법으로 나뉜다. 모국어 화자를 위한 교육 문법이 실용성과 이론이 합해진 것으로 그 언어를 사용하는 국민으로서의 사고 체계 확립과 이를 표현하는 능력을 길러 주는 것이 목적인 반면 외국인 학습자를 위한 교육 문법은 의사소통적 체계 안에서의 문법 이론이 도출되어야 하고 그 이론과 규칙은 교육 문법의 최종 목표인 언어를 생산할 수 있는 것으로 이어져야 한다.(백봉자, 2001)

이런 맥락에서 한국어 문법 교육은 규범성과 실용성, 간결성을 가져야 하며 규칙과 제약을 통한 공식화가 필요하다. 또한 유사한 요소들을 연결해서 교수해야 하며 난이도와 빈도수를 고려한 등급화가 요구된다. 마지막으로 대조적인 입장에서 의미와 기능을 살펴야 한다.

한국어 교육 문법 교수에서 다음과 같은 문법 내용(강현화, 2011)을 고려해야 한다. 먼저, 교사 문법과 학습자 문법의 차이에 주목해야 한다. 교수에 필요한 문법과 교수를 하는 데 참고할 문법인 교사 문법과 달리 학습자 문법은 교수자 또는 학습자 스스로의 요구에 따른 목표 언어의 가장 핵심적인 문법으로 학습자 개인의 모국어와의 대조적 차이에 의한 가장 효율적인 학습 방법의 문제에 중점을 두어야 한다.

둘째, 이해 문법과 표현 문법의 구별을 논할 수 있어야 한다. 텍스트의 이해(듣기/읽기)에 필요한 문법과 텍스트의 생산(말하기/쓰기)에 필요한 문법 내용이 구분될 필요 있기 때문이다. 효율적인 담화 생성에 필요한 숙달도별 표현 문법의 범위를 정해야 한다.

셋째, 문어 문법과 구어 문법의 구별을 논할 수 있어야 한다. 문법 문법은 문어 자료에서의 사용 빈도나 장르에 근거한 것이 바탕이 되어야 하는 반면 구어 문법은 구어 자료를 기반으로 하는 구어 표현 덩어리의 교수에 주의해야 한다.

마지막으로, 교수-학습 문법과 참고 문법의 구별을 논할 수 있어야 한다. 교수-학습 문법은 교수 현장에서 사용되는 교재를 위한 것으로 핵심적인 문법 항목으로 구성되어야 한다. 참고 문법은 학습자의 자율적인 학습을 위한 것이다.

따라서 문법 교육에서 학습자의 숙달도 단계에 적당한 문법 항목들이 제시되어야 하며, 학습 목표와 학습 주제, 기능과 관련이 있어야 한다. 또한 문법 교육은 한 번에 하나가 이루어지는 게 바람직하며 재미있어야 하고 적절한 피드백이 제공되어야 한다. 아울러, 문법 교육은 언어 교육의 한 부분으로서 교육되어야 한다.

이와 같은 문법 교육에 대한 개념을 바탕으로 보면 문법 항목의 연습 과정은 의사소통적이어야 하며, 문법 형태를 제시할 때 입력이나 연습 과정이 말하기, 듣기, 읽기, 쓰기 등 언어 기능과 관련되어야 한다. 그 밖에도 학습자가 규칙을 인지하고 의사소통 상황에서 적절하게 활용할 수 있도록 단순화하고 간략화해서 가르쳐야 한다. 물론, 교사는 문법 항목을 설명할 때 가장 쉽고 적절한 예문을 제시해야 한다.

결국 현장에서 문법 교수는 문법에 대한 이해가 의사소통 능력으로 이어질 수 있도록 형태적 활용, 문법적 의미, 사회적 기능, 담화적 기능을 종합적으로 이해시켜야 함을 기억하자.

II. 최신 문법 교육의 경향과 특징

1. 최신 문법 교육의 경향

현대 문법 교육의 동향을 알아보기 위해서는 그건 언어 교수법에서 문법 교육에 대한 생각이 어떻게 바뀌었는지 살펴볼 필요가 있다. 문법 번역식 학습에서는 문법 형식에 초점을 맞춰 교수하는 방법, 즉 형태 중심(Focus on Forms) 교육을 중시했으며 문법 형식을 제대로 알고 있어야 고전 해독을 할 수 있다고 간주하였다. 그러나 이러한 형태 중심 교육은 문법 형식을 정확하게 이해해도 의미 파악이 어렵다는 점에서 비판받으며 의사소통 접근법(Communicative Language Teaching)에 자리를 내주게 되었다. 의사소통 접근법은 문법 형식이 어떤 것이 쓰이든지 의사소통하는 가운데 문법 형식이 사용되는 것이라는 의미 중심(Focus on Meaning) 교육으로 문법 형식의 정확성보다는 유창한 의사소통 능력을 강조하게 된다. 하지만 의사소통 접근법도 의미에 중심을 둔 나머지 문법적 형식의 정확성이 향상되지 않으며 교육적 효과에 대해 비판받게 된다. 그 결과 현대에서는 의사소통하되 이때 형태에 초점을 두어 문법 형식의 정확하고 유창한 사용을 동시에 강조한 형태에 초점을 둔 의사소통 접근법(Focus on Form)이 대두된다. 이는 문법 형식에 일차적인 초점을 두는 과거의 형태 중심 교육이 아니라 의사소통할 때 사용되는 문법 형식에 초점을 두는 방법으로 과제 기반 교수법, 내용 중심 교수법, 과정 중심 교수법에서 이것이 활용된 예를 찾을 수 있다.

그렇다면 현대 문법 교육은 어떤 흐름의 변화가 이루어지고 있는가? 문법적 구조를 중시했던 번역식 교육에서 의사소통하는 가운데 형태적 정확성을 높이는 형태 초점 강화 교육으로 문법 지식을 전달하는 것을 중시했던 교육에서 문법의식을 갖고 의사소통하는 데 초점을 맞추는 교육으로 교사 중심 교육에서 학습자 중심의 교육으로 결과 중심 교육에서 과정 중심 교육으로 문형 중심 교육에서 과제 중심 교육으로 연역적이고 주입 설명식 교육에서 상황에 따라 탄력적으로 연역적/귀납적 선택 교육으로 문법 요소 분리적 교육에서 통합형 문법 교육으로 형태 중심 교육에서 형태/의미/사용의 담화 문법 중심 교육으로 변화되고 있음을 확인할 수 있다.

결국 현대 문법 교육의 동향은 문법 기반 통합 교육이라고 할 수 있다. 첫째, 문법 기반 통합 교육이 되기 위해서는 언어 기능의 네 가지인 말하기, 듣기, 읽기, 쓰기 기능의 통합된 기능 통합 교육으로서의 총체적 언어 교수법으로 접근할 필요가 있다. 이런 기능 통합 교육은 기능 기반 접근법이나 기능 분리 접근법과는 대비된다는 점에서 문법의 형태적 접근을 지양하고 의사소통하는 가운데 문법을 사용하는 것을 강화한 것이라고 할 수 있다. 하향식 접근법, 주제나 과제 기반 접근법 또한 같은 맥락에서 이해할 수 있다.

둘째, 문법 기반 통합 교육에는 과제 기반 접근법이 필요하다. 유창성 중심의 교수법을 구성할 때 핵심 요소는 과제 활동이다. Nunan(1989)은 "의사소통적 과제는 형식보다는 의미에 집중하며 학습자의 이해, 조정, 생산, 상호 작용을 포함하는 교실 활동의 일부"라고 강조한다. 여기에서 과제는 언어 교수에서 교수 자료를 구축하는 것과 관련된 것으로 토론, 의사소통, 게임, 상황극, 역할극, 짝 활동 등이 포함된다. 다음 표를 보면서 문법 초점 활동과 과제 초점 활동이 어떻게 다른지 비교해 보자.

문법 초점 활동	과제 초점 활동
■ 전형적인 교실 언어의 사용을 반영 ■ 정확한 형식의 예문 구성에 집중 ■ 드러내기 위한 언어의 생산 ■ 명시적인 지식을 요구 ■ 통제된 수행을 반영 ■ 담화적 문맥을 벗어난 연습 ■ 제한된 예들로 이루어진 연습 ■ 실제적인(진정성 있는) 의사소통을 요구하지 않음	■ 자연스러운 언어의 사용을 반영 ■ 암시적인 지식을 요구 ■ 자연스러운 화행 스타일의 도출 ■ 자동적인 수행을 반영 ■ 즉각적으로 만들어 내기, 바꾸어 말하기, 정정하기, 재조직화하기의 사용을 요구함 ■ 항상 예측 가능한 언어 생산만이 이루어지는 것은 아님 ■ 학습자의 사용 언어 선택을 허락 ■ 실제적인 의사소통을 요구함

셋째, 문법 기반 통합 교육을 하려면 의사소통식 접근법으로 문법을 가르치는 것도 중요하다. 최근의 문법 교수는 문법적인 교수요목에서 기능 또는 과제를 기반으로 한 의사소통식 교수요목으로 대체되고 있다. 정확성을 중시하는 반복 훈련에서 모둠 활동으로 상호 작용 활동에 기초한 유창성 중심 활동으로 대체되고 있는 것이다. 정보 공유를 위한 기회를 먼저 제공하고 교실 내에서 의미 협상과 과제에 기반한 유창성 우선 교수를 끌어낸다.

넷째, 문법 기반 통합 교육이 되기 위해서는 내용 중심 교육을 고려하는 것도 중요하다. 예를 들어 학문 목적의 한국어를 하려는 학습자를 위해서는 전공 교과 영역을 외국어로 학습하는 것에 최종 목표를 두어야 한다. 언어 학습을 하는 궁극적인 목적은 학습한 언어를 사용하여 자신이 하고자 하는 것을 이루어 내는 것에 있다. 초급이나 중급 이후의 학습자에게는 내용 중심 교육으로 접근하는 경우가 늘고 있는 것도 같은 이유에서이다.

2. 형태 초점 교수(Focus on Form, FoF)

형태 초점 교수법은 의사소통식 접근법에서 정확성 부재를 극복하기 위해 제시된 교수법으로, 학습자의 주의를 언어 형태로 유도하기 위해 사용되는 교수 활동을 강조한 것이다.

형태 초점 교수법이 나오게 된 배경을 살펴보면, 먼저 언어 습득의 측면에서 문법 교수가 필요하다는 것을 강조한다. 의사소통식 접근법에서 고급 단계의 문법 능력을 성취하는 데 실패했는데, 이를 통해 문법 교수는 결정적 시기로 제한받지 않을 수 있어서 성인 대상의 외국어 교수에 적용할 수 있다고 강조한 것이다. 결국 자연스럽게 습득되기 어려운 문법 구조는 부정적 피드백을 통해 명확히 교수될 필요가 있음을 강조한다.

둘째, 중간 언어 발달(interlanguage development)에서 형태 초점 교수의 효과와 타당성이 인정된 것도 형태 초점 교수법이 등장한 배경으로 꼽을 수 있다. 많은 실험 연구 결과, 형태 교수는 제2 언어 습득을 빠르게 증진, 고급 수준까지 성취 가능함을 밝힐 수 있었고 이는 비교적 간단한 문법 규칙을 가르치는 것이 암시적 지식 향상에 효과적이라는 것을 증명한다는 것이다.

셋째, 문법에 대한 학습자의 요구와 학습의 효용성에 관한 것이다. 상당수의 성인 학습자는 외국어 학습에서 문법을 중심 요소로 여기고 있기 때문에 문법 형태에 대한 교수를 희망하고 있다. 또한 명시적인 문법 교수를 하면 효과적으로 학습할 수 있다고 간주할 수 있다.

마지막으로 구조적 교수요목과 의미 기반 교수요목을 통합하는 것이 목표어 문법의 범위를 체계적으로 익히게 하는 의미 있는 수단이라는 점이다. 개념/기능 교수요목, 과제 기반 교수요목, 주제 기반 교수요목 등은 언어의 체계적 범주 설명하는 데 충분하지 않았던 점을 상기해 볼 때 구조적 교수요목을 의미 기반 교수요목과 통합하는 것이 바람직하다.

그럼, 형태 초점 교수법에서 강조하는 것을 살펴보자. 이것은 형태만을 강조했던 문법 교육(Focus on forms)과는 달리 형태적 정확성을 의식하며 의사소통 과제에 임하는 문법 교육(Focus on Form)이다. 형태 초점 문법 교육의 기법은 입력을 최대한 제공하여 입력을 강화하고 과제 수행할 때 필수 표현을 제시하며 의미 협상을 통해 상호 작용을 강조하고, 모범을 보여줌으로써 오류 교정용 대체 표현을 제시할 수 있다. 또한, 출력 강화를 통해 형태적 정확성을 기할 수 있는데 창의적 받아쓰기인 딕토글로스(dictogloss)나 가든패스(garden path)가 대표적인 예이다. 또한 의식 고양(consciousness raising)을 통해 언어 형식에 집중하게 할 수 있다.

형태 초점 교수법의 대표적인 예를 살펴보자. "알아차리기 가설("noticing" hypothesis)"(Shumidt, 1990)은 학습자가 언어적 특징을 습득하기 위해 입력에서 언어적 특징을 "알아차려야" 함을 강조한 것이다. 학습자는 자신이 배우고 있는 언어의 구조, 패턴 및 규칙에 주의를 기울여야 하며 이러한 언어적 특징을 내면화하고 자동으로 사용하기 전에 의식적으로 인식해야 한다. 이는 궁극적으로 언어 교육에서 학습자에게 입력을 제공할 뿐만 아니라 관련된 언어적 특징을 알아차리도록 도와야 한다는 것을 의미한다. 결국 교사는 학습자가 학습 중인 언어의 특정 구조나 패턴에 관심을 갖도록 해야 한다.

그럼 알아차리기 가설의 단계를 알아보자.

1) 알아차리기(Noticing)

알아차리기는 제2 외국어를 습득하기 위해 학습자가 주의해야 하는 언어 특징이나 입력에 대한 의식적인 인식을 말한다. 이때 학습자는 언어의 특정 특징에 주의하고 주목함으로써 능동적으로 입력을 처리해야 한다.

2) 차이 인식하기(Noticing the gap)

학습자가 자신이 말할 수 있는 것과 말하고 싶은 것 사이의 차이를 알아차릴 때 언어 학습이 일어난다. 학습자는 자신의 언어 능력을 향상시키기 위해 현재의 언어 능력과 자신이 원하는 언어 능력의 차이를 인식해야 한다.

3) 의도된 산출 연습(Intended output practice)

학습자에게 현재의 숙련도 수준을 조금 넘는 언어를 생산할 기회를 제공하는 의도된 산출 연습을 제안한다. 이를 통해 학습자는 자기 지식의 격차를 발견하고 자신의 언어 능력의 특정한 측면을 향상시키는 데 집중할 수 있다.

알아차리기 가설에서 슈미트(1990)가 주장한 핵심은 학습자가 자신이 배우고 있는 언어에 적극적으로 참여하고 자신의 학습 과정을 인지하는 것이 언어 능력을 향상시키는 데 매우 중요하다는 점이다.

3. 담화 기반 교수

문법 교수에서 형태의 제시와 그에 따른 형태, 통사적 제약, 문법의 의미에 대한 교수는 충분히 이루어지고 있다. 그러나 문제는 문법이 언제, 어떤 의도로, 어떤 상황에서 사용될 수 있는가에 대한 교수는 충분히 이루어지고 있지 않다는 점이다.

이에 Larsen-Freeman and Long(1991)은 문법 요소 3가지로 형식, 의미, 사용을 강조한다. 각각의 문법 요소가 어떤 의미를 지니는지 살펴보자.

1) 형식(Form)
특정 시제에서 동사의 형태 또는 특정 사례에서 명사의 형태와 같은 언어적 특징의 구조 또는 구성을 나타낸다. 학습자는 배우고 있는 언어의 형식에 익숙해져야 올바르게 사용할 수 있다.

2) 의미(Meaning)
학습자는 학습 중인 언어의 의미를 이해하여 다양한 상황에서 적절하게 사용할 수 있어야 한다. 예를 들어, 학습자는 습관적인 행동을 설명하기 위해 현재 단순 시제 '-아/어요'를 사용하는 것과 진행 중인 작업을 설명하기 위해 현재 진행 시제 '-고 있다'를 사용하는 것의 차이를 이해해야 한다.

3) 사용(Use)
언어 기능의 실용적인 기능을 나타냄. 다양한 의사소통 상황에서 적절하게 언어를 사용하는 방법을 이해하는 것이다. 예를 들어, 학습자는 언제 공식 또는 비공식 언어를 사용해야 하는지, 공손함을 표현하거나 요청을 하기 위해 언어를 사용하는 방법을 이해해야 한다.

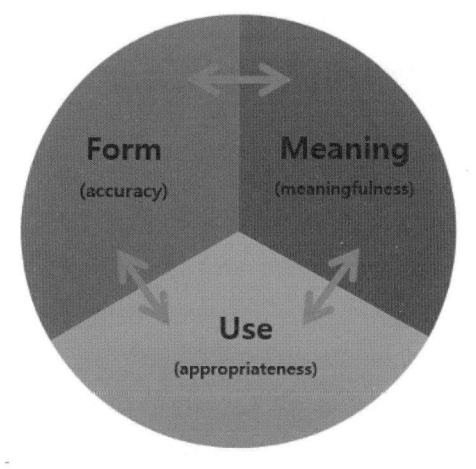

- Form(Structure)
: 문법 형식의 정확성
How is it formed?

- Meaning(Semantics)
: 전달 의미의 유의미성
What does it mean?

- Use(Pragmatics)
: 사용 장면에서의 적절성 함양
When/Why is it used?

효과적인 언어 교육 과정은 문법의 세 가지 구성 요소를 모두 통합해야 하며 학습자에게 각 영역에서 능숙도를 개발할 충분한 기회를 제공하는 데 중점을 두어야 한다. 언어의 형식, 의미 및 사용에 초점을 맞춤으로써 학습자는 언어에 대한 미묘한 이해를 발전시키고 실제 상황에서 언어를 보다 능숙하게 사용할 수 있다. 형태를 사용 중심, 또는 의사소통적 접근법 안에서 강조하여 가르치는 것이 중요하다. 적절한 맥락에서의 사용은 화용적 측면을 고려한 것으로 대화 상대자와의 관계, 대화 상황과 같은 사회적 맥락과 담화의 장르나 의미, 구조 등을 포함한 담화 맥락을 전제로 한다.

III. 한국어 문법 교수 내용과 문법 교수 설계

1. 한국어 문법 교수

1) 한국어 문법 교수 내용

한국어 문법 교수 내용에는 문법 단위와 표현 단위가 모두 포함된다. 따라서 한국어 문법 항목을 선정할 때 문법 범주나 체계를 바탕으로 한 문법적 형태뿐만 아니라 습관적 표현 문형들도 함께 선정해야 한다.

범주 접근적 문법의 내용	어휘 접근적 문법의 내용
■ 문장종결법 ■ 존대법 ■ 시제 표현 ■ 부정 표현	■ 결합형(조사 결합형, 어미 결합형) ■ 의존 명사 중심의 표현 ■ 부사-어미 간 공기 표현

한국어 문법 항목에는 일반 국어 문법에서는 주목받지 않는 조사 결합형이나 어미 결합형도 포함된다. 아래에서 예문과 함께 어떤 형태가 포함되는지 확인해 보자.

① 조사 결합형 예 '-이라고는: 돈이라고는 1,000원밖에 없었다.
② 어미 결합형 예 '-더니'와 '-었더니'{영수가/*내가} 많이 먹더니 배탈이 났어요.{영수가/내가} 많이 먹었더니 배탈이 났어요.
③ 특별한 관형형과 공기하는 의존 명사 예 -(으)ㄹ 거예요, -(으)ㄹ 텐데, -는 바람에

2) 한국어 문법 항목의 등급화

문법 항목의 등급화 선정 기준은 사용 빈도, 난이도, 일반화 가능성, 학습자의 기대 문법에 따라 달라진다. 첫째, 사용 빈도는 언어 자료를 통해 문법 항목이 얼마나 많이 사용되느냐를 검색해서 가장 많이 사용되는 항목을 먼저 교육해야 한다는 의미이다. 둘째, 난이도는 의미, 기능, 담화로서의 난이도를 의미하는데 의미적으로 쉬운 문법 항목을 교수한 후 그 문법 항목의 사회적 기능, 즉 격식적인지 비격식적인지를 확인하고 마지막으로 담화 내에서 어떤 기능을 하는지 교육해야 한다는 것이다. 셋째, 일반화 가능성은 가장 무표적이고 그것을 학습했을 때 파급 효과가 큰 것을 먼저 교육해야 한다는 것이다. 예를 들어 시제 범주를 학습한다면 빈도수와 난이도 문제도 중요하지만 가장 무표적인 현재를 과거에 앞서 가르쳐야 한다는 것이다. 넷째, 학습자의 기대 문법은 학습자가 무엇을 먼저 배우고 싶어 하는지 고려하여 그것을 가르치는 학습자 중심의 교육을 반영하는 것이다. 다섯째, 학습자의 난이도 문제를 살펴야 한다는 것이다. 개인적인 인지도의 차이나 학습자의 모국어와 목표어인 한국어와의 차이 등을 살펴야 한다. 마지막으로 교수- 학습의 용이성을 고려해야 한다. 이는 쉽게 배우고 연습할 수 있는지 확인하는 것이다.

한국어 문법의 등급화를 위해 말뭉치 장르별로 개별 문법 항목의 빈도나 중복도 등의 기초 연구가 이루어져야 한다. 교수-학습 대상이 되는 문법 항목을 선정하기 위해서는 '표현 문형'의 선정 기준에 대한 이론적인 연구가 보강되어야 한

다. 또한 다양한 장르에서의 문법 항목 분석도 필요하다.

〈국제 통용 한국어 표준 교육 과정〉(2017)의 문법 항목은 1급 45개, 2급 45개, 3급 67개, 4급 67개, 5급 56개, 6급 56개로 총 336개의 문법 항목이다.

전체 번호	등급별 번호	등급	분류	대표형	관련형	의미	국제 통용 2단계	문법, 표현 교육 내용 개발 (1~4단계)
112	22	3급	연결 어미	-었더니	-았더니, 였더니		중급	중급
113	23	3급	연결 어미	-자마자	-자2		중급	중급
114	24	3급	연결 어미	-다가1(2)	-다5, 다가도	중단	중급	중급
115	25	3급	연결 어미	-으니2	-니4	이유	중급	중급
116	26	3급	연결 어미	-으려면	-려면		고급	
117	27	3급	전성 어미	-던-		관련사형	고급	중급
118	28	3급	종결 어미	-거든2	거든요	이유	중급	중급
119	29	3급	종결 어미	-는구나	-구나		중급	중급
120	30	3급	종결 어미	-는다	-ㄴ다, 다2		중급	중급
121	31	3급	종결 어미	-던데2	-던데요	감탄	중급	중급

언어 능력을 키우기 위해서는 문법과 단어를 잘 운용하는 것도 중요하지만 화자의 의도를 정확히 추론할 수 있는 능력이 중요하다. 즉, 언어 사용의 측면을 강조하는 입장에서 문법 교육은 문법 형태가 갖는 기능적 측면을 강조한다. 문법적 기능을 학습할 때 유의해야 할 점을 생각해 보자.

먼저 하나의 문법적 형태가 여러 가지 기능을 나타낼 수 있다. 예를 들어, 선어말 어미 '-겠-'은 '이것 좀 잡숴 보시겠어요?'(권유하기), '뭘 드시겠어요?'(의향 묻기), '맛있겠네요'(추측하기), '지금부터 10분 동안 휴식을 갖겠습니다.'(공식 일정 말하기), '저는 이걸로 준비하겠습니다.'(결정하기) 등 다양한 기능으로 나타날 수 있다.

또한, 하나의 문법 기능이 여러 문법적 형태로 나타날 수도 있다. 예를 들어 이유 말하기와 같은 기능을 표현하는 문법 형태는 연결 어미 중에서 '-어서, -으니까, -느라고, -으므로, -기에', 의존 명사 '-은 까닭에, -는 바람에, -는 통에, -는 고로, -기 때문에', 보조용언 '-어 가지고', 인용 '-는다고' 등으로 다양한 형태가 있다. 물론 이런 형태들 사이의 미세한 의미 차이가 있으므로 같은 기능을 가진 다양한 형태들을 어떻게 사용해야 하는지 문법 교육이 담당해야 할 것이다.

마지막으로 어떤 기능을 나타낼 때 꼭 하나의 문법 형태로만 사용되는 것은 아니라는 점이다. 하나의 문법 기능은 화용론적으로 다양한 문법 표현으로 나타날 수 있다. 예를 들어, 요청하기의 경우 청자의 능력을 묻는 '-을 수 있어요?'로, 요청의 실현 가능성을 묻는 '-어도 괜찮아요?'로, 청자의 의지 '-을래요?'로, 청자 행위의 예측 '-어 주시겠습니까?'로, 요청 내용에 대한 청자의 허락 '-으면 안 돼요?'로 다양하게 표현될 수 있다.

결론적으로 말하면 문법 교육에서 문형 연습에 대한 설명과 연습에만 치중하는 것은 문법적 지식을 늘릴 수는 있지만 적절한 상황과 기능에 맞는 문법적 사용 능력을 기를 수 없다는 점에서 지양되어야 할 것이다. 문법 교육에서 유창성을 기르기 위해서는 표현하고자 하는 담화 상황에 맞는 가장 적절한 기능을 가진 문형이 무엇인지, 또한 유사한 표현 문형과의 차이점은 무엇인지, 왜 이 상황에 이 문형을 쓸 수밖에 없는 것인지 학습자가 이해하고 사용할 수 있도록 해야 한다. 이와 같이 문법의 의미가 담화 맥락에서 추출된다는 것은 그 문법이 어느 상황에서 많이 쓰이는지가 중요하다는 것을 강조한 것이다.

2. 한국어 문법 교수 설계

한국어 문법 교수를 설계할 때도 일반적인 교육 과정 설계의 단계와 큰 차이가 없다. 문법 학습자의 요구 분석에서 시작하여 문법 교육 과정의 목적과 목표를 설정한 후 문법 교육 자료를 선정하고 문법 교수 학습을 한 후 문법 교수를 평가하는 단계를 거친다.

1) 문법 학습자의 요구 분석

우선 문법 수업의 학습자의 요구 분석에서 시작한다. 언어 학습에서 학습자의 동기는 중요하다. 학습자의 동기는 학습자 내재적으로 갖고 있을 때도 있지만 외부적인 요인에 의해 동기 유발될 수도 있다. 예를 들어, 교실 환경에서 교사의 교수법과 학습 내용을 기대하면서 동기는 유발될 수도 있고 다른 학습자와 함께 학습 과제를 수행하거나 성취 또는 평가에 따른 보상을 통해 자극될 수도 있다.

2) 문법 교육 과정의 목적, 목표 설정

다음으로 문법 교육 과정에서 교수 목적 및 교수 목표를 설정하는 것이다. 교수 목적이 국가나 언어 교육 기관 수준에서 설정하는 것인 반면 교수 목표는 목적을 구체화한 것으로 교수를 통해 도달할 수 있는 지점을 구체적이고 계량적이며 명시적으로 제시한다. 따라서 이런 교수 목표에는 가능하면 가르칠 것을 세부 교육 내용으로 구체화하여 수업 지도안을 설계하는 것이 필요하다. 예를 들어 '두 개의 문형, 열 개의 명사, 세 개의 형용사, 다섯 개의 동사를 익힌다'와 같이 구체적이고 명시적인 목표가 바람직하다.

3) 문법 교육 자료 선정

그다음 단계는 문법 교육 자료를 선정하는 것이다. 문법 교육 자료를 선정할 때는 사용(맥락)과 의미, 문법 형식에 따라 크게 세 영역으로 나눠 생각해 볼 수 있다. 먼저 사용(맥락)을 선정할 때는 상황, 주제, 문화로 구분해서 제시한다. 상황에 따라 집, 가게, 식당, 학교와 같은 고빈도 장면과 기차역, 병원, 약국과 같은 저빈도 장면을 구분한다. 주제에 따라 초급 학습자라면, 개인 신상, 취미, 학업, 건강, 가족과 같은 주제로, 고급 학습자라면, 역사, 정치, 사회, 시사 문제 등의 주제로 접근할 수 있다. 문화에 따라서는 태극기, 애국가, 무궁화와 같은 한국적 상징, 국어의 계통이나 한글과 같은 한국의 언어, 한국의 정치나 외교, 경제, 생활 예절과 같은 것으로 구분하여 제시할 수 있다.

의미를 기준으로 문법 교육 자료를 선정할 때는 언어 자료를 활용한 언어 기술 요소를 추출하여 선정한다. 필수 언어 기능인 말하기, 듣기, 읽기, 쓰기를 심화하여 화행과 관련되는 언어 기술을 구축한 후 선정, 배열한다. 예를 들어, 사과하기나 요청하기와 같은 언어 기술 목록을 구축하여 등급별로 어떤 기술을 가르칠지 배열한다.

문법 형식을 선정할 때는 크게 어휘 요소, 문장 요소, 담화(텍스트) 요소로 구분할 수 있는데, 어휘 요소는 자음과 모음, 음절, 음운 규칙과 같은 발음 요소와 음운 표기 원리, 어휘 항목(동의어, 반의어, 의미장), 어휘 구성 요소(단일어, 파생어, 합성어) 등이 있다. 문장 요소로는 조사와 용언, 시제와 상, 양태, 높임법과 같은 문법 범주뿐만 아니라 조사, 어미와 같은 단일 구성 표현과 '-을 줄 알다'와 같은 의존 명사구문, '-어 가다/보다'와 같은 의존 용언 구문이 있다. 담화(텍스트) 요소로는 담화의 대용, 지시, 접속 표현 및 상호 텍스트성이 있으며 결속성(cohesion), 응집성(coherence), 의도성, 정보성, 또는 높임법과 같은 공손 규칙으로 대표되는 담화 규칙이 있다.

4) 문법 교수 학습

다음 단계는 문법 교수 학습이다. 이 단계에서는 문법 지식과 언어의 실제 기능과 통합해야 하며 구어 문법과 문어 문법과의 통합 역시 중요하다. 필요한 문법 지식을 선택하고 위계화해야 하는데 이때는 복잡성에 따라 단순한 것부터 복잡한 것으로, 학습성에 따라 학습자가 배우기 쉬운 것부터 어려운 것으로, 교수성에 따라 교수자가 가르치기 쉬운 것부터 가르치기 어려운 것으로 고려해야 한다. 또한, 문법 형태의 규칙성보다는 용법으로서의 문법을 제시하는 것이 중요하다. 그리고 문법을 제시할 때 연역적 제시를 할 것인지 귀납적 제시를 할 것인지, 명시적으로 가르칠지 암시적으로 가르칠지도 선택해야 한다. 문법 교육의 효율성과 적합성을 고려해야 하며, 문법 규칙의 기준을 명확히 하는 것도 염두에 두어야 한다. 문법 규칙의 기준은 다음과 같다.

① 사실성(truth): 문법 규칙이 사실 언어 자료에 기반하기
② 제한성(limitation): 규칙의 예외를 밝혀 규칙 적용의 한계를 밝히기
③ 명료성(clarity): 문법 규칙의 설명은 애매, 모호한 설명 없애기
④ 단순성(simplicity): 규칙은 단순하게 하기. 복잡할수록 부담은 증가하기 때문
⑤ 친근성(familiarity): 규칙은 학습자가 이미 아는 지식을 활용하기
⑥ 적절성(relevance): 규칙에 대한 학습 집단의 이해가 다를 수 있음을 고려하기

5) 문법 교수 평가

마지막 단계는 문법 교수 평가이다. 문법 교수 학습 이후에 학습 효과를 확인하기 위해서 평가는 필수적이다. 문법 영역에서도 일반적인 평가 유형이 적용될 수 있다.

(1) 배치 평가(placement test)
학습자를 적절한 수업에 배치하기 위한 목적으로 교육 과정 시작 전에 하는 평가

(2) 진단 평가(diagnostic test)
학습 지도를 시작하기 전에 학습자 언어의 특정한 측면을 진단, 학습을 결정

(3) 형성 평가(progress test)
학습자가 수업 과정을 잘 수행했는지 측정, 수시로 실시 가능

(4) 성취도 평가(achievement test)

수업을 통해 학습자가 성취했거나 배운 것을 평가

(5) 숙달도 평가(proficiency test)

학습자의 언어 수행 능력이나 언어 지식을 기능적으로 적용할 수 있는 능력 평가

이 밖에도 문법 항목별로 평가하는 분리 평가(discrete test)와 여러 내용을 종합하여 평가하는 수행 평가와 같은 통합평가(integrated test)로 구분할 수 있다.

IV. 한국어 문법 교수 학습 모형과 수업 구성

1. 문법을 가르치는 방법에 대한 문제

문법을 가르치는 방법에 대해서는 많은 논의가 진행되어 왔다. Brown(2001)은 다섯 가지 질문으로 요약해서 제시하고 있다.

1) 문법을 가르칠 것인가? 가르치지 않을 것인가?

문법을 가르칠 것인지, 가르치지 않을 것인지를 가르는 단일한 기준은 없다. 다만, 문법의 중요성을 결정하는 변수에 따라 문법이 더 중요할 수도, 덜 중요할 수도 있는 것이다. Celce-Murcia(1991)에서는 변수를 학습자 변수와 교육 변수로 나눠 문법 교육의 중요성을 가늠할 수 있다고 제시하고 있다. 먼저, 학습자 변수에서는 학습자의 연령이 낮을수록 문법 교육은 덜 중요하지만 연령이 높을수록 문법 교육은 중요하다. 학습자의 숙달도가 초급일수록 문법 교육은 덜 중요하지만 숙달도가 고급일수록 문법 교육은 더 중요해진다. 학습자의 교육 배경이 낮을수록 문자 언어를 인지하지 못하므로 형식적 교육, 즉 문법 교육은 덜 중요하지만, 학습자의 교육 배경이 좋을수록 문자 해독 능력이 좋고 잘 교육받아 형식적 교육인 문법 교육이 중요해진다.

교육 변수에서는 듣기, 읽기와 같이 이해 중심 교육에서는 문법 교육이 덜 중요하지만 구어인 말하기보다 문어인 쓰기에서는 문법 교육이 더 중요하다. 언어 사용역에서도 비형식적인 상황에서는 문법 교육이 덜 중요하지만 형식적 상황에서는 문법 교육이 더 중요하다. 학습 목적에서도 생존 목적의 학습에서 문법 교육이 덜 중요하지만 전문직으로 취업하거나 학문 목적의 학습에서는 문법 교육이 더 중요하다. 즉 변수를 살펴 문법 교육의 필요성을 가늠할 필요가 있다.

2) 문법을 귀납적으로 제시할 것인가? 연역적으로 제시할 것인가?

최근의 언어 교육 방법에서는 대부분의 경우 문법을 귀납적으로 제시하는 것이 적절하다. 그 근거로 자연스러운 언어 습득에서 문법은 더 잘 보존되며 언어 발달 단계에서 볼 때 학습자들에게 규칙 학습보다 습득이 더 좋기 때문이다. 또한 학습자들이 문법 설명으로 중압감을 느끼기 전에 의사 전달의 느낌이 드는 것이 중요하며 학습자들이 수동적으로 규칙 설명을 듣기보다는 능동적으로 규칙을 발견하는 것이 학습자의 내적 동기 유발에 더 좋기 때문이다.

그러나 실제 수업에서는 귀납적, 연역적 제시가 분리되지 않는 경우가 더 많다. 또한 단일한 언어권의 학습자 집단에서 쉽게 이해하기 어려운 문법인 경우 귀납적 제시가 오히려 학습 이해에 장해가 될 경우도 있다. 예를 들어 '-느라고'와 같은 문법은 예를 통해 제시해도 그것이 이유의 기능으로 받아들여져 너무 많은 비문을 생성해 낼 가능성이 있다. 그러므로 학습자의 성향과 문법적 복잡성에 따라 탄력적으로 제시 방법을 선택할 필요가 있다.

3) 문법을 명시적으로 설명할 것인가? 암시적으로 제시할 것인가?

의사소통 접근법에서는 문법 설명과 문법 용어 사용에 주의해야 한다. 문법 설명은 되도록 짧고 간단명료하게 하는 것이 좋다. 학습자가 목표어로 설명하는 것을 이해하지 못하면 매개어를 사용하더라도 짧게 하는 것이 좋다. 설명할 때는 가능하면 문법 용어를 사용하지 않는 것이 좋다. 문법 관계를 표로 나타낼 수 있을 때마다 표와 기타 시각 자료들을 사용한다. 명확하고 모호하지 않은 보기를 들어 설명하며 학습자들 사이에서 일어나는 다양한 인지주의적 문제를 설명하려 노력해야 한다. 교사와 학습자 모두 규칙에 대해 예외라고 치부하지 않고 어떻게 이해하는 것이 좋은지, 그래서 사용은 어떻게 제한되는지 명확히 하는 것이 좋다. 교사가 문법 설명을 못 할 경우 거짓 정보를 주지 않는 것이 중요하다.

4) 문법만을 따로 가르칠 것인가?

의사소통 접근법에서는 문법을 별개의 기능이 아니라 통합적인 방식으로 다룬다. 그러나 중급이나 고급에서는 학습자에게 문법만을 분리한 수업이 필요할 수도 있다. 예를 들어 시험을 대비한다거나 형식적인 글쓰기를 연습하기 위해 수사적인 측면에서 문법을 분리해서 수업할 수도 있다. 문법만을 위한 수업의 정당성은 문법 교육의 필요성을 주장하는 것과 맥을 같이 한다. 학습자가 문법에 대한 조언을 익혀서 목표어로 된 학문 텍스트를 더 잘 이해할 수 있기 때문이다. 이를 위해 문법은 유의미한 언어를 사용할 때 상황에 잘 들어맞는 것이어야 하며 학습자가 경험하고 있는 문제와 맞닿아 있어야 한다. 문법 수업의 성과 판단 기준은 시험 점수 결과가 아니라 학습자들의 활동에 달려 있다.

5) 교사는 문법 오류를 수정해 주어야 하는가?

교사의 명시적인 오류 수정이 학습자의 언어 향상에 영향을 미친다고 말할 수는 없다. 따라서 의사소통 접근법에서는 수업 단계 중에 국부적인 오류 수정은 자제하고 전체적인 의미 파악에 문제가 되는 총체적인 오류 수정에 일찍 개입하도록 하고 있다. 결국 오류 수정을 할 때 학습자의 의사소통 흐름을 유지할 수 있도록 하며 학습자의 자가 수정을 최대화하고 학습자들의 정서적인 면을 고려해서 오류 수정에 임하는 것이 중요하다고 할 수 있다.

오류 수정 전 교사는 다음과 같은 질문을 자문하면서 오류에 개입할지 말지를 결정해야 한다.

- 오류를 처치할 것인가? 말 것인가?
- 즉시 처치할 것인가? 천천히 할 것인가?
- 오류 처치를 다른 학습자에게 전이할 것인가?
- 전이 대상은 개인, 소집단, 학습 전체 중 어디인가?
- 다른 학습자가 오류 처치를 주도하게 할 것인가?

■ 처치 효과를 평가할 것인가?

Thronbury(1999)는 오류 수정 방법을 다음과 같이 제시한다.

① 부정하기: 교사가 학습자에게 단서를 제공하지 않고 틀렸음을 명시하여 학습자 스스로 교정해야 한다.
② 교체 표현 즉시 제시하기: 틀린 부분을 교사가 직접 고쳐 준다.
③ 문법 용어를 사용해서 오류 지적하기: 이런 방법은 학습자가 문법 용어를 알 때 사용 가능한데, "조사가 틀렸어요"와 같이 지적하는 것이다.
④ 다른 학습자에게 오류 교정을 유도하기: 학습자가 스스로 오류를 수정할 기회를 막고 다른 사람에게 바로 물어보는 것이다.
⑤ 오류 앞부분 반복하기: 교사가 오류가 나타난 부분 앞까지 학습자의 발화를 반복하거나 손가락 혹은 억양으로 표시하여 학습자가 오류를 발견할 수 있게 한다.
⑥ 반복 발화 반문하기: 학습자의 발화를 그대로 반복하되 의문 억양으로 하여 학습자가 오류를 깨닫게 한다.
⑦ 발화 재반복 요구하기: 학습자에게 못 알아들었음을 밝힘으로써 무엇이 틀렸음을 암시하면서 학습자가 다시 발화하도록 요구하는 것이다.
⑧ 오류 상황 적용하기: 오류 표현대로 했을 때 문제점이 있음을 알리는 것이다. 예를 들어 조사를 틀렸다면 "'집에'라고요?"라고 말할 수 있다.
⑨ 즉시 교정하기: 학습자의 발화에서 오류가 나오자마자 바로 교정해 주는 것이다.
⑩ 교정하여 들려주면서 반문하기: 학습자의 발화를 고쳐주고 학습자에게 반문하면서 확인하는 방법이다.
⑪ 긍정하기: 교사가 "좋아요"라고 하면서 오류를 무시하고 소통에 초점을 두는 것이다.
⑫ 오류를 판서하고 나중에 한꺼번에 다루기: 교사가 아무 말도 하지 않고 오류를 칠판에 써 놓고 나중에 다루는 방식이다.

2. 문법 교수 학습 모형

문법 교수 학습 모형은 문법에 대한 관점에 따라 수업에서 다양하게 적용된다. 여기에서는 언어 교육에서 주로 활용되는 문법 교수 학습 모형과 최근 새롭게 시도되고 있는 문법 교수 학습 모형을 살펴보자.

1) PPP 수업 모형

제시 모형(PPP 모형: Presentation-Practice-Production)은 결과 중심의 문법 교육 방법으로 특정 문법 구조에 초점을 두고 그 의미를 밝혀주어 문법 규칙을 이해하도록 지도하는 것이다. 제시(Presentation) 단계에서 바른 언어 사례를 제시하고 연습(Practice) 단계에서 반복 연습을 통해 생산(Production) 단계에서 바른 언어 자료를 자율적으로 생성하도록 하는 문법 교수 학습 모형이다. PPP 모형은 특정 문법 구조에 초점을 두고 그 의미를 밝혀주고 문법 규칙을 이해하도록 지도한다.

① 제시(Presentation): 교사는 학습자에게 문법 구조를 제시하고 그 형식, 의미 및 사용법을 설명하여 바른 언어 사례를 제

시한다.

② 연습(Practice): 학습자가 새로 도입된 문법을 연습하기 위해 통제된 활동에 참여한다. 학습자의 이해를 강화하기 위해 반복 연습을 한다.

③ 생산(Production): 학습자가 학습한 문법을 토론이나 작문 연습과 같은 개방형 활동에 적용하여 구조를 자율적으로 생성해서 사용하는 능력을 보여 준다.

2) TTT 수업 모형

과제 모형(TTT모형: Task1-Teach-Task2)은 과정 중심의 문법 교육 방법으로 특정 문법 파악에 목표를 두는 것이 아니라 학습자가 담화 참여자로서 표현하고자 하는 바를 효율적으로 표현할 수 있도록 과제를 구성하는 것이다. 과제1(Task1) 단계에서 의사소통형 과제로 학습자가 의미에 초점을 맞춰 과제를 수행하게 하고 교수 활동(Teach) 단계에서는 이전 단계에서 학습자가 형태적인 측면에서 어려워했던 것을 일깨워 형태에 초점을 맞춰 교수 활동을 한 다음에 과제2(Task2) 단계에서는 이전 과제1과 유사한 과제를 제시하여 학습자가 학습한 형태적 측면에 초점을 맞춰 의사소통적 과제를 수행하도록 하는 문법 교수 학습 모형이다.

① 과제(Task1): 학습자는 교사로부터 받은 과제를 수행하게 한다. 이때 교사는 학습자의 수행에서 가르칠 지점을 파악한다.
② 교수(Teach): 교사는 학습자가 의사소통에 어려움을 겪었던 점을 가르친다.
③ 과제2(Task2): 학습자는 교사로부터 과제1과 유사한 과제를 받아 수행한다.

3) OHE 수업 모형

학습자들이 사용 중인 문법 규칙의 예를 관찰하고 그 관찰을 기반으로 규칙을 가정한 다음 규칙을 실습 활동에 적용하여 실험하는 발견 기반 접근 방식이다. 문법 항목의 위계화 없이 어휘적 접근법으로 교수하는 모형이다.

① 관찰(Observation): 학습자는 맥락에서 언어를 관찰하며 단어와 구조가 어떻게 사용되는지에 중점을 둔다.
② 가설(Hypothesis): 관찰을 기반으로 학습자는 언어 규칙이나 언어 패턴에 대한 가설이나 가정을 세운다.
③ 실험(Experiment): 학습자는 가설을 실험을 통해 검증하며 언어 규칙을 적용하고 피드백을 받는다.

4) NDAE 수업 모형

목표 언어의 문법 규칙을 내재화하기 위한 4단계로 NDAE 수업 모형에서는 더 효과적인 학습을 촉진하기 위해 문법 규칙을 적극적으로 인지하고 발견하고 기존 지식을 수용하고 재구성하며, 의사소통 맥락에서 언어를 실험하는 학습자의 중요성을 강조한다.

① 알아차리기(Noticing): 학생들은 현실적인 맥락에서 언어 특징에 주목한다.
② 규칙 발견(Discovering Rules): 언어 구조 패턴에 주목한 후 학습자는 기존의 언어 규칙이나 언어 구조를 발견한다.

③ 적응 및 재구조화(Accommodation and Restructuring): 학생들은 새롭게 발견한 규칙에 맞추기 위해 기존의 언어 지식을 조정하며 언어 이해를 재구조화할 수 있다.
④ 실험(Experimentation): 새롭게 얻은 지식을 실제 언어 사용에 적용하며 다양한 맥락에서 언어를 실험한다.

3. 문법 수업 구성

문법 수업의 구성 단계는 크게 언어 수업의 구성 단계와 다르지 않다. 많은 문법 수업에서 '도입-제시/설명-연습-사용/활용-정리'의 다섯 단계로 나눠 진행한다.

도입 단계에서는 학습 목표를 도입하고 학습자를 동기화하는 단계로 문법 항목이 사용되는 전형적인 맥락을 제시하고 의미를 구축하도록 대화나 그림 자료로 도입한다. 제시/설명 단계에서는 문법 지식 중심의 수업이 되지 않게 문법 용어 사용을 최대한 자제할 필요가 있다. 문형 제시 형식은 '-은, -고, -어서, -는데, -지만'과 같은 단일 형태소(어미), '-는 것 같다, -는 대로, -을 테니까'와 같은 복합표현, '-다고 해서 - 는 것은 아니다'와 같은 문법 덩어리, '-지요?-네요/군요'와 같은 전형적인 대화쌍 등 다양하게 제시할 수 있다.

연습 단계에서는 이전 단계에서 이해한 문법 규칙을 다양한 연습을 통해 내재화하고 자동화하는 것이 필요하다. 이때에는 학습자 오류에 대해 교사의 판단하에 개입하여 수정하는 경우가 많고 학습자가 의미적인 측면에서 문법 사용을 이해할 수 있도록 연습 과정을 다양하게 해 주는 것이 필요하다. 사용/활용 단계에서는 문법 항목을 큰 담화 단위에서 사용하는 의사소통 단계이다. 학습 목표의 실제적인 의사소통 상황에서 문법 사용을 적용하게 하는 것이며 교재를 응용하거나 부교재를 사용하여 학습의 활용도를 높여 수업을 진행하는 것이 일반적이다. 정리 단계에서는 교육 내용을 정리하고 학습 목표를 달성했는지 성취도 평가를 하거나 수업 설명을 보충하고 피드백이나 과제를 제시한다.

형성 평가

1. 문법 교육에서 문법 단위를 문장 단위가 아닌 담화 단위로 이해하는 입장에서 중시하는 질문으로 적합한 것은?
① 해당 의미는 어떤 단어들의 배열에 의해 발생하는가?
② 문장 내 문장 성분 간의 관계는 어떤 의미를 생산하는가?
③ 질문하는 문장 앞뒤에서 어떤 의사소통 행위가 발생했는가?
④ 단어와 문장의 정확한 발화를 위해 어떤 음운 현상이 발생했는가?

정답: ③
해설: 담화 단위로 문법을 이해하는 입장에서는 문장이 발화된 문맥에 의해 의미가 생산된다고 보므로 의사소통 참여자(화자와 청자), 발화 상황, 발화 의미가 중시된다.

2. 문법 교육의 유용론에 관한 설명으로 옳은 것은?
① 제2 언어 습득에서나 모어 습득에서 언어의 발달에는 모두 자연적 단계가 있다.
② 극단적 의사소통 접근법에서는 학습자를 실제적 의사소통에 참여시킴으로써 문법을 무의식적으로 습득할 수 있다고 한다.
③ 교사와 학습자 모두를 위해서 언어를 개별 문법 항목들의 범주 체계로 정리하여 교사와 학습자 모두 이해할 수 있게 한다.
④ 문법에 대해 안다고 해서 그 언어를 잘 사용하는 것은 아니므로 문법을 사용하게 될 상황을 연습하게 하는 것이 중요하다.

정답: ③
해설: 문법 교육 유용론은 언어 학습이나 이해에는 개별 문법 항목을 교수 학습하는 것이 교육적이라는 입장이다. 언어는 방대한 것이라 어떤 기준으로 접근하여 가르칠 것인가의 교수 전략이 필연적으로 요구되는데 문법 범주나 규칙별로 교수 학습하여 전체를 이해하고 학습하게 하는 것이 전형적이면서도 효율적이다.

3. 다음 중 '알아차리기 가설'에 대한 설명으로 틀린 것은?
① 학습자는 자신이 배우고 있는 언어의 구조, 패턴, 규칙에 주의를 기울여야 한다.
② 학습자가 자신의 학습 과정을 인지하는 것이 언어 능력을 향상시키는 데 중요하다.
③ 학습자에게 현재의 수준보다 조금 쉬운 언어로 언어를 생산할 기회를 제공한다.
④ 알아차리기는 제2 언어를 습득하기 위해 학습자가 주의를 기울이는 언어 특징에 대한 의식적인 인식을 말한다.

정답: ③
해설: '알아차리기 가설'에서는 학습자에게 현재의 수준보다 조금 어려운 언어로 언어를 생산할 기회를 제공하도록 의도된 산출 연습을 강조한다.

4. 담화 기반 문법 교수에서 문법 요소 3가지 중 다른 하나는?
① 언어 사용이 맥락에 적절한가?
② 언어 기능의 실용적 기능을 나타내는가?
③ 지금 배우고 있는 언어 형식에 익숙해졌는가?
④ 공식적 언어와 비공식 언어를 언제 사용해야 하는가?

정답: ③
해설: 담화 기반 문법 교수의 문법 요소 3가지는 형식, 의미, 사용으로 ③번은 형식을 가리키는 내용이다. 나머지는 모두 사용을 나타내는 내용이다.

5. 문법 항목의 등급화를 선정할 때 고려할 사항이 아닌 것은?
① 발음하기 쉬운가?
② 의미적으로 복잡한가?
③ 사용 빈도수가 높은가?
④ 학습자가 배우고 싶어 하는가?

정답: ①
해설: 김유정(1998)은 문법 교육의 등급화 선정 시 고려할 사항으로 사용 빈도, 난이도, 일반화 가능성, 학습자의 기대 문법을 들어 설명하고 있다. 난이도의 경우 형태적 복잡성이 아닌 의미적 복잡성을 기준으로 삼아야 한다고 설명한다. 발음의 용이성은 고려 사항이 아니다.

6. 한국어 문법 교육 단계에 대한 설명으로 맞는 것은?
① 문법에 관한 지식과 언어의 실제 기능을 분리해서 따로 교수한다.
② 문법 수업의 학습 목표 설정은 대부분 학습자 요구 분석 이전에 한다.
③ 언어 사용을 강조하는 수업에서 문법 형식을 선정할 때 의미와 통합을 고려하여 선정한다.
④ 문법 교육의 숙달도 평가는 수업에서 학습자가 배운 문법을 평가하는 것이다.

정답: ③
해설: 문법에 관한 지식과 언어의 실제 기능을 통합해서 교수하는 것이 바람직하며, 문법 수업 설계는 학습자의 요구 분석 이후에 문법 수업의 학습 목표 설정을 하게 된다. 수업에서 학습자가 배운 문법을 평가하는 것은 문법 교육의 성취도 평가이다.

7. 다음은 문법 교수 학습 모형에 대한 설명으로 틀린 것은?
① PPP 모형은 특정 문법 구조와 의미를 밝혀 문법 규칙을 이해하도록 지도한다.
② PPP 모형 절차는 언어 사례를 제시하고 반복 연습한 후 언어 자료를 생성할 수 있다.
③ TTT 모형은 문법 규칙을 먼저 제시한 이후에 의사소통 과제를 구성하도록 한다.
④ TTT 모형 절차는 과제를 교수 활동 전후에 구성하는 과정 중심의 문법 교육 방법이다.

정답: ③
해설: TTT 모형은 Task1(과제1)-Teach(교수 활동)-Task2(과제2)의 구성으로 문법 규칙을 연역적으로 제시하지 않고 학습자가 담화 참여자로서 표현하고자 하는 바를 효율적으로 표현할 수 있도록 교수 활동 이전에 학습자가 의사소통 과제를 먼저 수행하도록 구성한다.

8. 다음은 이유를 나타내는 문법 '-아/어서'를 가르치는 수업에 대한 설명이다. 문법 수업 단계에 맞는 순서는?

> ㄱ. '-아/어서'가 나올 수 있는 상황을 보여 준다.
> ㄴ. '-아/어서'를 사용해서 일기를 과제로 준다.
> ㄷ. 주어진 어휘로 '-아/어서'를 활용해서 문장을 만든다.
> ㄹ. '-아/어서' 앞에 '-았/었-'이 결합되지 않음을 설명한다.
> ㅁ. 이유를 묻는 다양한 질문에 '-아/어서'를 사용해서 자유롭게 대화한다.

① ㄱ - ㄷ - ㄹ - ㄴ - ㅁ
② ㄱ - ㄹ - ㄷ - ㅁ - ㄴ
③ ㄱ - ㄷ - ㄹ - ㅁ - ㄴ
④ ㄱ - ㄹ - ㄷ - ㄴ - ㅁ

정답: ②
해설: ㄱ은 도입, ㄴ은 정리, ㄷ은 연습, ㄹ은 설명, ㅁ은 사용 단계이다.

제12장 한국 문화 교육론

학습 목표

1. 언어 교육과 문화 교육에 대해 이해하고 한국 문화 교육의 목표에 대해 설명할 수 있다.
2. 국제 통용 표준 한국어 교육 과정의 문화 내용을 이해하고 숙달도별 교수요목에 대해 설명할 수 있다.
3. 한국 문화 교육 기본 원리와 방향에 대해 알고 수업 구성에 대해 설명할 수 있다.

Ⅰ. 한국 문화 교육론

1. 문화와 언어 교육

1) 문화에 대한 이해

① 문화는 인간 삶의 총체물이기 때문에 그 범주도 광범위하다(배재원, 2013).
② 문화란 인간 삶의 모든 것을 담은 총체적인 것을 말하기 때문에 문화를 정의하는 문제는 간단하게 다룰 수 없다.
③ 논의의 편의상 문화는 대체로 유형적인 것(물질문화)과 무형적인 것(비물질문화)으로 분류할 수 있다(최준식, 1998).

2) 'Big C'와 'small c'

① 1960년대 이후 몇십 년간 외국어 교육학자들이 가장 많이 지지한 문화 분류 개념이다.
② 'Big C'는 눈으로 볼 수 있고 손으로 만질 수 있는 물질적인 것으로 의식주, 예술, 역사, 지리 등을 말한다.
③ 'small c'는 눈에 보이지 않고 손으로 잡을 수 없는 비물질적인 것으로 한 사회의 규범, 세계관과 가치관 등 생활 양식, 의사소통을 위한 생활 위주의 문화를 의미한다(Brooks, 1975).

3) 문화의 분류 체계

(1) 문화적 산물(cultural products)
① 한국인이 이룩한 소산물로서의 성취 문화를 말한다.
② 언어 문화를 포함하여 생활 문화, 예술 문화, 제도 문화, 문화재, 과학 기술 문화, 학문, 물질문화 등에 걸쳐 소위 물질 문화 또는 대문화(Big C)라고 분류할 수 있는 항목이다.

③ 상징 체계로서 자연 생물 문화(민족적 정서를 상징)도 포함한다.
④ 한국어 교육에서 산물로서의 문화는 가장 기본적이고 우선적인 문화 교육 내용의 대상이 된다.

(2) 행위(cultural practice)
① 문화적 관습이나 규범에 따른 행동 양식으로 나타나는 행동 문화를 말한다.
② 언어 교육에서는 표현 및 이해에 따른 언어 행위와 억양, 강세, 속도, 어조와 같은 준언어적 행위, 몸동작, 예절과 관련한 비언어적 행위이다.
③ 문화적 의미를 지닌 행위는 문화 교육의 대상이 된다.
④ 행위 문화는 문화 소산물, 문화적 의식 구조 및 가치를 기반으로 하여 사회적으로 관습화된 특정한 상징 체계를 지닌다.

(3) 사고(cultural perspective)
① 한 사회 구성원들의 산물이나 행동 양식의 바탕이 되는 가치 체계이다.
② 사고는 관념 문화에 해당하는 것으로 여기에는 민족성, 세계관, 정서, 상징, 사상, 믿음, 가치관 등이 포함된다.
③ 사고는 비물질적, 비가시적, 추상적이므로 한국어 교육에서 문화 교육은 사고에 기반을 두어 산물 행위를 통합적으로 제시하는 것이 바람직하다.

4) 언어와 문화적 내용

(1) 언어를 사용하여 의사소통할 때 다양한 문화적 내용이 드러난다.
① 집사람, 안사람, 아내/우리 아버지, 제 아버지
② 우리 집, 우리 회사, 우리나라(저희 나라 X), 우리 팀

(2) 사람들은 자신이 경험한 세계를 언어라는 매체를 통해서 표현하며, 언어에는 개인 또는 집단인 사람들의 세계를 보는 방식이 반영되어 있다.

(3) 한 사회나 집단에서 언어와 문화는 불가분의 관계이다.

(4) 외국어를 배울 때는 목표 언어에 대한 지식, 문화적 요소, 목표 언어 사용 맥락, 학습자의 여러 경험까지 알아야 한다.

5) 상호 문화 의사소통
① 이문화(異文化) 사이의 상호 문화(intercultural) 의사소통, 다문화(multi-cultural) 접촉이 활발하다.
② 다양한 양상의 문화적 장애(cultural noise)로 인한 심각한 오해와 갈등도 빈번하게 발생한다.
③ 외국어 교육에서 언어 사용과 학습자가 놓인 상황을 필수적으로 고려해야 한다.

④ 언어 사용을 고려하려면 문화의 실제성과 유용성이, 언어 학습자가 놓인 상황을 고려하려면 문화의 같음과 다름의 해결이 필요하다.

6) 언어 문화와 의사소통 능력

① 언어 문화란 '언어의 사용과 관계되는 문화', 즉 언어, 사고, 문화가 밀접하게 관련되므로 문법, 어휘, 담화 등의 '특정한 언어 자질이 생각, 느낌, 행동의 문화적 방식'을 표현한다.
② 의사소통 능력이란 사회생활에서 언어를 적절하게 사용하는 문화적 규칙에 대한 지식이며, 이런 의사소통 능력은 문화에 대한 이해 없이는 습득할 수 없다.
③ 속담, 사자성어, 신조어 등 한 사회 및 집단의 문화가 반영된 관용 표현/줄임 표현도 대중 문화의 전파력, 빠른 삶의 속도와 연관이 있다.
④ 배경지식을 알아야 하고, 어떤 표현에 포함된 문화적 맥락을 파악해야 하며, 동시에 사회 변화에 따라 달라지는 사용 환경 및 맥락도 고려해야 한다.
⑤ 언어와 관련 있는 문화의 실제성과 유용성을 고려할 때 실제 회화를 배워야 하는 언어 교육에서는 살아 있는 문화를 먼저 고려해야 한다.
⑥ 외국인 학습자에게 한국과 한국어는 낯선 곳이고 낯선 언어이다.
⑦ 한국에 대한 무지나 오해로 인한 갈등, 문화 이해를 통한 갈등 해소, 한국어 학습 시작, 문화 이해로 인한 학습 동기 강화로 이어지는 과정을 생각할 수 있다.

7) 한국 문화 이해

① 한국어 학습과 한국 문화 학습이 맞물려 돌아가면서 상호 긍정적인 영향을 미친다.
② 문화에 대한 이해와 성찰이 문화의 같음과 다름에 대한 배려, 문화 이해로 이루어지는 만남과 소통, 이를 통해 이루어지는 갈등과 폭력의 해소를 거쳐 문화를 통한 성숙과 깊이에 이른다는 일반적인 문화 이해 과정을 거치게 된다.
③ 문화 이해 과정은 제2 문화 학습 과정으로서 제2 언어를 학습할 때 학습자가 기본적으로 경험하게 되는 과정이다.

8) 한국 문화 이해의 시각

(1) 총체론적 관점(whole viewpoint)
① 문화를 지식, 신앙, 예술, 법률, 도덕, 관습, 사회의 한 구성원으로서 보는 인간에 의해 얻어진 다른 모든 능력이나 관습을 포함하는 복합 총체로 정의한다.
② 이 정의는 수십 년 동안 테일러 등 인류학자들이 포괄적인 문화의 정의로 널리 인용해 왔다.

(2) 관념론적 관점(ideological viewpoint)
① 문화는 구체적인 행위가 아니라 그것을 지배하는 규칙이나 원리의 체계를 말한다.

② 인간의 사고와 행위의 기본 원리와 규칙 등이 중요한 관심 대상이 된다.
③ 문화란 사람들의 마음속에 있는 모델이고, 한 사회 구성원들의 생활 양식에 기초하고 있는 관념 체계, 또는 개념 체계이다.

(3) 비교문화적 관점(cross-cultural viewpoint)
① 서로 다른 문화를 비교 연구하여 차이점과 유사점을 밝히고 이로써 특정 문화의 특징을 잘 드러낼 수 있다고 본다.
② 전 세계의 문화를 비교하여 문화적인 보편성과 특수성을 탐구함으로써 인간 사회의 문화적 본질을 밝히고자 한다.

9) 문화의 개념과 속성
① 문화 개념은 인간 삶의 총체물, 생활 양식, 사회적 행위를 가능케 한 관념 체계 등으로 요약할 수 있다.
② 한 사회 집단의 생활 양식 전반에 나타나는 문화의 속성은 사회 구성원들에게 공유되고, 축적되며, 학습되고, 하나의 전체적 체계이며 항상 변한다.
③ 모든 문화는 거기에 참여하고 있는 개인에 의해 담당 되고 있지만, 그들의 생가에 의한 세대교체 현상과 관계없이 존속하고, 사회 집단의 성쇠와 관계없이 문화 나름의 변화 법칙을 갖고 있다.

2. 언어 교육과 문화 교육
문화 교육 수업은 한국의 정치, 경제, 역사, 예술 등은 물론이고, 한국의 시장 체험이나 문화유산 답사 등 한국 자체를 체득하는 차원으로 확장된다. 한국어 교육에서 문화 교육은 매우 포괄적이면서 통합적으로 이루어져야 한다. 외국어 학습의 표준으로 의사소통, 문화, 다른 학과목과 연계, 비교, 공동체 등을 제시하였다(5C).

1) 5C

(1) 의사소통(Communication)
① 대화를 할 수 있고 정보를 주고받고 감정을 표현할 수 있고 감정과 정서를 표현하고 의견을 교환할 수 있어야 한다(모국어 이외의 다른 언어로 의사소통함).
② 다양한 화제에 대한 구어와 문어를 이해하고 해석할 수 있어야 한다.
③ 다양한 화제에 관한 정보, 개념, 생각을 청중이나 독자에게 제시할 수 있어야 한다.

(2) 문화(Culture)
① 행위와 학습된 문화 사이의 관계를 이해한다.
② 산물과 학습한 문화의 시각 사이의 관계를 이해한다.
③ 다른 문화에 대한 이해와 지식을 터득한다.

(3) 연계(Connection)

① 외국어를 통해 다른 학과에 대한 지식을 강화하고 발전시킨다.(다른 학과목과 연결하고 정보를 획득함)

② 외국어와 문화를 통해서만 이해할 수 있는 정보를 학습하고 다른 관점을 인식한다.

(4) 비교(Comparison)

① 학습한 언어와 모국어를 비교하여 언어의 본성을 이해한다.

② 언어와 문화의 본질을 통찰한다.

(5) 공동체(Communication)

① 학교 내외에서 언어를 사용한다.

② 개인적인 만족과 발전을 위해 언어를 사용하여 평생 학습자가 되도록 한다.

③ 국내와 세계의 다언어 공동체에 참여한다.

2) 국제 통용 한국어 표준 교육 과정(2017) 제시

분류	특징
문화 지식	■ 한국 문화에 대한 선언적 지식을 교수 학습 내용으로 삼음 ■ 주로 한국어 교사가 주도하는 교실 수업을 통해 전달됨 ■ 교재 문화란, 읽기 듣기 텍스트에 교육 내용으로 포함됨 *선언적 지식: 명확하고 설명할 수 있는 지식으로 ㄱ, ㄴ이 한글의 자음이라는 것을 아는 것

분류	특징
문화 실행	■ 한국 문화에 대해 절차적 지식의 실행을 교수 학습 내용으로 삼음 ■ 한국어 교사나 문화 전공자(강사)가 주도하는 교실 밖 수업을 통해 전달됨 ■ 체험, 행사, 견학 등의 내용으로 포함됨 *절차적 지식: 자전거를 타는 법처럼 행동으로는 나타날 수 있지만, 이에 대한 학습이 어떻게 일어나는지 설명하기 어려운 암묵적 지식

분류	특징
문화 실행	■ 한국 문화와 자국, 세계 문화를 상호 문화적 관점에서 교수 학습함 ■ 주로 한국어 교사가 주도하는 교실 수업을 통해 전달함 ■ 문화 비교에 대한 말하기나 쓰기 등과 같은 기능 수업의 내용으로 포함됨 *절차적 지식: 자전거를 타는 법처럼 행동으로는 나타날 수 있지만, 이에 대한 학습이 어떻게 일어나는지 설명하기 어려운 암묵적 지식

3) 언어와 문화의 통합 유형에 따른 문화 교육의 특성

항목	언어 중심의 문화 통합 교육
교육의 중심	언어
문화 교육의 목표	언어 능력 향상을 위한 보조 역할
문화 교육 방법	의사소통 중심의 언어 교수법을 적용
문화 교육 내용	언어 사용 맥락, 언어 사용과 관련된 일상 생활 문화, 언어에 함축된 문화, 언어 자료로 학습하는 문화적인 내용(전통, 예술, 사회, 정치, 경제 등)
교사/평가	언어 교육 전문가/언어 숙달도 평가

항목	문화 중심의 문화 통합 교육
교육의 중심	문화
문화 교육의 목표	이문화에서 적응 및 동화, 문화 충격 완화, 이문화 학습
문화 교육 방법	강의, 관찰, 체험 등
문화 교육 내용	한국 사회와 문화를 이해하기 위한 내용, 개인적인 관심(학습자의 요구)에 따라 달라짐
교사/평가	문화 교사 또는 언어 교사와 문화 교사의 협력/문화 인지도 평가

II. 문화 교육과 한국 문화 교육의 목표

1. 한국 문화 교육의 목표

1) Seelye(1984)의 문화 교육 목표
① 학습자들이 자신의 모국 문화 이외의 문화적 행동을 이상하거나 열등한 것으로 생각하지 않도록 지도함을 목표로 한다.
② 나이, 성별, 사회 계층 등의 사회적 변인이 사람들의 화법과 행동에 영향을 미친다는 것을 이해시킨다.
③ 목표 원어민들이 흔한 일상생활에서 어떻게 관습적으로 행동하는가를 이해시킨다.
④ 영어 단어와 표현을 언어적인 뜻으로만 학습하는 것이 아니라, 영미 문화가 각 단어에 부여하는 내포적 의미까지도 알게 한다.
⑤ 목표 문화의 일반화된 명제들이 과연 사실인지 아닌지를 학습자들이 스스로 경험과 관찰을 통해 평가하고 판단할 수 있도록 한다.
⑥ 학습자들이 스스로 목표 문화에 대한 정보를 모으고 분석할 수 있는 기술을 함양하게 한다.
⑦ 학습자들이 목표 문화와 사람들에 대해서 지적 호기심과 공감을 가질 수 있도록 한다.

2) 국제 통용 한국어 표준 교육 과정 적용 연구(2017:200)의 문화 목표
① 한국의 일상생활 문화를 이해할 수 있다.
② 한국인의 생활 방식을 이해할 수 있다.
③ 한국인의 가치관과 사고방식을 이해할 수 있다.
④ 한국의 근·현대 문화와 전통문화를 이해하고 즐길 수 있다.

⑤ 한국의 정치, 경제, 사회, 문화 전반에 관한 제도를 이해할 수 있다.
⑥ 한국과 자국의 문화를 비교하여 문화의 다양성과 특수성을 이해할 수 있다.
⑦ 한국 문화에 대한 자신의 태도나 견해를 가질 수 있다.
⑧ 한국 문화와 관련된 일반적인 인식들에 대해 평가할 수 있다.

2. 한국 문화 교육의 내용 선정

1) 내용 선정의 준거
① 내용 선정의 준거는 평가 또는 선정할 대상에 대한 특성을 포괄적이고 추상적인 차원에서 제시하는 것이다.
② 이 준거는 교육 과정을 계획하거나 교수요목 등을 설계하기 위해서 필요한 요건이다.

강승혜 외(2010): 교육 과정 내용 선정의 준거 중 내용의 타당성, 내용의 유의미성, 내용의 유용성, 학습 가능성에 학습자의 요구를 더하여 준거를 제시한다.

① 준거 1: 내용의 유의미성
- 한국 문화 교육의 내용이 학습자에게 얼마나 의미 있는 내용인가?
- 학습자에게 의사소통 능력 향상, 자아 정체성 확립, 자기 성장 도모, 문화 이해와 창조 능력 향상 등에 기여하는 내용이어야 한다.
- 유의미한 교육 목적이나 교육 과정이 추구하는 인간상 등도 밀접한 관련이 있다.

② 준거 2: 내용의 유용성
- 한국 문화 교육 내용이 학습자의 교실 밖 생활에 얼마나 유용한가?
- 교육 과정에 제시된 교육 목표와 내용에 반영되어 있지만, 교육 목표와 내용의 원천을 생활에 근거를 둔 것과 관련된다.
- 세계화, 정보화, 다문화 등이 생활 현실이 되었음을 고려해서 교육 내용이 설정되어야 한다.

③ 준거 3: 내용의 타당성
- 한국 문화 교육 내용이 교수·학습의 대상으로서 얼마나 타당한가?
- 1차적으로 한국 문화 교육 연구자와 교수자 등 전문가 집단이 판단하고, 교육 과정(목표나 내용 등에 반영), 학습자(배경 지식, 이해 및 감상 능력 등과 같은 학습자의 지적·정의적 수준 등) 등에 의해 타당성 여부가 결정된다.

④ 준거 4: 내용의 통합성
- 한국 문화 교육 내용이 특정한 내용이나 유형 등에 치우치지 않고 얼마나 통합적으로 제시되고 있는가?
- 언어 문화, 생활 문화, 관념 문화, 성취 문화 가운데 특정 문화 영역에만 한정되거나 치중된다면 이 준거에 어긋나는 것이다.

■ 각 문화 영역 간의 통합성도 고려할 수 있는데, 언어 문화는 생활 문화, 관념 문화, 성취 문화 등과 밀접하게 관련되어 있으므로 이를 통합적으로 다룰 수 있다. 예 예절 교육은 생활 문화, 언어 예절(문화)과 통합적으로 교육할 수 있다.

2. 한국 문화 교육 내용 조직의 원칙

1) 계속성(Continuity)
① 내용 및 경험 요인이 계속해서 반복되어야 한다는 원칙이다.
② 학습 경험의 종적인 배열에서 동일한 내용과 경험 요인이 계속 반복되는 상태이다.
③ 어휘나 문법, 문학과 같은 언어 문화뿐만 아니라, 생활 문화, 관념 문화, 성취 문화에 대한 문화 항목들이 가능한 한 단계에 따라 지속적으로 노출되어야 한다.

2) 계열성(Sequence)

(1) 종적인 문제와 관련되어, 동일한 내용이나 경험 요인에 대한 단순 반복 차원을 넘어서서 계속성을 유지하면서 심화, 확충되어야 한다는 원칙이다.
> 예 여가 문화에서 초급(취미, 관광지, 호텔 이용 등과 같은 구체적인 내용 학습)/중급(한국 여가와 관광 문화의 특징, 변천, 현황을 학습)/고급(한국과 학습자 국가의 여가 문화와 비교하고 비평하는 것으로 심화, 확충)

(2) 학습 내용의 위계성(hierarchy)과 상호 관련성에 따라 조직하는 원리를 말하기도 하므로 위계성과 관계가 깊다.

(3) 위계화는 상, 중, 하 등의 수준으로 나뉠 수 있는 '하나의 일정한 위계 체계'가 있어야 하며, 수준을 모두 포함할 수 있는 체계적인 유목(類目)을 포함하고 있어야 한다.

(4) 내용과 학습경험의 조직과 배열의 원칙
① 쉬운 것에서 어려운 것으로
② 개인적인 것에서 사회적인 것으로
③ 흥미 유발에서 지식의 인식, 지식의 조절로
④ 규범적인 것에서 상황적인 것으로
⑤ 기초 기능 훈련에서 고차적인 전략의 조절로

(5) 내용과 학습경험의 조직과 배열의 원칙
① 정서적인 것에서 논리적인 것으로

② 개인적인 일에서 가정, 학교, 사회적 쟁점으로
③ 일상적인 것에서 전문적인 것으로
④ 언어의 본질적 속성에서 언어와 주변 세계와의 관계로

3) 통합성(integration)
① 한 영역의 내용이나 학습 경험이 다른 영역의 학습 경험과 어떻게 상호 관련되느냐 하는 문제이다.
② 학습 내용은 상호 긴밀하게 연계성을 지녀야 하며, 어떤 내용이라도 전체의 한 부분으로서 다른 내용과 유기적인 관계를 맺어야 한다.
> **예** 취미와 관련된 어휘, 문법, 텍스트 등의 언어 문화는 생활 문화 중 취미와 관련된 특징과 현상, 취미의 사회적 현상, 가치관, 영화 등과도 상호 보완하면서 강화할 수 있도록 긴밀히 조직해야 한다.

III. 국제 통용 표준 한국어 교육 과정

1. 국제 통용 표준 한국어 교육 과정의 문화 내용 기술

1) 문화 지식
① 한국인의 기본적인 의식주 문화를 이해한다.
② 한국인의 교통, 기후, 경제 활동 등의 생활 문화를 이해한다.
③ 한국의 가족 문화와 가족생활을 이해한다.
④ 한국인의 여가 문화와 개인적 문화 활동을 이해한다.
⑤ 한국 사회와 한국인의 사회적 활동을 이해한다.
⑥ 한국의 지리와 지역적 특성을 이해한다.
⑦ 한국의 전통문화와 세시 풍속을 이해한다.
⑧ 한국의 정치, 경제, 사회, 문화, 교육 등 제도 문화를 이해한다.
⑨ 한국의 역사 및 국가적 상징, 역사적 인물 등을 이해한다.
⑩ 한국인의 가치관과 사고방식을 이해한다.
> **예** 의생활 - 한국의 전통 의상, 식생활 - 한국인의 주식과 식습관

2) 문화 관점
① 한국인의 의식주 문화를 자국의 문화와 비교 · 이해한다.
② 한국인의 생활 문화를 자국의 문화와 비교 · 이해한다.
③ 한국의 가족 문화를 자국의 문화와 비교 · 이해한다.
④ 한국인의 여가 문화를 자국의 문화와 비교 · 이해한다.

⑤ 한국 사회의 전반적인 특성을 자국 문화의 특징과 비교·이해한다.
⑥ 한국의 전통문화와 세시 풍속을 자국의 문화 및 풍습과 비교·이해한다.
⑦ 한국 제도 문화의 특징을 자국 문화의 특징과 비교·이해한다.
⑧ 한국인의 가치관과 사고방식을 자국의 가치관과 비교·이해한다.
⑨ 한국 문화에 대한 자신의 태도나 견해를 가진다.
⑩ 한국 문화와 관련된 일반적인 인식을 형성한다.

예 의생활 – 한국의 전통 의상 입어보기, 식생활 – 간단한 한국 음식 만들어 보기

3) 문화의 세부 기술

① 문화의 세부 기술은 문화 지식, 문화 실행, 문화 관점으로 크게 나눈 후, 이에 해당하는 내용 기준을 일상생활, 가치관, 역사 등으로 나누어 제시한다.
② 최소한의 한국어 숙달도 요구 수준을 '초, 중, 고'와 같이 제시하였으며, 이때의 '초, 중, 고'는 그 등급에서만 교육 가능한 것이 아니라 그 등급에서부터 교육이 가능한 것으로 본다.

4) 문화의 세부 기술 예 1

① 대분류: 일상생활
② 중분류: 의생활, 식생활, 주생활, 여가 생활, 경제생활, 공공 생활, 언어생활, 가정생활, 학교생활, 직장 생활
③ 교수 내용

예 주생활
- 한국의 주거 형태(한옥, 주택, 아파트 등) 〈초, 중, 고〉
- 한국의 집 계약 방법과 형태(전·월세 등) 〈중, 고〉
- 한국인의 주거 생활 양식(좌식, 온돌) 〈중, 고〉

예 언어생활
- 한국인이 인사하는 방법 〈초, 중, 고〉
- 대상과 상황에 따라 달라지는 인사 방법
- 한국의 흔한 성씨, 이름과 별명
- 한국의 친족 호칭
- 한국의 사회적 호칭(OO 씨, 선후배 호칭, 친족 호칭의 확대 사용 등)
- 한국인의 몸짓 언어 〈초, 중, 고〉
- 대상과 상황에 따라 달라지는 언어 사용(존댓말/반말)
- 한국인의 언어 습관(빈말 표현, 돌려 말하기 등)
- 한국의 신조어, 유행어, 통신 언어 〈중, 고〉
- 한국에서 자주 쓰이는 관용·비유 표현 〈고〉

2. 한국 문화 교육 과정

1) 한국 문화 교육 과정의 유형

		교수 언어	비교
문화 독립형	정보 제공	모국어	언어와 무관
언어 연계형 (숙달도별)	읽기 통합 교재	목표 언어	언어 학습
	언어 교재 종속형	목표 언어	화제 연동
	교재내 문화 코너형	목표 언어	화제 무관

출처: 강현화, 이미혜(2020:179)

(1) 문화 독립형

문화와 언어 교수를 분리한 교육 과정으로 학습자의 모국어가 단일한 국외에서 활용할 수 있다. 언어적 숙달도에 종속되지 않아 문화 내용이 심화될 수 있으며 대학의 학위 과정에 적합하다. 일반적인 언어 교육 기관에서는 따로 문화 수업에 시간을 할애하기 어려운 경우가 많다.

(2) 언어 연계형

주로 다국적 학습자 집단을 대상으로 하는 교육에서 활용된다. 문화 교육의 비중에 따라 제시 내용이나 분량이 달라진다. 언어 교수와의 연계 정도에 따라 읽기 자료를 통해 문화를 접목하는 방식과 언어 교재의 화제와 연동된 관련 문화를 제시하는 방식, 언어 교재에 포함하기는 하나 주제와 연동하지 않고 별도로 페이지를 두어 부가적으로 문화를 다루는 방식이다.

2) 한국 문화 교육 과정의 활용

(1) 국외 교육 기관

국외 대학에서 이루어지는 문화 교육은 교사 역시 학습자의 모국어를 구사할 수 있는 경우가 전제되어 한국의 언어, 정치, 경제, 사회, 예술, 종교 등에 대해 포괄적 접근이 이루어진다. 재외 동포 대상의 문화 교육은 계승(heritage) 학습자를 위한 전통문화를 비롯해 한국의 역사 등 정체성 정립을 위한 문화 학습이 주로 이루어지며, 보통 학습자의 흥미를 끄는 다양한 현대 문화에 대한 학습이 병행된다.

(2) 국내 교육 기관

국내에서 이루어지는 문화 교육은 언어 교수와 연계되는 경향이 높으며, 다국적 학습자를 대상으로 하므로 목표어인 한국어로 설명하는 경우가 많다. 언어 숙달도를 고려하여 문화 교육의 난이도를 설계하는데 초급과 중급 과정에서는 언어 과정과 더 밀접하게 연계되는 경향을 보이며, 고급에서는 점차 문화 교육의 내용이 증가하는 경향을 보인다. 언어를 통한 문화 교육에서는 학습자의 문화 숙달도를 높이는 것을 목표로 하면서 언어 숙달도를 높이고자 노력한다.

3) 숙달도별 문화 교수요목

언어 수업과 달리 문화 요소는 난이도별 선형으로 제시하기가 어려우므로, 언어 수업과 병행해야 하는 문화 교육의 자료를 숙달도별로 고려하는 일이 쉽지 않다. 언어 교수 현장에서 문화 자료는 주로 언어 교재에 기대어 해당 단원의 주제와 연관된 문화 내용을 제공하게 된다. 문화 자체 교수요목은 특별한 순서나 등급이 없는 '기본 내용 제시형 교수요목' 적절하다. 큰 틀에서 문화 항목만 주고 나머지는 교재에서 수업 목표에 따라 선택적으로 사용하는 것이 바람직하다. 교재의 단원 주제와 연계하여 제시하는 숙달도별 문화 교수요목 문화 유형을 제시한다.

① 초급: 한국에 대한 전반적인 정보를 아는 것이 중요하다. 일상적인 의식주 문화, 결혼 문화, 가족 문화, 경제생활, 정치 생활, 한국인의 정체성과 상징, 한국의 명절, 한국의 전통 윤리 등의 정보 문화 포함된다.

> 예 한국의 대중교통, 식사 예절, 한국의 인사 문화, 초대 문화, 한국 음식, 존댓말과 반말, 한글, 대중 문화, 생활과 쇼핑, 한국의 경조사, 몸짓 언어, 한국의 교육 제도, 공공예절, 한국의 상징 등

② 중급: 사회생활에 초점을 둔 행동 문화가 적극적으로 도입된다. 현대 문화뿐만 아니라 전통적인 의식주 문화의 변동, 결혼 문화, 가족 문화, 경제생활, 정치 생활, 한국의 세시 풍속, 예술, 한국의 전통 윤리 등에 대한 정보가 포함된다.

> 예 빨리빨리 문화, 금융과 생활, 취미 생활, 여가 생활, 오락, 지역 명소, 유명 시장, 통신 언어, 관용 표현, 교육열, 소비와 생활, 인터넷, 통신 예절, 주거 문화, 한국의 역사, 문학, 대중음악, 전통춤, 전통 음악, 한류, 한국어의 비유 표현, 한국어의 어휘 등

③ 고급: 행동 문화 중 가치 문화의 비중을 높일 수 있고 사회나 정치 제도와 연계된 문화의 양상과 문제를 파악할 수 있다. 세계화와 한국 의식주 문화, 결혼 문화, 가족 문화, 경제생활, 정치 생활, 한국의 대중 문화와 세계화, 다문화 사회 등의 내용을 다룰 수 있다.

> 예 결혼관, 남녀 지위 문제, 외모지상주의, 정 문화, 한국의 전통 명소, 한국의 축제, 장례 문화, 고사성어, 속담, 완곡 표현, 생활 정보, 전통 음식, 민속놀이, 직업관, 전통 의상, 다문화 사회, 고령화 문제, 한국의 사회 구조 등

Ⅳ. 한국 문화 교육 기본 원리와 방향

1. 한국 문화에 대한 접근법

1) 한국 문화에 대한 통합적 접근법

문화에 대한 통합적 접근법(holistic approach)은 문화를 통합적으로 바라보는 것으로 가시적인 문화 현상, 행동 문화, 성취 문화와 함께 문화 현상 저변에 내재되어 있는 문화 작용으로서의 관념 문화도 볼 수 있어야 온전히 한국 문화를 볼 수 있다는 관점이다. 문화를 산물, 행위, 사고로 분류한 것은 별개로 보는 것이 아니며 이 세 범주를 입체적, 통합적, 역동적으로 교육 과정에 묶어내야 한다. 가시적인 문화와 함께 한국인이 공유해 온 가치관과 방식을 파악하고, 실제 표면적으

로 드러나는 행위와의 연계선에서 한국 문화를 보는 통합적 관점을 취해야 한다.

2) 한국 문화에 대한 상호 문화적 접근법

상호 문화적 접근법(intercultural approach)은 학습자가 목표 문화 내용을 이해하고 습득하여 상호 문화 접촉 상황에 적절하게 적용하며 자국 문화의 정체성과 목표 문화에 대한 이해를 넓혀 나가도록 하는 문화 교육 원리이다. 문화 교육은 모국 문화와 목표 언어 사회 문화 사이의 차이점과 유사점, 각각의 문화가 지닌 가치를 인식하고 이를 받아들이는 상호 문화적 인식과 태도를 키우는 것을 기본 원칙으로 삼아야 한다(배재원, 2013).

2. 문화 교육에서 고려할 요인

학습자 변인	학습자의 정보: 직업, 모국어 등
	한국어 학습 동기 및 목적: 적극적/소극적 동기, 특수 목적, 일반 목적 등
	학습자의 연령: 유아, 초·중등 학생, 대학생, 성인
	학습자의 한국어 능력 수준
	학습자의 문화적 배경

출처: 신현숙 외(2012:250)

학습 환경 및 지역	국내/국외/교실 등
학습자 요구 분석	학습자의 상황과 목적에 맞는 문화 교육 내용 설정
기타	교재, 학습 교구, 교사의 역량 등

출처: 신현숙 외(2012:250)

3. 학습자 대상별 한국 문화 교육

문화 교육은 목표에 따라 교수 내용 및 범위, 교수 방법이 결정된다. 학습자의 목적에 따라 시기별(전통문화와 현대 문화), 문화의 내용 유형별(정보 문화, 행동 문화, 성취 문화)로 요구하는 문화를 구분해 본다면, 학습자의 학습 목적에 따른 문화 교육의 내용과 범위를 정리해 볼 수 있다.

학습 목적	시기별		문화 지식	문화 방식
	전통문화	현대 문화	정보 문화 성취 문화	행동 문화
이주 목적	●	●	●	●
학문 목적	◐	●	○	●
일반 목적	◐	●	◐	●
직업 목적	○	●	○	●
재외 동포 대상 교육	◐	●	◐	●

*검은색은 필요도를 나타냄 출처: 강현화, 이미혜(2020:187)

1) 이주 목적 학습자

목표 문화 전반에 대한 지식과 목표 언어 화자들의 문화 방식에 대해 학습해야 한다. 세대별 문화 차이를 알기 위해서는 전통문화나 현대 문화를 이해해야 한다. 지역별 문화 차이, 세대별 문화 차이에 대한 이해도 필요하다.

2) 학문 목적 학습자/직업 목적 학습자

전통문화에 대한 학습의 필요성이 상대적으로 덜하며, 문화 지식 자체에 대한 요구 또한 상대적으로 덜하다.

3) 일반 목적 학습자

학습자의 요구에 따라 관심 있는 영역의 정보 문화나 일상 문화에 대한 문화 학습이 필요하다.

4) 재외 동포 대상 교육

목표 문화에 대한 지식 및 문화 방식에 대한 학습이 필요하다. 국외에서 학습하는 환경이 대학 및 고등학교, 한국 문화원, 세종학당, 한글학교 등이다. 국외 한국어 교육 기관에서는 예술, 생활, 예절 등의 문화에 대한 요구가 높다고 볼 수 있다. 특히 재외 동포의 정체성 확립에 도움을 줄 수 있는 전통문화, 전통 예술에 대한 실습이 이루어진다.

4. 한국 문화 교육 수업 구성

1) 문화 교육 교수-학습 단계

교수-학습 단계	교수-학습 활동	유의할 점
준비하기 (warming-up)	■ 목표 문화 내용 학습을 위한 단계 - 주의 환기하여 목표 문화에 대한 흥미 유발하기 - 목표 문화 내용에 대해 추측하게 하기	- 학습자의 스키마를 활성화하거나 목표 문화 내용에 대한 흥미와 관심 끌기 - 목표 문화 내용을 질문으로 유도
목표 문화 알아보기 (presentation)	■ 목표 문화를 설명하는 단계 - 목표 문화 내용 설명하기 - 목표 문화에 대해 잘 이해했는지 확인하기	- 문화 내용을 제시할 때는 목표 문화 내용을 전체적으로 이해할 수 있도록 진행 - 이전에 학습한 어휘나 표현을 자연스럽게 복습할 수 있도록 유도
함께 이야기해 보기 (activity)	■ 목표 문화에 대한 경험을 나누고 자국 문화와 비교해 보는 단계 - 목표 문화에 대한 경험 공유하기 - 목표 문화를 자국 문화와 연계하기	- 상호 문화적 접근으로 목표 문화와 유사한 문화적 맥락에 놓여 있는 자국 문화를 소개함 - 자국 문화와 한국 문화에 대한 개인적인 경험을 서로 공유하며 문화적 경험을 확장하도록 함

출처: 배재원(2014b:100)

2) 문화 교육 방법

① 문화 동화 장치(culture assimilators): 학습자들에게 오해를 살 가능성이 있는 문화 간 상호 작용의 결정적인 사건들을 간결하게 기술하는 것이다.

예 한국인 친구와 밥을 먹었다. 특별한 날이 아닌데 친구가 내 밥값까지 낸 후 차를 마시러 갔다. 어떻게 할까?
→ 내가 친구의 찻값까지 계산한다.

② 문화 캡슐(culture capsule): 다양한 시각 자료나 실물 자료를 포함한다.
예 두 문화 간의 차이점을 보여 주고 토론과 질문을 함

③ 문화 섬(the culture island): 교사가 교실 주변을 포스터, 그림, 자주 바뀌는 게시물 등을 사용하여 목표 문화의 전형적인 측면을 보여줄 수 있는 공간으로 만들어 유지하는 것이다.
④ 인터넷: 정보 문화, 성취 문화, 행동 문화와 같은 다양한 유형의 문화를 포괄적으로 담고 있다.
⑤ 참여 관찰(participant observation): 연구자가 특정 언어 공동체에서 그 공동체의 구성원으로서 역할을 하면서 1, 2년간 그 공동체에 몰입하여 그 사회에서 유형화된 문화적 행위를 인지하고 이해할 수 있게 하는 것이다.
⑥ 관찰(observation): 학습자가 특정 의사소통 행위를 관찰자로서 주의 깊게 지켜보는 방법이다.
⑦ 영상물의 활용: 학습자의 흥미 유발에 활용하여 매우 효율적인 문화 수업 방법이 될 수 있다.
⑧ 출판물의 활용: 신문, 잡지, 출판물 등을 활용한다.
⑨ 목표어 화자와 접촉: 제2 언어 및 문화 습득을 위한 효과적인 방법이다.
⑩ 여행: 유용한 문화 학습 방법이다.

3) 문화 교육과 교사의 역할
교사는 수업을 하기 전에 그 문화에 대한 객관적인 정보와 지식을 미리 알고, 구체적인 자료를 준비하여 학습자에게 제시해야 한다. 교사는 학습자의 요구와 수준, 흥미에 맞도록 문화 학습 자료를 재구성해서 사용해야 한다. 교사는 비교문화적 관점에서 학습자의 문화와 한국 문화를 비교하여 학습할 수 있도록 문화 교육 내용을 구성해야 한다. 교사는 학습자의 문화를 존중하는 입장에서 문화 수업이 이루어지도록 해야 한다. 단편적으로 문화를 소개하기보다는 과거와 현재의 연속적 흐름 속에서 문화를 소개해야 한다.
예 국외의 외국인 학습자가 한복을 전통 의상이라고 배웠는데, 현대 한국인의 의생활에 대한 보충 설명이 없다면 외국인 학습자는 현재 한국인의 의생활을 구체적으로 생각할 수 없으므로 한국인이 모두 한복을 입고 생활한다고 잘못 이해할 수도 있음.

형성평가

1. 문화와 언어 교육에 대한 설명으로 맞지 않는 것은?
① 한 사회에서 언어와 문화는 불가분의 관계임
② 언어 문화란 언어의 사용과 관계되는 문화임
③ 언어 교육에서 전통문화를 먼저 고려해야 함
④ 의사소통 능력은 문화에 대한 이해 없이 습득할 수 없음

정답: ③
해설: 언어 교육에서 살아 있는 문화를 먼저 고려하여 실제 회화를 먼저 배워야 함

2. 문화의 세부 기술로 맞지 않는 것은?
① 문화 감각
② 문화 지식
③ 문화 실행
④ 문화 관점

정답: ①
해설: 문화 감각은 문화의 세부 기술과 관련이 없다.

3. 한국 문화 교육 내용 선정의 준거가 아닌 것은?
① 타당성
② 유용성
③ 유의미성
④ 계속성

정답: ④
해설: 계속성은 내용 조직의 원칙이다.

4. 국제 통용 한국어 표준 교육 과정의 목표가 아닌 것은?
① 한국인의 생활 방식을 이해할 수 있다.
② 한국의 일상생활 문화를 이해할 수 있다.
③ 한국인의 가치관과 사고방식을 이해할 수 있다.
④ 한국의 현대 문화만을 이해하고 즐길 수 있다.

정답: ④
해설: 한국의 근현대 문화와 전통문화를 이해하고 즐길 수 있다.

5. 다음 중 문화 지식이 아닌 것은?
① 한국인의 기본적인 의식주 문화를 이해한다.
② 한국인의 교통, 기후, 경제 활동 등의 생활 문화를 이해한다.
③ 한국 사회와 한국인의 사회적 활동을 이해한다.
④ 한국 문화에 대한 자신의 태도나 견해를 가진다.

정답: ④
해설: ④ 문화 관점에 해당한다.

6. 한국 문화 교육 과정의 언어 연계형이 아닌 것은?
① 언어 교재에서 부가적으로 문화를 다룬다.
② 문화와 언어 교수를 분리한 교육 과정 유형이다.
③ 문화 교육의 비중에 따라 제시 분량이 달라진다.
④ 주로 다국적 학습자 집단을 대상 교육에서 활용된다.

정답: ②
해설: ② 문화 독립형의 유형이다.

7. 다음 중 문화 교육에서 고려할 요인이 아닌 것은?
① 학습자의 연령
② 학습자의 성격
③ 학습자의 모국어
④ 학습자의 학습 목적

정답: ②
해설: ② 문화 교육에서 고려할 요인으로 볼 수 없다.

8. 재외 동포 대상 문화 교육과 관련 없는 것은?
① 목표 문화에 대한 지식 학습이 필요하다.
② 전통문화, 전통 예술의 실습이 이루어진다.
③ 국외의 한글학교에서만 문화 교육을 한다.
④ 예술, 생활, 예절 등에 대한 요구가 높다.

정답: ③
해설: 국외의 대학 및 고등학교, 한국 문화원, 세종학당 등에서 문화 교육이 이루어진다.

제13장 한국어 한자어 교육론

> **학습 목표**
> 1. 한자어 교육의 필요성과 목표, 한자어의 개념과 범위 설정, 한국어 어휘 체계와 한자어의 특성에 대해 이해한다.
> 2. 한자의 기원 및 자형의 변화, 한자의 형성 원리 및 활용 원리, 부수의 이해, 한자 문화권의 상용한자와 교육용 한자에 대해 이해한다.
> 3. 한국어 한자 교육의 내용, 한국어 학습용 한자어 교육의 범위에 대해 이해한다.

I. 한자어 교육

1. 한자어 교육의 필요성과 목표

1) 한자어 교육의 필요성

한국어 어휘 체계에서 한자어의 비중은 사용 빈도 및 사전의 구성, 구어 텍스트에서 모두 50% 이상이므로 한국어 어휘력을 높이기 위해서는 한자어 교육이 필요하다. 한국어능력시험의 어휘 평가를 준비하기 위해서 필요하다. 어휘 영역에서 높은 점수를 얻으려면 한자어와 관련하여 유의어, 반의어, 한자성어, 동음어, 한자어 접사 등을 익혀야 하고 이를 위한 체계적인 한자어 교육이 필요하다. 학문 목적이나 전문 직업 목적의 최고급 한국어 학습자를 지향하는 경우 섬세한 의미를 지닌 한자어 전문 어휘에 대한 이해가 필요하다. 보고서나 논문 작성 등에서 일정 수준의 '쓰기 능력'을 갖추기 위해서는 자신의 생각이나 어떤 개념을 분명하게 전달할 수 있는 전문적인 학술어를 선택해서 사용해야 하므로, '이해 어휘'로서의 한자어 교육뿐만 아니라, '표현 어휘'로서의 한자어 교육도 필요하다. 한자 교육과 연계한 한자어 교육이 필요하다. 특히 비한자권 학습자들에게 한자어 어휘력을 높이기 위해서 한자를 배우는 것이 한자어의 어휘 형성 원리에 따라 한자어의 형태를 분석하고 의미를 인지하는 데 도움이 된다.

2) 한자어 교육의 목표

한국어 한자 교육의 목표는 한자어의 의미 분석과 조어 원리를 통하여 한자어에 대한 이해와 활용 능력을 높이는 데 있다. 나아가 학문 목적 학습자들이 전공 관련 한자어를 익히고, 대학 수학과 연구를 위하여 국한문 혼용 텍스트를 읽어낼 수 있는 어휘력을 증진하는 데 있다. 어휘력은 어휘 자체에 대한 지식과 그러한 지식의 활용 능력으로 구성된다고 할 수 있다.(김왕규 2004:199) 따라서 한국어 한자 교육도 이러한 목표에 부합하는 방향으로 교육 내용과 교과 과정을 구성해야 할 것이다.

2. 한자어의 개념과 범위 설정

1) 한자어의 개념: 한자어는 한국어 어휘 중에서 개별 한자 또는 둘 이상의 한자가 결합하여 한국 음으로 발음되는 어휘(일정한 범위 안에서 사용되는 단어의 집합)이다.

① 한자어란 한국어 어휘여야 한다. 한자어 중에는 한국에서 만들어진 한자어 외에 중국이나 일본에서 들어온 것들도 많지만 반드시 이들이 현재 한국어 어휘로 사용되고 있어야 한다는 것이다.
② 개별 한자 또는 둘 이상의 한자가 결합한다는 것은 산(山)이나 강(江)처럼 개별 한자가 바로 1음절의 한자어가 되거나 '연구(研究)', '연구자(研究者)', '연구 기관(研究機關)'처럼 둘 이상의 한자가 결합하여 2, 3, 4음절의 한자어가 되기 때문이다.
③ 같은 한자를 놓고도 한국, 중국, 일본 등 세 나라의 발음이 다른데, 반드시 한국어의 음운 규칙에 따라 '한국 음'으로 발음되어야 한다는 것이다. 가령 '女'는 중국어 발음이나 일본어 발음이 아닌 한국 음인 '녀'로 발음해야 하며, 두음 법칙에 따라 '女子'에서는 '녀'가 아닌 '여'로 발음되어야 한다.

2) 한자어 교육의 성격과 범위

① 한자어 교육에서 한자어는 한국어의 어휘 체계에서 가장 큰 비중을 차지하고 있으므로 '어휘 교육'의 측면에서 중요하다.
② 한자 교육은 한자어의 의미 이해와 확장을 위한 도구의 역할로서 포함될 수 있다. 특히 학문 목적이나 외교관 등의 전문 직업 목적의 학습자들은 학술지나 신문 등에서 한자 혼용 텍스트를 이해해야 하므로 '문자'로서의 한자 교육이 효용성을 가진다.
③ 한자 성어는 구성되는 한자의 뜻을 알더라도 의미를 제대로 파악하기 어려운 관용적 표현이고 문화적 요소가 들어 있기 때문에 교육이 필요하다.

이처럼 한국어 교육에서의 한자어 교육을 어휘 확장으로서의 한자어 교육, 문자로서의 한자 교육, 문화로서의 한자 성어 교육으로 분류할 수 있다.

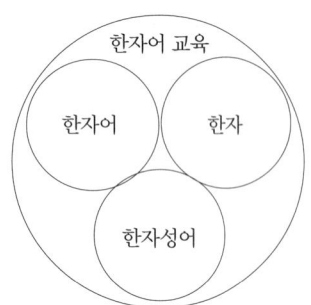

이영희, 『외국인을 위한 한자어 교육 연구』(2008)

한국어 교육에서의 한자어 교육은 국어 교육에서의 그것과 외면적으로 유사해 보이나, 내용 면에서는 많은 차이를 보인다. 한국어 교육에서의 학습자는 일반적으로 성인이어서 교육용 한자어가 달리 선정되어야 하고 학습자들의 언어권에 따라서도 내용이 달라지며 한자 성어와 같은 경우 문화적 맥락 등에 대한 교육도 필요하다.

3. 한국어 어휘 체계와 한자어의 특성

1) 한국어 어휘 체계와 한자어의 비중

한국어의 어휘 체계는 고유어, 한자어, 외래어의 3중 체계를 이룬다. 학습 단계별로 보면 초급에서는 사용 빈도가 높은 기초 어휘인 고유어를 위주로 가르치고, 중·고급으로 갈수록 개념어와 전문어에 많이 사용되고 고유어와도 자주 결합하는 한자어를 체계적으로 가르쳐야 한다.

표준국어대사전의 어종별 분포(1999)[정호성(2000)]

구분	고유어	한자어	외래어	고+한	고+외	한+외	한+외+고	합계
어휘 수	111,299	251,578	23,196	36,461	1,331	15,548	751	440,262
비율(%)	25.28	57.12	5.26	8.28	0.3	3.53	0.17	100

한국어 학습 사전의 어종별 분포[이영희(2008)]

구분	고유어	한자어	외래어	합계
어휘 수	2,682	3,297	234	6,213
비율(%)	43	53	4	100

한자어의 특성[이충우(1994: 66)]

① 조어력이 뛰어나서 새로운 한자어가 생긴다.
② 동의어가 많아서 의미 파악에 장애가 된다.
③ 의미가 분화적이고 세분화되었기 때문에 구체적이며 따라서 고유어와 1:다(多) 대응을 보여 준다. 따라서 전문적, 학술적, 문어적으로 쓰인다.
④ 중국과 일본에서 쓰는 말과 같은 것이 많다.
⑤ 축약력이 강해 긴 형태의 어휘가 축약된 형태로 자주 사용되며, 특히 이런 특성으로 말미암아 한자어의 사용이 늘어가며, 동음어가 증가된다.

또한 한자어의 음절 수는 2음절이 많고 품사로는 명사가 많다.

한국어 학습 사전 한자어의 품사별 분포[이영희(2008)]

품사	명사	동사	형용사	부사	수사	대명사	관형사	합계
개수	2,599	408	143	99	24	4	21	3,297
백분율	78.79	12.37	4.37	3.00	0.72	0.12	0.63	100

2) 한자어의 조어법과 기원

(1) 한자어의 조어법

한자어의 조어법을 이해하는 것은 한자어의 어휘 형성 원리를 잘 이해하는 것으로 한국어 학습자들은 이를 한자어 어휘 학습 전략의 하나로 사용할 수 있다.

순서	조어법	방법		한자어의 예
1	단일어	1음절어		강(江), 산(山), 문(門), 차(車), 군(軍), 색(色), 약(約)
		다음절어		총각(總角), 만두(饅頭), 어차피(於此彼), 도대체(都大體), 심지어(甚至於), 석류(石榴)
2	파생어	접두사+어근		비공개(非公開), 미완성(未完成), 무조건(無條件), 불친절(不親切), 생방송(生放送), 반정부(反政府)
		어근+접미사		세계화(世界化), 일반적(一般的), 한국인(韓國人), 음악가(音樂家), 서양식(西洋式), 과학자(科學者)
3	복합어	어근+어근	병렬	강산(江山), 상하(上下), 정직(正直), 부모(父母)
			종속	합창곡(合唱曲), 국어(國語), 간호사(看護師)
			주술	인조(人造), 국립(國立), 사립(私立)
			수식	고가(高價), 냉수(冷水), 노인(老人), 미인(美人)
			술목	결혼(結婚), 졸업(卒業), 독서(讀書)
			술보	유능(有能), 유명(有名)
4	혼종어	파생어		서울발(-發), 어린이용(-用), 형님(兄-)
		복합어		남쪽(南-), 내달(來-), 노래방(-房), 갈비탕(-湯), 삼겹살(三-), 개인택시(個人-), 된장(-醬), 용돈(用-)

(2) 한자어의 기원

우리는 생활 속에서 많은 한자어를 접하고, 또 실제로 사용한다. 그 가운데는 한문 고전에 뿌리를 둔 것도 있지만, 근대 이후에 일본이나 중국에서 받아들였거나 독자적으로 만든 것이 더 많다.

① 한문 고전 어휘

a. 중세 문헌에 나타난 한자어

가감(加減), 가문(家門), 감동(感動), 결단(決斷), 공사(公私), 공정(公正), 구분(區分), 근본(根本) 등

b. 주자학 수용과 함께 받아들인 송대 백화어의 한자어

공부(工夫), 체면(體面) 등

c. 중국 음을 따르는 중국 한자어
보배(←寶貝: 보패), 상투(←上頭: 상두), 무명(←木棉: 목면), 사탕(←砂糖: 사당) 등

d. 중국 고전어에서 차용한 의태어·의성어
울울(鬱鬱), 홀홀(忽忽), 청청(靑靑), 소슬(蕭瑟), 황홀(恍惚), 영롱(玲瓏), 빈번(頻繁), 당돌(唐突), 악착(齷齪), 은근(慇懃), 한산(閑散), 발랄(潑剌), 몽롱(朦朧), 기이(奇異), 애매모호(曖昧模糊), 지리멸렬(支離滅裂) 등

e. 근세 일본에서 한문 고전어의 뜻 그대로 사용한 어휘
수예(手藝), 운명(運命), 외출(外出), 감상(感傷), 기일(期日), 고통(苦痛), 한계(限界), 언어(言語), 후일(後日), 사기(詐欺) 등

f. 근세 일본에서 한문 고전의 의미와 달리 사용한 어휘
도구(道具), 친절(親切) 등

② 고유 한자어
a. 우리나라에서 만든 한자어
감기(感氣), 서방(書房), 도령(道令), 사돈(査頓), 편지(便紙), 삼촌(三寸) 등

b. 우리나라에서 만든 한자로 구성된 한자어
장롱(欌籠), 전답(田畓), 대지(垈地), 시댁(媤宅) 등
※ 밑줄 친 한자는 우리나라에서 만들어진 한자이다.

c. 한자어가 제 음을 버리고 우리말 체계에 동화된 것
성냥(←石硫黃: 석유황), 영계(←軟鷄: 연계), 내숭(←內凶: 내흉), 귀양(←歸鄕: 귀향), 사냥(←山行: 산행), 김치(←沈菜: 침채) 등

③ 불교와 관련이 있는 한자어
a. 불교문화와 관련이 있는 한자어
구안(具眼), 무량(無量), 노파심(老婆心), 주인공(主人公), 장광설(長廣舌), 천차만별(千差萬別), 경천동지(驚天動地), 전광석화(電光石火), 분골쇄신(粉骨碎身), 단도직입(單刀直入), 언어도단(言語道斷), 이심전심(以心傳心) 등

b. 불교문화와 관련 있는 일본 한자어
편의(便宜), 정체(正體), 차별(差別), 현관(玄關), 세계(世界), 과거(過去), 현재(現在), 미래(未來), 실제(實際), 대중(大衆), 속인(俗人), 종교(宗敎), 가풍(家風), 당면(當面), 향상(向上), 방편(方便), 지식(知識), 견해(見解), 본분(本分), 자유(自由), 심지

(心地), 본성(本性), 갈등(葛藤), 응용(應用), 수단(手段), 시험(試驗), 칠전팔기(七顚八起) 등

④ 근세 이후의 신생 한자어
a. 일본의 신생 한자어
시간(時間), 공간(空間), 물리(物理), 이론(理論), 과학(科學), 철학(哲學), 법칙(法則), 사상(思想), 문화(文化), 정열(情熱), 이식(利殖), 배분(配分), 가구(家具), 문방구(文房具), 수술(手術), 연역(演繹), 관념(觀念), 희랍(希臘) 등

b. 중국의 신생 한자어
붕대(繃帶), 교사(教師), 진리(眞理), 학교(學校), 비평(批評), 원고(原稿), 우유(牛乳), 연필(鉛筆), 임파(淋巴), 인득(引得), 조례(條例), 내각(內閣), 민법(民法), 주권(主權), 성좌(星座), 지평선(地平線), 소화(消化), 전염(傳染), 기독(基督) 등

c. 우리나라의 신생 한자어
자가용(自家用), 공주병(公主病), 성희롱(性戲弄), 복덕방(福德房) 등

⑤ 단락어[약어(略語)]
a. 우리나라의 단락어
연중(年中: 一年中), 한은(韓銀: 韓國銀行), 자보(自保: 自動車保險), 노조(勞組: 勞動組合) 등

b. 일본의 단락어
운송(運送: 運搬輸送), 외자(外資: 外國資本), 해소(解消: 解除取消), 외식(外食: 在外吃飯), 원서(願書: 志願書), 휴일(休日: 休息日), 금연(禁煙: 禁止吸煙), 원폭(原爆: 原子爆彈), 공익(公益: 公共利益), 국철(國鐵: 國有鐵道), 시안(試案: 試行方案), 실존(實存: 實際存在), 증자(增資: 增加資本), 특권(特權: 特別權利) 등

3) 한국어능력시험에서의 한자 및 한자어의 위치

한국어능력시험에서는 표현의 영역인 제1 영역에 어휘·문법이 있다. 한국어능력시험의 어휘 등급 기준과 등급별 어휘 항목 속에서 한자 및 한자어가 차지하는 위치는 다음의 표를 통해 알 수 있다.

⟨한국어능력시험의 등급별 어휘 항목⟩(김왕규 외, 2000)

등급		어휘 항목
초급	1	일상생활에 필요한 가장 기본적인 어휘, 사적이고 친숙한 소재와 관련된 가장 기본적인 어휘, 기본 인칭 및 지시 대명사, 의문대명사, 주변의 사물 이름 및 위치 관련 어휘, 수와 셈 관련 어휘, '크다', '작다' 등과 같은 기본적인 형용사, '오다', '가다' 등과 같은 기본적인 동사, 물건 사기, 주문하기 등 기본적인 생활과 관련된 기초 어휘
	2	일상생활에 자주 사용되는 어휘, 공공 시설 이용 시 자주 사용되는 기본적인 어휘, '제주도', '민속촌' 등 자주 접하는 고유명사, '깨끗하다', '조용하다', '복잡하다' 등 주변 상황을 나타내는 형용사, '출발하다', '고치다' 등 일상생활에서 자주 사용하는 동사, 우체국 이용, 회의 등 공적인 상황과 관련된 기본 어휘, 약속, 계획, 여행, 건강과 관련된 어휘, '자주', '가끔', '거의' 등 기본적인 빈도 부사
중급	3	일상생활에 사용되는 대부분의 어휘, 업무나 사회 현상과 관련된 기본적인 어휘, 직장 생활, 병원, 은행 이용 등 빈번하게 접하는 공적인 상황에서 사용되는 기본 어휘, '행복하다', '섭섭하다' 등 감정 표현 어휘, '늘어나다', '위험하다' 등 사회 현상과 관련된 간단한 어휘, '참석하다', '찬성하다' 등 직장 생활과 관련된 기본적인 어휘, '장점', '절약' 등 기본적인 한자어, '생각이 나다', '버릇이 없다' 등 간단한 연어
	4	일반적인 소재를 표현하는 데 필요한 추상적인 어휘, 직장에서 일상적인 업무를 수행하는 데 필요한 어휘, 신문 기사 등에 자주 등장하는 어휘, 빈도가 높은 관용어와 속담, 자연, 풍습, 문화, 사고방식, 경제, 과학, 예술, 종교 등 일반적인 사회 현상과 관련한 핵심적인 어휘
고급	5	사회 현상을 표현하는 데 필요한 추상적인 어휘, 직장에서 특정 영역과 관련된 기본적인 어휘, 세부적인 의미를 표현하는 어휘(아프다: 결리다, 노랗다: 누르스름하다), '이데올로기', '매스컴' 등 사회의 특정 영역에서 자주 쓰이는 외래어, 일반적으로 사용되는 관용어나 속담
	6	사회 현상을 표현하는 데 필요한 추상적인 어휘, 널리 알려진 방언, 자주 쓰이는 약어, 은어, 속어, 사회 각 영역과 관련하여 널리 쓰이고 있는 전문 용어, 복잡한 의미를 갖는 속담이나 관용어

위 표를 보면 3급부터 '한자어'를 학습하고 4급부터 추상적인 어휘나 신문 기사에서 자주 등장하는 어휘 등을 학습하게 되어 있다. 따라서 한자어 교육은 3급에서 어휘 교육의 차원에서 시작하되 문자로서의 한자 교육을 4급에서 시작하는 것이 좋겠다.

II. 한자의 기원 및 자형의 변화

1. 한자의 기원

1) 한자의 기원

글자 이름에 '漢'이 붙은 것을 보면 문화를 부흥시킨 '한' 왕조에 대한 자부심이 큰 것을 알 수 있다. 중국 황제(黃帝) 때 '창힐'(倉頡)이라는 신화적 인물이 '조적'(鳥跡: 새의 발자국)을 보고서 만들었다는 설(說)과, '복희'(伏羲) 황제가 고안했다는 설이 있다. 현재 그 흔적으로 남아 있는 가장 오래된 형태의 한자는, 은(殷)나라 유적지인 '은허'(殷墟)에서 발견된 '갑골문자'(甲骨文字)이다.

① 상형(象形) 문자: 갑골 문자나 조적에서 발전된 고대 한자와 같이 사물의 형상을 본뜬 선의 모양을 추상화해서 만든 글자이다.

② 표의(表意) 문자: 하나하나의 글자가 언어의 음과 상관없이 일정한 뜻을 나타내는 문자이다.
cf.) 표음(表音) 문자: 말소리를 그대로 기호로 나타낸 문자. 한글·로마자·아라비아 문자이다.

2) 자형의 변화

① 금문(金文): 갑골 문자 이후에 은(殷)·주(周)대에 사용한 청동기에 조각한 문자이다. 종정문(鐘鼎文). 기호적인 특성이 강하다.
② 전서(篆書): 주(周) 나라 선왕(宣王) 때 태사(太史)였던 주(籒)가 정리한 글자를 대전(大篆). 분서갱유(焚書坑儒)로 유명한 진(秦) 나라의 이사가 더 간략하게 만든 글자를 소전(小篆).
③ 예서(隸書): 노예와 같이 천한 일을 하는 사람도 이해하기 쉽도록 한 글씨이다. 진 나라 말부터 한(漢) 나라와 삼국 시대에 사무 능률을 높이기 위해 필획을 줄이고 곡선과 원을 곧은 선과 네모꼴로 하여 만든 글자이다.
④ 해서(楷書): 한 나라 말기에 글자의 획을 곧게 고쳐서 반듯한 형태로 만든 글자이다. 현재 일반적으로 많이 쓰이는 글자이다.
⑤ 초서(草書): 해서보다 앞서 한 나라 초기에 사용했다. 필획을 가장 흘려 쓴 서체로서 획의 생략과 연결이 심한 글씨체이다.
⑥ 행서(行書): 해서와 초서의 중간 글씨체로 삼국시대와 진(晉) 나라 이후에 유행했다. 획을 약간 흘려서 쓴다.

2. 한자의 형성 원리 및 활용 원리

1) 형(形)·음(音)·의(義)

한자는 글자마다 언어를 표기하는 자형(字形), 음성 언어와 표기 언어를 연결하는 자음(字音), 의미 전달 작용을 하는 자의(字義)의 세 가지 요소로 이루어져 있다. 따라서 한자를 구성하는 세 가지 요소와 그 글자가 가리키는 사물[대상]과의 관계를 다음과 같이 표현할 수 있다.

표기[形]: 木

뜻[義]: 나무 　　　　　　　　 발음[音]: 목

대상:

　다른 언어와 구별되는 한자의 가장 두드러진 특징은 기본적으로 글자의 모양[木]이 대상의 모양[나무의 외형적 모양]과 시각적인 유사성을 지니고 있다는 것이다. 문자의 모양을 자세히 살펴보면 그 이미지가 어떤 대상의 모양이나 모습을 추상화해 단순화시킨 것임을 알 수 있다.
　물론 이러한 특징은 상형자(象形字)에 국한되는 것이지만, 상형자가 한자가 만들어진 기원의 모습을 담고 있고, 한자에서 뜻을 담당하는 부수자(部首字)들이 대체로 상형자라는 점을 보면, 이러한 특징에 대한 이해를 통해 한자를 익히는 요령을 얻을 수 있다. 문자의 모양이 대상의 모양을 추상화해 나타낸 것이라는 한자의 이러한 이미지적 특징이 아이들 두뇌 계발에도 많은 도움이 되어 이를 적용한 학습 도구가 현재 크게 유행하고 있는 상황이다(한자 마법사 등의 경우).

2) 육서(六書)
　초기에는 사물들을 보고 그 모양을 본떠서 글자를 만드는 방식[상형]이나, 방향이나 숫자를 나타내기 위해 선과 점을 이용하여 글자를 만드는 방식[지사]으로 글자를 만들었다. 사고가 발달하고 사회가 발전하여 표현하거나 전달해야 할 내용이 복잡해지고 생각이나 추상적인 내용들을 나타낼 글자의 수가 더 많이 필요하게 되자, 기존 글자들을 이용하는 '회의'와 '형성'의 방법을 통해 글자 수를 확대하였다. 현재 우리가 사용하는 한자의 90%는 '형성'의 원리에 의해 만들어진 것들이다.
　육서(六書)는 한자가 만들어진 '형성(形成) 원리'[상형 · 지사 · 회의 · 형성(形聲)]와 만들어진 한자를 활용하는 '활용 원리'[전주 · 가차]로 나뉜다.

3) 한자의 형성(形成) 원리
① 상형(象形): 주변에서 볼 수 있는 구체적인 사물의 모양을 본뜸. 가장 쉬운 방식이다.
㉠ 日(일): 해를 가리키는 글자로, 해의 외형을 'O' 또는 'ㅁ'로 표시하고, 태양 광선을 " 또는 ' · '으로 표시
㉡ 龜(구): 거북이를 나타내는 글자로, 머리 · 어깨 · 손 · 발 · 등껍질 등을 추상적으로 나타냄

② 지사(指事): 추상적인 관념을 점이나 선 등의 기호를 이용하여 표시한다.
㉠ 上(상): 위를 뜻함. 아래의 '一'은 위치의 경계선을 표시하는데, 그 위에 짧은 선이나 점을 더해서 경계선의 위쪽을 표시
㉡ 下(하): 아래를 뜻함. 위의 '一'은 위치의 경계선을 표시하는데, 그 아래에 짧은 선이나 점을 더해서 경계선의 아래쪽을 표시

③ 회의(會意): 이미 존재하는 글자를 둘 이상 합쳐 새 글자를 만드는 데 각 글자에서 뜻만 취한다.
㉠ 社(토지신 사) = 示+土: 示[제단]와 土[토지]가 합한 會意字
㉡ 信(믿을 신) = 人+言: 사람의 말에는 반드시 信用이 있어야 한다는 뜻

④ 형성(形聲): 회의의 방법과 동일하지만, 한 글자는 뜻 부분[形]이 되고, 나머지 한 글자는 음 부분[聲]이 되어 결합한다.
㉠ 柏(잣나무 백) = 木(뜻: 나무)+白(음: 백)
㉡ 海(바다 해) = 水(뜻: 물)+每(음: 매)-中聲(중성)이 같음

4) 한자의 활용 원리

① 전주(轉注): 이미 만들어진 글자의 뜻을 확장하여 다른 뜻을 끌어냄. 한자의 3요소 형(形)·음(音)·의(義) 중에서 '형태'는 유지하고 '소리'와 '뜻'만을 확장하여 만들어 쓰는 글자의 운용 방식이다.
㉠ 說 ⓐ 말씀 설 예 說明(설명)
　　 ⓑ 달랠 세 예 遊說(유세)
　　 ⓒ 기쁠 열(=悅) 예 說樂(열락)
㉡ 易 ⓐ 바꿀 역 예 무역(貿易), 역지사지(易地思之)
　　 ⓑ 쉬울 이 예 난이(難易), 간이(簡易)
㉢ 樂 ⓐ 풍류·음악 악 예 음악(音樂)
　　 ⓑ 즐거울 락 예 열락(悅樂: 기뻐하고 즐거워함)
　　 ⓒ 좋아할 요 예 요산요수(樂山樂水)

② 가차(假借): 이미 존재하는 글자의 뜻에 상관없이 음이나 형태를 빌려 쓴다. 주로 외래어 표기에 사용된다.
㉠ 외래어 표기-印度(인도:India), 佛蘭西(불란서:France), 羅城(나성:LA) 등
㉡ 형태만 빌리는 경우-弗($) 등
㉢ 의성어, 의태어, 佛家에서 쓰는 용어- 蕭瑟(소슬:바람에 풀이나 나뭇가지가 흔들리는 소리를 나타낸 의성어), 丁丁(정정:나무를 베느라 도끼로 잇따라 찍는 소리를 나타낸 의성어), 道場(도량), 波羅密多(바라밀다), 菩提樹(보리수), 菩薩(보살), 布施(보시), 娑婆(사바), 釋迦牟尼(석가모니), 十方(시방), 初八日(초파일), 幀畫(탱화) 등

3. 부수의 이해: 유사한 의미별로 묶어서 이해하기

1) 부수의 정의

부수(部首)는 한자의 의미대로 풀이하면 '한 부(部)의 머리' 곧 '한 부분을 대표하는 머리글자'의 뜻을 지닌 단어이다. 한글과 영어에는 자음과 모음이 있지만, 한자는 글자가 형·음·의를 모두 갖추고 있어서 발음만으로 분류 기준을 삼기가 어렵고, 모양의 의미[모양이 나타내는 부분]를 자음과 모음으로 나눌 수가 없기 때문에 한글과 영어와 같이 소리를 중심

으로 글자를 편리하게 분류할 수가 없다. 따라서 '형성'·'회의'의 원리에 따라 만들어진 대부분의 한자에서 공통되는 부분을 추출하여 부수자로 삼은 것인데, 한자가 발명된 초기에 만들어진 상형자가 대부분이어서 현재 사용하는 214자의 부수자 중에서 180여 자가 상형자이다. 현재의 옥편은 부수자를 획수 순으로 배열하고 각 부(部)에서 다시 획수 순으로 나열하는 방식으로 구성되어 있다.

2) 학습 방법

부수자는 총 214자로 대학생들이 보통 영어 단어를 1만 개 정도 익히고 있음을 생각해 볼 때 214자는 결코 많은 수의 글자가 아니다. 한자 공부를 쉽고 재미있으며 효율적으로 하기 위해서는 부수자를 반드시 익혀야 한다. 그런데 214자를 무턱대고 외우기란 아무래도 흥미가 떨어지고 효율이 적기 마련이다. 부수자의 대부분이 상형자임을 고려해 보면, 그 한자들에 초기(또는 원시) 인간들의 삶의 모습이 담겨 있음을 생각할 수 있다. 우리는 그것을 역으로 추리하여 분류할 수 있다. 부수자를 익힐 때는 속음(俗音)으로 익혀서는 안 된다. 예를 들면, 'ㅿ'(사)자는 흔히 '마늘 모'라고 하는데 이 한자는 '마늘'과 아무런 관련성이 없다. 그 모양이 '마늘'을 닮았다고 관습적으로 그렇게 부르게 되었는데 본래는 '사사(私事) 사'자다. 본래의 뜻과 발음은 옥편의 앞·뒤쪽[겉표지]이 아니라 본문에 나와 있다.

3) 부수 214자

자연	생물	식물		屮, 木, 爿, 片, 生, 竹, 艸(艹)
		동물	육지	크, 毛, 牛, 犬, 肉, 羊, 虍, 虫, 角, 豖, 豸, 釆, 馬, 鹿, 黽, 鼠, 龍
			바다	卜, 貝, 辰, 魚, 龜
			하늘	乙, 羽, 隹, 飛, 鳥
	무생물	육지		冫, 土, 山, 巛(川), 水(氵), 火(灬), 爻, 石, 谷, 金, 阜
		하늘		夕, 日, 月, 气, 雨, 風
인간	신체	몸		人, 儿, 勹, 大, 女, 子, 尢, 尸, 无, 歹, 毋, 比, 父, 疒, 立, 老, 身, 非, 鬥, 鬼
		머리		彡, 而, 長, 面, 頁, 首, 髟
		눈		氏, 目, 臣, 艮, 見
		코		鼻, 自
		입		口, 曰, 欠, 牙, 甘, 舌, 言, 音, 齒
		귀		耳
		손[팔]		力, 又, 寸, 廾, 手(扌), 支, 攴(攵), 殳, 爪(爫), 隶
		다리		卩, 夂, 夊, 尢, 止, 疋, 癶, 舛, 走, 足, 辵
		내부		心(忄), 血, 骨
		색		玄, 白, 色, 赤, 靑, 黃, 黑
인간	생활	집		宀, 入, 冂, 冖, 凵, 厂, 口, 穴, 广, 彳, 戶, 田, 穴, 行, 邑, 里, 門, 高
		도구	농사	丨, 工, 干, 弋, 方, 网, 耒, 臼, 舟
			전쟁	刀(刂), 士, 弓, 戈, 斤, 矛, 矢, 至, 車, 辛
		의복		十, 己, 巾, 幺, 玉, 皮, 糸, 衣(衤), 革, 韋, 麻, 黹
		음식		瓜, 禾, 米, 肉(月), 韭, 食, 香, 鬯, 鹵, 麥, 黍, 齊
		그릇		匕, 匚, 匸, 斗, 瓦, 皿, 示(礻), 缶, 襾, 豆, 酉, 鬲, 鼎
		기호		一, 丨, 丶, 丿, 二, 八, 厶, 小
		악기		用, 鼓, 龠
		책		几, 文, 聿

4. 한자 문화권의 상용한자와 교육용 한자

1) 한국: 1945년 9월에 국어강습회 수강생들이 〈한자 폐지 실행회 발기 취지서〉를 발표한 뒤, 12월에 조선 교육 심의회가 한글 전용의 문자 정책을 결정하였다. 그러나 문교부는 1951년에 1천 자의 교육 한자를 제정하고, 1957년에는 《임시제한한자일람표》1천 300자를 정하였다. 다시 1972년에는 중등학교 한문 교육을 부활시키고, 8월 16일에 중·고등학교 한문 교육용 기초 한자 1천 800자를 공포하였다. 2000년 12월 30일에 교육부는 1천 800자 가운데 44자를 교체하되 원래의 44자는 학습 효과와 교과용 도서의 편찬을 위해 추가 지도하도록 하는 방안을 공포하였다. 따라서 '한문 교육용 기초 한자'는 실질적으로 1천 844자(한자능력검정 3급 수준의 한자)로 되었다.

2) 북한: 1964년에 한자 교육의 필요성을 강조한 뒤, 1968년부터 한자 교육을 실시하였고, 1975년에 교육용 한자 3천 자를 지정하였다. 현재 초등학교 5년부터 중학 2년까지 국한문혼용 교과서로 1천 500자의 한자를 가르치고 있다.

3) 중국: 1952년 6월에 중앙 인민정부 교육부가 '상용한자' 2천 자를 공포하고, 1955년에 중국 문자 개혁위원회가 《제일비이체자정리표》(第一批異體字整理表)로 1천 55자를 제시하였으며, 1956년에 국무원이 《한자간략화안》을 공포하였다. 또 1964년에는 《간화자총표》와 《인쇄통용한자자형표》(명조체 6천 196자)를 공시하였다. 다시 1988년에는 상용한자 2천 500자, 차상용한자 1천 자를 공시하였다.

4) 대만: 1963년 국립편역관이 《국민학교 상용자표》를 펴냈고, 1989년 교육부가 《상용국자 표준자체표》(4천 808자)를 공고하였으며, 1992년에 《차상용국자 표준자체표》(1만 740자)를 발표하였다.

5) 일본: 1919년에 문부성이 《한자정리안》을 발표한 이후 여러 차례 《상용한자표》를 정리하였다. 1946년에는 《당용한자표》 1천 850자를 공시하고, 1948년에는 《당용한자 음훈표》와 《당용한자별표》를, 1949년에는 《당용자체표》를 발표하였다. 1981년에는 그것들을 기초로 1천 945자의 《상용한자표》를 공시하였다.

III. 한국어 한자 교육

1. 한국어 한자 교육의 내용

분류		교육 내용
학습자 언어권별	비한자권	한자에 대한 기본 이해(제자 원리, 형/음/의, 부수, 획순), 한자 사전 찾기, 인터넷 사전 이용하기, 한자어 교육용 한자 학습
	한자권	한·중·일 한자어 음운 대응, 한·중·일 한자어 의미 비교(동형동의어 우선), 한·중·일 한자체 차이 이해
공통		한국 한자어의 한국어 어휘체계 내의 위상, 한국 한자어의 구조와 특징, 조어력 기반 한자어 학습, 한자어 구조를 이용한 학습

1) 비한자권 학습자들의 경우

비한자권 학습자를 위한 한자 교육 내용은 한자 자체에 대한 기본 이해를 돕는 것에서부터 시작할 수 있다. 이들은 한자에 대한 배경지식이 전혀 없으므로, '한자'가 무엇인지에 대해 이해하는 것이 한자어를 학습하는 데 도움이 되기 때문이다.

또한 한국어 한자어 교육용 한자가 선정되어야 한다. 연구자에 따라 여러 가지 선정 기준을 고려하여 교육용 한자를 선정하고 있으나, '한자'를 이용한 상향식 한자어 학습을 위해서는 상형, 지사, 회의, 형성 등의 제자 원리로 만들어진 한자, 다른 한자들과 함께 한자어의 구성소가 될 수 있는 한자들이 일차적으로 교육되어야 한다. 조어력이 높은 한자는 한자어들과 함께 학습하도록 한다. 이와 함께 생활에서 자주 쓰이는 한자들(명함, 성, 신문 표제어, 간판, 표지판 등)도 포함되어야 한다.

2) 한자권 학습자들의 경우

한자권 학습자들의 경우에는 주로 한국 한자음과의 음운 대응, 한자어 간의 의미 차이, 한자체의 차이에 대한 학습을 주요 교육 내용으로 삼을 수 있다. 한재영(2003b)에서 한자체의 차이에 대한 목록을 만들었으므로 이를 이용하면 좋을 것이며, 그리고 중국인 학습자들의 경우 의미 차이가 없는 '가격(價格)', '가구(家具)', ' 고속(高速)', '참가(參加)' 등의 동형동의어(同形同義語)부터 익히는 것이 어휘력 신장에 도움이 된다.

3) 공통적인 교육 내용

한자권과 비한자권 학습자들을 위한 공통적인 교육 내용은 한국어 어휘 체계에서 가지는 위상과 한국 한자어의 구조 및 특징 그리고 조어력 기반 한자어 학습 등이다.

2. 한국어 학습용 한자어 교육의 범위

1) 한자의 조어력과 위치별 빈도에 따른 한자어

(1) 한자어의 어휘 형성 원리를 이해시키면서 한자어를 확장하는 교육을 위해서는 한자의 조어력과 위치별 빈도에 따른 한자어 학습 목록이 필요하다. 한자의 조어력은 교육용 한자어 목록에서 산출하는 것이 학습에 효율적이므로, 〈한국어 학습 사전〉의 한자어 표제어 3,297개를 교육용 한자어 목록으로 삼아 조어력을 산출할 수 있다.

⟨한국어 교육용 한자어 목록⟩(일부)(이영희, 2008)

순번	한자어	한자	품사	어종	세부 어종
1	가격	價格	명사	한자어	한자어
2	가구	家具	명사	한자어	한자어
3	가구	家口	명사	한자어	한자어
중략					
763	마비되다	麻痺	동사	한자어	한+고
764	마약	麻藥	명사	한자어	한자어
765	마찰	摩擦	명사	한자어	한자어
중략					
2931	타자	打者	명사	한자어	한자어
2932	탁구	卓球	명사	한자어	한자어
중략					
3296	희생	犧牲	명사	한자어	한자어
3297	흰색	-色	명사	한자어	고+한

(2) 교육용 한자어를 대상으로 사용된 한자를 확인하면 총 1,412개의 한자를 추출할 수 있다. 이 한자와 결합하는 한자어들의 빈도를 합산하면 이것이 해당 한자의 조어력이 된다. 조어력 순에 따른 한자들 및 이들과 결합하는 한자어의 누적 빈도를 파악하면 다음과 같다.

⟨개별 한자의 조어력⟩(이영희, 2008)

순위	한자	조어력	누적 빈도	누적 비율(%)
1	인(人)	55	55	0.83
2	학(學)	50	105	1.58
3	생(生)	47	152	2.29
4	대(大)	46	198	2.98
5	적(的)	45	243	3.66
6	국(國)	44	287	4.32
7	일(日)	36	323	4.86
중략				
1411	절(折)	1	6640	99.98
1412	정(頂)	1	6641	100

위의 표에서 상위 7위까지의 조어력을 가진 한자들은 인(人), 학(學), 생(生), 대(大), 적(的), 국(國), 일(日) 등이다. 이들 7자를 익히면 323개의 관련 한자어를 유의미하게 확장할 수 있다. 전체 한자의 총 사용횟수는 6,641회이다. 그런데 1412개의 한자 중에서 조어력이 1인 한자가 469개, 2인 한자가 248개, 3인 한자가 155개를 차지하고 있어서 조어력 1~3인 한자가 872개로 전체의 62%가 된다. 따라서 조어력이 높은 한자를 중심으로 관련 한자어를 확장해 나가는 방식이 어휘력 향상에 매우 효과적이라고 할 수 있다.

(3) 조어력 산출의 효용성[강현화·김창구(2001:190)]

① 회화 교재에 나타난 한자어를 교육할 때, 해당 한자가 포함된 한자어를 예시, 나열, 비교함으로써 개별 한자의 어휘의 의미를 파악하는 데 도움을 줄 수 있다.

② 어휘 학습 시 해당 한자가 포함된 관련 어휘를 확장 교수함으로써 어휘 확장력을 키울 수 있다.

③ 교재 간 중복도가 높은 한자어를 구성하는 조어력 빈도가 높은 한자는 먼저 교수·학습되어야 할 한자의 목록이라 할 수 있다. 따라서 이는 기초 한자의 목록 작성에 활용될 수 있다.

④ 조어력 빈도가 높은 한자들은 한자 교재를 편찬함에 있어서도 활용할 수 있다.

(4) 위치별 빈도에 따른 한자 목록과 구체적인 예

〈위치별 빈도에 따른 한자 목록〉(이영희, 2008)

순위	한자	1음절	어두	어말	어중	1음절비	어두비	어말비	어중비	조어력	누적 빈도	누적 비율(%)
1	인(人)	1	23	31	0	1.82	41.82	56.36	0	55	55	0.83
2	학(學)	0	24	26	0	0	48	52	0	50	105	1.58
3	생(生)	1	16	30	0	2.13	34.04	63.83	0	47	152	2.29
4	대(大)	0	39	6	1	0	84.78	13.4	2.17	46	198	2.98
5	적(的)	0	0	45	0	0	0	100	0	45	243	3.66
6	국(國)	0	19	25	0	0	43.18	56.82	0	44	287	4.32
7	일(日)	2	12	22	0	5.56	33.33	61.11	0	36	323	4.86
					중략							
1411	절(折)	0	1	0	0	0	100	0	0	1	6640	99.98
1412	정(頂)	0	1	0	0	0	100	0	0	1	6641	100

위 표를 통해서 한자가 한자어의 조어에 참여할 때 어디에 얼마나 많이 위치하느냐를 알 수 있으며, 이는 한자어 속에서 한자의 위치는 한자어의 어휘 형성 원리와 한자어 내에서 해당 한자의 의미나 기능을 더욱 쉽게 이해하는 데 도움이 된다. 가령, '인(人)'(1위)은 어두에 23개(41.82%), 어말에 31개(56.36%)로 나타나, 비슷한 비율을 보이고 있는데, 이를 통해 '인(人)'이 이루는 한자어들은 그 의미와 기능이 매우 다양할 것임을 예상할 수 있다. 그리고 '불(不)'(11위)은 어두에서만 30개(100%)가 위치하여 접두사로서의 기능을 쉽게 짐작할 수 있다. 반대로 '적(的)'(5위)은 조어력이 45인데 어말에만 위치하며 접미사로서의 기능을 쉽게 이해할 수 있다.

⟨'학'(學)의 조어력과 위치별 빈도(이영희, 2008)⟩

한자	어두(24) 48%	어말(26) 52%
학(學)/50	학과(學科), 학교(學校), 학급(學級), 학기(學期), 학년(學年), 학문(學問), 학비(學費), 학생(學生), 학생증(學生證), 학습(學習), 학용품(學用品), 학원(學院), 학위(學位), 학자(學者), 학점(學點), 남학생(男+學生), 여학생(女+學生), 초등학교(初等+學校), 초등학생(初等+學生), 중학교(中+學校), 고등학교(高等+學校), 초등학교(國民+學校), 대학교(大+學校)	입학(入學), 입학시험(入學+試驗), 입학하다(入學~), 재학(在學), 방학(放學), 복학하다(復學~), 수학여행(修學+旅行), 유학(留學), 유학생(留學+生), 대학(大學), 대학교수(大學+教授), 대학생(大學+生), 대학원(大學+院), 중학생(中學+生), 장학금(獎學+金), 수학(數學), 화학(化學), 문학(文學), 정치학(政治+學), 경제학(經濟+學), 사회학(社會+學), 철학(哲學), 의학(醫學), 과학(科學), 과학자(科學+者), 과학적(科學+的)

위 표를 통해서 '학(學)'이 50개의 관련 한자어를 조어하였으며 그중 24개의 한자어에서는 어두에 위치했고, 26개의 한자어 중에서는 어말에 위치했음을 쉽게 알 수 있다. 학습자는 이러한 표를 통해 한자어의 어휘 형성 원리를 쉽게 이해할 수 있는데 특히 3음절 이상의 한자어 파생어에 대해서는 어근과 접사를 분리하여 표시함으로써 이러한 정보를 이용하여 한자어의 형태를 기억하는 '한자어 어휘 학습 전략'으로 이용할 수 있다.

2) 교육용 한자 선정 기준 및 목록

(1) 배경
① 직접 교수법에 의한 한자어 교육은 한자 형태소의 의미를 통해 한자어의 의미를 이해하고, 한자어의 어휘 형성 원리를 이용하여 한자어를 확장하는 것이다.
② 한자 형태소의 의미를 이용하기 위해서는 문자로서의 한자 교육이 도움이 된다. 문자에 대한 인식은 단어의 '형태(철자)'에 대한 인식을 강화시킴으로써 해당 단어를 장기 기억으로 가져가게 된다. [Schmitt(2000:45)]
③ 한자 교육과 연계한 한자어 교육을 위해서는 교육용 한자가 선정되어야 한다. 상형, 지사 등의 제자 원리로 만들어진 한자들이나 '인(人)', '학(學)', '대(大)' 등 조어력이 높은 한자들을 먼저 교육하는 것이 효율적이다. '강(江)', '산(山)' 등의 한자들은 대응 고유어가 없는 1음절 한자어이므로, 한자 학습이 곧 한자어 학습이 된다.

(2) 교육용 한자 선정 기준(이영희, 2008)
① 절충적 방법: 객관적 방법+주관적 방법
a. 객관적 방법: ⟨한국어 학습 사전⟩의 한자어를 형성하고 있는 한자를 조어력 순으로 추출
b. 주관적 방법: 한국어 교사 104명을 대상으로 교육용 한자 선정 기준에 대해 조사한 결과 반영

② 교육용 한자 선정 기준
a. 한국어 교육용 어휘에 포함된 한자어를 구성하는 한자여야 한다.
b. 조어력이 높은 한자여야 한다.

c. 1음절 한자어를 구성하면서 대응 고유어가 없는 한자가 우선시된다.

d. 외국인을 위한 한자 교재에서 중복도가 높은 한자여야 한다.

e. 사용 빈도가 높은 한자(일상생활에서 많이 보는 한자)여야 한다.

f. 한자 자체의 난이도(간단한 획수)가 고려되어야 한다.

g. 부수와 같이 다른 한자의 기초가 되는 한자가 우선시되어야 한다.

h. 한자어의 의미 투명성을 높일 수 있는 한자여야 한다. ['의미의 투명도'는 한자 뜻과 한자어 의미의 상관성을 의미하는데, '생일(生日)'은 투명도가 높지만, '공부(工夫)'는 투명도가 낮다.]

③ 교육용 한자 목록(이영희, 2008)

단계	교육용 한자	한자수
한자 초급 단계	<예비학습> 人, 火/灬, 水/氵, 木, 馬, 羊, 竹, 艹, 言, 日, 月, 刀/刂, 糸, 目, 宀, 食, 子, 門, 力, 山, 示, 冂, 見, 貝, 田, 川, 戈, 衣/衤 등 기초 부수 가(家) 각(各) 간(間) 강(江) 고(高) 공(工) 관(官) 교(交) 교(校) 구(九) 구(口) 국(國) 군(軍) 금(金) 기(己) 기(期) 기(氣) 기(記) 남(南) 남(男) 내(內) 녀(女) 년(年) 다(多) 대(代) 대(大) 대(對) 동(動) 동(同) 동(東) 등(等) 래(來) 력(力) 륙(六) 만(萬) 말(末) 모(母) 목(木) 목(目) 문(文) 문(門) 물(物) 미(未) 미(美) 반(半) 반(反) 발(發) 방(方) 백(白) 백(百) 법(法) 본(本) 부(父) 부(部) 북(北) 분(分) 불(不) 비(費) 사(事) 사(四) 사(社) 산(山) 삼(三) 상(上) 색(色) 생(生) 서(西) 선(先) 소(小) 소(少) 수(數) 수(水) 시(市) 시(時) 식(食) 실(實) 심(心) 십(十) 어(語) 언(言) 업(業) 오(五) 오(午) 외(外) 용(用) 월(月) 음(音) 이(二) 인(人) 일(一) 일(日) 입(入) 자(子) 자(者) 자(自) 장(場) 장(長) 적(的) 전(全) 전(前) 정(定) 정(正) 제(弟) 주(主) 중(中) 지(地) 차(車) 천(千) 천(天) 체(體) 초(初) 출(出) 칠(七) 토(土) 팔(八) 편(便) 평(平) 하(下) 학(學) 한(韓) 행(行) 형(兄) 화(化) 화(火) 회(回) 회(會) 후(後) 흑(黑)	128자

단계	교육용 한자	한자수
한자 고급 단계	가(可) 가(歌) 가(加) 개(改) 개(個) 객(客) 검(檢) 결(決) 경(經) 경(京) 경(境) 경(景) 경(警) 계(係) 계(計) 고(苦) 고(告) 공(攻) 공(共) 과(課) 구(舊) 구(球) 구(求) 구(構) 구(具) 구(究) 구(區) 국(局) 궁(宮) 권(權) 극(劇) 극(極) 근(近) 근(勤) 금(禁) 급(給) 급(急) 급(級) 기(器) 기(基) 기(技) 난(難) 념(念) 농(農) 능(能) 다(茶) 단(斷) 달(達) 담(談) 답(答) 당(堂) 대(待) 덕(德) 도(導) 도(圖) 도(島) 도(度) 독(獨) 독(毒) 득(得) 등(登) 락(落) 락(樂) 랭(冷) 량(良) 량(量) 량(兩) 려(旅) 력(歷) 련(練) 련(連) 령(領) 령(令) 례(例) 례(禮) 로(老) 로(勞) 류(留) 류(流) 류(類) 륙(陸) 리(離) 리(異) 만(滿) 매(賣) 매(買) 명(命) 무(務) 미(味) 박(博) 반(般) 방(訪) 방(防) 번(番) 변(變) 병(病) 보(步) 보(補) 복(服) 복(福) 복(複) 복(復) 부(府) 부(副) 부(負) 부(否) 불(佛) 비(飛) 비(備) 사(寺) 사(史) 사(思) 사(寫) 사(查) 사(謝) 상(想) 상(常) 상(傷) 상(像) 상(象) 상(狀) 상(賞) 서(序) 석(席) 선(線) 선(善) 선(鮮) 선(選) 설(設) 성(城) 성(姓) 세(稅) 세(勢) 세(歲) 소(消) 속(俗) 속(束) 속(續) 송(送) 수(收) 수(輸) 수(受) 수(修) 숙(宿) 술(術) 승(乘) 승(勝) 시(詩) 시(始) 시(試) 시(視) 식(識) 신(神) 씨(氏) 암(癌) 앙(央) 애(愛) 야(野) 약(藥) 양(陽) 여(與) 역(驛) 역(域) 여(研) 여(演) 열(熱) 영(永) 영(泳) 영(營) 예(豫) 온(溫) 완(完) 요(曜) 용(容) 우(優) 원(圓) 원(遠) 원(園) 원(願) 원(原) 위(危) 위(爲) 위(位) 유(油) 유(由) 유(遺) 육(育) 은(銀) 음(陰) 응(應) 의(依) 의(疑) 의(義) 이(移) 익(益) 인(仁) 인(印) 인(因) 인(引) 인(認) 임(任) 자(資) 장(將) 장(障) 재(材) 재(再) 재(財) 재(在) 쟁(爭) 적(敵) 적(適) 전(戰) 절(節) 접(接) 정(政) 정(整) 제(祭) 제(除) 제(濟) 제(際) 제(制) 제(製) 주(朝) 주(照) 주(祖) 주(造) 주(助) 존(存) 종(鍾) 종(終) 종(宗) 종(種) 죄(座) 죄(罪) 주(株) 주(洲) 주(州) 주(注) 주(酒) 준(準) 중(衆) 증(證) 지(知) 지(止) 지(持) 지(支) 지(指) 직(職) 직(直) 진(眞) 질(質) 집(集) 차(次) 찰(察) 창(窓) 책(責) 처(處) 청(淸) 청(請) 총(銃) 총(總) 취(取) 층(層) 치(治) 치(置) 칙(則) 친(親) 타(他) 탈(脫) 탕(湯) 택(宅) 토(討) 통(痛) 통(統) 퇴(退) 판(版) 판(販) 판(板) 판(判) 평(評) 표(票) 필(筆) 필(必) 하(賀) 한(限) 항(港) 해(害) 핵(核) 험(險) 험(驗) 협(協) 형(刑) 형(型) 형(形) 호(護) 호(號) 화(貨) 확(擴) 확(確) 환(換) 회(回) 획(劃) 효(孝)	303자
합계		595자

한자 중급 단계	가(價) 감(感) 강(姜) 강(强) 개(開) 거(去) 건(件) 격(格) 견(見) 결(結) 계(界) 고(古) 고(故) 공(公) 공(攻) 공(空) 과(果) 과(科) 과(過) 관(觀) 관(關) 관(館) 광(光) 교(敎) 금(今) 기(機) 단(單) 단(短) 답(答) 당(當) 도(圖) 도(道) 도(都) 동(冬) 로(路) 록(錄) 론(論) 료(料) 리(利) 리(李) 리(理) 림(林) 립(立) 망(亡) 매(每) 면(面) 명(名) 명(明) 무(無) 문(問) 문(聞) 민(民) 박(朴) 방(房) 별(別) 병(病) 보(報) 복(福) 부(夫) 부(婦) 비(比) 비(非) 사(使) 사(士) 사(寫) 사(師) 사(死) 사(私) 산(産) 상(商) 상(相) 서(書) 석(夕) 설(說) 성(性) 성(成) 세(世) 소(所) 수(手) 수(授) 수(數) 수(首) 습(習) 식(式) 신(信) 신(新) 신(身) 실(失) 실(室) 안(安) 안(案) 야(夜) 약(弱) 약(約) 양(洋) 연(然) 영(映) 영(英) 왕(王) 요(要) 우(右) 운(運) 원(原) 원(員) 원(院) 유(有) 윤(尹) 의(意) 의(議) 인(因) 자(字) 작(作) 장(張) 재(在) 저(低) 적(赤) 적(適) 전(傳) 전(專) 전(展) 전(轉) 전(電) 점(店) 점(點) 정(情) 정(鄭) 제(提) 제(題) 족(族) 졸(卒) 좌(左) 주(住) 주(晝) 주(週) 주(駐) 중(重) 진(眞) 진(進) 질(質) 책(冊) 청(靑) 최(崔) 최(最) 추(秋) 춘(春) 통(通) 특(特) 폐(閉) 표(表) 품(品) 필(必) 하(夏) 한(漢) 해(海) 해(解) 행(幸) 향(向) 현(現) 혼(婚) 화(畵) 화(話) 활(活) 황(黃) 휴(休)	164자

형성평가

1. 한자어 교육의 필요성에 대한 설명으로 맞지 않은 것은?
① 한국어 어휘에서 한자어 비중은 50% 이상이므로 한자어 교육이 필요하다.
② 한국어능력시험의 어휘 평가를 준비하기 위해서 필요하다.
③ 전문적인 학술어보다 일상생활에서 많이 쓰이는 어휘를 익히기 위해서 필요하다.
④ 비한자권 학습자들의 경우 한자를 배우는 것이 한자어를 익히는 데 도움이 된다.

정답: ③
해설: 학문 목적이나 전문 직업 목적의 최고급 한국어 학습자를 지향하는 경우 특히 한자어 전문 어휘에 대한 이해가 필요하다.

2. 한자어의 특성에 대한 설명으로 맞지 않는 것은?
① 조어력이 뛰어나서 새로운 한자어가 생긴다.
② 동의어가 많아서 의미 파악에 장애가 된다.
③ 의미가 분화적이고 세분화되었기 때문에 구체적이다.
④ 고유어에 비해서 동음어가 많지 않다.

정답: ④
해설: 축약력이 강해 긴 형태의 어휘가 축약된 형태로 자주 사용되며, 특히 이런 특성으로 말미암아 한자어의 사용이 늘어가며 동음어가 증가된다.

3. 한자의 형성(形成) 원리가 아닌 것은?
① 상형(象形) 원리
② 지사(指事) 원리
③ 전주(轉注) 원리
④ 형성(形聲) 원리

정답: ③
해설: '형성(形成) 원리'에는 '상형(象形)', '지사(指事)', '회의(會意)', '형성(形聲)'이 있고, '활용(活用) 원리'에 '전주(轉注)', '가차(假借)'가 있다.

4. 부수자에 대한 설명으로 맞지 않는 것은?
① 부수자는 한 부분을 대표하는 머리글자를 뜻하는 말이다.
② 부수자는 대부분 형성(形聲)자로 이루어져 있다.
③ 부수자는 모두 214자이다.
④ 부수자를 익힐 때는 의미의 유사성을 고려하면 도움이 된다.

정답: ②
해설: 부수자는 214자 중에서 180여자가 상형자이다.

5. 다음 내용 중 옳지 않은 것은?
① 한국어 한자 교육은 비한자권 학습자와 한자권 학습자를 구분하여 이루어진다.
② 비한자권 학습자의 경우 한자에 대한 기본 이해, 한자 사전 찾기 등을 배운다.
③ 한자권 학습자의 경우 나라별 한자어 음운 대응, 나라별 한자어 의미 비교 등을 배운다.
④ 언어권별 학습자들은 공통적으로 각 나라별 한자체 차이를 익힌다.

정답: ④
해설: 각 나라별 한자체 차이는 한자권 학습자들이 배울 내용이고, 언어권별 학습자들은 공통적으로 한국 한자어의 한국어 어휘 체계 내의 위상, 한국 한자어의 구조와 특징, 조어력 기반 한자어 학습법 등을 익힌다.

6. 교육용 한자의 선정 기준으로 맞지 않는 것은?
① 한국어 교육용 어휘에 포함된 한자어를 구성하는 한자여야 한다.
② 조어력이 높은 한자여야 한다.
③ 1음절 한자어를 구성하면서 대응 고유어가 많은 한자가 우선시된다.
④ 외국인을 위한 한자 교재에서 중복도가 높은 한자여야 한다.

정답: ③
해설: 1음절 한자어를 구성하면서 대응 고유어가 없는 한자가 우선시된다. 대응 고유어가 있으면 그 한자를 사용할 필요성이 줄어든다.

7. 다음 한자어 중 기원의 성격이 다른 것은?
① 가문(家門)
② 공부(工夫)
③ 도구(道具)
④ 사돈(査頓)

정답: ④
해설: ①, ②, ③은 '한문 고전'에서 가져온 어휘이나, ④는 우리나라에서 만든 한자어이다.

8. 밑줄 친 '고'와 한자가 같은 것은?

> 〈보기〉
> 주민들의 <u>고</u>충(苦衷)에 귀를 기울이고 문제 해결을 위해 노력하겠습니다.

① 국민신문고를 이용해 민원을 제기할 수 있다.
② 고진감래라더니 이렇게 좋은 일도 있구나.
③ 라디오가 고장이 났는지 소리가 나지 않는다.
④ 장인은 고도로 숙련된 기술을 지닌 사람이다.

정답: ②
해설: 고진감래(苦盡甘來)는 '쓴 것이 다하면 단 것이 온다는 뜻으로, 고생 끝에 즐거움이 옴을 이르는 말'이므로 '고충'의 '고'자와 같은 '쓸 고'자가 쓰였다.

제14장 수업 지도안 작성법

> **학습 목표**
> 1. 수업 지도안의 의미, 수업 지도안의 필요성, 수업 지도안 작성의 원리를 이해하고 활용할 수 있다.
> 2. 수업 지도안 작성할 때 유의할 점, 수업 지도안의 평가 방법, 작성법에 대해 알 수 있다.
> 3. 도입 단계, 제시 단계, 연습 단계, 활동 단계, 마무리 단계의 수업 지도안 작성법을 알고 실제 수업 지도안을 작성할 수 있다.

Ⅰ. 수업 지도안 작성의 의미와 수업 지도안 작성의 원리

1. 수업 지도안의 의미

수업 지도안은 교사가 수업을 위해서 계획한 내용을 순차적이고 구체적으로 나타낸 것을 말한다. 교사는 수업의 모든 요소들을 종합하여 수업 지도안을 작성함으로써 수업에 대한 충분한 계획을 할 수 있고 이에 따라 효과적인 수업을 진행할 수 있게 된다. 따라서 잘 준비된 수업 지도안은 보다 효율적이고 안정적인 수업을 할 수 있게 해 주며, 수업 지도안을 활용하여 수업을 한 후 그 결과를 반영하여 수업 지도안을 수정 보완하고 더 효과적인 수업을 계획할 수 있다.

2. 수업 지도안의 필요성

① 체계적이고 효율적인 교수·학습을 할 수 있다.
② 학습자의 요구와 특성을 고려한 수업을 준비할 수 있다.
③ 자신감을 심어 주고 정확하고 바른 교수를 할 수 있다.
④ 교육 목표에 맞는 강의를 할 수 있다.
⑤ 시간 관리를 효율적으로 할 수 있다.
⑥ 수업의 일관성을 유지할 수 있다.
⑦ 학습자 피드백을 반영하여 완성도 있는 수업을 할 수 있다.

3. 수업 지도안 작성의 원리

1) 수업 지도안 작성 원칙

① 수업 지도안은 수업 시간과 학생의 수준을 고려하여 구체적이고 상세하게 작성해야 한다.
② 수업 지도안이 곧 수업 내용이 될 수 있도록 객관적이고 근거 자료가 명확해야 한다.
③ 내용을 한눈에 식별할 수 있도록 깨끗하게 작성하고, 중요한 사항에는 표시를 해 둔다.
④ 다른 사람의 수업 지도안을 그대로 사용하지 않고 자신이 사용하기 편리하도록 수정·보완 해야 한다.

2) 학습 목표 설정

학습 목표는 학습자의 학습 목적이나 학습 동기, 배경, 특성, 숙달도, 학습 기간 등에 따라 세분화해서 설정해야 한다. 또한 학습 목표는 수업의 방향을 벗어나지 않고 효과적인 교수 방법과 평가를 하는 데에 매우 중요하게 사용된다. 또한 학습자들이 주의를 기울일 수 있도록 해 주기 때문에 학습 효과를 높일 수 있다. 따라서 학습 목표는 첫째, 〈'-(으)ㄹ게요'를 사용해서 다른 사람과 약속할 수 있다.〉와 같이 학습 결과를 기술해야 한다. 둘째, 교육 과정의 목표와 일치해야 한다. 셋째, 명확하고 실행 가능한 것이어야 한다.

3) 학습 내용의 선정 및 조직

(1) 학습 내용의 선정 기준
① 내용의 타당성: 내용을 선정할 때는 교육 목표에 부합하고 학습자 수준에 맞는 내용이어야 한다.
② 내용의 유용성: 학습자가 실제 상황에서 유용하게 사용할 수 있는 내용이어야 한다.
③ 학습 가능성: 교사가 학습자에게 맞게 가르칠 수 있는 내용이면서 학습자가 학습할 수 있는 것이어야 한다.
④ 연계성: 내용이 학습 목표와 연계가 잘 되어야 한다.

(2) 학습 내용의 조직 원리
① 계열성의 원리: 한국어 문법에서 순서가 어떻게 조직되느냐에 따라 교수·학습의 효율성이 달라지기 때문에 문법의 난이도 위계, 즉 난이도에 따른 순서를 정해야 한다.
② 계속성의 원리: 학습자가 학습한 내용이 일시적으로 끝나 버리는 것이 아니라 계속하여 연계되어야 한다.
③ 범위의 원리: 가르쳐야 할 내용과 관련되는 어휘, 표현 등을 어느 정도까지 넓혀서 가르쳐야 하는지 범위를 정해야 한다.
④ 통합성의 원리: 말하기, 듣기, 읽기, 쓰기의 네 가지 언어 기능들이 자연스럽게 연결되어 통합 교육이 될 수 있도록 해야 한다.

(3) 학습 활동
① 도입
학습 활동의 첫 단계로서 교사와 학습자 간에 학습을 위한 자연스러운 분위기를 조성하고 오늘 학습할 내용을 노출해 학습자들에게 흥미를 높이고 배경지식을 활성화하도록 해야 한다.
② 전개

학습의 중심이 되는 단계로 제시(설명), 연습, 활동의 순서로 진행한다. 제시에서 오늘 배울 내용을 상황과 함께 형태와 의미를 제시하고 설명한다. 연습에서는 오늘 배운 내용을 구조적, 유의적 연습을 통해 익히도록 한다. 활용에서는 오늘 배운 내용으로 실제 상황을 고려한 다양한 활동을 한다.

③ 정리

본 시간에 학습한 내용에 대해 간단히 점검하는 단계로 질문을 통해 학습자의 이해를 확인할 수 있다. 또한 학습 과제를 제공하고 다음 시간의 예고를 한다.

4. 수업 지도안 작성할 때 유의할 점

① 학습자 중심으로 수업 교안을 작성해야 한다.
② 새 어휘와 문법, 문형을 먼저 제시해야 한다.
③ 비슷하거나 같은 문형일 때는 문장 구조의 제약 조건을 비교해서 제시한다.
④ 제시 문장이나 질문은 짧은 문장에서 긴 문장의 순서로 만들어야 한다.
⑤ 예문은 자연스럽고 다양해야 하며 학습자의 배경지식에 맞게 제시해야 한다.
⑥ 실제로 사용할 수 있는 생동감을 유발할 수 있는 살아있는 문장을 제시해야 한다.
⑦ 매 학기 학습자의 배경이나 수준, 특성, 상황에 맞게 보충하거나 새롭게 작성해야 한다.
⑧ 수업 후 교안에 대한 평가를 하고 부족한 부분이나 새로운 내용, 방법 등을 보완하는 것이 필요하다.

5. 수업 지도안의 평가

수업 지도안이 도입, 전개(제시-연습-활용), 마무리의 순으로 구성되어 있는지, 도입 부분이 학생들의 관심과 흥미를 유발하고 배경지식을 활성화하게 했는지 확인해야 한다. 전개에서 어휘와 문형이 유기적이고 단계적으로 제시되었는지 확인하고, 적절성과 타당성, 그리고 각 급에 나오는 기본 어휘나 문형이 잘 다루어졌는지 확인한다. 또한 학생들의 발화를 유도하기 위한 교사의 질문은 적절했는지, 학생들이 학습하기 어려운 문형들이 무엇이었는지 확인한다.

6. 수업 지도안 작성법

1) 수업의 전체 개요

학습자의 숙달도, 학습 목표, 문법, 기능, 수업 내용, 단원 주제, 수업 일시(차시), 준비물, 시간 등을 제시한다.

① 단원 주제: 수업할 단원에서 성취해야 할 목표와 관련된다.
② 학습 목표: 수업을 통해 학습자가 성취해야 하는 것으로 해당 단원의 목표와 연계하여 적는다. 또한 수업에서 도달되어야 하는 목표를 학습자 중심으로 구체적으로 적는다.('-(으)ㄹ게요'의 형태 의미, 쓰임을 알고 이를 활용할 수 있다. / '-(으)ㄹ게요'를 사용해서 다른 사람과 약속할 수 있다.)
③ 문법: 수업에서 학습하게 될 한국어 문법 또는 문형을 제시한다.

④ 기능: 수업의 목표 문법이 가지는 의미와 관련하여, 문법을 사용하여 수행할 수 있는 기능을 제시한다.(자기 소개하기, 길 안내하기 등)

2) 수업 지도안 작성 방법
① 학습의 단계별 수업 진행을 순차적, 구체적으로 기술한다.
② 교사가 수업 진행을 위해 계획하고 있는 발화와 이에 대한 학습자의 예상 발화를 기술한다. 특히, 도입 단계는 교사/학습자 발화를 적어 수업의 흐름을 파악할 수 있도록 한다.
③ 연습 단계는 연습 형식(유형 및 방법), 내용 등을 구체적으로 기술한다.
④ 활동마다 소요되는 예상 소요 시간을 제시하고 사용하는 학습 자료(유인물, 칠판 제시물, 사진/그림 등 시각 자료)와 수업 운영에 필요한 기자재(CD, PPT 등)의 사용 시점과 사용 방법 및 사용 내용 등을 명시적으로 기술한다.

3) 수업 절차
[도입]: 학습 목표 인식/흥미 유발/배경지식 활성화
㉠ 학습 목표를 자연스럽게 노출, 유도하여 학습자를 동기화시키는 단계
㉡ 일방적인 전달보다 유의미한 문맥 속에서 자연스럽게 학습 목표 노출
㉢ 학습할 문법 항목(어휘, 표현, 문법)을 도입

교사 유도 대화
T: 마이클 씨 집에 가 봤어요? S: 네, 가 봤어요./아니요, 안 가 봤어요. T: 수미 씨는 다니엘 씨 집에 가 봤어요. 간 적이 있어요. 　 흐엉 씨는 안 가 봤어요. 간 적이 없어요. → 관련 대화를 하면서 문법 항목이 사용되는 상황을 이야기함.
T: 지금 뭐 해요? S: 공부해요. T: 민수 씨는 지금 공부해요. 어제는요? S: 친구를 만나요. T: 아, 어제 친구를 만났어요. → 선행 문법을 복습하면서 새로운 문법 항목이 사용되는 상황을 이야기함.

[제시]: 문법 규칙 제시/의미/형태/화용
㉠ 교사가 목표 학습 항목을 이해시키는 단계
㉡ 실제적인 문맥 속에서 학습 목표를 분명하게 제시해야 함

ⓒ 문법 내용(의미, 형태)을 명확하게 제시해야 함
ⓔ 연습 단계에서 사용될 단어와 표현을 제시해야 함

> 가. 직접 설명하기
> 교사가 메타언어를 사용하여 문법 항목의 의미와 형태를 직접 설명한다.
>
> > **예** 친구를 만나서 영화를 봤습니다.
> > 친구를 만나고 영화를 봤습니다.
>
> 나. 그림이나 실물 이용하기
> "-지 마세요"에 대한 의미와 형태 제시
> 다. 두 문장 비교해 보기
> 순서의 '-아서/어서(기 학습)'와 '-고(목표 항목)'

- [연습]: 구조적(형태적)연습/유의미한 연습
ⓐ 제시 단계에서 이해한 의미나 규칙을 반복 학습을 통해 내재화시키는 단계
ⓑ 선행 학습 요소와 통합된 연습이 이루어져야 함
ⓒ 연습은 단순한 것에서 복잡한 것으로 진행
■ 통제된 반복 학습: 따라 하기, 교체 연습, 변형 연습, 문장 구성 연습, 문답 연습 등
■ 기계적인 반복연습에서 유의적 연습으로 이어져야 함

가. 따라 하기
1) 교사가 쇼핑하는 그림을 보여 주면서 말하면 학습자들이 따라 한다.
교사: "주말에 무엇을 하고 싶어요?"
학습자: "주말에 무엇을 하고 싶어요?"

2) 교사가 다른 사람인 것처럼 연기하면서 말하면 학습자들도 따라 한다.
교사: "저는 주말에 쇼핑을 하고 싶어요."
학습자: "저는 주말에 쇼핑을 하고 싶어요."

나. 교체 연습
1) 문법 항목이 들어간 문장을 칠판에 쓴다.
가: 주말에 무엇을 하고 싶어요?
나: 고 싶어요.

2) 준비한 그림 카드를 보여 주고 교사가 한 학습자와 대화를 하며 시범을 보여 준다.

3) 소집단별로 그림 카드를 이용해 내용을 바꾸어 연습을 한다.

학습자 1: 방학 때 무엇을 하고 싶어요?

학습자 2: (그림을 골라 보여 주며) 저는 여행을 가고 싶어요.

(다른 학습자에게) 방학 때 무엇을 하고 싶어요?

학습자 3: (그림을 보여 주며) 저는 기타를 배우고 싶어요.

(반복)

다. 전환하기

> 나는 아침에 운동을 해요
> → 나는 아침에 운동을 하지 않아요.

라. 연결하기

| 돈이 없다 |
| 피곤하다 |

| 친구를 만나다 |
| 여행을 가다 |

- 돈이 없어서 여행을 못 가요.
- 피곤해서 친구를 못 만나요.

마. 문장 완성하기

※ 대화에 들어갈 말을 [보기]에서 골라 대화를 완성하세요.

[보기]

비가 안 오다/약속이 없다/숙제가 없다/바쁘다

1) 가: 내일 등산을 갈 수 있어요?
   나: 네, 비가 안 오면 등산을 갈 수 있어요.
2) 가: 오늘 저녁에 같이 영화 보러 갈 수 있어요?
   나: 네, 보러 갈 수 있어요.

[활동]: 실제 적용 활동/과제 수행

> ① 도입, 제시, 연습 단계를 통해 학습한 언어 내용을 의미 전달이나 기능 수행에 중점 → 과제(task) 수행
> ※ 과제 활동은 말하기, 듣기, 읽기, 쓰기 중 선택적으로 사용
> ② 학습한 어휘와 문법 형태들을 이용하여 과제를 교실에서 연습
> ③ 학습자가 자율적인 활동이 되도록
> ④ 가능한 단계적인 활동 방법을 구체적으로 제시

가. 역할극
- 실제와 유사한 상황을 가정하여 각각의 역할을 맡아 대화하는 활동

나. 정보 차 활동
- 짝을 지은 후 서로 다른 정보지를 나누어 준다.
- 정보 차 활동을 어떻게 하는지 설명하고 시범을 보인다.

"여러분은 여러분이 가진 그림을 서로 보여 주면 안 됩니다. 먼저 그림 A를 가진 사람이 질문하면 그림 B를 가진 사람이 대답하십시오. 서로 질문하고 들은 답을 쓰십시오."

- 연습이 끝나면 서로 정보지를 보면서 수정하거나 확인한다.

다. 게임
- 학습자의 흥미를 유도하여 목표를 달성하도록 하는 활동이다. 빙고 게임, 369 게임 등

라. 인터뷰

> 먼저 교사가 한 학습자에게 인터뷰를 하면서 시범을 보인다.
> 교사: 스타스 씨는 제일 친한 친구가 누구예요?
> 학습자: 세르게이 씨요.
> 교사: 어떻게 만났어요?

① 정보지에 비어 있는 질문은 학습자 스스로 만들어 넣어 질문하게 한다.
② 교사는 학습자들이 질문을 만드는 동안 돌아다니며 질문을 잘 만들었는지 확인한다.
③ 질문지를 각자 들고 교실을 돌아다니면서 서로 질문을 하고 그 대답을 쓴다.
   질문을 하면서 그 이유에 대해서도 간단하게 서로 이야기하도록 한다.

마. 문장이나 대화 만들기

1) 그림을 보면서 학습자들과 그 내용에 대해 간단히 이야기한다. 모르는 어휘나 표현은 넘어가거나 설명해 준다.

> 교사: 이 그림을 보세요. 무슨 일이 있는 것 같아요?
> 학습자: 차가 많이 막혀요.
> 교사: 시계를 보니까 9시예요. 학교에 늦었어요.

2) 학습자들은 그림을 기초로 자신의 상상을 넣어서 글을 완성한다.

3) 창의적인 내용을 쓴 몇몇 학습자의 글을 발표하게 한다.

[마무리]: 수업 내용 정리 · 평가/과제 부과/다음 차시 예고

> ① 교육 내용을 정리하고 교육 내용과 관련해 학습자들을 격려하고 용기를 북돋우는 단계
> ② 미진한 요소를 강화시키는 단계
> ③ 질문 등을 통해 학습 달성 여부를 확인 → 학습자의 성취도 평가
> ④ 숙제 제시, 다음 차시 학습에 대한 예고 및 동기 부여

7. 수업 지도안의 실제

■ 초급 단계 교안의 예

숙달도	1급		
단원 주제	한국 음식을 만들 수 있어요?(제00과)		
수업 내용(목표 문법)	'V-(으)ㄹ 수 있다/없다'		
수업 목표	1. 'V-(으)ㄹ 수 있다/없다'의 형태, 의미, 쓰임을 알고 이를 활용할 수 있다. 2. 'V-(으)ㄹ 수 있다/없다'를 사용해서 능력의 유무와 가능성의 여부를 말할 수 있다.		
수업 일시	년 월 일		
준비물	PPT 자료, 연습 활동 유인물	수업 시간	50분

단계 (시간)	교수 · 학습 활동	교구/유의할 점
도입 단계 (5분)	목표 문법의 의미를 나타낼 수 있는 적절한 대화 상황으로 이끌면서 목표 문법을 자연스럽게 노출시킨다. 교: 여러분, 안녕하세요? 학: 선생님, 안녕하세요. 교: 여러분, 내일은 무슨 요일이에요? 학: 토요일이요. 교: 네, 토요일이에요. 주말이에요. 나티 씨, 내일 무엇을 할 거예요? 학: 내일 극장에서 한국 영화를 볼 거예요. 교: 한국 영화를 볼 거예요? 선생님도 극장에서 영화를 보고 싶어요. 선생님은 이번 주말에 바빠서 영화를 못 봐요. 영화를 볼 수 없어요. 샤오밍 씨, 주말에 뭐 해요? 학: 친구와 같이 떡볶이를 먹으러 갈 거예요. 교: 그래요? 선생님도 떡볶이를 아주 좋아해요. 지난 주말에 집에서 만들었어요. 선생님은 떡볶이를 잘 만들어요. 떡볶이를 만들 수 있어요. 그러면 오늘 수업을 시작할까요?	학생들이 흥미를 가지고 있는 주제를 선택하여 대화를 이끌도록 한다.

제시 단계 (10분)	목표 문법의 제시 단계로 목표 문법의 의미와 형태를 대화 상황을 통해 명확하게 제시한다. *목표 문법 제시 오늘의 목표 문법을 칠판에 제시한다. *목표 문법의 의미 설명 | 'V-(으)ㄹ 수 있다/없다' | PPT 화면에 그림과 예문을 제시하여 'V-(으)ㄹ 수 있다/없다'의 의미를 설명한다. 교: 여러분, 오늘은 '-(으)ㄹ 수 있다/없다'를 배울 거예요. 교: (피아노 치는 사진을 보여 주며) 아이가 무엇을 하고 있어요? 학: 피아노를 쳐요. 교: 네, 피아노를 치고 있어요. 아이는 피아노를 배웠어요. 그래서 피아노를 쳐요. 피아노를 칠 수 있어요. 교: 선생님은 피아노를 못 쳐요. (손으로 X 동작하며) 피아노를 안 배웠어요. 그래서 피아노를 못 쳐요. 피아노를 칠 수 없어요. 교: (다리를 다친 사진을 보여 주며) 이 사람 다리가 어때요? 학: 다쳤어요./아파요. 교: 네, 이 사람 다리를 다쳤어요. 운동을 해요? 못 해요? 학: 운동을 못 해요. 교: 그래요. 이 사람은 다리를 다쳐서 운동을 못 해요. 운동을 할 수 없어요. *목표 문법의 형태 제시 | 받침 O: + -을 수 있다/없다 받침 X, 받침 'ㄹ': + -ㄹ 수 있다/없다 | | V	+ -ㄹ 수 있다/없다	V	+ -을 수 있다/없다
---	---	---	---
가다		먹다	
보다		읽다	
하다		신다	
마시다		씻다	
숙제하다		*듣다	
만들다		*걷다			PPT자료 사진자료

연습 단계 (15분)	목표 문법의 연습 단계이다. 연습 활동은 단순한 것에서 복잡한 것의 순서로 제시한다. 연습 1.(단순 교체 연습) 사진(그림)을 보고 〈보기〉와 같이 문장을 만드세요. 	그림 또는 사진	-(으)ㄹ 수 있어요.	-(으)ㄹ 수 없어요.
〈보기〉수영을 하다. 1. 김치를 먹다. 2. 운동을 하다. 3. 영화를 보다. 4. 운전을 하다. 5. 자전거를 타다. 6. 음식을 만들다. 7. 친구를 만나다.	수영을 할 수 있어요.	수영을 할 수 없어요. | 연습 2. (묻고 답하기 연습) 짝과 함께 묻고 답하세요. (짝과 함께 'V-(으)ㄹ 수 있다'를 사용하여 질문을 하고, 자신이 할 수 있는지 없는지 질문에 대해 긍정/부정의 대답을 하게 한다.) 〈보기〉 학생 1: 한국어를 할 수 있어요? 학생 2: 네, 한국어를 할 수 있어요. | 그림 또는 사진	-(으)ㄹ 수 있어요.	-(으)ㄹ 수 없어요.
〈보기〉수영을 하다. 1. 김치를 먹다. 2. 운동을 하다. 3. 영화를 보다. 4. 운전을 하다. 5. 자전거를 타다. 6. 음식을 만들다. 7. 친구를 만나다.	수영을 할 수 있어요.	수영을 할 수 없어요.		연습 활동이 이루어지는 동안 교사는 각 학습자의 활동을 관찰하며 오류를 수정해 준다.

		목표 문법을 이용한 실제 의사소통 단계이다. 목표 문법을 사용할 수 있는 상황을 제시하여 담화를 구성하게 한다거나 또한, 그 상황에서 사용할 수 있는 기능 표현을 연습할 수 있도록 활동을 구성한다. 활동 1. 빙고 게임 '한국어, 영어, 수영, 태권도, 운전, 축구, 노래, 음식(만들다), 자전거 등'을 'V-(으)ㄹ 수 있다/없다'로 자신의 능력의 유무를 표현하여 9개의 빈칸을 채운 후, 돌아가며 한 명씩 말해서 빙고 선을 먼저 만드는 사람이 이기는 게임을 한다. | 한국어를 할 수 있어요. | | | |---|---|---| | | | | | | | | 활동 2. 짝을 지어 활동지를 나누어 주고 빈칸에 맞을 단어와 문형을 사용하여 담화를 완성하여 다른 학생들 앞에서 이야기하게 한다. **예** 가: --씨, 오늘 영화관에서 같이 영화를 볼 수 있어요? 나: 아니요, 약속이 있어서 같이 영화를 볼 수 없어요. 가: 그러면, 언제 같이 영화관에 갈 수 있어요? 나: 내일, 같이 갈 수 있어요. 제주도/여행 (오늘/내일/주말/월요일/금요일/다음 주) (바빠서/숙제가 많아서/약속이 있어서) 가: -- 씨, _____(에), _____(에/에서) 같이_____? 나: 아니요,_____ 같이_____. 가: 그러면, 언제 같이 _____에(가다)_____? 나: _____, 같이(가다)_____.	
활동 단계 (15분)			PPT자료 활동지

활동 단계 (15분)	공원/자전거 (오늘/내일/주말/월요일/금요일/다음 주) (바빠서/숙제가 많아서/약속이 있어서) 가: -- 씨, _____(에), _____(에/에서)같이_____? 나: 아니요,_____ 같이_____. 가: 그러면, 언제 같이 _____에(가다)_____? 나: _____, 같이(가다)_____. 도서관/공부 (오늘/내일/주말/월요일/금요일/다음 주) (바빠서/숙제가 많아서/약속이 있어서) 가: -- 씨, _____(에), _____(에/에서) 같이_____? 나: 아니요,_____ 같이_____. 가: 그러면, 언제 같이 _____에(가다)_____? 나: _____, 같이(가다)_____.	PPT자료 활동지
마무리 단계 (5분)	교: 선생님은 한국 사람이에요. 한국어를 할 수 있어요. 샤오밍 씨도 한국말을 할 수 있어요? 학: 한국어를 배워서 조금 할 수 있어요. 교: 네, 샤오밍 씨는 한국말을 조금 할 수 있어요. 흐엉 씨는 요리를 할 수 있어요? 학: 네, 요리할 수 있어요. 교: 수업이 끝나고 선생님은 식당에 가서 밥을 먹을 거예요. 마이클 씨, 같이 밥을 먹을 수 있어요? 학: 미안해요. 오후에 약속이 있어서 같이 밥을 먹을 수 없어요. 교: 네, 알겠어요……. 교: 여러분, 오늘 'V-(으)ㄹ 수 있다/없다'를 배웠어요. 질문 있어요? 학: 아니요, 없어요. 교: 네, 좋아요. 여러분, 오늘 숙제가 있어요. 워크북 OO 쪽이에요. 오늘도 열심히 공부했어요. 내일 만나요.	

형 성 평 가

1. 수업 지도안 작성 시 학습 내용의 선정 기준이 아닌 것은?
① 학습 가능성
② 내용의 유용성
③ 내용의 계속성
④ 내용의 타당성

정답: ③
해설: 학습 내용의 선정 기준은 내용의 타당성, 내용의 유용성, 학습 가능성, 연계성 등이 있다. 계속성의 원리는 학습 내용의 조직 원리에 해당한다.

2. 교안 작성 시 학습 목표 설정에 대한 설명으로 옳지 않은 것은?
① 학습 목표는 명확해야 한다.
② 학습 목표는 학습 과정을 기술해야 한다.
③ 학습 목표는 실행할 수 있는 것이어야 한다.
④ 학습 목표는 교육 과정의 목표와 일치해야 한다.

정답: ②
해설: 학습 목표는 학습 과정이 아닌 학습 결과를 기술해야 한다.

3. 수업 지도안 작성할 때 유의할 점으로 알맞지 않은 것은?
① 학습자 중심의 설계를 해야 한다.
② 새 어휘는 새 어휘가 나올 때마다 제시해야 한다.
③ 제시 문장은 짧은 문장에서 긴 문장의 순으로 제시해야 한다.
④ 비슷하거나 같은 문형은 문장 구조의 제약 조건을 비교해서 제시한다.

정답: ②
해설: 새 어휘와 문법, 문형은 먼저 제시해야 한다.

4. 수업 지도안의 평가에 대한 내용으로 적절하지 않은 것은?
① 어휘와 문형은 유기적이고 단계적인지 확인한다.
② 도입 부분이 학생들의 관심과 흥미를 유발할 수 있는지 확인한다.
③ 교사의 질문에 대한 학습자들의 발화는 적절했는지 확인한다.
④ 각 급에 나오는 기본 어휘나 문형이 잘 다루어졌는지 확인한다.

정답: ③
해설: 학생들의 발화보다는 학생들의 발화를 도출하기 위한 교사의 질문이 적절한지 확인해야 한다.

5. 수업 지도안 작성 단계 중 제시 단계에서 해야 할 것이 아닌 것은 무엇인가?
① 의미 제시
② 형태 설명
③ 문법 설명
④ 의미 노출

정답: ④
해설: 의미 노출은 도입 부분에서 이루어진다. 제시 단계에서는 의미에 대한 제시와 설명이 이루어져야 한다.

6. 다음 중 연습 단계의 연습 방법이 아닌 것은 무엇인가?
① 따라 하기
② 전환하기
③ 역할극 하기
④ 교체 연습하기

정답: ③
해설: 역할극 하기는 실제 상황을 재현해 보는 활동이므로 활용 단계의 연습 방법이다.

7. 수업 지도안 작성 단계 중 활동 단계의 설명으로 알맞지 않은 것은 무엇인가?
① 가능한 활동 방법에 대해 구체적으로 제시해 줘야 한다.
② 의미 전달이나 기능 수행에 중점을 두고 이루어져야 한다.
③ 실제 상황과 같은 과제를 교실에서 수행해 보게 이루어져야 한다.
④ 필요한 경우가 아니면 교사의 주도하에 활동이 이루어져야 한다.

정답: ④
해설: 실제 상황처럼 활용하는 단계는 활동 단계이다. 그러므로 교사의 주도하에 이루어지는 것이 아니라 학습자들이 적극적으로 참여하여 연습이 이루어지는 단계가 활동 단계이다.

8. 다음은 수업 지도안 작성을 설명한 것입니다. 설명이 알맞지 않은 것은?
① 도입 단계에서는 학습자들을 동기화시켜 줘야 한다.
② 제시 단계에서는 형태에 대한 설명을 해 줘야 한다.
③ 연습 단계에서는 의미에 대한 설명을 한 후에 연습을 해야 한다.
④ 활동 단계에서는 실제 생활에서의 의사소통을 목적으로 구성해야 한다.

정답: ③
해설: 의미에 대한 설명은 연습 단계가 아닌 제시 단계에서 이루어져야 한다.

제15장 한국어 어휘 교육론

> **학습 목표**
> 1. 어휘 교육과 어휘 교육에 대해서 설명할 수 있다.
> 2. 단어 형성법에 따른 어휘 교육의 내용을 알 수 있다.
> 3. 어휘 교육의 원리, 학습 전략, 활동 유형을 알고 이를 활용할 수 있다.

Ⅰ. 어휘 교육의 이해

단어는 의미를 가진 최소 단위로 띄어쓰기의 단위가 된다. 그러나 어휘는 여러 단어가 모여서 이루어진 집합으로, 접사와 단어, 연어, 관용구 등을 모두 포함한다.

1. 어휘 교육의 필요성

1) 어휘 교육은 왜 필요한가?

'문법 없이는 의미가 거의 전달되지 않지만 어휘가 없으면 의미가 전혀 전달되지 않는다(David Wilkins).'

언어 습득은 어휘를 배우는 것으로 시작하고, 언어를 효과적으로 수사하는 데 없어서는 안 되는 필수 도구이다. 또한 어휘는 문장을 이해하는 데에 가장 중요한 역할을 하며 어휘 지식이 독해력에 매우 중요한 역할을 한다.

2) 어휘 교육의 무용론

'외국어를 배우는 데 있어서 제일 중요한 것은 소리 체계와 문법 구조를 배우는 것이지 어휘를 배우는 것은 아니다(Fries, 1945).' 따라서 언어의 통사적 구조를 연습하는 데 필요한 어휘만 알고 있으면 충분하다. 어휘 교육에 부정적인 학자들은 학습자가 필요로 하는 단어를 예측할 수 없고, 어휘 학습은 어휘의 축적일 뿐 언어를 배우는 데에 도움이 되지 않는다고 보았다. 1960년대의 변형 문법에서도 역시 어휘는 주변적인 것이며 질서 있는 문법의 불규칙한 부분으로 여겼다.

3) 어휘 교육의 유용론

'문법이 없이는 의미가 거의 전달되지 않지만 어휘가 없으면 의미는 전혀 전달되지 않는다.'고 하여 어휘는 성공적인 제2 언어의 사용을 위해 적당량이 필수적으로 필요하다고 보았다. 1970년대 중반부터 어휘가 언어 기술(skill) 중의 하나라는 입장이 나타나기 시작했다.

2. 외국어 교수법과 어휘 교육

1) 문법 번역식 교수법
문법 번역식 교수법에서 어휘 교육은 별다른 주목을 받지 못했지만 어휘의 비중은 높은 편이었다. 어휘 학습의 수단은 번역으로, 어휘는 번역할 문장을 구성하고 있는 문법 항목으로 설명하기 위한 수단이었다. 따라서 어휘는 기본적으로 교수의 대상이 아니라 암기를 통해 어휘의 양을 늘리는 것에 초점을 두었다.

2) 직접 교수법
직접 교수법은 모국어로 번역하지 않고 직접 목표 언어를 사용하여 가르치는 것으로 실생활에서 언어 사용을 중시한 음성 중심 교수법이다. 따라서 어휘 역시 실제 생활에 필요한 것을 목표 언어로 가르쳤다.

3) 청각 구두식 교수법
청각 구두식 교수법은 문맥을 통해 어휘를 습득하도록 했는데 모국어와 목표어의 의미 대조 목록을 사용하는 것은 금지했다. 학습자의 어휘 확장은 읽기를 통해 가능하다고 보았으나 어휘 교육에 대해 특별한 관심을 두지는 않았다.

4) 인지주의 교수법
인지주의 교수법은 모국어의 역할을 강조한 문장 단위 중심의 접근법이다. 이 교수법에서는 모국어의 어휘 형성 원리를 바탕으로 목표 언어의 어휘도 형성할 수 있다고 보았다.

5) 의사소통식 교수법
의사소통식 교수법이 등장하면서 어휘 교수의 측면에서 전환점이 이루어졌다. 이 교수법에서는 문법 교육보다 어휘 교육을 더 강조했다.

6) 통합 교수법
통합 교수법에서는 문법적 언어 능력 외에 담화 구성 능력과 사회언어학적 능력도 강조했다. 따라서 어휘 교육에 대한 비중을 높였다.

3. 어휘의 역할과 어휘 지식

1) 어휘의 역할
어휘는 의사소통을 위한 재료의 역할을 하는 것으로, 알고 있는 어휘의 양이 많으면 화자가 말하고자 하는 내용이 풍부해진다. 또한 어휘는 의사소통을 위한 내용을 구성하는 역할을 한다.

2) 어휘를 안다는 것은?

어휘를 안다는 것은 기본적으로 단어의 형태(소리)와 의미를 안다는 것을 의미하며, 하나의 어휘와 다른 어휘와의 관계, 즉 의미를 인지할 수 있다는 것을 의미한다. 어휘는 다른 어휘와의 관계에 의해 의미가 확정되기 때문이다.(정이 들다/정이 가다/정이 떨어지다/정을 느끼다)

3) 한국어 어휘의 특징

한국어는 언어 유형론적으로 구분했을 때 교착어(첨가어)에 속한다. 따라서 어근과 어근, 어근과 접사, 어근과 어미 등으로 결합하여 계속해서 새로운 어휘를 만들 수 있다.

① 동음이의어, 유의어가 많다.
② 존칭어와 친족어가 매우 발달했다.
③ 감각어(의성의태어)가 발달했다.
④ 색채어가 발달했다.

II. 어휘의 선정과 어휘 교육 방법

1. 어휘의 선정

1) 어휘 선정 기준
① 일상생활에서 빈도가 높은 어휘를 선정한다.
② 교재의 주제와 관련된 어휘를 선정한다.
③ 학습자의 이용 가능성이 높은 어휘를 선정한다.
④ 기본 의미를 가진, 의미 영역이 넓은 어휘를 선정한다.
⑤ 문법 교수요목과 연계를 가진 어휘를 선정한다.(문법 이해를 위한 필수적인 기능어)

2) 어휘의 수 선정 기준
① 학습자의 등급에 따라 어휘 수를 선정한다.
② 학습자의 어휘에 대한 친숙도에 따라 어휘 수를 선정한다.
③ 어휘의 난이도에 따라 어휘 수를 선정한다.
④ 이해 어휘(passive vocabulary)와 표현 어휘(speaking vocabulary)를 구분하여 어휘 수를 선정한다.

3) 등급별 어휘 항목

1급
■ 일상생활에 필요한 가장 기본적인 어휘 ■ 사적이고 친숙한 소재와 관련된 가장 기본적인 어휘 ■ 기본 인칭 및 지시 대명사, 의문 대명사 ■ 주변의 사물 이름 및 위치 관련 어휘 ■ 수와 셈 관련 어휘 ■ '크다', '작다' 등과 같은 기본적인 형용사 ■ '오다', '가다' 등과 같은 기본적인 동사 ■ 물건 사기, 주문하기 등 기본적인 생활과 관련된 기초 어휘

2급
■ 일상생활에서 자주 사용되는 어휘 ■ 공공 시설 이용 시 자주 사용되는 기본적인 어휘 ■ '제주도', '민속촌' 등 자주 접하는 고유 명사 ■ '깨끗하다', '조용하다', '복잡하다' 등 주변 상황을 나타내는 형용사 ■ '출발하다', '고치다' 등 일상생활에서 주로 사용하는 동사 ■ 우체국 이용, 회의 등 공적인 상황과 관련된 기본 어휘 ■ 약속, 계획, 여행, 건강과 관련된 기본 어휘 ■ '자주', '가끔', '거의' 등 기본적인 빈도 부사

3급
■ 일상생활에서 사용되는 대부분의 어휘 ■ 업무나 사회 현상과 관련한 기본적인 어휘 ■ 직장 생활, 병원 이용, 은행 이용 등 빈번하게 접하는 공적 상황에서 사용하는 기본적인 어휘 ■ '행복하다', '섭섭하다' 등 감정 표현 어휘 ■ '늘어나다', '위험하다' 등 사회 현상과 관련한 간단한 어휘 ■ '참석하다', '찬성하다' 등 직장 생활과 관련한 기본적인 어휘 ■ '장점', '절약' 등 기본적인 한자어 ■ '생각이 나다', '버릇이 없다' 등 간단한 연어

4급
■ 일반적인 소재를 표현하는 데 필요한 추상적인 어휘 ■ 직장에서 일상적인 업무를 수행하는 데 필요한 어휘 ■ 신문 기사 등에 자주 등장하는 어휘 ■ 빈도가 높은 관용어와 속담 ■ 자연·풍습·문화·사고방식·경제·과학·예술·종교 등 일반적인 사회 현상과 관련한 핵심적인 개념어

5급
■ 사회 현상을 표현하는 데 필요한 추상적인 어휘 ■ 직장에서의 특정 영역과 관련한 기본적인 어휘 ■ 세부적인 의미를 표현하는 어휘(아프다: 결리다/노랗다: 누르스름하다) ■ 자주 쓰이는 시사용어 ■ '이데올로기', '매스컴' 등 사회의 특정 영역에서 자주 쓰이는 외래어 ■ 일반적으로 사용되는 관용어와 속담

6급
■ 사회 현상을 표현하는 데 필요한 추상적인 어휘 ■ 널리 알려진 방언, 자주 쓰이는 약어, 은어, 속어 ■ 사회, 각 영역과 관련하여 널리 쓰이고 있는 전문 용어 ■ 복잡한 의미를 갖는 속담이나 관용어

2. 어휘 교육 방법 및 주의점

1) 어휘 교육 방법

① 모국어로 대역하여 교육(체중: weight/학교: 學校)
② 사전적 의미를 제시하는 정의 중심 교육(추구하다: 목적을 이룰 때까지 뒤쫓아 구하다)
③ 문맥 안에서 단어의 의미를 유추하고 파악하도록 하는 문맥적 교육(시무룩하다: 기대했던 데이트 약속이 깨져서 나는 시무룩해졌다)
④ 주제에 대해 가장 중심이 되는 핵심어를 이용한 교육
⑤ 실물이나 그림, 동작을 통한 교육

2) 어휘 교육 시 주의할 점

① 의미는 가능한 쉬운 고유어로, 기초적인 단어 혹은 선행 학습 단어로만 통제하여 설명한다.
② 복잡한 복문을 피하고 단문 위주로 예문을 제시하여 설명한다.
③ 문법 형태소의 기능적 의미를 기술하거나 지나치게 세분화하는 것은 피하고 실제 사용 문장을 통해 용법을 이해하도록 한다.
④ 실제 통용되는 의미나 해당 어휘와 연관된 사회문화적 관습, 화용적 정보를 함께 제시한다.
⑤ 단어 카드, 멀티미디어 자료, 교사의 육성이나 녹음 자료 등을 활용해 학습자가 시각적, 청각적으로 기억할 수 있도록 한다.
⑥ 어휘 제시에서 교사는 말하기 속도, 발음 등이 실제 발화에 가깝게 자연스러워야 한다.
⑦ 어휘 제시 외에 간단한 질문, 응답 등의 의사소통 활동을 통해 학생들의 이해 여부를 점검해야 한다.

III. 어휘 교육의 내용

1. 어휘 교육의 내용

학습자가 형태적, 통사적, 의미적, 화용적 정보를 알고 적절하게 이용할 수 있도록 어휘가 가지는 여러 가지 정보를 활용해야 한다. 또한 의사소통을 위해 어휘만 단독으로 가르치는 것이 아니라 '옷 + 입다/양말 + 신다/모자 + 쓰다' 등과 같이 문장 안에서 맥락에 맞는 의미를 가르쳐야 한다.

1) 단어 형성법에 따른 어휘 교육

(1) 단일어

단일어는 '책, 손, 머리' 등과 같이 하나의 어근으로 이루어진 단어를 말하며, 단어 자체를 하나의 단위로 교수한다.

(2) 파생어

파생어는 어근에 접두사나 접미사가 붙어 새 단어를 이루는 것으로 파생접사의 위치에 따라 접두 파생어(풋+ 과일)와 접미 파생어(선생+님)로 구분된다.
파생어는 접사의 생산성에 의한 어휘 확장과 추측 전략을 교수할 수 있고, 접사의 결합 양상과 접사의 기능, 그리고 의미 교수를 통해 어휘 확장을 꾀할 수 있다.(풋-과일, 풋사과, 풋고추/선생-님, 교수님, 과장님/넓-이, 길이, 높이 등)

(3) 합성어

합성어는 두 개 이상의 어근이 합하여 한 단어를 이루는 것으로, 구성 성분에 따라 '밤낮, 봄비' 등의 명사 합성어와 '들어가다, 살피다' 등의 동사 합성어로, 의미 관계에 따라 '남북, 돌다리' 등의 병렬 합성어와 '밤낮, 가시방석' 등의 융합 합성어로 구분된다.

합성어는 합성에 중점적인 역할을 하는 대표 어휘를 빈도 및 생산성에 의하여 선정하여 교수에 활용하는 것이 좋다.(고속-버스, 직행버스, 마을버스) 병렬 합성어의 경우에는 띄어쓰기에 유의하고 하나의 개념임을 강조하며 융합 합성어의 경우에는 달라진 의미와 용법에 중점을 두고 교수한다.

2) 어휘 의미 관계에 따른 어휘 교육

(1) 유의어
유의어는 의미상으로 중첩되거나 포함되는 부분이 있는 두 개 이상의 어휘를 말하며, 의미가 완전히 겹치는 경우에는 동의어라고 한다.

※ 유의어의 유형은 다음과 같다.
- '같다/동일하다, 열쇠/키' 등과 같이 외래어가 유입되면서 기존에 있던 고유어와 의미의 중첩 관계를 맺게 된 경우
- 사회적 변이에 의한 경우로 '옥수수/강냉이'와 같이 지역이나 사회 계층 간 차이를 드러내는 경우
- 성별, 연령의 사용 차이에 의한 경우('맘마/밥')
- 존비 관계에 의한 경우('밥/진지, 자다/주무시다')
- 성(性), 죽음, 배설물, 신앙 등과 같은 금기에 의한 유의어(변소/뒷간/화장실)
- 글말/입말 환경에서의 차이에 의한 경우('매우/되게, 서신/편지')

※ 유의어는 관련어와의 관계와 용법상의 차이를 통해 객관적으로 설명하거나 정도의 차이, 연어 관계의 차이를 통해 변별할 수 있게 교수한다.
- 나는 개를 [기르고, 키우고] 있다./자주-종종-때때로/(영화) 관객, (미술관) 관람객, (스포츠) 관중

(2) 반의어
반의어는 의미의 상당 부분에서 공통된 특성을 가지면서도 어느 하나의 측면에서 반대 관계를 이루는 어휘를 말한다. 중간 단계가 설정되지 않는 극성 대립과 중간 단계가 예상되는 비 극성 대립, 방향성의 관계적 대립이나 이동 또는 변화를 나타내는 방향 대립으로 구분할 수 있다.

> **예** 죽다 ↔ 살다(극성)/덥다 ↔ 춥다(비극성)/위 ↔ 아래(방향)

반의어는 동시에 대립 짝을 제시하면 의미 간 혼동이 생길 수 있으므로 순차적으로 주는 것이 좋으며, 이미 알고 있는 단어의 반의어가 새 어휘로 도입될 때 효율적이다. 어휘는 문맥에서 활용할 수 있도록 제시해야 한다.

(3) 상위어와 하위어
특정한 단어의 의미가 이 단어보다 더 일반적인 단어의 의미 안에 포함되면 하위어, 포함하는 단어는 상위어라고 하며

계층적인 관계를 갖는다. 자매어와 연관 지어 확장할 수 있다.
- 요일: 월요일, 화요일, …/시계 – 손목시계, 벽시계, …/짜다 – 달다, 맵다, 쓰다(자 매어)

> * 의미장을 활용한 어휘 교수
> ■ 이미 설정된 범주에 맞추어 어휘를 분류해서 뜻을 설명하는 방법으로, 체계적인 어휘 학습이 가능하나 지나친 어휘 확장은 학습자에게 부담을 줄 수 있으므로 단계별 어휘 확장이 필요하다.

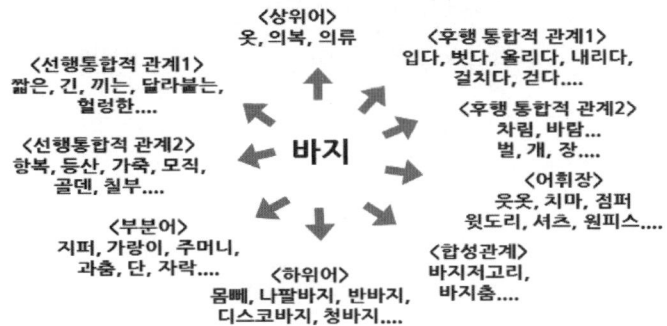

(4) 다의어

다의어는 '손- 신체 일부, 노동력, 도움'과 같이 하나의 어휘 형태가 중심 의미에서 주변 의미로 확장되면서 관련성이 있는 둘 이상의 의미를 가지는 어휘를 말한다.

다의어는 학습자의 모국어 특성을 고려하고, 학습 단계에 따라 기본 의미나 의미 빈도가 높은 항목과 학습에 유용한 다의 항목을 먼저 제시하여 교수한다.

3) 구로 나타나는 어휘 교육

고정 표현(phraseological units)은 일상생활에서 관례적으로 사용되는 패턴으로, 구조화된 언어상의 담화로 기능별 교수가 필요하다. 속담, 관용적 숙어 등을 통해 언어를 통한 문화 교수까지 가능하다. 언어 교수에서 고정 표현은 모국어나 제2 언어 습득 시 혹은 성인의 언어 생산에 주요 역할을 한다.

고정 표현은 어휘 교육에서 중요한 역할을 하는데 그 이유는 다음과 같다. 첫째, 기존의 교사 중심으로 이루어지던 교육을 학습자 중심 교육으로 전환하는 데에 기여하고, 둘째, 학습자들은 문맥을 통한 덩어리의 학습을 통해 어휘 관계에 대한 지식을 얻게 된다. 셋째, 의사소통 능력에 있어서 유창성을 증진시킬 수 있으며, 넷째, 학습자의 모국어 언어 전이에 따른 오류를 줄이는 효과가 있다.

Ⅳ. 어휘 교육의 방법

1. 어휘 교육의 원리
교사는 단어에 따라 각각의 단어를 어떻게 가르치는 것이 효율적인가에 대해 항상 고민하며, 학습자의 단계에 따라 적절한 수준의 어휘가 학습될 수 있도록 어휘를 통제해야 한다. 또한 학습자로 하여금 성취감을 주어 계속 상급 단계의 어휘를 학습할 동기를 부여해야 하고, 어휘 교수의 전략을 치밀하게 마련해야 한다.

1) 연역적인 방법
'목표 어휘와 용법 제시 → 필요한 언어 자료 제시 → 연습 → 생산'

연역적인 방법은 목표 어휘를 제시하고 용법과 의미를 확인한 후 언어 자료를 제시한다. 학습자는 제공된 언어 자료를 가지고 연습 후 생산하게 된다.

2) 귀납적인 방법
귀납적인 방법은 교사가 언어 자료를 먼저 제시하고 학생들은 스스로 자료를 분석하여 단어와 의미유형 등을 발견하도록 한다. 잘 풀릴 수 있도록 교사는 실마리를 주며, 학습자들이 발견한 어휘의 특징을 같이 종합 정리한다.

2. 교실에서 교사가 어휘를 제시하는 방법
① 실물이나 그림, 동작을 통한 방법
② 추상화에 의한 분석적 정의를 활용한 방법
■뜻풀이 · 설명 · 연상 등/병원: '몸이 아플 때 가는 곳이에요.'
③ 실제 해당 단어가 사용되는 문맥을 활용한 방법
④ 학습자의 모국어로 번역하여 제시하는 방법

3. 이해 영역과 표현 영역에서 어휘 제시 방법

1) 이해 영역의 어휘 제시 방법
듣기와 읽기의 이해 영역에서는 텍스트 전체의 의미를 이해하면서 어휘의 의미를 추측하게 하거나 어휘의 용법을 간단히 제시한다.

2) 표현 영역의 어휘 제시 방법
말하기와 쓰기의 표현 영역에서는 언어의 사용이라는 측면을 고려하여 어휘를 정확하게 사용할 수 있도록 용법을 자세히 제시한다.

3) 단계별 제시 방법

① 초급에서는 단어를 형성하는 원리를 습득하는 것보다 단어 자체를 어휘 사전에 입력하도록 하는 것이 좋다.(단순 암기)

② 중급에서는 어휘를 생성하는 원리에 의해서 어휘를 확장할 수 있도록 제시한다.

③ 고급에서는 이미 구축된 어휘를 이용하여 어휘를 확장할 수 있도록 제시한다.

4. 영역별 어휘 교육 방법

1) 말하기와 어휘 교육

(1) 통제된 활동: 반복 연습, 대체 연습, 대화 외우기 등

① 장점: 짧은 시간 안에 입을 열게 한다.

② 문제점: 새 어휘를 완전히 이해하기 전에 사용하게 한다.

(2) 관련된 어휘의 사용을 향상시키는 방법

① 격자형 비교표: 고급 학습자들에게 단어 간의 의미 차이와 개별 단어의 의미 자질을 인식하게 해 준다.

※ 격자형 비교표의 예

	날씨	음식물의 온도	사람의 태도	장소명사	주관적 감각
신선하다	O		O	O	
시원하다	O	O	O	O	
서늘하다	O			O	
싸늘하다	O		O	O	
쌀쌀하다	O		O		
차다/차갑다	O	O	O		
춥다	O			O	O

② 정도 차이 비교선: 대개 경사 선에 의해서 나타내는데 이 경사 선에 배열된 단어들은 정도의 차이를 보여 준다.

예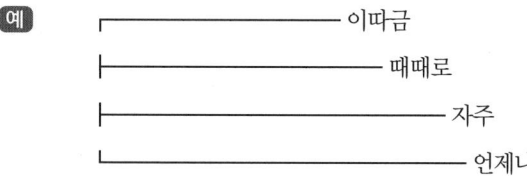
- 이따금
- 때때로
- 자주
- 언제나

③ 연어를 활용하는 방법: 새 단어를 학습하는 중요한 방법(연어 목록 찾기, 문맥에서 어휘의 용례 찾기를 통해 목표 어휘의 연어 찾기, 연어 추측하기)

④ 학습자 간의 짝 활동: 정보 결합 활동

⑤ 반복 활동: 말하기 유창성 증진을 위한 활동(요약하기, 들은 말 전하기 등)

⑥ 바꿔 말하기 활동: 바꿔 말하기 전략 개발 목적

> ※ 말하기를 통한 구체적인 어휘 활동
> - 주어진 어휘로 빈칸 채워 올바른 문장으로 말하기
> - 그림 보고 말하기
> - 제시된 어휘 설명하기
> - 어휘 정의하기
> - 주어진 어휘를 넣어 문장 만들기
> - 주제와 관련된 어휘 예측하고 그 어휘로 상황 만들어 대화하기
> - 주제와 관련된 어휘를 그룹별로 어휘 의미 파악 후 해당 어휘를 이용하여 대화 구성하기

2) 듣기와 어휘 교육

(1) 읽기용 어휘를 듣기용 어휘로 전환 시키는 활동
- 학습자의 읽기 수준보다 더 낮은 수준의 흥미롭고 단순화된 활동으로, 교재를 선택한 후 매일 읽어 주고 반복해서 말하게 하는 방법을 사용할 수 있다.

(2) 받아쓰기나 사전 받아쓰기 연습

(3) 단어 단위의 듣기 연습
- 틀린 순서로 단어를 써 주고 바로 잡게 하기

> ※ 듣기를 통한 구체적인 어휘 활동
> - 목표 어휘가 포함된 자료(영화, TV, 라디오) 듣고 어휘의 의미 유추하기
> - 교사의 지시에 따라 표시하기/그림 그리기(그림, 지도, 사진 등의 시각 자료 활용)
> - 교사의 지시 듣고 그림 그리기
> - 배운 단어를 활용한 단어 게임
> - 듣고 행동하기
> - 듣고 완성하기
> - 듣고 관련 없는 내용 찾기
> - 듣고 맞는 답 고르기

3) 읽기와 어휘 교육
① 어휘 수와 읽기와의 관련성: 어휘 지식이 읽기 능력의 가장 명백한 하위 요소이다.

② 읽기 활동 전에 어휘 가르치기
③ 교실 활동(본문 내용 예상해 보기, 본문에 나올 어휘 예상해 보기 등)

4) 쓰기와 어휘 교육
① 공부나 흥미의 분야에 관련된 어휘에까지 생산적 어휘 확장하는 것이 중요
② 철자, 문장에서의 단어 사용을 포함
③ 읽기 중에 나오는 어휘를 통해 쓰기까지 연계(읽기 중 새 어휘 파악 후 활용하여 써 보기)

V. 어휘 학습 전략과 활동 유형

1. 어휘 학습 전략

1) 의미 발견 전략
① 의미 결정 전략: 단어 자체를 분석하고, 문맥을 통해 모르는 단어의 의미를 추측하는 전략으로 사전 등의 참고 자료를 활용한다.
② 사회적 전략: 교사나 동료에게 새로운 어휘의 뜻 물어보는 등의 사회적 관계를 활용하는 전략이다.(교사에게 모국어 번역 물어 보기, 그룹 활동을 통해 의미 발견하기)

2) 기억 강화 전략
① 기억 전략: 뜻을 나타낸 그림, 이미지를 이용하여 새로운 어휘를 기억하는 전략이다.
② 인지 전략: 기계적인 방법을 통해 어휘를 기억하는 전략이다(구두로 반복하기, 쓰기 반복하기 등).

3) 상위 인지 전략
학습 과정에 대한 개요를 갖기 위해 사용하는 전략이다(미디어 사용하기, 스스로 어휘 테스트하기 등).

2. 어휘 활동 유형

1) 텍스트에서 관련 단어 찾아서 연결하기
텍스트는 담화 상에서 어휘의 용법을 확인하는 자료이다.

> 중부 지방은 고기압의 가장자리에 들어 기층이 불안정하겠으며, 남부 지방은 북상하는 장마 전선의 영향을 점차 받겠습니다. 중부 지방은 구름 많고 한때 소나기(강수확률 40%)가 오는 곳이 있겠고, 남부 지방은 차차 흐려져 제주도와 전남 해안 지방에서는 비(강수확률 40~60%)가 오겠습니다.

2) 정의/설명에 맞는 어휘 고르기

어휘의 의미를 정확히 알고 있는지 확인하는 연습이다.

---
(1) 가장 적당한 설명을 고르십시오.

*귀를 기울이다
① 잘 듣다   ② 고개를 숙이다   ③ 잘 들리다   ④ 노력하다

*그만하면 됐다
①대단히 만족스럽다   ② 그 정도이면 괜찮다   ③ 만족스럽지 않다   ④ 불만이 많다

*인심이 각박하다
① 사람들이 착하다   ② 인정이 없다   ③ 사람들이 무섭다   ④ 매우 친절하다

---

3) 어휘 분류하기

어휘 의미를 알고 있는지 확인하는 연습이다.

---
(1) 다음 〈보기〉의 어휘를 적당한 곳에 넣으십시오.

〈보기〉
힘들다, 아프다, 편하다, 고프다, 괜찮다, 기쁘다, 좋다, 부끄럽다, 그립다, 싫다, 무섭다, 부럽다, 슬프다, 외롭다, 쓸쓸하다, 서운하다, 춥다, 덥다, 우울하다, 지루하다, 시원하다.

몸의 느낌 마음의 느낌

긍정적인 느낌 부정적인 느낌

---

4) 어휘 연결하기

어휘의 의미나 용법, 유의/반의 관계 등 어휘의 다양한 측면을 확인하는 연습이다.

---
(1) 서로 반대되는 말끼리 연결하십시오.

춥다 ·   · 한가하다

바쁘다 ·   · 쉽다

맛있다 ·   · 크다

싸다 ·   · 맛없다

어렵다 ·   · 비싸다

작다 ·   · 덥다

> (2) 서로 뜻이 통하는 것끼리 연결하십시오.
>
> 신입사원 ·   · 응시하다
> 지망하다 ·   · 햇병아리
> 철이 들다 ·   · 이바지하다
> 고려하다 ·   · 감안하다
> 기여하다 ·   · 앞가림하다

5) 단어 배열하기
정도성이 있는 어휘의 의미를 변별하거나 어휘의 용법을 확인하는 연습이다.

> (1) 다음은 따뜻한 정도를 나타내는 어휘들입니다.
> 정도에 맞게 다음 빈칸에 알맞은 단어를 골라 넣으십시오.
>
> 〈보기〉
> 덥다, 따뜻하다, 선선하다, 서늘하다, 춥다
>
> 춥다 →(   ) → 시원하다 →(   ) →(   ) → 덥다

6) 문장 완성하기
문장이나 텍스트에 적절한 어휘를 선택하여 적절하게 형태 변화를 하게 하는 연습이다.

> (1) 알맞은 단어를 보기에서 골라 빈칸에 써 넣으십시오.
>
> 〈보기〉
> 큰 맘 먹다, 비슷비슷하다, 한숨을 쉬다, 수수하다
> 방해가 되다, 귀하다, 최선을 다 하다
>
> 저는 화려한 옷보다는 (   )(으)ㄴ 옷을 좋아해요.
> 얼굴이 (   ) 어(아,여)서 누가 누군지 모르겠어요.
> 그분이 (   )는/(으)ㄴ 걸 보니까 걱정이 있나 봐요.

3. 어휘 교육 시 유의점

1) 제시 단계에서 형태와 의미를 어떻게 제시할 것인가?
① 형태와 의미를 교사가 모두 제시하는 방법

② 형태를 제시하고 의미를 학습자에게 유추하게 하는 방법
③ 의미를 제시하고 형태를 학습자에게 유추하게 하는 방법

2) 형태를 제시할 때 형태적인 특성이나 문법적인 특성을 함께 제시할 것인가? 기본형만을 제시할 것인가?
① '가다', '갑니다', '가서' 등 형태적 특성 + '~에 가다'와 같이 쓰이는 특성을 제시한다.
② '가다'와 의미를 제시하고 교사가 형태적 특성과 '어디에 가다'를 유추할 예를 제시한다.

3) 말할 때 쓰이는 어휘인지, 글을 쓸 때 쓰는 어휘인지 구별하여 제시한다.
① 효과적인 어휘 학습은 문화에 대한 이해가 필수적이다.
② 필요한 경우에 모국과 한국의 문화적, 정서적 차이도 이해시켜야 한다.

4) 어휘 연습은 어휘의 용법과 의미를 충분히 활용할 수 있도록 해야 한다.
학습자가 눈으로 확인한 어휘의 용법을 자신의 발화로 적용시킬 수 있도록 한다.

형성 평가

1. 다음 청각 구두식 교수법과 어휘 교육의 설명 중 옳지 않은 것은?
① 문맥을 통한 어휘 습득
② 목표어의 구조를 학습하는데 초점
③ 학습자의 어휘 확장은 읽기 단계에서 집중
④ 어휘 교육에 대한 집중적 반복 연습을 실시

정답: ④
해설: 청각 구두식 교수법에서는 어휘 교육에 대한 특별한 관심이 없었다.

2. 어휘 교육의 비중이 가장 낮은 언어 교수법은 무엇인가?
① 문법 번역식 교수법
② 청각 구두식교수법
③ 인지주의 교수법
④ 자연 접근식 교수법

정답: ②
해설: 청각 구두식 교수법에서는 음성 언어인 듣고 말하기 교육을 강조하였고 어휘 교육에 대해서는 특별한 관심은 없었다.

3. 다음 중 어휘의 의미 관계에 따른 교수 방법으로 적절하지 않은 것은?
① 반의어는 동시에 대립 짝을 제시하여 가르친다.
② '바지, 티셔츠, 치마' 등은 '옷'의 하위어로 가르친다.
③ '변소, 뒷간, 화장실'은 금기에 의한 유의어로 가르친다.
④ 다의어는 학습 단계에 따라 기본 의미나 의미 빈도수가 높은 항목, 학습에 유용한 것을 먼 저 가르친다.

정답: ①
해설: 반의어는 의미 간 혼동이 생길 수 있으므로 동시에 대립 짝을 제시하지 않고 순차적으로 제시한다.

4. 다음 중 고정 표현이 어휘 교육에서 중요한 이유가 아닌 것은?
① 의사소통 능력에 있어서 정확성을 증진시켜줄 수 있다.
② 학습자의 모국어 언어 전이에 따른 오류를 줄이는 효과가 있다.
③ 교사 중심의 교육을 학습자 중심의 교육으로 전환 시키는 데 기여한다.
④ 학습자들은 문맥을 통한 덩어리 학습을 통해 어휘 관계에 대한 지식을 얻게 된다.

정답: ①
해설: 고정 표현을 교육시키는 것은 의사소통 능력에 있어서 정확성보다는 유창성을 증진 시켜줄 수 있다.

5. 어휘 교육의 방법으로 알맞지 않은 것은?

① 교사는 단어에 따라 효율적인 교수 방법을 찾아야 한다.
② 목표 어휘를 모국어 어휘와 대응시켜 암기하도록 해야 한다.
③ 학습자의 수준에 적절한 수준의 어휘 학습이 이루어지도록 해야 한다.
④ 학습자에게 성취감을 주어 어휘 학습에 대한 동기를 유발하여야 한다.

정답: ②
해설: 모국어에는 없는 단어가 목표어에 있을 수도 있고 모국어에서는 하나의 의미를 지니지만 목표어에서는 다양한 의미를 갖는 단어도 있으므로 어휘가 사용되는 맥락과 상황을 통해서 의미를 유추할 수 있도록 지도해야 한다.

6. 단계별 어휘 제시 방법이 적절하지 않은 것은?

① 초급 - 단어를 형성하는 원리를 습득하는 것보다 어휘를 단순하게 암기하게 한다.
② 중급 - 어휘를 생성하는 원리에 의해서 어휘를 확장해 준다.
③ 중급 - 어휘 생성의 원리를 이해하기보다는 어휘 자체를 어휘 사전에 입력해 준다.
④ 고급 - 이미 구축된 어휘를 이용하여 어휘를 확장해 준다.

정답: ③
해설: 어휘 자체를 어휘 사전에 입력시켜 주는 어휘 교육 방법은 초급 단계에서의 어휘 교육이라고 할 수 있다.

7. 어휘 교수 시 유의점으로 적절하지 않은 것은?

① 구체어는 사진 자료를 이용하여 이해시켜 준다.
② 학습자들의 수준에 따라 어휘를 선택하여 가르친다.
③ 새 어휘는 그것과 관련 있는 어휘를 함께 가르쳐 준다.
④ 초급 단계에서는 표현 어휘보다 이해 어휘를 중점적으로 가르친다.

정답: ④
해설: 초급 단계에서는 어휘를 정확하게 사용할 수 있도록 이해 어휘보다 표현 어휘를 중점적으로 가르쳐야 한다.

8. 의미 학습 전략 중에 의미 결정 전략에 대한 설명으로 적절하지 않은 것은?

① 단어 자체를 분석하기
② 사전 등 참고 자료를 이용하기
③ 문맥을 통해 모르는 단어 의미 추측하기
④ 교사나 동료에게 새로운 어휘의 뜻 물어보기

정답: ④
해설: 교사나 동료에게 새로운 어휘의 뜻 물어보기는 사회적 전략에 해당한다.

참고 문헌

참고 문헌

3영역

2장

강승혜·강명순·이영식·이원경·장은아(2006), 『한국어 평가론』, 태학사.
강현화(2016), 『(한국어 교원을 위한) 한국어교육학』, 한국방송통신대학교출판문화원.
강현화 외(2021), 『한국어 이해교육론』, 한국 문화사.
교육부(2017), 『한국어교육 과정』, 교육부 고시 제2017-131호[별책43].
국립국어원(2017), 『국제 통용 한국어 표준 교육 과정』, 국립국어원.
김대현(2017), 『교육 과정의 이해』, 학지사.
김정숙(2002), 한국어 교수 요목 설계와 교재 구성, 박영순 편, 『21세기 한국어교육학의 현황과 과제』, 한국 문화사.
김정숙(2003), 통합 교육을 위한 한국어 교수 요목 설계 방안 연구, 『한국어교육』 14(3), 국제한국어교육학회, 119-143쪽.
김정숙·이정희(2018), 『국제 통용 한국어 표준 교육 과정의 구성과 내용』, 국립국어원 28(2), 49-71쪽.
민현식(2004), 『한국어 표준 교육 과정 기술 방안』, 한국어교육 15(1), 국제한국어교육학회, 51-92쪽.
방성원(2021), 한국어교육 과정, 교육의 전체 흐름 이해하기, 이해영 외 공저, 『(손에 잡히는) 한국어교육학 개론: 이론에서 출발하여 현장까지』, 도서출판 하우.
배두본(2000), 『외국어 교육 과정론 - 이론과 개발』, 한국 문화사.
서울대학교 국어교육연구소(2014), 『한국어교육학 사전』, 도서출판 하우.
송인섭(2001), 『교육 과정 및 교육 평가』, 양서원.
안경화·김미애(2014), 한국어교육 과정의 목표 설계 연구, 『어문론집』 59, 중앙어문학회, 381-405쪽.
이준호·안정호·임형옥(2021), 외국어로서의 한국어교육 과정 평가를 위한 평가 체계 개발 연구, 『한국어교육』 32, 국제한국어교육학회, 225-249쪽.
이해영(2004), 학문 목적 한국어 교과과정 설계 연구, 『한국어교육』 15(1), 국제한국어교육학회, 137-164쪽.
진영은(2005), 『교육 과정 이론과 실제』, 학지사.
최은규(2015), 한국어교육 과정론, 서울대학교 한국어문학연구소·국어교육연구소·언어 교육원 공편, 『한국어교육의 이론과 실제2』, 아카넷.
최정순(2006), 학문 목적 한국어교육의 교육 과정과 평가, 『이중 언어학』 31, 이중 언어학회, 277-313쪽.
Brown, D.(2000), Principles of Language Learning and Teaching(4th edit.), Longman [이흥수 외 공역(2007), 『외국어 교수 학습의 원리』, (주)피어슨에듀케이션코리아.]
Brown, D.(2001), Teaching by Principles: An interactive approach to language pedagogy(2nd edit.), Longman [권오량, 김영숙 공역(2008), 『원리에 의한 교수: 언어 교육에의 상호 작용적 접근법』, (주)피어슨에듀케이션코리아.]
Celce-Murcia, M.(1979), English as a Second or Foreign Language. Newbury House

3장

강승혜 외(2006), 『한국어 평가론』, 태학사.
강현화 외(2023), 『한국어 평가론』, 한국 문화사.
지현숙(2017), 『한국어 평가론』, 한글파크.
Canale, Michael: Swain, Merrill(1980), "Theoretical bases of communicative approaches to second language teaching and testing", Applied Linguistics.
Canale, Michael(1983), "From communicative competence to communicative language pedagogy", Language and Communication.
Chomsky, N.(1965), Aspects of the theory of syntax. Cambridge, MA: MIT Press.
Hymes, D(1972), On communicativ competence. In Pride & Holmes(eds), Sociolinguistics, Harmondsworth: Penguin.

[참고사이트]
한국어능력시험토픽 https://www.topik.go.kr/TWMAIN/TWMAIN0010.do

4장

곽지영(2007), 『한국어 교수법의 실제』, 연세대학교출판부.
서울대학교 국어교육연구소(2014), 『한국어교육학 사전』, 도서출판 하우.
안경화(2014), 「언어교수이론」, 서울대학교 한국어문학연구소, 국어교육연구소, 언어교육원 공편, 『한국어교육의 이론과 실제2(2014개정판)』, 아카넷, 89-132쪽.
안경화·박지영·권순희(2011), 『한국어교육 용어해설』, 신구문화사.
오승은(2023), Korean Made Easy-Vocabulary(2nd Edit.), 다락원.
우형식·조위수·조윤경·한선경·임진숙 외(2020), 『외국인을 위한 한국어 교수법』, 도서출판 참.
정동빈(2000), 외국어 교수 학습 방법 개발을 위한 응용언어학 활용의 새로운 경향, 『영어언어과학』 4권, 한국영어언어과학학회, 107-120쪽.
한재영(2005), 『한국어 교수법』, 태학사.
허용(2005), 『외국어로서의 한국어교육학 개론(개정판)』, 박이정.
Brown, D.(2000), Principles of Language Learning and Teaching(4th edit.), Longman. [이흥수 외 공역(2007), 『외국어 교수 학습의 원리』, (주)피어슨에듀케이션코리아.]
Brown, D.(2001), Teaching by Principles: An interactive approach to language pedagogy(2nd edit.), Longman [권오량, 김영숙 공역(2008), 『원리에 의한 교수: 언어 교육에의 상호 작용적 접근법』, (주)피어슨에듀케이션코리아.]
Richards. J. & Rodgers. T.(2001), Approaches and Methods in Language Teaching(2nd edit.), Cambridge University Press [전병만 외 공역(2003), 『외국어 교육 접근방법과 교수법』, 캠브리지.]
Stern. H.(1983), Fundamental concepts of language teaching: Historical and interdisciplinary perspectives on applied Linguistic research. Oxford University Press [심영택 외 공역(2015), 『영어교육과 한국어교육을 위한 언어 교수의 기본 개념』, (주) 도서출판 하우.]

Park, Kyung-ja.(1983). Language acquisition and teaching. Korea University Press.

5장

고경민(2022), 『근현대 한국어교재의 통시적 연구』, 한국 문화사.

김은애(2014), 한국어 교재론, 서울대학교 한국어문학연구소, 국어교육연구소, 언어 교육원 공편, 『한국어교육의 이론과 실제 2(2014개정판)』, 아카넷, 471-512쪽.

김정숙(2002), 한국어 교수 요목 설계와 교재 구성, 박영순 편(2002), 『21세기 한국어교육학의 현황과 과제』, 한국 문화사, 31-60쪽.

김제열(2007), 한국어 문법 교육론, 곽지영 외 공저(2007), 『한국어 교수법의 실제』, 연세대학교 출판부, 105-144쪽.

김호정·강남욱(2020), 한국어 교재 선정을 위한 평가 기준 설정 연구, 『새국어교육』 123, 한국국어교육학회, 227-268쪽.

민현식(2000), 한국어교재의 실태 및 대안, 『국어교육연구』 제7집, 서울대학교 국어교육연구소, 5-60쪽.

박영순(2003), 한국어 교재의 개발 현황과 발전 방향, 『한국어교육』 14권 3호, 국제한국어교육학회, 169-188쪽.

배두본(2010), 『영어 교재론 개관: 이론과 개발』, 한국 문화사.

서울대학교 국어교육연구소(2014), 『한국어교육학 사전』, 도서출판 하우.

서종학·이미향(2007), 『한국어 교재론』, 태학사.

안영수 편(2008), 『한국어 교재 연구』, 도서출판 하우.

오승은(2009), 『한국어 쉽게 가르치기』, 랭기지플러스.

이병규(2005), 『한국어 교재 분석 연구』, 국립국어원.

이정란(2021), 한국어 교재, 선정하고 활용하기, 이해영 외 공저, 『(손에 잡히는) 한국어교육학 개론: 이론에서 출발하여 현장까지』, 도서출판 하우.

이해영(1999), 통합성에 기초한 교재 개작의 원리와 실제, 『한국어교육』 10(2), 국제한국어교육학회, 273-294쪽.

이해영(2001), 한국어 교재의 언어 활동 영역 분석, 『한국어교육』 12권 2호, 국제한국어교육학회, 469-490쪽.

조항록(2003), 한국어 교재개발을 위한 기초적 논의, 『한국어교육』 14권 1호, 국제한국어교육학회, 249-279쪽.

Brown, D.(2000), Principles of Language Learning and Teaching(4th edit.), Longman. [이흥수 외 공역(2007), 『외국어 교수 학습의 원리』, (주)피어슨에듀케이션코리아.]

Celce-Murcia, M.(2001), English as a Second or Foreign Language. Newbury House.

Harmer, J.(2007), The Practice of English Language teaching(3rd edit.). Longman.

8장

강현화(2016), 『(한국어 교원을 위한) 한국어교육학』, 한국방송통신대학교출판문화원.

국립국어원(2017), 『국제 통용 한국어 표준 교육 과정』, 국립국어원.

김은정(2002), 『한국어 학습자의 듣기 전략 훈련 효과에 관한 연구』, 이화여자대학교 석사학위논문.

김지혜·류선숙·이정(2018), 한국어 학습자의 학습 유형과 듣기 불안의 상관관계 연구, 『우리말글』 77, 우리말글학회, 23-49쪽.

서울대학교 국어교육연구소(2014), 『한국어교육학 사전』, 도서출판 하우.

손연자(1999), 말하기와 듣기 교육, 남기심 외 공저, 『외국인을 위한 한국어교육의 방법과 실제』, 한국방송대학교출판부

양명희·김정남(2011), 『한국어 듣기 교육론』, 신구문화사.

이미향(2021), 소통의 시작, 한국어 듣기 교육, 이해영 외 공저, 『(손에 잡히는) 한국어교육학 개론: 이론에서 출발하여 현장까지』, 도서출판 하우.
이해영(1999), 한국어 듣기 교육의 원리와 수업 구성, 『한국어교육』 10(1), 국제한국어교육학회, 241-263쪽.
이해영(2002), 한국어 듣기 교육의 이론과 실제, 박영순 외 공저, 『21세기 한국어교육학의 현황과 과제』, 한국 문화사.
장민정 외(2018), 학문 목적 한국어 듣기에 대한 유학생의 요구와 인식 연구, 『문화와 융합』 40(1), 한국 문화융합학회, 263-290쪽.
전은주(1999), 『말하기 듣기 교육론』, 박이정.
최연희(2010), 『영어듣기 교육론: 원리와 적용』, 한국 문화사.
최은지(2004), 『광초점 듣기 전략 교수-학습과 협초점 듣기 전략 교수 – 학습의 효과 비교 중급 한국어 학습자를 중심으로』, 고려대학교 석사학위논문.
Brown, D.(2000), Principles of Language Learning and Teaching(4th edit.), Longman [이흥수 외 공역(2007), 『외국어 교수 학습의 원리』, (주)피어슨에듀케이션코리아.]
Brown, D.(2001), Teaching by Principles: An interactive approach to language pedagogy(2nd edit.), Longman [권오량, 김영숙 공역(2008), 『원리에 의한 교수: 언어 교육에의 상호 작용적 접근법』, (주)피어슨에듀케이션코리아.]
Celce-Murcia, M.(1979), English as a Second or Foreign Language. Newbury House
Thornbury, Scott.(1999), How to Teach Grammar, Longman [이관규 외 역(2004), 『문법을 어떻게 가르칠 것인가』, 한국 문화사.]

9장

권미정(1999), 외국어로서의 한국어 읽기 교육, 한국어교육 제 10권 1호, 국제 한국어교육학회.
김미옥(1992), 읽기 교육에 관한 연구, 말지 제17집, 연세대 한국어학당.
김정숙(1996), 담화능력 배양을 위한 읽기 교육 방안, 한국어교육 제 7권, 국제한국어교육학회.
노명완(1994), 읽기의 관련 요인과 효율적인 지도, 이중 언어학회지 제 11권, 이중 언어학회.
이미혜(2005), 『외국어로서의 한국어교육학』, 한국방송통신대학교출판부.
정길준, 연준흠 편(1996), 외국어 읽기 지도의 이론과 실제, 한국 문화사.

[참고 교재]
한국토픽교육센터, 참 한국어2.

10장

강현화(2016), 『(한국어 교원을 위한) 한국어교육학』, 한국방송통신대학교출판문화원.
국립국어원(2017), 『국제 통용 한국어 표준 교육 과정』, 국립국어원.
박기영(2021), 기초부터 튼튼하게, 한국어 발음 가르치기, 이해영 외 공저, 『(손에 잡히는) 한국어교육학 개론: 이론에서 출발하여 현장까지』, 도서출판 하우.
박기영·이정민(2018), 『한국어 발음 어떻게 가르칠까 – 외국어로서의 한국어 발음 교육론』, 도서출판 역락.
박미정(2009), 운율을 통한 한국어 폐쇄음의 인지와 발음, 『국어교육연구』 24, 서울대학교 국어교육연구소, 143-163쪽.
서울대 언어 교육원(2009), 『외국인을 위한 한국어 발음 47 1권, 2권』, 랭기지플러스.

서울대학교 국어교육연구소(2014), 『한국어교육학 사전』, 도서출판 하우.
신예주, 『발음 진단 결과를 활용한 한국어 발음 교육 방안』, 계명대학교 석사학위논문.
오재혁(2013), 중국인 한국어 학습자의 발성 유형에 따른 한국어 폐쇄음의 변별 지각 양상, 『한국언어 문화학』 10(1), 국제한국언어 문화학회, 57-73쪽.
이향(2013), 발음 평가에 있어서 정확성, 유창성, 이해명료성, 이해가능성 기준 간의 영향 관계 연구, 『언어와 문화』 9(3), 한국언어 문화교육학회, 221-243쪽.
정명숙·이경희(2000), 학습자 모국어의 변이음 정보를 이용한 한국어 발음 교육의 효과 – 일본인 학습자를 대상으로, 『한국어교육』 11(2), 국제한국어교육학회, 151-167쪽.
Brown, D.(2000), Principles of Language Learning and Teaching(4th edit.), Longman [이흥수 외 공역(2007), 『외국어 교수 학습의 원리』, (주)피어슨에듀케이션코리아.]
Brown, D.(2001), Teaching by Principles: An interactive approach to language pedagogy(2nd edit.), Longman [권오량, 김영숙 공역(2008), 『원리에 의한 교수: 언어 교육에의 상호 작용적 접근법』, (주)피어슨에듀케이션코리아.]
Celce-Murcia, M.(1979). English as a Second or Foreign Language. Newbury House.

11장

강현화(2009), 「최신 문법교수 이론의 경향과 한국어교육에의 적용」, 『문법교육』 11, 한국문법교육학회, 1-27쪽.
강현화(2016), 『(한국어 교원을 위한) 한국어교육학』, 한국방송통신대학교출판문화원.
강현화(2022), 『한국어 문법교육론』, 소통.
권순희(2006), 한국어 문법교육 방법과 수업 활동 유형, 『한국초등국어교육』 31, 5-40쪽.
김유정(1998), 외국어로서의 한국어 문법교육: 문법항목 선정과 단계화를 중심으로, 『한국어교육』 9권1호, 12-34쪽.
김제열·곽지영 외 공저(2007), 『한국어 교수법의 실제』, 연세대학교 출판부, 105-144쪽.
민현식(2014), 한국어문법교육론, 서울대학교 한국어문학연구소, 국어교육연구소, 언어 교육원 공편(2014), 『한국어교육의 이론과 실제2(2014개정판)』, 아카넷, 325-364쪽.
박선희(2021), 한국어 문법 정확하게 가르치기, 이해영 외 공저, 『(손에 잡히는) 한국어교육학 개론: 이론에서 출발하여 현장까지』, 도서출판 하우.
백봉자(2001), 「교재와 교수법을 통해 본 한국어교육의 역사와 과제」, 『외국어로서의 한국어교육』 26권, 11-31쪽.
서울대학교 국어교육연구소(2014), 『한국어교육학 사전』, 도서출판 하우.
이경·윤영(2017), 한국어 말하기 능력 신장을 위한 플립드 러닝(Flipped learning) 기반 문법교육 방안 연구, 『교육문화연구』 23(4), 인하대학교 교육연구소, 333-361쪽.
이해영(1998), 문법 교수의 원리와 실제, 『이중 언어학』 15, 이중 언어학회, 411-438쪽.
조항록 외(2003), 한국어 문법 교수법, 「"예비교사/현직교사 교육용 교재 개발" 최종보고서」, 문화관광부 한국어세계화재단.
Brown, D.(2000), Principles of Language Learning and Teaching(4th edit.), Longman. [이흥수 외 공역(2007), 『외국어 교수 학습의 원리』, (주)피어슨에듀케이션코리아.]
Brown, D.(2001), Teaching by Principles: An interactive approach to language pedagogy(2nd edit.), Longman [권오량, 김영숙 공역(2008), 『원리에 의한 교수: 언어 교육에의 상호 작용적 접근법』,(주)피어슨에듀케이션코리아.]
Celce-Murcia, M.(1979), English as a Second or Foreign Language. Newbury House
Thornbury, Scott(1999), How to Teach Grammar, Longman [이관규 외 역(2004). 『문법을 어떻게 가르칠 것인

가』, 한국 문화사.]

13장
서덕주·이병초·지신호(2015), 『필통국어 기본서』, 형설출판사.
이영희(2007), 「외국인을 위한 한국어 한자 교육의 현황과 방향」, 『새국어교육』 76호, 한국국어교육학회.
이영희(2008), 「외국인을 위한 한자어 교육 연구」, 숙명여자대학교 박사학위 논문.
총신대학교 한국어학당(2022), 외국어로서의 한국어교육의 이론과 실제2, 도서출판 참.

외국어로서의 한국어 교육의 이론과 실제 2

초판인쇄 | 2024년 7월 12일
초판발행 | 2024년 7월 12일

지은이 | 토픽코리아 한국어평가연구소
감수자 | 오연경, 이윤미, 주슬아
제작 지원 | 토픽코리아(TOPIK KOREA)

발행인 | 오세형
편집 디자인 | 이계섭
진행 | 표미내

발행처 | (주)도서출판 참
등록일자 | 2014년 10월 21일
등록번호 | 제25100-2022-000090호
주소 | 서울특별시 구로구 디지털로30길 28 마리오타워 3층 318호
전화 | 도서 내용 문의 (02) 6347-5071
팩스 | (02) 6347-5075

ISBN 979-11-88572-38-0(13710)
가격 18,000원

Copyright© 도서출판 참.
All rights reserved.

※ 도서출판 참은 참 좋은 책을 만듭니다.
※ 이 교재의 내용을 사전 허가 없이 전재하거나 복제할 경우 법적인 제재를 받게 됨을 알려 드립니다.
※ 잘못된 책은 구입처에서 교환해 드립니다.